Walther Hinz / Neue Erkenntnisse zu Leben und Wirken Jesu

1. bis 20. Tausend
Druck: Genossenschaftsdruckerei Zürich

Umschlaggestaltung: Peter Kunz, Zürich
Printed in Switzerland
ISBN 3 85516 004 X

Walther Hinz

NEUE ERKENNTNISSE ZU LEBEN UND WIRKEN JESU

ABZ VERLAG

Vorwort

Gottes eingeborener Sohn war Mensch geworden. Dieses bedeutsamste Ereignis der Weltgeschichte hatte eine Ursache. Ohne Kenntnis dieser Ursache bleiben Leben und Wirken Jesu ein Rätsel ohne Auflösung. Wohl heißt es, Christus habe die Menschwerdung auf sich genommen, um uns mit Gott zu versöhnen. Was aber war geschehen, das eine solche Versöhnung notwendig machte? Warum konnte diese Versöhnung nur dadurch zustande kommen, daß der menschgewordene Gottessohn einen unsäglich schweren Leidensweg auf sich nahm? Weshalb aber blieb das Elend der Menschheit auf Erden danach, wie es scheint, genauso schrecklich wie zuvor?

Die gängige christliche Lehre vermag auf diese drängenden Fragen keine befriedigende Antwort zu geben, und so leeren sich die Kirchen. Eine umfassende Antwort wird hier zu geben versucht.

Worauf die neuen Erkenntnisse zu Leben und Wirken Jesu gründen, wird im Schlußwort dargelegt. Wir möchten den Leser oder die Leserin dazu anregen, diese neuen Erkenntnisse unbefangen zu lesen und unvoreingenommen auf sich wirken zu lassen. Die Wahrheit hat ein nur ihr eigenes Licht. Wir hoffen und wünschen so sehr, dieses Licht möge durch das vorliegende Buch viele suchende Menschen erreichen. Wem solcher Wunsch, solche Hoffnung, zu anspruchsvoll erscheint, der sei auf das Apostelwort verwiesen: »Prüfet alles, und das Gute behaltet!« (1. Thessalonicherbrief 5, 21.)

Inhalt *Seite*

Die Vorgeschichte

Die Erschaffung Christi

"Im Anfang war das Wort, und das Wort war bei Gott, und das Wort war göttlichen Wesens."

So beginnt das Johannes-Evangelium. Mit dem "Wort" ist Christus gemeint. Das ist nicht strittig. Strittig ist jedoch der letzte Satzteil. Die allgemein gängige Übersetzung lautet: "und das Wort" – also Christus – "war Gott". Dies ist falsch; denn im griechischen Urtext steht an dieser Stelle nicht *ho theos*, das heißt 'Gott', sondern lediglich *theos*, und dies bedeutet 'ein Gott'. Eine grammatisch einwandfreie Übersetzung "und das Wort war ein Gott" stünde jedoch dem Dogma im Wege, wonach Christus zugleich Gott selber sei. Auf die richtige Übersetzung wird meines Wissens nur in zwei Bibelausgaben hingewiesen. Hermann Menge (Württembergische Bibelanstalt, Stuttgart 1949) übersetzt mit einer Erläuterung in Klammern: "und Gott (gleich göttlichen Wesens) war das Wort", während ein Hinweis zu dieser Stelle in der Zürcher Zwingli-Bibel (Ausgabe 1962, Anmerkung 1 auf Seite 119) wie folgt lautet: "'Das Wort war Gott' bedeutet: es war göttlichen Wesens." Das ist die Wahrheit. Christus ist nicht Gott, sondern göttlichen Wesens.

»Gott ist ewig. Nun aber ist von einem *Anfang* die Rede: "Im Anfang war das Wort, und das Wort war bei Gott." Hieraus geht hervor, daß Christus, der eingeborene Sohn Gottes, nicht [von jeher] ewig war« – und doch hat Christus teil an der Ewigkeit Gottes: »Denn der 'Funke', die Kraft, die Macht, aus der heraus Christus geschaffen wurde, war schon immer in Gott.«[1]

»Christus ist aus Gott geboren. Er ist die einzige *unmittelbare* [Geist-] Schaffung Gottes. *Er wird der einzige aus Gott Geborene bleiben*, denn keiner wird nach ihm aus Gott geboren werden. Christus ist Gottes unmittelbarer Erbe aus der Unendlichkeit heraus. Diesem seinem so überaus geliebten Sohn hat Gott alle Macht gegeben. Er gab ihm von sich aus, was an Schöpferkraft in ihm selbst ist. Von allem, was in ihm ist, gab Gott seinem Sohn in höchstem Maße, von allem – und so wurde Christus zum Abbild Gottes . . .«[2] Er wird darum auch das Ebenbild Gottes genannt, so zum Beispiel im zweiten Brief des Paulus an die Korinther, Kapitel 4, Vers 4.

»Wer sich die unendliche Kraft und Herrlichkeit Gottes vergegenwärtigt, von welcher sich der Mensch kein Bild, keine Vorstellung machen kann – von dieser unsäglichen Schönheit, von diesem ungeheuren Feuer –, dem leuchtet ein, daß dann auch Christus als sein Sohn göttliches Denken und die Fähigkeit zu schöpferischem Wirken und Handeln besitzt.«[3]

»Als sie noch zu zweit waren, forderte Gott ihn auf: "Werde schöpferisch tätig!"« Denn die weitere schöpferische Entfaltung sollte auf alle Zeiten hinaus nun seinem geliebten Sohn anvertraut sein. »So kam es dahin, wie es [im Kolosser-Brief des Paulus 1, 16] heißt: "Alles, was in den Himmeln und auf der Erde geworden ist, ist durch Christus geworden."«[4]

»Außer dieser schöpferischen Fähigkeit birgt Christus in sich auch die große Liebe, die große Güte, die Weisheit – kurz, alles, was in Gott selber ist. Von all dem ist bei der geistigen Geburt Christi aus Gott auf Christus übertragen worden, so daß er zum Ebenbild, zum Abbild des Vaters wurde. Gott gab ihm von *seinem* Leib, von *seiner* Seelenkraft, von *seiner* Lebendigkeit.«[5]

»Die Zeit des Glücks und der Herrlichkeit, die Gott mit seinem Sohn durchlebte, kann nicht geschildert werden. Die Schöpfung ist ja so unendlich, und für diese Zeitabläufe gibt es keine Zahlen. Das Zusammenleben dieser beiden bedeutete höchstes Glück.«[6]

Dann aber kam die Zeit – wir können diesen Begriff nicht entbehren, obwohl die Zeit im Geistigen von der unseren, irdischen, verschieden ist –, da Gott und Christus beschlossen, die Welt der Unendlichkeit mit weiteren geistigen Wesen zu beleben. »Gott kam mit Christus überein, eine Hierarchie aufzubauen. Der Vater versprach dem Sohn, als sie noch allein waren, daß er ihn zum König über eine unendliche Schar geistiger Wesen einsetzen werde. Gott versprach Christus, er werde ihn zum König salben; über alle, die in künftiger Zeit ins Dasein treten würden, solle er als König richten – denn groß ist die Liebe des Vaters zum eingeborenen Sohn: Sie war es und ist es und wird es bleiben auf alle Zeiten hinaus.«[7]

Die Erschaffung der weiteren Erstlinge

»Unendlich lange war Christus tätig gewesen bei der Gestaltung von Dingen, die sein Auge und das Auge des Vaters erfreuten. Jetzt aber sollte eine große Geisterschar ins Leben gerufen werden. Gott erklärte seinem Sohn, die weiteren Erstlinge der Schöpfung sollten ihr Dasein aus ihm, Christus, erhalten.«

Mit diesen Erstlingen sind jene sechs Himmelsfürsten gemeint, die die Bibel als Erzengel bezeichnet und die zusammen mit Christus in der biblischen Sprache als 'Söhne Gottes' umschrieben werden. (Hiob 1, 6.) »*Aus Christus* wurden sie ins geistige Dasein gerufen. Ganz ähnlich, wie sich die Geburt Christi aus Gott vollzogen hatte, sollten diese [sechs] weiteren Geschöpfe ihre Daseinsgestaltung aus der Feinstofflichkeit Christi erhalten. Doch sollten die Wesenheiten, die aus Christus ins Dasein gerufen wurden, nicht ein Ebenbild Christi werden, sondern vielmehr Geistgeschwister, die sich in ihrer äußeren Erscheinung wesentlich voneinander unterschieden.«[8]

»Der Vater hat dem Sohn schöpferische Entfaltung ermöglicht. Als aus Gott Geborener besaß Christus Erbanlagen des Vaters. Gott vereint in sich Vater- und Mutterprinzip. Als einziger aus Gott geborener Sohn sollte auch Christus in sich Vater- und Mutterprinzip vereinen. Damit verlieh ihm Gott die Möglichkeit, Kraft und Macht zu weiterer Schöpfung. Durch seinen geliebten Sohn sollte nun alles werden.«[9]

»Wie aber hätte sich die Schöpfung zu dieser Vielfalt entwickeln und ausbreiten können, hätte Christus in sich nur eines der beiden erwähnten Prinzipien besessen? Somit *mußte* Christus wie Gott in sich das männliche und das weibliche Prinzip vereinen. Um die Schöpfung in der vom Vater gewünschten Weise gestalten zu können, brauchte Christus *beide Prinzipien.*«

»Freilich, das ewige Leben – jenes Licht, welches ewiges Leben verleiht –, das behielt sich Gott selber vor. Den Leben gebenden 'Funken' wollte Gott selbst spenden; doch schaffen [das heißt schöpferisch tätig sein] sollte der Sohn. Gott wollte es ihm ermöglichen, das Licht des Vaters auszutragen. Die für alle Schaffungen erforderliche Lebendigkeit erhielt Christus stets vom Vater. Daß seine Schöpferkraft so gewaltig und vielfältig ist, bezeugt auch die dem Menschen sichtbare Schöpfung, die dieser in ihrer unendlich reichen Gestaltung nur bewundern kann.«[10]

Die sechs auf Christus folgenden Erstlinge verdanken also ihren geistigen Leib Christus, den ewiges Leben verbürgenden 'Funken' aber Gott. »Allerdings bargen diese Geschöpfe, die Christus ihr Dasein verdanken, nicht mehr Vater- und Mutterprinzip zugleich in sich. Beide Prinzipien wurden jetzt geteilt, und so kam es zur Schaffung von männlichen und weiblichen Wesen. Damit sollte der Weg bereitet werden zur allmählichen Entstehung einer gewaltig großen geistigen Familie, zu einer unendlichen Entfaltung . . .«[11]

Nach Christus trat als erster jener Geist ins Dasein, der den Namen 'Lichtträger' erhielt. »Dem Leibe nach hat er sein Dasein Christus zu verdanken, denn er bekam ihn von dessen odischem[12] Leib übertragen. Dieser [neue] odische Leib vereinte sich mit dem göttlichen Licht und nahm so Gestalt an. Diese Gestalt war wunderschön. Überaus groß war die Freude . . . Gerade das erste Kind ist für eine jede Mutter doch ein besonderes Erlebnis, und so erging es auch Christus . . . Das durch ihn ins Dasein getretene Geistwesen war wunderbar und ganz in Licht gehüllt. Trotzdem kam es an Glanz und Herrlichkeit Christus nicht gleich, obwohl es ein so wunderbares Geistwesen war.«[13]

»Danach verstrich eine gewaltige Zeitspanne. Der Lichtträger war glücklich und zufrieden. Als er ins Dasein gerufen war, hatte Gott ihm gesagt: "Dies [Christus] ist dein Bruder. Er aber wird König sein, über dich König werden." Schon lange, ehe dieser Lichtträger ins Dasein trat, war ihm von Christus ein eigenes Reich aufgebaut und ausgestaltet worden, das er einst beziehen sollte. Vorläufig aber blieb der Lichtträger noch allein. Beide Erstlinge wohnten beim Vater.«[14]

»Nach der erwähnten Zeitspanne wurde dem Lichtträger sein Du, sein *Dualwesen*, gegeben. Denn immer sind es zwei, die sich im Glück zusammenfinden und eins werden müssen, um die Schöpfung Gottes zur Entfaltung zu bringen. Dies sind die Ehen, die im Himmel geschlossen werden – steht doch auch in der Heiligen Schrift geschrieben, daß Gott jeweils zwei füreinander geschaffen und unter ihnen himmlische Ehen gestiftet hat.« Die Stelle lautet: "Also schaue alle Werke des Höchsten: Immer sind es zwei, eines dem andern zugeordnet." (Sirach 33, 15.) »In den himmlischen Welten wie auch auf dieser Erde muß sich Männliches mit Weiblichem verbinden.«[15]

»Jetzt, als das Dualwesen des Lichtträgers ins Dasein gerufen war, durften sie beide in ihr Reich einziehen. Beide waren füreinander geschaffen worden als ein Paar, das im Glück zusammenleben und sich unter der Führung des von Gott bestimmten [künftigen] Königs betätigen sollte. Dieses erste himmlische Fürstenpaar war in diesen Anfängen willens und bereit, seinem [künftigen] König Gehorsam zu leisten und ihm zu huldigen – hatte doch der Vater dies so bestimmt.«[16]

»In unendlichen Zeitabläufen traten schließlich alle diese sechs Erstlinge, diese drei Fürstenpaare, ins geistige Dasein. Da es sich bei ihnen um hohe Geister handelte, wurde einem jeden von ihnen ein entsprechend reicher und prachtvoller Wohnsitz übergeben. Jedesmal war es ein Fest, die Übergabe der geistigen Reichtümer zu erleben ...«[17]

Christi Krönung zum König

»Der Vater hatte seinen Sohn gleich nach dessen geistiger Geburt zum erstenmal gesalbt.« (Christus – auf griechisch *christós* – bedeutet ja 'Gesalbter'.) »Als nun alle weiteren 'Söhne Gottes' ins Leben getreten waren, da salbte Gott seinen eingeborenen, geliebten Sohn zum König.«[18]

»Welch ein Fest gab es aus diesem Anlaß! Es fand statt zu Ehren des Königs Christus – aber welche Freude bereitete er damals auch seinen hohen Geschwistern! Bei allen war die Seligkeit groß. Noch stieg im Lichtträger [Luzifer] kein Gedanke daran auf, sich selber an die erste Stelle zu drängen. Noch kannte er keinen Anflug von Neid. Noch war in ihm nur Glückseligkeit.«

»Die drei Fürstenpaare huldigten ihrem König, knieten vor ihm nieder. Sie bejahten ihn als Stellvertreter Gottes, als ihren König im Himmelreich. Mit kostbarstem Öl aus erlesensten Gefäßen hatte Gott seinen Sohn gesalbt. Gewandet wurde er von Gott selbst. Christi Gewand bestand bei dieser Krönung aus lauter wunderbaren Edelsteinen ... Zum Zeichen seines Königtums hatte Gott Christus eine Krone aufs Haupt gesetzt. Alle knieten vor ihm nieder, huldigten ihm und gelobten ihm Gehorsam. So bezeugten sie: Christus ist unser König.«[19]

»Jedes Fürstenpaar durfte in dieser himmlischen Welt das Reich beziehen, das für es aufgebaut worden war. Von nun an sollten sie als zusammengehörige Paare in ihrem Reiche leben und dafür besorgt sein, daß sich der Himmel in geistiger Entfaltung ausdehnen, daß weiteres geistiges Leben ins Dasein gelangen konnte. Allein, jedesmal hatte Gott den auf diese Weise neu ins Dasein getretenen Wesenheiten durch das Einwirken *seiner* ewigen Kraft ewiges Leben verliehen und ihnen dadurch zugleich die Kraft geschenkt, ihrerseits weitere Wesenheiten ins Dasein rufen zu können. So bildeten sich himmlische Familien. So weitete sich der Himmel ...«[20]

In den Anfängen war die göttliche Familie noch klein. »Doch schon damals wurde ihr eröffnet, daß diese gewaltigen Himmel bis zum letzten Platz beseelt würden, daß aber auch dann noch Christus König über sie alle sein und bleiben werde. Alle bejahten dies ... Wer nun neu ins Dasein trat, dem wurde erklärt, daß Christus der König sei, dem man Gehorsam zu leisten habe. Wer ins geistige Leben getreten war und schöpferische Fähigkeiten in sich trug, sollte auch an der Ausgestaltung dieser himmlischen Reiche mitwirken – doch der eigentliche Baumeister und Gestalter bleibt stets Christus.«[21]

»Dadurch trat Christus in der Gotteswelt, als diese noch in Glück und Seligkeit lebte, viel mehr hervor als der Vater. Gott hielt sich in seiner Herrlichkeit zurück. Wohl überschaute er alles, was geschah, und er lebte viel mit dem Sohne zusammen. Die zahllosen Gespräche, die sie miteinander führten, bezogen sich auf die Entfaltung der Schöpfung und ihre Entwicklung. So wurde Christus vom Vater dabei gelenkt, geführt. Er trat hinaus und ging von einem Himmel zum andern; denn überall weitete sich das Leben aus. Geistige Völker wurden geschaffen, wunderbar in ihrer Vielfalt.«[22]

»Immer größer wurde die Entfaltung.« Dazu bedurfte es der Arbeit, der persönlichen Mitwirkung eines jeden einzelnen geistigen Wesens. »Die dazu erforderliche Kraft – reinste odische Kraft[23] – geht von Gott aus. Sie durchflutet nicht nur die Himmel, sondern diese odischen Kräfte sind überall anzutreffen. Freilich sind diese Kräfte nicht überall in jener Feinheit vorhanden, wie sie in der nächsten Umgebung Gottes vorherrschen und darüber hinaus im Bereich der hohen Geister der himmlischen Welt. Nur dort ist die 'Materie', wie sie zur Entfaltung erforderlich ist, in höchster Feinheit vorhanden, als reinste Feinststofflichkeit.«[24]

»Doch durchfluten diese Kräfte die ganze Schöpfung. Da jedoch alles, was danach ins Dasein gerufen wurde, an eigener, persönlicher göttlicher Kraft nicht mehr jene Reinheit, nicht mehr jenen Glanz aufwies wie im Ursprung und in dessen nächster Umgebung, so ergab sich daraus, daß die ganze [weitere] Tätigkeit sich nicht mehr in dieser feinsten, lieblichsten Art vollzog wie in den höchsten Himmeln.«[25]

»So lebten die Völker des Himmels miteinander. Jene geistigen Völker, die infolge der geistigen Entfaltung [der Hierarchie] vom Göttlichen etwas entfernt waren, erstrahlten nicht in der Schönheit, in dem Glanz wie die Wesenheiten in der nächsten Umgebung Gottes. Dieser Unterschied bekundete sich auch in ihrem Denken, in ihrem Handeln, in ihrem ganzen Wesen. Nur so konnte es überhaupt in dem Ausmaße zu *dem* kommen, was dann geschah ...«[26]

Wie der Abfall sich anbahnte

»Die hohen Geister hatten ja Gelegenheit, diese verschiedenen Völker aufzusuchen. Sie erteilten ihnen Ratschläge, und sie brachten ihnen Grüße von den Höhen des Himmels. So war es damals auch diesem 'Lichtträger' möglich, der in seinem Glanz so schön und herrlich anzusehen war, diese geistigen Völker aufzusuchen und ihnen Grüße und Überraschungen vom Vater zu bringen. Dabei empfand dieser Lichtträger, wie schön es ist, umjubelt zu werden, wenn man ein Volk begrüßt und eine Zeit hindurch dessen Gast ist.«[27]

»Er hatte aber auch miterlebt, welcher Jubel dem *König* entgegengebracht wurde ... Ging der König unter die Seinen, dann wurden stets große Vorbereitungen getroffen, und es wurden ihm besondere Ehren erwiesen. Dieser Lichtträger jedoch fand, er könnte genau dasselbe leisten wie Christus.« Milliarden von Jahren waren über die himmlische Schöpfung, deren Wesen in Glückseligkeit miteinander lebten, dahingegangen, ehe der Lichtträger allmählich hoffärtig wurde. »Ganz langsam regte sich in ihm der Wille, dem König Widerstand zu leisten. Er fing an, sich erhaben zu fühlen, und er vergaß, daß er doch einst vor Christus gekniet und ihm Treue gelobt hatte. Der Vater hatte es so verlangt, und willig hatte er es getan.«[28]

»Christus als Gesalbter Gottes hielt sich viel beim Vater auf, während die anderen Himmelsfürsten in ihren Reichen verblieben. Gottes Sohn besaß eben gewisse Vorrechte. Dies nutzte der Lichtträger aus, indem er zu den geistigen Völkern sagte: "Der, den ihr König nennt, kommt ja nur selten zu euch! Ihr seht ihn nur selten. Ich würde mich mehr um euch kümmern. Mich würdet ihr häufiger sehen, und ich hätte euch auch mehr zu bieten ..." Er machte also diesen geistigen Völkern Versprechungen, zu denen er nicht berechtigt war.«[29]

Besonders umwarb er die *Führer* dieser geistigen Völker. »Ein geistiges Volk in der Jenseitswelt umfaßt ja Legionen, denen jeweils ein Fürst des Himmels vorsteht. Auch hat jedes geistige Volk verschiedene geistige Führer, die sich mit diesem Volk befassen, indem sie es nach den Weisungen führen und lenken, die sie von oben erhalten. Eifrig ging dieser Lichtträger zu Werke. Er besuchte diese Führer, indem er versprach, ihnen, wenn er König würde, größere Rechte einzuräumen. Das versprach er – und viele glaubten ihm ...«[30]

»Wohl zeigte sich auch Christus diesen Völkern und suchte er sie auf; doch ließ sich der Lichtträger nicht beirren. Er verfolgte weiter seine Absichten, denn jedes geistige Volk war in seinem Wirken selbständig. Die geistigen Gesetze waren so gefaßt, daß alle ihre Freiheit besaßen, zugleich aber genau wußten, was sie zu tun und zu lassen hatten.«[31]

»Wie lange es dauerte, daß man so für Luzifer warb, dafür kann man keine Zeit nennen – unendlich lange dauerte es; denn es mußte doch in den verschiedensten Himmeln geworben werden. Alles nahm seinen Anfang bei nur ganz wenigen Geistwesen. Die Überzeugungskraft ihres Führers war so groß und beeindruckend, daß sich die Kunde davon immer weiter verbreitete, immer mehr für ihn geworben wurde.«[32] Es galt ja, Milliarden und aber Milliarden von Geistwesen auf seine Seite zu ziehen.

»Luzifer, noch immer der 'Lichtträger' in wunderbarem Glanz und im Vollbesitz seiner Rechte, hatte in gewisser Hinsicht die Möglichkeit, zu befehlen und zu regieren; denn er besaß ja ein Reich, das ihm zugeteilt war. So nahm er all jene bei sich auf, indem er sie bat: "Kommt zu mir! Kommt in das mir zugesprochene Reich – kommt zu *mir!*" Dort heckte man Pläne aus und malte sich aus, was man in diesen himmlischen Welten alles zu verändern gedachte.« Luzifer versprach seinen engsten Anhängern, auch ihnen ein Reich zu übertragen. »Denn sie sahen doch die Unendlichkeit vor sich, und in dieser Unendlichkeit gab es wahrhaftig Platz genug, einen Teil davon den einzelnen zuzugestehen, damit sie dort ihre Herrschaft ausüben und in Herrlichkeit leben könnten. An Versprechungen ließ man es nicht fehlen – ganz leichthin machte man solche Versprechungen einem jeden, der willens war, andere für dieselbe Gesinnung zu gewinnen.«[33]

Gott griff nicht ein. »Eine lange Zeit ließ man verstreichen, während welcher sich die Wesenheiten untereinander *teilten.* Man ging in andere Himmel hinein und wohnte bei Gleichgesinnten. Wo sich in einem Hause die Angehörigen – geistige Eltern, geistige Kinder – getrennt hatten, herrschte schon leise Trauer. Man wartete und hoffte auf ein Eingreifen Gottes.«[34]

»Zwar lehnte sich niemand gegen Gott auf. Sie *alle* beteten Gott an. Auch die es mit Luzifer hielten, kamen zusammen, um Gott zu lobpreisen und zu ehren. Ihn lobpriesen sie – aber Christus brachten sie nicht mehr ihre Verehrung dar. Ihn anerkannten sie nicht mehr als den ihnen zugewiesenen König. Sie anerkannten ihn nicht mehr als den Gesalbten Gottes. Sie meinten, es genüge, Gott zu ehren und zu loben. Nichts gegen *ihn* – aber Christus wollten sie nicht mehr als ihren König haben.«[35]

»Lange, lange ging es so. Gott und Christus sahen alles, aber sie griffen nicht ein ... Man ließ Luzifer und die Seinen schalten und walten. Christus war unglücklich, mit ansehen zu müssen, wie die, die *ihm* gehörten, sich von ihm abwandten und *dem* Gehör schenkten, der ihnen so viele Versprechungen machte, von denen Christus genau wußte, daß er von Gott dazu weder Auftrag noch Macht besaß. Dies wußte er genau, und es tat ihm weh, dieses mit ansehen zu müssen, weil er ahnte, daß die Strafe nicht ausbleiben werde. Wie sie ausfallen würde, wußte auch er nicht – das blieb dem Vater vorbehalten.«[36]

»Hätte Gott als Inbegriff der Macht sich ständig [mit seinem Sohne] unter den Seinen bewegt, sich ihnen gezeigt und so seine Machtfülle zum Ausdruck gebracht, hätte wohl keiner sich getraut, sich aufzulehnen. Man hätte sich gebeugt, denn man wußte: Gegen Gott vermag niemand etwas. Gott hatte sich jedoch, wie schon angedeutet, in seinen Glanz, in seine Herrlichkeit gewissermaßen zurückgezogen, so daß er nicht zum täglichen Erlebnis seiner Geschöpfe wurde. Vielmehr hatte er seinem Sohn entsprechenden Auftrag erteilt. Da also der Vater sich zurückhielt und deswegen die Geschöpfe Gottes Macht nicht unmittelbar zu spüren bekamen, wurde die Auflehnung Luzifers möglich.«[37]

»So kam es dahin, daß Christus den Vater aufsuchte und ihm sein Leid klagte. Denn Christus, der dieselbe wahre Liebe in sich trägt wie der Vater, wäre bereit gewesen, zurückzustehen, wenn es Gottes Wille gewesen wäre. Er wollte sich fügen – alles sollte nach dem Willen Gottes geschehen... Allein, der Vater sprach: "Mein ist die Gerechtigkeit!" Hatte der Vater doch Christus zum König gesalbt. So wünschte der Vater vom Sohn, er solle schweigen; er selbst werde eingreifen, wenn die Zeit dafür gekommen sein würde.«[38]

Schließlich entwarf Gott mit Christus einen Plan und legte darin fest, wann es ein Eingreifen geben würde. »Denn wenn Gott prüft, eilt es ihm nicht... Vielmehr verstrichen Millionen von Jahren, bis es zu einem Eingreifen kam. Gott handelte nicht vorher, weil alles ausreifen sollte. Luzifer hätte ja auch zu einer besseren Überzeugung kommen und einsehen können, daß seine Gedanken und sein Vorgehen falsch waren. Er hätte also mehr als genug Gelegenheit zur Umkehr gehabt. Luzifer konnte und kann niemals Gott und Christus vorwerfen, man habe ihn allzu früh verurteilt. Sehr, sehr lange hatte man zugewartet und erst dann eingegriffen, als keine solchen Vorwürfe Luzifers mehr zu gewärtigen waren.«[39]

»Darum konnte der einstmalige Lichtträger weiterhin vorgehen, und durch seine Überredungsgabe vermochte er immer mehr geistige Völker davon zu überzeugen, es wäre für sie gut, *ihn* zum König zu haben. Viele jedoch gab es auch, die dem Lichtträger mißtrauten.« Selbst in den einzelnen geistigen Verwandtschaften kam es zur Entzweiung. »Die einen in der Familie beharrten darauf, nur dem König zu dienen, nur ihn anzuerkennen, weil Gott nur ihn als König eingesetzt habe, während die anderen sich von den Reden des Lichtträgers betören ließen: "Seht, was kümmert sich euer König denn um euch? Er kümmert sich überhaupt nicht um euch!"«[40]

»Das entsprach nicht der Wahrheit. Wohl zeigte sich auch Christus seinen geistigen Völkern oder Untertanen; allein, da er seine Aufgabe neben dem Vater hatte, ging er nicht zu ihnen, ohne es vorher mit dem Vater besprochen zu haben. Nichts tat Christus ohne das Wissen des Vaters, war er doch eins mit dem Vater.«[41]

Es ging eine unnennbar lange Zeit, bis der Aufstand so weit gediehen war, daß Luzifer meinte, gefestigt genug zu sein, um gegen Christus mit Erfolg vorgehen zu können. »Gott sah die Gedanken seiner ungehorsamen Kinder. Er sah auch ihr Treiben. Die ihm treu Gebliebenen brachten ihm ja Nachricht über das, was sich vorbereitete. Als es dann soweit gekommen war, da bereitete Gott jenes höllische Totenreich vor, in das Luzifer mit seinem ganzen Anhange gestürzt werden sollte. Auch diese höllische Sphäre mußte vorbereitet werden.«[42]

Der Engelsturz

Zuletzt hatten sich selbst Teile des geistigen Heeres Michaels, das gelobt hatte, die himmlischen Stätten zu betreuen, auf die Seite des Lichtträgers geschlagen. »Jetzt faßte dieser den Entschluß: "Nun habe ich genügend Legionen. Ich nehme den Kampf auf und werde Christus mit meinen Legionen besiegen!"« Aber dahin kam es nicht. »Die Gleichgesinnten hatten sich schon in den himmlischen Welten zusammengefunden. Diese himmlischen Welten waren von göttlichen Wesen doch so bevölkert – und sind es noch. Als die Zeit gekommen war, gingen Engel Gottes im Auftrage Gottes und Christi mit ihren Posaunen aus; denn der Klang der Posaune war für die Geistwesen stets der Ruf, sich zu sammeln, weil Gott zu ihnen sprechen wollte oder der König.«[43]

»Bei den Klängen dieser Posaunen zogen die Legionen an die Plätze [Stätten], zu denen sie jeweils hinbefohlen wurden, wenn es notwendig war, daß sich auf diesen Ruf hin die himmlischen Wesen versammelten. Sie machten sich auf, wenn die Posaunen ertönten. Von allen Himmeln her kamen sie. So geschah es auch diesmal. Die Ungehorsamen nahmen ihre Plätze ein voller Hoffnung: "Nun ist es soweit! Nun wird uns der Vater bestätigen, daß wir richtig gehandelt haben." Dies glaubten sie, als sie die Posaunenklänge vernahmen.«[44]

Luzifer fühlte sich seiner Sache sicher. »So machte er sich auf den Weg zum Vater, um ihm zu sagen: "Ich will König sein!" Dabei ging er stolz und siegesbewußt an Christus vorbei. Luzifer war ja wie die anderen Söhne Gottes noch in seinen Rechten. Er war also nicht weit von Gott entfernt, als er sich zu ihm hin aufmachte.« Aber er schätzte das Wesen Gottes falsch ein ...[45]

»Der Lichtträger huldigte dem Vater und sagte: "Ich will nun König sein! Vater, sieh die Scharen, die mir ergeben sind! Sie werden mir und dir dienen. Doch kröne mich zum König aller Geister!" Gott sprach nicht viele Worte. Seine Stimme wurde vernommen in allen Sphären, von allen Geistern in allen Weiten: "Ihr habt meinen heiligen Willen nicht erfüllt! Mein heiliger Wille ist, daß Christus die Herrschaft über alle Geister halte!" Er verkündigte ihnen, sie hätten sich des Ungehorsams schuldig gemacht, und für sie sei kein Platz mehr im Himmel.«

»Jetzt wurde dem Lichtträger mit einem Schlage klar: "Ich habe mich gegen Gottes Gesetz aufgelehnt, und dabei meinte ich, meine Auflehnung richte sich nur gegen Christus..." Gegen Gott hatte er sich nicht auflehnen wollen, denn dessen Macht kannte er; allein, er hatte geglaubt, Gott werde ihm die Rechte zugestehen, die er anstrebte.«[46]

»Als man erkannte, daß Luzifer [dennoch] zum Angriff übergehen würde, hatte auch Christus auf Befehl des Vaters die Seinen um sich geschart, und sowie Luzifer das Zeichen zum Angriff all seiner Anhänger gab, trat Christus auf ein Zeichen des Vaters hin zum Gegenangriff auf seinen Widersacher an. In diesem Kampf blieb Christus Sieger.«

»Rechtzeitig hatte Gott die Geister, die er dazu auserwählt hatte, die Scharen der Ungehorsamen zu stürzen, entsprechend ausgerüstet. *So gab es also in der Jenseitswelt einen Kampf!* Gekämpft haben die Streiter der Legionen Michaels, auch wenn ein Teil von ihnen [sozusagen] noch im letzten Augenblick abgefallen war.«[47]

»Mit feurigen Schwertern wurde gekämpft. Nichts wird von einem Geist mehr gefürchtet als geistiges Feuer.« Zugleich wurden die Scharen, die sich für Luzifer kampfbereit hielten, in geistiges Feuer eingeschlossen: »Als sie sich auf seinen Befehl an die ihnen bestimmten Plätze begeben hatten, um auf das Zeichen zum Angriff zu warten, wurden sie zu dem Zeitpunkt, den Gott bestimmte, *von feurigen Mauern umschlossen*... Luzifer sah [nun] ein, daß ein Sieg unmöglich war. Er bekam Gottes Macht zu spüren – er mußte sie [uneingeschränkt] anerkennen.«[48]

Als erster wurde Luzifer aus den himmlischen Reichen verstoßen. »Christus selbst hat doch gesagt, er habe den Satan wie einen Blitz aus dem Himmel stürzen sehen (Lukas 10, 18). Um den einstigen Lichtträger voller Glanz und Herrlichkeit wurde plötzlich alles verdunkelt. Nicht nur Christus, sondern alle treu gebliebenen Geister Gottes sahen, wie die Lichter jenes Fürsten erloschen, der nun mit allen den Seinen hinabgestürzt wurde in die Unterwelt.«[49]

»In dem Augenblick, da Gott eingriff, wurde Luzifer alle Pracht genommen, die sein Äußeres bisher eingehüllt hatte.« Zuvor hatte er sich selbst seiner *inneren Reinheit* beraubt. »Wohl besaß er noch die ihm verliehene *Kraft,* und sie sollte ihm auch nicht genommen werden. Verstoßen wurde er aber mit all den Seinen aus den Herrlichkeiten der Gotteswelt – hinabgeschleudert in die Hölle.«[50]

Der Engelsturz erfolgte nicht schlagartig, sondern erforderte seine Zeit; auch vollzog er sich nicht überall gleich. »Alles muß sich nach der geistigen Ordnung und ihren Gesetzen vollziehen. Dies galt auch für den Sturz. Zuerst wurden diejenigen geistigen Völker gestürzt, die sich am schwersten versündigt hatten. Aber auch all jene mußten dann die Himmel verlassen, die wankelmütig gewesen waren – auch sie wurden vom Sturz mitgerissen ...«

»Wie ein Beben ging es durch die himmlische Welt. Während die einen von einem solchen Beben erfaßt wurden, standen die anderen zitternd und flehend da. Ihre Welt bebte; aber sie wußten ja noch nicht, ob auch sie zu jenen gehörten, die von diesen Beben erfaßt und aus den Himmeln gestürzt wurden. Ein Teil dieser unendlichen Scharen der Ungetreuen nach dem andern wurde von diesen Beben erfaßt. Die anderen, die Gott treu geblieben waren, hatten diese Beben auch miterlebt; aber sie wurden nicht von ihnen erfaßt und stürzten nicht in die Tiefe.«[51]

»Alle Wesenheiten, die Luzifer angehangen hatten, waren von getreuen Engeln für den Sturz geistig *gezeichnet* worden, ohne daß sie dieses ahnten. Die Ungetreuen waren nicht einfach mit einem sichtbaren Zeichen versehen worden, das den künftigen Sturz andeutete. Vielmehr hüllten Geister Gottes die Ungehorsamen in ein gewisses Od ein, das sie umschloß. Als dann die Entscheidung gefallen war, wurden sie von dieser odischen Kraft erfaßt und aus den Himmeln gestürzt. Der Reihe nach wurden die Ungehorsamen [von dieser Kraft] erfaßt und aus den Himmeln in die Dunkelheit geschleudert. Alle waren dafür gezeichnet worden.«

In gewisser Beziehung kann man sich ganz menschlich vorstellen, wie es zu diesem Geschehen kam. »Die Wesen hatten vor dem Abfall doch miteinander gelebt. Sie hatten miteinander diskutiert. Die einen traten eifrig werbend für Luzifer ein, während die anderen ebenso eifrig sich für Christus einsetzten. Man kämpfte also zuerst mit Worten. Man versuchte, die Gesinnung des andern zu wandeln und ihn für Luzifer zu gewinnen. Viele, viele Gespräche wurden so geführt, und dies zog sich über lange Zeiträume hin; doch plötzlich kam es dann zum Fall, zu einem Sichöffnen des Himmels und zum Sturz in eine Dunkelheit hinein – aber nicht [für alle] zur selben Stunde.« Es dauerte längere Zeit, bis alle erfaßt waren und diese Beben aufhörten, weil nun auch der letzte der Wankelmütigen und Unschlüssigen aus den Himmeln gestürzt war.

»Als dann der Himmel gereinigt war, wurden Engel Gottes in die Weiten des Himmels entsandt.« Sie verkündeten, daß Christus, der von Gott Gesalbte, Sieger geblieben sei; »er erfülle weiterhin seine Aufgabe als König der Geisteswelt. Diese Kunde überbrachten jene Engel, deren Aufgabe es war, in den Himmeln mit Posaunenklang Nachrichten zu verkünden.«[52]

Der Himmel nach dem Abfall

»Als alle Ungehorsamen aus den Himmeln entfernt waren, wurde das Mitleid wach mit all denen, die gehen mußten.« Wie hatten die Gestürzten geweint, um Hilfe geschrien ... »Sie flehten: "Vater, laß uns bei dir! Vergib uns, daß wir falsch gedacht haben! Laß uns bei dir! Sende uns nicht weg!" Es nützte nichts – sie alle mußten gehen. Sie hatten das oberste Gebot, das höchste Gesetz, übertreten: das Gesetz des Gehorsams gegenüber Gott. Im Glück hatten sie in der geistigen Welt dahingelebt; sie waren schöpferisch tätig gewesen, sie hatten gewirkt und sich entfaltet, und sie fühlten sich so machtvoll ... Darüber vergaßen sie ganz das höchste Gebot des Gehorsams. Sie vergaßen, daß Gott seinem eingeborenen Sohn Macht gegeben und ihn zum König gesalbt hatte. Sie vergaßen Gottes Weisung: "Ihm, Christus, habt ihr an meiner Statt zu gehorchen!" Dies hatten die Ungehorsamen vergessen. Sie meinten, sie hätten sich nicht gegen Gott aufgelehnt; aber sie hatten sein *Gebot* umgangen. Es war als Gesetz klar und deutlich.« Doch jenen Geschöpfen war es nicht mehr deutlich in Erinnerung gewesen ...[53]

»Wohl war die Zahl derer, die als Getreue mit erlebten, was geschehen war, noch Legionen und aber Legionen; doch bei ihnen allen war das Leid groß. Nichts von dem, was geschah, konnte ja verheimlicht oder verschwiegen werden; denn bei *allen* geistigen Völkern gab es welche, die abtrünnig geworden waren. Es gab geistige Völker, die fast bis zum letzten Angehörigen diesem Lichtträger geglaubt hatten und nun die Himmel verlassen mußten.«[54] Was aber die Menschen von heute nicht wissen: Sie selber, die diese Erde bevölkern – *wir alle* – gehören zu denen, die am Abfall beteiligt waren und ausgestoßen wurden ...

»Trauer herrschte lange Zeit hindurch in den Himmeln. Man trauerte um die eigenen Angehörigen und Nächsten. Man wußte nichts über sie. Man wußte nicht, ob Gott ihr Leben ausgelöscht hatte oder wo sie lebten. Groß war die Trauer, groß ... Denn so viele gewaltige Besitztümer hatten sich geleert – all die Stätten des Reiches Luzifers in der himmlischen Welt, all die Behausungen seiner Anhängerschaft, und deren Zahl war leider sehr, sehr groß ... Die Treugebliebenen scharten sich zusammen, um ihren König anzuflehen, er möge doch Gott um Barmherzigkeit für die Gestürzten und Verstoßenen bitten – hatte doch so manches Geistwesen, das jetzt weinte und flehte, die eigene geistige Mutter oder den geistigen Vater, hatte Bruder oder Schwester verloren ... Oft war nur ein einziges Familienmitglied im Himmel verblieben und fühlte sich jetzt einsam und verlassen.«[55]

»Die Treugebliebenen mußten sich kummervollen Herzens den veränderten Verhältnissen anpassen und sich in eine neue Welt einfügen; denn vieles wurde neu geordnet – mußten doch die himmlischen Güter der Gestürzten weiterhin verwaltet werden. Ihre Betreuung ging in die Hände treuer Fürsten über. Sie haben diese Besitztümer zu verwalten, um sie, wenn dereinst die Zeit dafür gekommen sein wird, ihren früheren Eigentümern zurückzuerstatten. Damals aber, beim Abfall, ereilte all jene, die aus den Himmeln vertrieben wurden, der *geistige Tod.* Eine schwere Zeit begann für sie – eine schwere Zeit ...«[56]

Wächterengel in der Hölle

»Gott hatte sich sogleich erbarmt, als er all jene Gestürzten in ihrer Not sah und sie ihn um Hilfe anflehten. Aus Erbarmen hatte Gott aus seinen Himmeln Engel in diese höllischen Bereiche entsandt, damit Luzifer nicht so schalten und walten konnte, wie er es gerne wollte. Wenn nun jeweils diese Engel Gottes in die tiefsten Tiefen hinabstiegen und Luzifer sie erkannte, war er voller Ängste ... Er fing an zu zittern – so groß war seine Furcht. Vor einem fürchtete er sich: vor seiner persönlichen Vernichtung durch das Feuer Gottes ... Nur davor hatte er Angst, und diese Angst beließ man Luzifer lange, lange Zeit hindurch; denn immer wieder erschienen diese Engel Gottes. Jedesmal wurde er unsicher, und er fragte sich: Kommen sie, um mich zu vernichten? ...«[57]

»Denn er vermochte nicht zu sehen oder zu erkennen, was Gott mit ihm vorhatte – das konnte er nicht in Erfahrung bringen, obschon er vieles von dem, was in den himmlischen Welten vor sich ging, tatsächlich herauszufinden vermochte. Dies war ihm möglich, weil er in sich selbst eine so große Geisteskraft besaß, die ihm nicht genommen wurde. Er hatte also die Möglichkeit, manches in Erfahrung zu bringen, da er nicht ständig in den dunkelsten Winkeln seiner Welt blieb. Mit der Zeit traute er sich immer mehr hervor. Je mehr Zeit verstrich, um so mehr hoffte er, daß ihm nicht das widerführe, wovor er sich ängstigte, nämlich vor seiner eigenen Vernichtung durch das geistige Feuer.«

»So wagte er sich immer mehr hervor, und zugleich war er darauf aus, denen, die ihm untertan waren, Leid zuzufügen. Deshalb kamen Geister Gottes und fingen an, sich in diesen höllischen Bereichen als Wächter aufzustellen. Von Zeit zu Zeit wurden diese Wächter von anderen Geistern Gottes abgelöst. Genau wie einst stehen auch heute noch in den höllischen Bereichen diese Wächter da, um einzuschreiten, wenn sie erkennen müßten, daß Luzifer die ihm gesetzten Schranken überschritte und Unerlaubtes beginge. Also waren ihm in seiner Machtausübung stets Grenzen gesetzt.«[58]

»Da Gott ein Gott der Liebe und Güte ist, erbarmte er sich all der in die Hölle Gestürzten, ganz besonders der Mitläufer, die nicht in der großen Schuld standen wie ihre Verführer. Gott schuf ihnen Gelegenheit zur Bewährung. Er gab ihnen schon in diesen höllischen Bereichen, in diesem Totenreich Luzifers, Aufstiegsmöglichkeiten, damit die Reuigen sich emporarbeiten konnten, nämlich in höhere Stufen der Hölle; denn auch die Hölle ist in verschiedene Stufen eingeteilt und hat bereits ihre *Besserungsstufen.* Man darf sich die Hölle nicht als *eine* Ebene vorstellen, darin sämtliche Wesen, die Gott untreu geworden, unterschiedslos zusammen wären. Die Rädelsführer waren mit Luzifer zusammen gestürzt, während die Verführten, die Mitläufer sich auf die höheren Stufen verteilten. Das war der erste Schritt zu ihrer Rettung.«[59]

Die oberste Stufe der Hölle kann man als Vorhölle bezeichnen. »Dorthin kamen jene Geistwesen, die sich nicht so schwer belastet hatten und nur deshalb aus den Himmeln gestürzt wurden, weil sie wankelmütig waren und sich Bedenkzeit ausbedungen hatten für ihre Entscheidung, auf welche Seite sie treten wollten. Ihre bloße Wankelmütigkeit fand so ihre Strafe. Doch hatten sie sich nicht dafür eingesetzt, andere zu überreden, sich auf die Seite des einstigen Lichtträgers zu stellen.«

»Diese Vorhölle war eine ziemlich große Ebene – doch die tiefsten Tiefen, da, wo Luzifer seinen Platz hatte, waren wohl die größten. Außer dieser Vorhölle gab es wie erwähnt noch weitere Stufen des Aufstiegs in der Hölle. Je weiter sich ein Wesen der Vorhölle zu nähern vermochte, um so weniger furchtbar wurde das Leben und die Umgebung für es. Diese Vorhölle läßt sich als eine Gegend beschreiben, wo es einige bescheidene Zelte hatte, mit einer gewissen Vegetation, etwas Grün, aber nur ganz spärlich. Im ganzen glich diese Gegend eher einer Wüste, da und dort vielleicht von einer kleinen Oase unterbrochen.«[60]

Der siebenteilige Schöpfungsplan zur Heimführung

Aus Gottes Erbarmen mit den Gestürzten erwuchs seine Absicht, ihnen die Rückkehr ins Vaterhaus zu ermöglichen. »Der Plan entstand, die abgefallene Geisterschar wieder zurückzurufen, sie wieder vereint zu wissen unter seinem geliebten Sohn, dem König der Geisteswelt. Dies war Gottes Gedanke. Nun mußte der Plan für die Rückführung der Gefallenen entworfen werden. Diesen Plan durchdachte und besprach Gott nur mit seinem eingeborenen Sohn.«[61]

So entstand der *siebenteilige Schöpfungsplan zur Heimführung.* »Der erste Teil betraf jenen Plan, der auf die Hoffnung gründete, dieser Aufstieg der gefallenen Geschöpfe könne sich in der geistigen Welt vollziehen, ohne daß es dazu einer Erde bedürfte.«[62]

»Das erste Gebot dieses Planes war das Gebot des Gehorsams – hatten die Gestürzten doch durch Ungehorsam das Himmelreich verloren. Somit sollte die abgefallene Geisterwelt durch ein Gebot des Gehorsams geprüft werden, und dementsprechend wurde dieser erste Teilplan entworfen. Doch zugleich wurde auch ein *zweiter* Plan durchdacht.« Würde es nicht gelingen, den abgefallenen Geistern durch den ersten Teilplan eine vergleichsweise leichte und rasche Heimkehr zu ermöglichen, sollte der zweite Plan verwirklicht werden. Dieser zweite

Plan umfaßte die übrigen sechs Stufen des siebenteiligen Schöpfungsplanes zur Heimführung. »Dieser zweite Plan sollte so beschaffen und in allen Einzelzeiten durchdacht sein, daß man ganz sicher sein konnte, damit die Rückkehr der Gefallenen zu verwirklichen. Schon als dieser zweite Plan nur in großen Zügen durchdacht wurde, war klar, daß es für die Zurückkehrenden ein langer und beschwerlicher Weg sein würde. Beschwerlich würde er sein – aber *sicher!* Mit diesem Plan sollte es keine Enttäuschungen geben.«[63] Man ging also schon daran, auch diesen zweiten Plan mit seinen sechs Teilstufen zu durchdenken und vorzubereiten, als noch nicht einmal der erste Teilplan in Ausführung begriffen war. Warum?

»Der Grund dafür war, daß Gott allen Wesenheiten der geistigen Welt den *freien Willen* gegeben hatte. Wegen dieses freien Willens hatte Gott nicht eingegriffen, als sich bereits die Anfänge des Abfalls abzeichneten. Es war ja Gott nicht verborgen geblieben, daß gegen Christus ein Plan ausgeheckt wurde; doch Gott griff wie berichtet nicht ein – denn seine Geschöpfe hatten ihren freien Willen. Hätten sie diesen freien Willen nicht von Anfang an gehabt, so wäre es in den Himmeln eine unfreie Schöpfung gewesen, deren Wesen unter Zwang hätten leben müssen. So gab es nur eines: Sollten alle in Gerechtigkeit leben können, *mußte* auch einem jeden der freie Wille gegeben sein. Nur so konnten die Wesen sich frei entscheiden.«[64] Aber eben: Deshalb war auch nicht vorauszusehen, ob die im ersten Teilplan in Aussicht genommene Prüfung der gefallenen Geistwesen von diesen bestanden würde.

»Im Auftrag Gottes durchdachte Christus diesen [zweiten] Plan zur Heimführung in allen Einzelheiten; denn in Christus war so viel schöpferische Kraft, daß er die Möglichkeit und die Fähigkeit besaß, alle Einzelheiten zu überdenken und alles im Geiste bis ins kleinste so vor sich zu sehen und zu erkennen, daß es zum Gelingen führen muß.«[65]

Die Schaffung des Paradieses

Zunächst wurde hoffnungsvoll der erste Teil des Schöpfungsplanes zur Heimführung in Angriff genommen. »Gott wollte den Gestürzten Gelegenheit geben, sich möglichst rasch wieder aufwärts zu entwickeln, dem göttlichen Lichte zu. Er bereitete eine paradiesische Geistesebene vor, in der die Erstlinge, die sich aus den Besserungsstufen der Hölle emporschaffen würden, eine vorläufige Heimat finden sollten. Gemeint ist das *Paradies* der biblischen Schöpfungsgeschichte. Dieses Paradies war aber nicht auf dieser Erde, die es damals noch gar nicht gab, sondern es war eine *geistige* Ebene. Über dieses Paradies hätte der schnellste Weg zurück zu Gott geführt.«[66]

Der erste Geist, der sich bis zur obersten Stufe der Vorhölle emporgearbeitet hatte, war der, welcher in der Bibel den Namen Adam führt.

»Adam war ein himmlischer Fürst ersten Grades gewesen, entstammte also unmittelbar einer göttlichen Familie [also einem Erzengelpaar].« Ihn hatte Luzifer, als er noch der Lichtträger war, für sich gewinnen wollen. »Doch Adam wollte davon nichts wissen; vielmehr hatte er Luzifer sogar verboten, sein Haus wieder zu betreten. Adam verfügte über geistige Wesenheiten, die in seinen Diensten standen und über sein Reich wachten. Diesen gab er Weisung, dafür zu sorgen, daß Luzifer nicht wieder seine Behausung betrete und ihn mit seinem Anliegen behellige. Auch erklärte Adam, er werde künftig an keinem Fest mehr teilnehmen, das Luzifer veranstalte. Er hatte also gewissermaßen sein Haus für Luzifer verschlossen, und er hatte auch die ihm unterstellten Geistwesen ermahnt, nicht auf dessen Verlockungen zu hören.«[67]

Luzifer war aber überaus schlau, ja man darf sagen, raffiniert vorgegangen. »Er versuchte, auf eine andere Weise sein Ziel zu erreichen – auf Umwegen. Dafür ließ er sich Zeit. Er warb um andere, gewann immer mehr Wesen für sich, und erst als er vermeinte, stark genug zu sein, trat er offen zum Kampfe an. Vorher aber – und das ist das Entscheidende – hatte Luzifer es durch seine Schlauheit zuwege gebracht, zahlreiche der Adam unterstellten Geistwesen für sich zu gewinnen, obwohl dieser ihm Hausverbot erteilt hatte. Er bediente sich dabei der Mithilfe jener anderen, die er schon verführt hatte, um nun auch die Adam unterstellten Wesen zu verleiten.«[68]

»Unter diesen waren nicht wenige, die schon eine gewisse Stellung bekleideten und sich nun von Luzifer und seinen Versprechungen betören ließen. Sie gingen deshalb zu ihrem Fürsten Adam und legten ihm nahe, die Angelegenheit doch noch einmal zu überdenken. Adam hörte die Seinen an, und als sie ihn immer mehr bedrängten, sagte er schließlich: "Gut – wenn ihr meint, will ich mir die Sache noch einmal überlegen ..." Damit bekundete Adam seine innere Unsicherheit, seine Wankelmütigkeit.« Er machte seine Treue davon abhängig, wie ihm seine Untergebenen Gefolgschaft leisteten. »Anfänglich hatte er starken Willen gezeigt, Christus treu zu bleiben, und er hatte, wie erwähnt, Luzifer sogar verboten, seine Bereiche zu betreten. Allein, dieser hatte es fertiggebracht, diese Schranke zu umgehen und die Adam unterstellten Wesen von seinen Ideen zu überzeugen, so daß sie schließlich ihren Fürsten selber umstimmten.«[69]

»Adam wurde also unsicher ... Er wußte nicht mehr: "Soll ich jetzt Christus wie bisher die Treue halten, oder soll ich es doch mit Luzifer halten?" Er war sich nicht schlüssig, wie er sich entscheiden sollte. Wankelmütig war er – wankelmütig ... Und *darum* wurde er, wurden auch alle anderen, die sich auf solche Weise wankelmütig erwiesen hatten, gnadenlos aus ihren himmlischen Bereichen herausgeholt und aus den göttlichen Sphären verstoßen.«[70]

Mit Adam war auch sein Dualwesen Eva gestürzt worden, da sie seine Auffassung ganz geteilt hatte. Adam vermochte als erster – davon war schon die Rede –, sich durch die Vorhölle emporzuarbeiten, und so wurde er als erster in die neugeschaffene Paradiesessphäre übergeführt. »Eva bemühte sich, ihm nachzukommen. Auch sie rang sich empor und erreichte schließlich die oberste Stufe der Hölle, von wo sie zu Adam gebracht wurde. Ehe dies geschah, hatten Getreue Gottes zu Adam gesprochen: "Aus Erbarmen hat Gott einen Weg der Befreiung bereitet; doch abermals stellt man dich unter das *Gesetz des Gehorsams.* Diesen Gehorsam sollst du leisten. Vermagst du es diesmal, dann werden alle, die guten Willens sind, aus der Hölle dir nachfolgen können."«[71]

»So lebten jetzt beide samt all denen, die sich in gleicher Weise verschuldet hatten, in diesem Paradies. Es war, wie schon gesagt, nicht auf dieser Erde. Die Erde, wie sie heute ist, bestand damals noch gar nicht. Es war also ein *geistiges* Paradies, und die Wesenheiten dort waren nicht einverleibte Menschen, sondern es waren *geistige* Wesen. Der Aufenthalt dort sollte für sie eine Prüfung werden. Man übergab ihnen diese geistige Sphäre zu treuen Händen.«[72]

Die große Prüfung

»Am Anfang wußten sie das Leben dort sehr zu schätzen; war es doch eine so schöne Welt, mit wunderbaren Blumen in prachtvollen Gärten, mit Häusern ganz verschiedenartiger Bauweise! Nun hatten aber Geister Gottes diese Paradiesessphäre *genau abgegrenzt.* Sie steckten die Bereiche ab, in denen diese neuen Bewohner leben durften. Diese hatten dort auch zu arbeiten. Ihre Welt war jedoch nicht mehr von jener Feinstofflichkeit, wie sie jenen Bereichen eigen gewesen war, aus denen man sie vertrieben hatte. Vor allem aber besaßen die Paradiesesbewohner nicht mehr – und das ist in diesem Zusammenhang von entscheidender Bedeutung – ihre früheren Möglichkeiten schöpferischer Entfaltung. Durch ihren Ungehorsam war die Harmonie in ihnen gestört: Sie standen nicht mehr in Einheit mit Gott. Über ihre Seele und ihren geistigen Leib hatte sich Dunkelheit gebreitet – über jenen 'Funken' in ihnen, durch den sie von Gott in unvergängliches Leben gerufen worden waren. Ihr Sturz hatte dieses göttliche Licht in ihnen überschattet.«[73]

»Dadurch verloren die Wesenheiten, die nun in diese andere Welt hineingeführt worden waren, ihr 'göttliches Bewußtsein'. Sie waren sich nicht mehr im klaren darüber, woher sie kamen, und sie begriffen auch ihr Verschulden nicht wirklich. Nur so viel wußten sie, daß sie vertrieben worden waren – man hatte sie aus ihrer früheren Heimat ausgestoßen. Ein König war gekommen und hatte das furchtbare Wort gesprochen, ihres Verbleibens sei in seinem Reiche nicht länger... Daran erinnerten sie sich; doch mehr wußten sie nicht mehr. Adam und Eva wußten sogar nicht einmal mehr, daß sie zur Fürstenfamilie Gottes gehört hatten.«[74]

»Zwar wurden die Paradiesesbewohner von geistigen Wesen angeleitet und unterwiesen; aber diese waren für sie nicht mehr in der Weise sichtbar, wie es zur Zeit des göttlichen Glücks der Fall gewesen war. Das ganze Wesen, die geistige Erscheinung der Gestürzten hatte sich getrübt. Ihre Feinstofflichkeit war entschwunden; ihr geistiger Leib hatte sich gegenüber früher etwas verdichtet. Verloren war die geistige Feinheit und damit auch die Schöpferkraft. Geblieben war ihnen die Kraft der Überlegung und – Gottes Geschenk an alle seine Geschöpfe – der freie Wille, die Entscheidungskraft.«[75]

»Führer all dieser Scharen im Paradies blieb Adam. Er sollte in dieser Welt mit den Seinen leben und für Ordnung sorgen. Gesetze waren ihnen gegeben worden, und man machte ihnen klar, was sie tun und lassen sollten. Die Verbindung der Gotteswelt zu Adam vollzog sich durch Inspirationen in Visionen. Auf diese Weise vermochte Adam die höhere Welt zu erleben. Obwohl er vordem ein Fürst des Himmels gewesen war, hatte auch er die Klarheit und Feinstofflichkeit seiner Erscheinung eingebüßt – die ihm früher eigen gewesene Pracht war ihm genommen worden. Geblieben war ihm aber eine besondere mediale Kraft. Dadurch blieb er der Führer all jener, die mit ihm in dieses Paradies verbracht worden waren.«[76]

»Auf Weisung Gottes waren ihnen Gesetze gegeben worden. Vor allem sollten sie die ihnen gesetzten Grenzen nicht überschreiten – denn jenseits dieser Grenzen erschien das Paradies so wunderschön ... Engelwesen hatten ihnen klargemacht: "Dies hier ist die Grenze, und über die Grenze hinaus dürft ihr nicht gehen. Ihr dürft in die Weiten hinaus schauen; aber die Herrlichkeit, die ihr habt, soll euch genügen. Die wunderbare Arbeit, die ihr leisten dürft, soll euch Freude und Befriedigung verschaffen, und mit diesem Leben sollt ihr euch zufriedengeben." Es ermangelte ihnen ja nichts; geistige Speisen waren ihnen gegeben, und sie besaßen ein Paradies – ein wahrhaft herrliches Paradies, in dem sie, obwohl es seiner Größe nach begrenzt war, glücklich und zufrieden sein konnten.«[77]

»Anfangs, als man in es hineingeführt worden war, fühlte man sich froh und glücklich, und man versprach dem lieben Gott alles, was er nur wollte. Wenn man aber nur von Schönem umgeben ist und vom Guten zuviel hat, schätzt man es nicht mehr, sondern nimmt es als selbstverständlich hin ... Und diese unübersehbar großen Geisterscharen hatten doch ihren freien Willen! Aus diesem freien Willen heraus konnten sie wirken. Sie waren ihr eigener Herr. Die einzigen, die ihnen vorgesetzt waren, war das führende Paar, waren Adam und Eva. Gleichwohl hatten sie alle zusammen genügend Freiheit.«[78]

»Doch wie es nun so kam: Wenn man ständig soviel Schönes um sich hat und man nicht immer gemahnt und belehrt wird über das, was man tun und was man lassen soll – wenn sich also niemand zu Wort meldet und sich vernehmen läßt, wird man mit der Zeit gewissermaßen überheblich und selbstsicher. Man vermeint, man sei, weil man nichts hört und einem volle Selbständigkeit gelassen wurde, überhaupt vergessen worden. Gerade dieses aber war zu ihrer Prüfung so geschehen... Wäre ständig ein Engel Gottes zu ihnen hingegangen und hätte sie ermahnt: "Du weißt, wenn du das tust oder jenes nicht machst, geht dir der Himmel verloren; du weißt, daß du zu gehorchen hast" – ja, dann hätten sie bestimmt darauf gehört und nicht vergessen, daß sie dieses oder jenes nicht tun durften. Allein, niemand mischte sich ein. Man prüfte sie...«[79]

Darüber verstrichen unermeßliche Zeitspannen. »Da die Paradiesesbewohner jedoch nicht mehr von jener Reinheit beseelt waren wie einst, vielmehr Schatten ihren Gottesfunken überzogen hatten, kamen in ihnen wie von selbst Gedanken der Unruhe, des Unfriedens, der Eifersucht, der Habgier und der Herrschsucht auf. Schon wollte der eine den andern verdrängen. Man lebte in diesem Paradiese nicht mehr in Frieden zusammen, obschon Adam den Auftrag hatte, dafür besorgt zu sein. So fingen die Paradiesesbewohner eben an, das eine oder andere der Gesetze zu übertreten, die ihnen durch Geister Gottes gegeben worden waren.«[80]

»Auch da handelte Gott nicht sogleich. Adam und Eva griffen wohl, als sie dieses fehlbare Treiben beobachteten, zeitweise ein und machten den Schuldigen klar, daß ihr Tun verboten sei. Mit der Zeit aber wurden sie dagegen gleichgültig und kümmerten sich nicht mehr darum. Gott aber wartete ab, bis die beiden führenden Geister selbst, also Adam und Eva, seine Gebote und Gesetze übertreten würden.«[81]

Auf der anderen Seite blieb der Widersacher nicht untätig. »Der Boden dafür wurde in dieser Sphäre dadurch bereitet, daß sich unter den sie bewohnenden Geistwesen Empfindungen von Haß und Neid und Eifersucht regten. Indem sie in ihrer Seele solche Gefühle hegten, bahnten sie Luzifer, obschon dieser mit den Seinen in die tiefsten Tiefen hinabgestürzt worden war, den Weg zu ihnen. Alle konnte Luzifer aufsuchen, die mit ihm aus den Himmeln gestürzt worden waren, und so drang er mit den Seinen auch in die Paradiesessphäre ein.«[82]

Der zweite Fall

Es gelang den von Luzifer entsandten dunklen Wesen, die Paradiesesbewohner zu beeinflussen und zu verführen. »Zwar konnten diese die düsteren Wesenheiten genauso wenig erblicken wie die Geister

Gottes, die sich in diesem Paradiese bewegten und bestrebt waren, die Gestürzten wieder zum Guten zu führen, sie auf Gott hinzulenken.« Doch Luzifer hatte eben Macht über diese Paradiesesbewohner, weil sie in ihrer Seele solche niederen Gefühle hegten. »Darum erlagen sie alle den Versuchungen des Bösen – auch Adam ... Er wußte ja nicht mehr, wer er einst gewesen war – sie alle sollten und durften es nicht mehr wissen. Hier war eine scharfe Grenze gezogen, eben weil sie mit ihrem Sturz ihr höheres Bewußtsein eingebüßt hatten.«[83]

»Es wäre für die Paradiesesbewohner sonst ja alles sehr einfach und niemals eine Prüfung gewesen. Wäre ihnen [in jeder Hinsicht] klar vor Augen gestanden, daß alles jetzt darauf ankam, Gott gehorsam zu sein, um dann all das wieder zurückzuerhalten, was sie verloren hatten – sie hätten sich jede erdenkliche Mühe gegeben und wären gewiß nicht erneut in Ungehorsam verfallen. Doch sie *sollten* nicht wissen, woher sie kamen. Aus sich selbst heraus sollten sie den Beweis erbringen, daß sie willens waren, das zu befolgen, was man ihnen vorgeschrieben hatte. Ausdrücklich war ihnen erklärt worden: "Dieses Gesetz ist euch von Gott gegeben worden; das sollt ihr halten – weiteres braucht ihr nicht zu wissen."« Aber mit der Zeit vergaßen sie Gottes Gebot ...[84]

Auch Adam und Eva erging es so ... »Schließlich kam es dahin, daß diese beiden von der Möglichkeit verlockt wurden, ihre Sphäre auszudehnen, um den ihnen unterstellten geistigen Wesen Gelegenheit zu weiterer Ausbreitung zu geben und dadurch vielleicht eher Frieden unter ihnen zu erreichen. Adam und Eva hatten also nicht unbedingt böse Absichten dabei. Doch Gottes Gebot, die ihnen gesetzten Grenzen auf keinen Fall zu überschreiten, war ihnen streng eingeschärft worden. Sie sollten nicht so neugierig sein, zu erfahren, was sich jenseits ihrer Grenzen abspielte. Genau war ihr Bereich umgrenzt, den sie nicht überschreiten durften.«[85]

»Bis eben einmal das eine Geistwesen – Eva – die Grenze doch überschritt. Sie fand diese andere Welt so wunderbar ... Sie meinte, man könne ihren Bereich doch sehr wohl dorthin ausdehnen. Darum holte sie Adam, um ihm zu zeigen, wie schön diese angrenzende Welt war. "Komm mit!" rief Eva ihrem Adam zu. "Schau einmal diese Pracht! Schau nur einmal!" Zögernd ging Adam mit – aber er ging mit, und so war die Sünde geschehen ... Beide einigten sich dahin, daß eine Einbeziehung dieser Sphäre doch für alle Paradiesesbewohner nur von Vorteil sein könnte. Als sich so die beiden im angrenzenden Paradies bewegten und jene Welt bewunderten, bekamen sie plötzlich Gewissensbisse. Auf einmal erinnerten sie sich: "Gott hat uns ja das Überschreiten der Grenze verboten!..." – und nun hatten sie gegen das Gebot verstoßen. Sie kehrten an ihren Ort zurück und wurden unsicher. Da erreichte sie die Stimme Gottes, die sie rief. Sie hatten Gott abermals den Gehorsam verweigert...«[86]

Die Prüfung, die Gott in seiner Barmherzigkeit Adam und den Seinen als einen vergleichsweise kurzen Weg der Heimkehr ins Vaterhaus auferlegt hatte, wurde nicht bestanden. »Es gelang niederen Mächten, sie alle [auf verschiedenste Weise zum Ungehorsam gegen Gott] zu verführen und für Luzifer zu gewinnen – nicht nur Adam und Eva, wie es in der Bibel steht, sondern eben auch jene, mit denen zusammen Adam unermeßlich lange Zeit im Paradies verbracht hatte.«[87]

Die Vertreibung aus dem Paradies

Gott griff abermals ein. Alle mußten jetzt das Paradies verlassen. »Für niemanden von ihnen war dort länger eine Bleibe. Die Bibel erwähnt nur Adam und Eva, aber sie *alle* wurden vertrieben und in eine tiefere Ebene übergeführt.« Engel Gottes wurden an den Grenzen des Paradieses aufgestellt – »Cherubim mit feurigen Schwertern, wie es in der Bibel (1. Mose 3,24) heißt, um darüber zu wachen, daß die Vertriebenen nicht wieder zurückkamen. Die Paradiesessphäre bildete ja keinen Teil des Himmels, sondern war geschaffen worden, um den Abgefallenen, die unter Luzifers Herrschaft standen, als Stätte der Prüfung zu dienen.« Außerhalb von ihr befand sich die schon erwähnte Vorhölle. »Hier war von Pracht und Herrlichkeit nichts mehr vorhanden; hier blühten weder Blumen noch Bäume, und nirgends gab es mehr köstliche Früchte wie im Paradies. Doch *sehen* konnte man es noch von weitem... Aber die Engel drängten die Verstoßenen immer weiter weg...«[88]

»Die Geister Gottes, die im Paradies einschreiten mußten, führten die Ungehorsamen, denen sie jetzt sichtbar vor Augen traten, je nach ihren Belastungen an die ihnen gebührende Stätte der Hölle zurück.« Eindringlich wurde ihnen klargemacht, welche Verfehlungen sie abermals auf sich geladen hatten. »"Durch euren Ungehorsam gegen Gott, den ihr immer noch nicht abgelegt habt, habt ihr euch selbst der Möglichkeit des raschen Wiederaufstiegs zum Vater beraubt. Ihr habt euch als dafür unfähig erwiesen. Es werden andere Geistgeschwister zu euch stoßen, und ihr werdet mit ihnen zusammenleben. Inzwischen wird Gott andere Möglichkeiten schaffen, damit ihr dann den Weg ins Vaterhaus zurück doch noch zu finden vermögt – aber es wird ein *viel längerer* Weg sein."«[89]

»Dies, die Tatsache ihres Ungehorsams gegen Gott, *blieb* dann in ihrem Bewußtsein. Ein jedes von ihnen nahm den ihm gebührenden Platz ein; doch hatte ihr Weg nicht in die tiefsten Tiefen der Hölle geführt, sondern in deren Besserungsstufen. Jetzt standen nicht mehr ausnahmslos alle unter der Führung Adams; doch blieb ihm noch immer eine große Schar zugeteilt. Zu ihm wurde gesagt: "Du wirst im Schweiße deines Angesichts dein Brot verdienen müssen", und zu Eva: "Du wirst unter Schmerzen und Wehklagen Kinder gebären."«[90] Allein, den wahren Sinn dieser Worte verstanden sie damals noch nicht.

Für die abermals Gefallenen wurde alles um sie her dunkel. »Das letzte Wissen davon, daß sie einst in himmlischer Herrlichkeit gelebt hatten, entschwand.« Auch von ihrem Leben im Paradies sollten sie nichts mehr wissen dürfen. »Nichts davon blieb in ihrer Erinnerung haften. Finsternis kam über sie. Nichts wußten sie mehr von dem, was sie einst erlebt hatten – nur eines wußten sie: daß sie [infolge ihres Ungehorsams gegen Gott] in großer Not lebten.«[91]

»Also ordnete die Gotteswelt sie alle und reihte sie in die verschiedensten Stufen ein, in die sie je nach ihrem Verschulden gehörten. Dort gab es für sie ein langes, langes Warten – ein Warten in Unseligkeit, in Leiden und Verzweiflung... Man überschüttete die anderen mit Vorwürfen, und man machte sich selbst Vorwürfe... Doch da Gott ein Gott der Barmherzigkeit und der Gnade ist, entsandte er von Zeit zu Zeit Geister des Trostes zu ihnen. Sie sollten ihnen sagen, es gebe für sie einen Aufstieg; Gott habe für sie Vorbereitungen getroffen, um sie aufs neue zu prüfen; nur müßten sie so lange warten, bis diese Vorbereitungen abgeschlossen seien... Diese Hoffnung verbreitete sich. Viele klammerten sich an sie in der Erwartung eines besseren Lebens, während andere sich haßerfüllt abwandten...«[92]

Die Erschaffung der Erde

Der abermalige Fall hatte die treu gebliebenen Geister des Himmels tief enttäuscht. »Sie hatten Gottes Barmherzigkeit und Liebe gepriesen. Sie hatten doch gesehen, welch verhältnismäßig kurzer Weg des Aufstiegs für jene geebnet worden war, die sich nicht zu sehr verschuldet hatten. Nun herrschte wieder große Trauer bei den geistigen Führern des Himmels. Erneut besprach sich der Vater mit Christus.« Jetzt mußte der Weg gemäß dem zweiten Teil des Heimführungsplanes geschaffen werden. »Dieser Weg sollte viel länger gehen. Zugleich sollten in diesen Weg auch jene mit einbezogen werden, die sich tief verschuldet hatten. Eine *neue Welt* sollte erbaut werden, und durch diese neue Welt hindurch sollten alle ihren Weg nehmen, ausgenommen jene, die für das Durchlaufen von Parallelstufen in der Jenseitswelt auserwählt wurden.«[93]

»Man fing jedoch erst dann an, diesen Weg zu schaffen, als Adam seine Prüfung im Paradies nicht bestanden hatte. Gott freilich hatte Adam nicht getraut... Jetzt ging man in der Gotteswelt eifrig daran, die Geisterwelt für den Aufstieg der Gefallenen auf dem neuen Weg einzusetzen.«[94]

Da der erste Plan innerhalb des siebenteiligen Schöpfungsplanes zur Heimführung gescheitert war, mußte jetzt die umfassende Ausarbeitung der sechs weiteren Pläne in Angriff genommen werden. »Christus rief die Seinen zu sich, jene mit [besonderen] schöpferischen Talenten und Kräften ausgestatteten Wesen unter den Engelscharen. Mit diesen Geistbrüdern und -schwestern besprach Christus die Pläne, die der Vater ihm [einst schon] anvertraut hatte: es müsse eine Stätte geschaffen werden, wo *Menschen* leben könnten, um dort geprüft zu werden; wer diese Prüfung auf Grund seines Gottesglaubens bestehe, könne dadurch Stufe um Stufe nehmen und sich so emporschaffen, vorwärtsentwickeln. Zu dieser schöpferischen Planung fanden sich die entsprechend begabten hohen Geister, diese großen Künstler, zusammen. Es fand gewissermaßen ein Wettbewerb unter ihnen statt. Jeder suchte den andern durch noch etwas anderes, noch etwas Schöneres zu übertreffen.«[95]

Im ganzen waren es also sechs weitere Teile des siebenteiligen Schöpfungsplanes zur Heimführung, die nun aufs genaueste berechnet und gezeichnet werden mußten. »Gleichwohl wurde alles immer wieder überprüft und aufs neue geprüft – durch den *König der Geisterwelt.* Christus prüfte die Pläne seiner erhabenen Geistgeschwister und gab ihnen neue Ideen. Mit Recht heißt es doch, daß *durch ihn* alles geworden ist, was da ist. (Vgl. Kolosser 1,16.) Er hat das Ganze verwirklicht. Er stand mit dem Vater in Verbindung. Vom Vater hatte als erster *er* diese Idee empfangen. Gott hatte ihm gezeigt, wie sie verwirklicht werden könne. Christus besaß als Sohn Gottes höchste schöpferische Kraft und vollendete Überschau über alle Dinge. Er überblickte alle diese vielen Stufen vollkommen.«[96]

»Auf dieser Erde sollte zu gegebener Zeit *Leben* Fuß fassen können – niederes Leben erst. Doch damit es überhaupt dazu kommen konnte, mußten erst die Pläne anderer hoher Geister verwirklicht werden: Zu anderen Planeten hin mußte es eine Verbindung geben; mit der diesen Planeten eigenen Kraft mußte man die Kraft der Erde vereinigen. Aber auch dann brauchte es noch etwas: die Kraft zum [Aufbau und] Gedeihen. Diese mußte von Gott gegeben werden; denn bis dahin war ja alles erst sozusagen 'auf dem Papier' vorhanden – es waren nur Pläne.«

»Und was für diese Erde [an Leben] geplant, entworfen worden war, mußte noch *verlebendigt* werden. Das konnte *nur durch Gott* geschehen. Das war der letzte, der siebente Teil des Schöpfungsplanes zur Heimführung, jener Teil, der später [in der Bibel] als Ruhetag des Herrn mißverstanden worden ist.«[97]

Aus diesem siebenteiligen Schöpfungsplan haben die Urheber der biblischen Schöpfungsgeschichte ihre irrige Vorstellung gewonnen, Gott habe die Erde in sieben Tagen geschaffen. (Vgl. 1. Mose 2,1–2.) In Wahrheit dauerte es Milliarden von Jahren, ehe überhaupt Leben auf die Erde gebracht werden konnte – sie war ja ursprünglich eine glühende Kugel. »Diese mußte sich erst abkühlen. Infolgedessen hatten die Himmelsfürsten Zeit und Gelegenheit genug, ihre Pläne für die Beseelung auszuarbeiten, bis es dann soweit war – Milliarden von Jahren! ... Es liegt in Gottes Weisheit, daß das einzelne nicht weiß, welch langes Sehnen es heimgesucht hat – ein Sehnen nach dem verlorenen [himmlischen] Reichtum, nach Ruhe und Frieden ...« Die Menschen ahnen nichts von dieser großen Sehnsucht, die während dieser langen, langen Wartezeit in den höllischen Bereichen ihr Innerstes erfüllte.

»Die weniger Belasteten nahmen deren obere Stufen ein. Sie standen da und warteten auf die Beseelung der Erde. Zwar wußten sie nicht, welchen Weg sie gehen sollten; doch hatte man ihnen von der Erlösung aus dem Bann dieser höllischen Gewalt gesprochen.«[98]

Die Erde kühlte sich nicht gleichmäßig ab. »Dies war bei den einzelnen Erdteilen ganz verschieden. Noch immer spie das Erdinnere Feuer aus. Die Meere hatten sich noch nicht so aufgeteilt wie heute. Das ganze Erdreich, all diese Gesteinsmassen waren noch in Bewegung.«[99]

»Als es schließlich darum ging, Leben auf die Erde zu bringen, führte ein Befehl Gottes bestimmte hohe Geister aus den Himmeln herab zu dieser entstehenden Welt. Noch war kein Leben auf der Erde. Überall waren nur Wasser, Feuer, Schlamm und Gesteinsmassen zu erblikken. Diese schöpferischen Gottesgeister wurden zu einem ganz bestimmten Erdteil hin berufen.« Dort sollten sie mit ihrer eigenen Schöpferkraft die Voraussetzung für den Einzug und die Entfaltung von Leben schaffen. »Da sie reine Wesen waren, besaßen sie in sich eine gewaltige Kraft mit der Fähigkeit, Wachstum auszulösen und zu fördern. Sie legten göttlichen Samen für das neue Leben, das der Erde zugedacht war. Ohne die *geistige Ursubstanz*, die durch sie zur Erde gebracht wurde, hätte es auf ihr niemals ein Wachstum, eine Entfaltung geben können. Diese Ursubstanz war also eine Notwendigkeit. Später sollte auch menschliches Leben auf der Erde möglich sein; doch zuallererst mußte die Möglichkeit geschaffen werden, überhaupt Leben auf sie zu bringen. Ein Anfang mußte gemacht werden.«[100]

»Mit den zur Erde gebrachten geistigen Kräften wurde neues Leben geschaffen – zunächst niederes. Es entstand eine Pflanzenwelt und danach eine Tierwelt.« Das so entstandene neue Leben mußte dabei verknüpft sein mit dem Geistesleben, das unter der Herrschaft Luzifers stand.

»Zu diesem Zweck begaben sich Gotteswesen in die oberen Sphären der Hölle, in denen sich weniger verschuldete Geistwesen befanden.« Diese Gotteswesen wählten unter den gefallenen Geschwistern welche aus und verbrachten sie vorübergehend, bis zur Einverleibung auf Erden, in eine Sphäre, die man auch als 'Vorhölle' bezeichnen kann. »Allein, die Gotteswesen suchten nicht nur Wesen aus den obersten Stufen der Hölle dafür aus, sondern sie durchzogen auch die ganzen furchtbaren Tiefen der Hölle. Auch von dort holten sie bald hier, bald da eine Schar Geistwesen heraus, die sich beim Abfall aufs schwerste belastet hatten.«[101]

»Luzifer konnte es nicht verhindern, obwohl die Gefallenen alle unter seiner Herrschaft standen – wußte er doch genau, daß Gottes Wort und Wille ihn in diese Hölle gestürzt hatte. Zudem wußte er, daß die Herausgenommenen ja wieder zu ihm zurückkehren würden... Er hatte es ja auch geschafft, den Plan der Gotteswelt mit dem Paradiese zunichte zu machen. So dachte er, daß es diesmal ähnlich gehen werde; denn Luzifer ist, um es in menschlichen Begriffen auszudrücken, sehr intelligent und dazu überaus schlau... Er besaß doch noch immer eine gewisse mediale Kraft, die ihm nicht genommen werden konnte – er war ja einer der 'Söhne Gottes'... Zwar war all seine einstige Schönheit geschwunden, doch eine bestimmte Kraft war ihm geblieben. Sie gab ihm Macht, eine Herrschaft auszuüben, und ermöglichte ihm Täuschungen und Verwandlungen. All dies ist ihm geblieben... Luzifer wußte also genau, daß es sinnlos weil unmöglich wäre, den Gotteswesen Widerstand zu leisten, die da in seine Höllenschlünde vordrangen, um einmal da, einmal dort bestimmte Wesen herauszuholen.«[102]

Die jetzt neugeschaffene Welt der Erde war dazu bestimmt, den Gefallenen eine ganz sichere Möglichkeit der Heimkehr zum Vater zu erschließen. »Freilich würde dieser Weg sehr viel länger währen... Die Zeitspanne bis zum Wiedereintritt in die himmlischen Gefilde mag ebenso lang sein, wie es dauerte, bis sich die Erde abgekühlt hatte, und ebenso lang, wie Luzifer einst in diesen himmlischen Welten gewirkt hatte – also eine unermeßlich lange Zeit...«[103]

»Diese belasteten Wesen sollten jetzt für die Erde umgewandelt, verdichtet und in einen neuen, materiellen Leib eingekleidet werden, so, wie er der Erde angepaßt ist. Die sich bildende neue Welt sollte in einer großen Vielfalt erstehen, wie sie der himmlischen Welt eigen ist.« Bei der Gestaltung dieses neuen Lebens erfüllten die erwähnten göttlichen Wesen ihre Aufgaben nach den Anweisungen des Königs. »Als erstes ließen sie bei der Erschaffung der Tierwelt *Kriechtiere* entstehen als Behausung für [umgewandelte] niederste Geistwesen. Jahrmillionen hatte es gebraucht, bis auf der Erdoberfläche allmähliche Beruhigung eintrat, und entsprechend lange auch währte die Zeit der Lebensentwicklung auf Erden.«[104]

Die Erschaffung des Menschen

»Schließlich war die Zeit herangerückt, da *höheres Leben* diese Erde bevölkern sollte und konnte – auf dieses höhere Leben kam ja alles an. Zuerst aber hatte sich das niedere Leben entfalten müssen, ehe höheres Leben auf Erden möglich wurde. Der Verlauf war dabei folgender: Tiere, die von dieser Welt abschieden, wurden in der geistigen Welt wieder an denselben Ort geführt, von dem sie ausgegangen waren. Dort sollten sie auf ihre nächste Wiederverkörperung warten. Geister Gottes hatten sie jeweils in Empfang genommen und dann so lange zugewartet, bis es ihnen angezeigt erschien, sie erneut auf der Erde einzuverleiben.« Dasselbe Wesen wurde also mehrfach in ein Erdenleben geschickt, wieder und immer wieder ...

»Endlich erachtete die Gotteswelt den Zeitpunkt für gekommen, da der Geist eines ganz bestimmten, höchstentwickelten Tieres reif geworden war, in ein neues, besseres, höheres Leben einzutreten.« Erneut wurden hohe Engel nach den Weisungen Christi schöpferisch tätig: »Jetzt trat die Geisterwelt Gottes an die Aufgabe heran, aus diesem tierischen Leib heraus einen *Menschenleib* zu bilden.«[105]

»Das geistige Urprinzip in diesem Tier, das jetzt eine erhöhte Geistesstufe erreicht hatte, wurde wieder in seine Klarheit als höheres geistiges Wesen gebracht und bildete so ein Menschenwesen. Dieses Menschenwesen war jedoch zunächst noch ohne Leben. Geformt wurde es durch das Od, das diesem Tierleib entnommen wurde, durch Od aus den Pflanzen, aus der Erde, aus dem Wasser, aus der Luft. Um diese Menschenform aber zu beleben, mußten die Gotteswesen mit ihrer eigenen schöpferischen Kraft sie gestalten, ausbilden und ihr [mit Hilfe der Kraft Gottes] Leben und Bewegung verleihen. Als ersten Geist, der die neue Lebensform des Menschendaseins durchlaufen sollte, nahm man wiederum diesen einstigen Fürsten des Himmels, *Adam.* Er war der Erstling der Menschen.«[106]

»Adams Leben war äußerst ärmlich. Er hatte auf dieser noch unruhigen und unwirtlichen Erde keine Behausung. Vielmehr erwachte Adam zum Leben auf dieser Erde mitten unter Pflanzen und Tieren. Da sehr unterschiedliche Temperaturen herrschten, mußte sich Adam sowohl vor Hitze wie vor Kälte schützen. Es war für ihn nicht gerade angenehm, mitten in dieser Welt so ganz allein zu sein – auf einer Erde, die ständig noch bebte, wo einmal hier, einmal dort ein Feuerstrahl emporzuckte oder sich aus dem Erdinnern plötzlich Wasser ergoß... Hart war das Dasein für den ersten Menschen, hart...«[107]

Die geistige Welt mußte sich seiner annehmen. »Da Adam von Gotteswesen geschaffen worden war, die von ihrem reinen Od, von ihrer Schöpferkraft auf seine Menschengestalt übertragen hatten, besaß auch er etwas von dieser wunderbaren, besonderen Kraft. Für den ersten Menschen war nicht die irdische Materie seines Leibes das Wichtigste, sondern von entscheidender Bedeutung war für ihn die Lebenskraft, welche die Gotteswesen ihm übertragen hatten. Diese ihm jetzt eigene odische oder magnetische Kraft ermöglichte ihm die Verbindung zu jenen, welche ihm diese Kraft verliehen hatten. Sie schuf ein Band der Verständigung zwischen ihnen und setzte ihn in den Stand, sich mit diesen geistigen Wesen zu bereden.«

»Bei diesen Gesprächen zeigten sich die Gottesgeister zwar in ihrer Gestalt, doch nicht in dem Lichtglanz, der ihnen eigen war. Adam war als Mensch grobstofflicher Prägung doch gar nicht mehr imstande, mit seinen irdischen Augen Feingeistiges wahrzunehmen. Daher mußten die Gotteswesen die Schwingungen ihres Geistleibes eben so herabstufen, daß der Mensch Adam sie erblicken und mit ihnen sprechen konnte. Sie stellten sich ihm als Geschöpfe Gottes vor und waren ihm bei seinem schweren Dasein behilflich.«[108]

»Adam besaß ja noch keine Sprache. Als er zum Leben erwachte, erblickte er geistige Wesen, die vor ihm standen. Sie nun bemühten sich, ihm das Nötigste einer Sprache beizubringen – zunächst nur einfache Worte, aber solche, die für sein Leben von größter Wichtigkeit waren. Auch brachten sie ihm gewisse Zeichen bei, mit denen er manches zum Ausdruck bringen könne. Diese Zeichen seien, so erklärte man ihm, auch für spätere Zeiten von Bedeutung, da er ja nicht immer allein zu leben habe; denn von allem Anfang an hatte man ihm eröffnet, er werde eine Gefährtin bekommen, wenn es dafür an der Zeit sein würde – dafür müßte er jetzt schon die nötigen Vorbereitungen treffen, auch in der Hinsicht also, daß er sich mit ihr würde verständigen können.«[109]

Man forderte ihn auf, für sich ein Obdach zu schaffen, als Schutz gegen die Witterung und auch vor Tieren. »Als erstes erklärten ihm Geister Gottes, wie er sich das notwendigste Werkzeug besorgen könne. Dann ging er daran, sich eine ganz einfache Hütte zu bauen – eine Hütte aus Lehm, Sand, Schlamm und Steinen.« Auch bedurfte er ja der Bekleidung. »Als man Adam erschaffen hatte, wurde er von den geistigen Wesen als erstes in ein Tierfell gekleidet. Die Geisteswelt war in der Lage, das Fell eines toten Tieres abzulösen und es entsprechend zu präparieren – Zeit dazu hatte sie. So trug Adam tatsächlich als Bekleidung das Fell eines Tieres. Man wies ihn auf da und dort liegende Tierleichen hin. Also konnte Adam jene Felle, die ihm nützlich erschienen, von den Tierleibern ablösen. Von der Geisterwelt wurde er belehrt, wie er diese Felle behandeln müsse. An den Wänden und auf dem Fußboden seiner Behausung angebracht, gaben sie ihm Schutz vor Kälte und Hitze. Auch habe er, wie man ihm sagte, Vorsorge zu treffen für seine Gefährtin, wenn deren Kommen an der Zeit sei.«[110]

Das war nach einigen Jahren der Fall. Wieder hatte Eva nach Adam sich emporentwickelt und die höchste Tierstufe erreicht. Sie besaß also damals noch Form und Gestalt eines Tieres. »Somit mußte erst dessen äußere Gestalt aufgelöst werden. Geister Gottes lösten diesen *irdischen,* also verdichteten Leib auf, und mit ihrer eigenen Odkraft vermochten sie, den *neuen geistigen* Odleib dieses Wesens in Erscheinung treten zu lassen. So stand jetzt dieses Geistwesen in seinem geistigen Odleib in feinstofflicher Gestalt da. Erst nachdem Eva in ihrer feinstofflichen Gestalt vor den göttlichen Wesen stand, konnte ihr ein irdischer Leib gegeben werden.«[111]

»In der Bibel (1. Mose 2,21) heißt es, man habe diesem Adam eine Rippe entnommen und daraus einen anderen Menschen, nämlich Eva, gebildet. Das ist eine ebenso ungeschickte Darstellung wie etwa die Geschichte vom Apfel – genauso unmöglich.« Um Eva einen materiellen Leib geben zu können, mußten Geister Gottes erneut in Tätigkeit treten. »Sie hatten ja jetzt als erstes menschliches Geschöpf Adam. Ihn ließen sie in Tiefschlaf fallen. Dann entnahmen sie seinem fertig ausgebildeten Leib *feinstoffliche Substanzen*: Sie benötigten [odische] Feinsubstanz von seinen Organen, die ihm ein Leben auf Erden ermöglichten.« Aus dieser Adam entnommenen Feinsubstanz formten sie nun, zusammen mit odischen Stoffen und Kräften des aufgelösten Tierleibes und der Umwelt, erneut eine menschliche Gestalt. »Diese lag jedoch zunächst wie eine tote Materie vor ihnen, gewissermaßen wie ein menschlicher Leichnam. Jetzt mußte diese leblose menschliche Form mit Leben und Bewegung erfüllt werden, und dies konnte nur durch die jenen hohen Engeln innewohnende schöpferische Kraft Gottes geschehen. Dadurch entstand nun ein zweiter Mensch, der erwachend den andern erblickte und sich mit ihm verständigen konnte.«[112]

»Eva durfte in seine Hütte eintreten, besaß somit als weibliches Wesen bereits einen gewissen Schutz. Sie war also nicht gänzlich der Willkür der Naturgewalten ausgesetzt. Adam konnte jetzt Eva belehren, und da auch sie große mediale Kraft besaß, vermochte sie schnell das Nötigste zu erlernen. Wo es notwendig war, verständigten sie sich durch Zeichen. In der Zeit seines Wartens hatte Adam die nötigsten Gebrauchsgegenstände angefertigt – nur ganz bescheidene Werkzeuge und Geräte waren es. Jetzt, da man ihm eine Gefährtin zugeführt hatte, mußte er in gewissem Sinne auch für sie sorgen, vor allem hinsichtlich der Nahrung. Für die beiden begann jetzt das harte Leben, der Kampf ums tägliche Brot.«[113]

»Als Adam und Eva Nachkommenschaft bekamen, bemühten sie sich, diese zu erziehen, so gut es ihnen möglich war. Sie standen ja in Verbindung mit der Geisterwelt Gottes, und diese gab den beiden auch Anweisungen für Pflege und Erziehung ihrer Nachkommen. Als diese herangewachsen waren, verfügte die Geisterwelt Gottes, sie sollten jeweils einen eigenen Hausstand gründen – bewohnbare Landstriche gebe es dafür genug, die Erde sei dafür vorbereitet. Also verließen die Nachkommen das Haus ihrer Eltern und gründeten eigene Familien.«[114]

So begann die Menschheitsgeschichte. »Leben, wie es auf dieser Erde [in materieller Form] besteht, gibt es nirgendwo sonst. Die atmosphärischen Bedingungen sind überall anders beschaffen, und so ist Leben wie auf dieser Erde anderswo nicht möglich. Kein anderer Planet trägt solches von Gott geschaffenes Leben.« Diese Welt hier ist eigens für den Wiederaufstieg der Gefallenen geschaffen worden. »Darum hat auch Christus auf dieser Erde gelebt und ist er auf ihr für die Erlösung der Menschheit gestorben.«[115]

Die Vorbereitungen der Menschwerdung Christi

Der geistige Kampf um die Menschheit

»Die beiden Erstlinge standen [wie im ersten Kapitel erwähnt] unter einer besonderen geistigen Führung aus der höheren Welt. Das will aber nicht heißen, daß es nicht auch Zeiten gegeben hätte, da die beiden von der niederen Geisterwelt in Versuchung geführt wurden. Beiden war nämlich von der Gotteswelt klargemacht worden, sie finde sich nicht einfach auf Wunsch und Befehl des Menschen hin bei ihnen ein ...«[1]

»Als Adam noch allein auf der Erde lebte, stand er zur höheren Welt in enger Verbindung. Als dann seine Gefährtin hinzukam, versuchte man auch dann noch, die beiden in gleicher Weise zu führen; denn sie hatten ja so viele Hinweise und Belehrungen nötig! Als aber ihre Nachkommenschaft herangewachsen war, machte man den beiden klar, so könne es nicht weitergehen, daß sich nämlich auf Wunsch des Menschen hin sogleich ein Geistwesen einfinde, um ihm Antwort zu geben. Vielmehr müsse der Mensch künftig für eine solche Verbindung *selber* das Nötige leisten. Er müsse dazu eine Opferstätte errichten.«[2]

»Diese brachte Adam durch Aufschichten von Steinen und deren Verbund durch Lehmmörtel so einigermaßen zustande. Dann wurde ihm gesagt: "Du mußt darauf gewisse Gaben darbringen. Sie sind für Gott bestimmt und sollen deine Opfer sein." Nun gab es damals ja noch keinen Ackerbau; aber Adam konnte wertvolle Pflanzen aussuchen und sie als Opfergabe Gott darbringen. Auch wurde ihm [früher schon] beigebracht, wie man Feuer entfachen kann. Alles dies mußte die Gotteswelt ihm zeigen.«[3]

»Auch sollte hinfort nicht mehr die Schar allerhöchster Geister, die sich bisher um Adam bemüht hatte, mit ihm in Verbindung bleiben. An ihre Stelle sollten andere Geistwesen treten, welche die Aufgabe der Betreuung der jetzt heraufkommenden Menschheit zu übernehmen hatten. Für den Umgang der Menschen mit diesen Geistwesen bedurfte es der erwähnten Bereitstellung von Opfergaben, damit mit Hilfe des Ods dieser Gaben eine gewisse Materialisation erzielt werden konnte, sei es in Form der 'direkten Stimme', sei es in Form der Erscheinung des die Antwort gebenden Geistwesens, um so den Menschen in ihrem Leben den Weg zu weisen.«[4]

»Die Gottesboten sagten ihnen: "Wir kommen und geben euch Antwort, doch nur, wenn ihr die *Gesetze* befolgt, die wir euch geben. Verhaltet ihr euch jedoch ungehorsam, so werdet ihr das Wort Gottes nicht vernehmen. Ihr werdet im dunkeln umhertasten, und Gott wird euch strafen. Ihr müßt euch die Verbindung zur Gotteswelt *erringen*..."«[5]

»Nicht zu ringen brauchten sie jedoch um das Wort des Widersachers... Der Teufel machte sich dies zunutze. Er kam und bediente sich flugs der Opfergaben jener Nachkommen Adams. Von unten also war es viel schneller möglich, Antwort zu erhalten. Die Geister der Tiefe bekundeten sich jenen Menschen durch die 'direkte Stimme' und gaben sich dabei als Engel des Himmels aus. Sie empfahlen den Menschen ein Vorgehen, mit dem diese tatsächlich Erfolg hatten und das ihnen willkommen war; wurden die Ratschläge von unten doch in schmeichelhafte Worte gekleidet, und das gefiel den Menschen – das gefällt ihnen noch heute...«[6]

»Gott hat aber nicht nur Wesen 'von unten' sich auf dieser Erde auswirken lassen. Man sah doch 'oben' die große Gefahr, die auf diese Weise den Menschen dieser Erde widerfuhr. Wie leicht konnten sie in der Versuchung fallen und sich wieder ganz dem Bösen zuwenden! Denn das Böse verstand es wahrhaftig, über diese Menschen Macht zu gewinnen – war doch Luzifer ihr Herrscher von Anfang an. Darum tat sich der Himmel auf und entsandte heilige, also *treu gebliebene* Geister ins menschliche Dasein. Diese Geistwesen des Himmels sollten die Führer der damals noch so bescheidenen Völkerfamilie der Erde sein. Als *Propheten,* wie die Menschen sie nannten, verkündeten sie diesen das Wort Gottes.«[7]

»Doch auch sie bedurften, um ihres Amtes walten zu können, jener Opferstätten. Mit der Zeit wurden sogar die Bedingungen für die Verbindung mit der Gotteswelt immer anspruchsvoller. Es wurde ein besonderes Gemach [das Offenbarungszelt der Bibel] verlangt für den Aufbau jener Odkräfte, die eine bessere, klarere Bekundung der Geisterwelt Gottes ermöglichten, sei es in Gestalt von Erscheinungen, sei es durch 'direkte Stimme', sei es auf dem Wege prophetischen Hellsehens oder Hellhörens. So entstand allmählich eine Priesterschaft im Dienste der Gotteswelt.«[8]

»Allein, das Niedere war und blieb auf Erden mächtig und übte seinen beherrschenden Einfluß auf die Menschen aus. Daher hatten jene Propheten ein schweres Dasein. Sie mußten mit den Geistern, welche die Menschen in die Irre zu führen suchten, schwere Kämpfe ausfechten. Da die Propheten hellsichtig waren, erkannten sie gleich, wenn Menschen mit der niederen Geisteswelt in Verkehr traten. Dabei stellte diese den Menschen furchtbare Bedingungen für den Umgang mit ihr. Genau wurde ihnen vorgeschrieben, welche Opfer sie zu bringen hatten – sogar Menschenopfer... Blind gehorchten sie, und dadurch fielen sie dem Bösen ganz anheim.«[9]

»Obschon der Himmel sich aufgetan und Gotteswesen in die Menschwerdung entsandt hatte, damit sie als Propheten die Menschen vom Bösen wegführen sollten, gelang ihnen dies nicht voll – wahrhaftig nicht. So kam wieder ein von Gott bestimmter Prophet zur Erde – *Mose.* Er sollte ein Führer der Menschen werden. Tatsächlich wurde er vom Volke Israel anerkannt, und er führte es aus Ägypten heraus durch die Wüste.«[10]

»Die damalige Menschheit war – wie erwähnt – vielfach dem Bösen verfallen. Es ging ihr also nicht immer in allen Teilen gut. Oft hatte sie ein leidvolles Leben durchzustehen, weil Gott manchmal hart prüfte. Das Volk, das Mose anführte, sollte auch geprüft werden, gerade weil man von ihm erhoffte, es könnte am ehesten *Gottesglauben* bezeigen. Also zog Mose mit dem Volke Israel aus Ägypten fort in der Hoffnung, es könne dann in größerem Frieden leben, ohne von anderen Völkern bekämpft zu werden. Aber mitten auf dem Wege in diese neue Heimat wurde auch Mose ratlos. Er bedurfte des Gespräches mit Gott, weil er nicht mehr aus noch ein wußte. Das an Zahl schon groß gewordene Volk, das mit ihm zog, machte ihm Vorwürfe wegen der Entbehrungen, die es erleiden mußte. Mose blieb nichts anderes übrig, als ihm zu sagen: "Gut, ich will zu Gott beten und ihn anflehen."«[11]

»Also sonderte sich Mose von den Seinen ab. Er suchte sich einen Ort weit entfernt von dem Volke, um in Ruhe beten und Gott anrufen zu können. Es verhielt sich nicht so, wie in der Bibel steht (2. Mose

19,3), als wäre Mose sogleich mit Gott ins Gespräch gekommen. Es hatte wahrhaftig lange Zeit gebraucht, ehe Gott sich vernehmen ließ, denn er war eben nicht mit allem Tun und Handeln von Mose einverstanden gewesen... Aber Mose harrte auf dem Berge [Sinai] aus. Sein Glaube an Gott war stark, und so vernahm er schließlich Gottes *Wort.«*[12]

Die Zehn Gebote

Damals wurde dem Volke das Gesetz Gottes, die Zehn Gebote, gegeben. »In der Bibel (2. Mose, Kapitel 20) heißt es, Mose habe die Gesetzestafeln von Gott ausgehändigt erhalten. Es war aber nicht Gott persönlich, sondern die Gesetze sind Mose *durch Christus* ausgehändigt worden. Christus hatte im Einvernehmen mit dem Vater diese Gesetze entworfen. Beide hatten gemeinsam diese Gesetze miteinander besprochen, die nun diesem Propheten ausgehändigt werden sollten, damit sie für die gläubigen Menschen maßgeblich und wegweisend würden. Christus also war es, der diese Gesetze im Einverständnis mit dem Vater aufgestellt und sie dann Mose übergeben hatte.«[13]

»Auf dieses Gesetz sollte das Volk verpflichtet und zum Gehorsam aufgerufen werden. Es sollte nicht nur bewirken, daß die Menschen auf Erden besser in Frieden miteinander leben konnten, sondern dieses Gesetz würde für ihr Leben *nach* dem irdischen Tode von Bedeutung sein. Wer als Mensch das Gesetz hielt, sollte auch in seiner geistigen Entwicklung einen Fortschritt erzielen; denn solange es kein solches Gesetz gab, konnten die Übertreter auch als geistige Wesen nicht für die Untaten bestraft werden, die sie als Menschen begangen hatten. "Wo kein Gesetz ist, ist auch keine Strafe."«[14]

Diese Gesetze waren also nicht nur für das irdische Leben bestimmt, sondern auch für das geistige Leben von Bedeutung. »Aber den *Menschen* waren sie gegeben worden, ehe die [abgefallenen] *Geister* sie erfahren durften.« Erst danach verkündete die Geisterwelt Gottes diese Gesetze jenen, die sich im Reiche Luzifers befanden. »Sie sollten sich im Geiste schon mit ihnen vertraut machen.«

Den Menschen war vom Augenblick der Gesetzgebung auf dem Sinai an eine geistige Verantwortung auferlegt worden. »Man mutete ihnen nun mehr zu. Damals wurden gewisse Möglichkeiten geschaffen, um jenen Wesenheiten, die guten Willens waren und sich Mühe gaben, eine Gelegenheit des Aufstieges zu bieten. Wer [als Mensch] das Gesetz befolgte, sich also durch Folgsamkeit Verdienste erworben hatte, durfte nun [in der Hölle] eine bessere Stufe einnehmen. Jene Menschen dagegen, die das Gesetz nicht befolgten, hatten in die Tiefe zurückzukehren. Ihnen waren die Stufen des Aufstiegs verwehrt. Sie sollten sich erst um dieses bessere Leben verdient machen.«[15]

Als Mose so lange auf dem Berge Sinai blieb, glaubte das Volk, er werde überhaupt nicht mehr zurückkehren. »Und was taten jene Menschen? Sie versuchten, eine Opferstätte zu errichten, auf die sie, wie es in der Bibel heißt (2. Mose 32, 4), ein goldenes Kalb stellten und anbeteten. In *der* Form stimmt der Bericht allerdings nicht ganz. So viel Gold besaßen nämlich jene Menschen nicht, daß sie daraus ein goldenes Kalb hätten anfertigen können. Wohl hatten sie gewisse goldene Schmuckstücke, auch Edelsteine, aber nicht in Mengen. Man formte nun ein solches Tier aus Lehm, und in diesen bettete man Schmuckstücke aus Edelmetall ein. Das Volk war zu einem solchen Opfer aufgerufen worden, weil man wußte, daß in diesen Schmucksachen eine besonders wirksame Odstrahlung enthalten war.«[16]

»Als nun Mose vom Berg Sinai herabkam und sah, was das Volk angestellt hatte, geriet er in solchen Zorn, daß er die Gesetzestafeln zerschlug; auch die Opfergestalt, die aufgerichtet worden war, zerstörte er. Er war zutiefst unglücklich darüber, daß das Volk in so kurzer Zeit wieder dem Bösen anheimgefallen war.«[17]

»So ist es geblieben. Immerfort gab es Kämpfe zwischen Gut und Böse. Wohl blieb der Himmel offen, um den Propheten den Weg zur Erde zu bahnen, damit die Menschen durch Gottes Wort belehrt werden konnten. Aber Gott hat auch schwer gestraft.« Viele Menschen meinen, die biblischen Erwähnungen der Sintflut oder des vom Himmel gefallenen Feuers (1. Mose 7, 11–12 und 1. Mose 19, 24–25) seien nur Legenden. »Nein, *Gott griff ein.* Er ließ diese Katastrophen hereinbrechen, bei denen viele, viele Menschen ums Leben kamen. Da jene Menschheit so dem Bösen verfallen war, konnte nur auf diese Weise Abhilfe geschaffen werden: Sie sollten sterben, um einer neuen, besseren Menschheit Platz zu machen.«[18]

»Das Unheil, das über jene Menschheit gekommen war, hatte also Gott mit seiner heiligen Geisterschar bewirkt, weil das Böse zurückzudrängen war. Menschen hatten ihr Leben lassen müssen, um in einem neuen menschlichen Dasein einen abermaligen, besseren Anfang zu finden. Stets geschah es so. Menschen kamen um, doch die Menschheit starb trotzdem nicht aus; vielmehr entwickelte und entfaltete sie sich ständig weiter – bis der Zeitpunkt gekommen war, da die Gotteswelt feststellen konnte, jetzt seien genügend gottesgläubige Menschen auf Erden vorhanden, um endlich [weiter] eingreifen und den Aufstieg der Gefallenen beschleunigen zu können. Jetzt sollte das Böse in seine Schranken verwiesen werden. Es sollte so besiegt werden, daß es künftig aus der Hölle heraus nicht mehr so beliebig auf Erden schalten und walten konnte.«[19]

Der Kernpunkt des Heimführungsplanes

Der entscheidende Teil, der Kernpunkt des Heimführungsplanes, bestand darin, Luzifer zu zwingen, diejenigen aus seinem Machtbereich zu entlassen, die zu Gott heimkehren wollten; denn durch den Abfall waren sie gesetzmäßig seine Untertanen geworden. Sie ihm gewaltsam zu entreißen hätte Gottes Gerechtigkeit widersprochen. Es gab daher nur *einen* Weg, die Rückkehrwilligen aus der Hölle zu befreien: Ein hoher Geist des Himmels mußte die Menschwerdung auf sich nehmen, also sich freiwillig in den Machtbereich Luzifers begeben, um dort den Kampf mit ihm aufzunehmen. Dieser Erlöser mußte als Mensch sich gegenüber allen Angriffen des Bösen behaupten und an seinem Glauben an Gott treu festhalten – allen Versuchungen, Anfechtungen und Verfolgungen zum Trotz. Nur durch seine Gottestreue bis in den Tod errang sich dieser Geist des Himmels das Recht, danach mit den ihm von Gott zur Verfügung gestellten himmlischen Heerscharen die Hölle anzugreifen und Luzifer zu besiegen. Nur so konnte der Widersacher gezwungen werden, die heimkehrwilligen Geister ziehen zu lassen.

Es ging also nicht mehr nur darum, den Abgefallenen durch wiederholte Erdenleben die Möglichkeit des Aufstiegs innerhalb der Besserungsstufen der Hölle zu bieten, sondern es mußte jemand kommen, der für sie, die wieder ins Reich Gottes hinübertreten wollten, einstand – jemand, der sie dahin mitnehmen konnte. Überdies waren zusätzlich neue Entwicklungsstufen für die aufsteigenden Wesen zu schaffen, Sphären, die nicht mehr der Hölle zugehörten, sondern dem Reich Gottes angegliedert sein sollten. »Entsprechend erhob sich die Frage nach dem Führer, der die Aufsteigenden wieder zurückführen sollte. Schon ganz zu Anfang der Ausarbeitung des zweiten Planes hatte man den Gedanken, diese Aufgabe müsse einer der höchsten Fürsten des Himmels übernehmen. Jedenfalls war im Plane Gottes vorgezeichnet, daß ein solcher Erlöser kommen müsse, den man Messias nannte. Es war aber nicht von allem Anfang an bestimmt, daß Christus dieser Messias sein würde. Wohl wurde dies in der Zeit des Durchdenkens und Ausarbeitens des Heimführungsplanes erwogen; aber festgelegt war es nicht.«[20]

»Christus hatte jedoch in der Gotteswelt an seinen Vater die Bitte gerichtet: "Laß mich der Messias sein! Ich will diesen Weg gehen! Ich will die Meinen zurückführen; denn du hast sie mir anvertraut, und so will ich diese Aufgabe übernehmen!" Es waren auch noch andere hohe Geister bereit gewesen, sie zu übernehmen. Allein, Christus hatte den Vorrang und erhielt von Gott die Einwilligung dazu. Er als *König* wollte um die Seinen kämpfen und sie zurückholen.«[21]

»Doch dies sollte geheim bleiben. Zu anderen wurde nur von einem künftigen Messias gesprochen, auch als der Entscheid bereits getroffen war, daß Christus dieser Messias sein werde. Nicht einmal die Treugebliebenen des Himmels erfuhren dies, und erst recht nicht jene, die in die Hölle gestürzt worden waren. Es hieß lediglich: Dereinst wird einer zur Erlösung der Gefallenen die Menschwerdung auf sich nehmen, und dieser wird der Messias sein. Aber der Name Christi wurde dabei verschwiegen, und zwar aus ganz bestimmten Gründen – denn Luzifer sollte nicht erfahren, daß Christus selber die Menschwerdung auf sich nehmen werde, weil er dann in seiner Klugheit eigene Pläne geschmiedet hätte ... So wußte man während unendlich langer Zeitläufe nicht, wer der einstige Messias sein werde. Die Engel aber verkündeten immer erneut die Frohbotschaft, ein Messias werde die Gefallenen erlösen.«[22]

»In der Gotteswelt wußte man, wer Luzifer war – man kannte ihn ... Daher wußte man auch, daß es für denjenigen, der diese Aufgabe auf sich nähme, ein schwerer, schwerer Weg sein würde. Die Gotteswelt hatte eine Übersicht, einen genauen Begriff von jener Zeit, und sie sah voraus, was möglicherweise auf einen Erlöser wartete. Man ahnte, wie sein Erdenleben ablaufen könnte, und man sprach es in der Gotteswelt auch aus, daß der Messias einen Kreuzestod zu gewärtigen habe. Aber im Plane Gottes war auch die Möglichkeit berücksichtigt, daß es *nicht* auf diese furchtbare Weise würde ablaufen müssen. Von allem Anfang an waren also *beide Wege* für möglich gehalten worden.«[23]

»Die Geister Gottes, die den Auftrag erhielten, ins menschliche Dasein zu treten, um als Propheten den Menschen von ihrer Schau zu künden, waren in diesen Plan Gottes eingeweiht. Man hatte ihnen erklärt: "Seht, die Wahrscheinlichkeit ist groß, daß der Messias diesen Tod erleiden muß." So ist es zu erklären, daß die Propheten Worte von diesem Tod des Messias in ihre Offenbarungen einfließen ließen. Doch war dies eben nicht als unausweichlich festgelegt worden, denn alles hing vom freien Willen der Menschen ab. *Sie* hatten zu entscheiden. Gott griff nicht ein. Gleichwohl hatte man gehofft, daß womöglich ein [führender] Mensch auftreten und das Ganze verhindern würde. Allein, dies geschah nicht . . .«[24]

Christi Verbindung zur Menschheit

Lange bevor Christus seine schwere Sendung antrat, wurden, wie erwähnt, Vorläufer zur Erde entsandt, um als Propheten jenen Menschen den Gottesglauben zu bringen. Doch schon damals war Christus der große Führer für die ganze Menschheit. *Er selbst* hatte jene höheren Geister ausgewählt, die als Propheten in ein irdisches Dasein treten sollten; auch legte er ihre zeitliche Folge fest. »Er war es, der sich selbst ganz nahe zu jenen führenden Gottesmännern hinbegeben und sich mit ihnen verbunden hatte. Christus war es, der mit ihnen gesprochen und ihnen Kraft verliehen hatte, damit sie in Erfüllung bringen konnten, was für sein eigenes späteres Kommen von großer Wichtigkeit war.«[25]

Das war jedoch nicht der einzige Grund dafür, daß Christus sich zur Erde begab. »Vielmehr hatte Gott ihm erklärt, es sei gut für ihn, die Nähe der Menschen aufzusuchen; da er einst unter ihnen leben würde, sollte er beizeiten ihr Mißtrauen, ihre Ungeduld und auch ihre Falschheit kennenlernen. Also näherte sich Christus den Menschen. Dabei vernahm er auch so manche Klage der Propheten und ihr Flehen um Kraft, um ihr Volk führen zu können. Christus war es, der mit seinen himmlischen Scharen ihnen beistand und Hilfe brachte.«[26]

Propheten hatten das Kommen des Erlösers, des Messias, verkündet und auf die Zeit seines Erdendaseins und auf sein Wirken hingewiesen. »Des öftern erwähnte dann Christus als Mensch, dieses oder jenes müsse geschehen, auf daß die Schrift erfüllt würde, so wie die Propheten es geweissagt hatten. Gewisse Geschehnisse wurden so gesteuert, daß sie sich zur Zeit seiner Geburt [und seines anschließenden Erdendaseins] abspielten.«[27]

»Die Umgebung, in die Christus hineinkam, war in der geistigen Welt *vorausgeplant* worden.« Dazu gehörte auch die Auswahl derer, die Christus auf Erden am nächsten stehen sollten. »Also mußte für ihn auch seine künftige Mutter ausgewählt werden. Man hielt Umfrage unter den Engeln; man sprach darüber. Verschiedene Engel erklärten sich für die Übernahme dieser Aufgabe bereit. Christus selbst bestimmte dann aber seine künftige Mutter – er *selbst* wählte diesen Engel aus. Dieser Engel sollte die Menschwerdung auf sich nehmen und dann seine leibliche Mutter werden.«[28]

Alles hatte Christus vorbereitet und getan für die Erlösung der Menschheit – schon von allem Anfang an, so wie ja auch alles in der Schöpfung durch *ihn* geworden ist. Gott hatte es ihm überlassen, alles selber in die Hände zu nehmen. So hatte Christus nicht nur Maria für ihre Aufgabe bestimmt, sondern auch Josef für die seine. Auch seine künftigen Jünger hatte Christus in der Geisteswelt ausgewählt. »Er hatte sie in den Aufstiegssphären, in denen sie weilten, gesucht; denn der Blick von Christus und von Gott richtete sich ja hauptsächlich auf jene, die vom Himmel entfernt waren – ging es doch darum, sie wieder zurückzuholen. Also hatte Christus seine Jünger ausgesucht, und der Vater richtete sein Auge auf sie. Man war eins in dieser Sache. Geister Gottes mußten dann dafür besorgt sein, daß die betreffenden Ausgewählten zur rechten Zeit und am richtigen Ort zur Welt kamen und dort lebten.«[29]

»Auch die Engelschaften, die sich während der Zeit seines Menschseins mit ihm abgeben sollten, hatte Christus selbst ausgewählt. Er bildete gewissermaßen verschiedene Gruppen, und zwar je nach den Fähigkeiten der betreffenden Engelwesen, die ihm in seinem menschlichen Dasein zur Seite stehen sollten. So hatte er auch jene Engel ausgewählt, welche den Hirten die Botschaft brachten, und ebenso hatte er jene Engelwesen ausgewählt, die nach erfolgreicher Durchführung seines Auftrages mit ihm zusammen in die Hölle hinabsteigen sollten. Er selbst bestimmte, wer alles ihn begleiten sollte. Nichts war dem Zufall überlassen – alles hatte Christus auf das genaueste vorbereitet. Auch unerwartete Vorkommnisse waren von ihm eingeplant worden; denn die Menschen haben ja ihren freien Willen, und so bestand für sie die Möglichkeit, mit ihrem freien Willen auch frei zu entscheiden. So hätte es dazu kommen können, daß das, was Christus vorbereitet hatte, hätte geändert werden müssen. Es war also vorausbedacht worden, daß gegebenenfalls Abänderungen vorgenommen werden mußten. Auch dafür hatte Christus einen hohen Geist vorgesehen, der die Möglichkeit, das Können, die Kraft besaß, um entsprechend eingreifen zu können.«[30]

»Alles wurde vorher auf das sorgfältigste überlegt. So war es möglich, daß Christus auf seinem irdischen Lebensweg von den Engeln Gottes begleitet werden konnte, und zwar standen ihm immer jeweils solche Engelwesen zur Seite, wie sie, der Lage entsprechend, benötigt wurden. Es waren nicht etwa stets ein und dieselben Geister Gottes, die Christus in seinem Erdenleben führten, sondern viele waren dazu aufgeboten. Alle im Himmel waren doch um ihn besorgt; denn sie kannten Luzifer. Sie kannten die Welt und die Menschen dieser Welt! Sie kannten die Gefahren, die ihrem König drohten. Darum wollten sich aus allen Himmeln so viele Engel als nur möglich zur Verfügung stellen, um ihren König in seinem menschlichen Dasein zu begleiten. Doch dafür hatte Christus selbst Vorsorge getroffen. Er selbst hatte die Zahl der geistigen Wesen festgelegt, die ihn in seinem Erdenleben begleiten und ihm beistehen sollten.«[31]

Die Festlegung der Geburtszeit Jesu

Schließlich mußte entschieden werden, *wann* Christus ins menschliche Dasein treten sollte. Bei Matthäus (24, 22) und Markus (13, 20) heißt es: "Um der Auserwählten willen hat der Herr die Tage verkürzt." Diese Stellen werden irrigerweise auf die sogenannte Endzeit bezogen. In Wahrheit bedeuten sie: »Die Errettung, nämlich die Menschwerdung Christi, wurde *zeitlich vorverschoben.* Man fand in der Gotteswelt, daß durch die Propheten die Menschen im Gottesglauben immerhin so weit gestärkt worden waren, daß es möglich schien, die Menschheit früher [als ursprünglich von Gott geplant] zu erretten, sie schneller ins Vaterhaus zurückzuführen. Deshalb wurden "die Tage verkürzt um der Auserwählten willen" – das heißt, die Zeit bis zum Kommen des

Erlösers wurde verkürzt um jener Menschen willen, die Glauben hatten.«[32]

»Christus erklärte sich bereit, zu diesem *frühestmöglichen Zeitpunkt* in ein menschliches Dasein zu treten. Die Möglichkeit hätte durchaus bestanden, daß Christus dies erst zu einer späteren Zeit auf sich genommen hätte, als Menschen in ihrem Gottesglauben schon weiter vorangeschritten waren.« Das hätte Christi Aufgabe fühlbar erleichtern können. »Dies wartete man aber nicht ab. Man wählte vielmehr die frühestmögliche Zeit, obwohl man sah, wie wankelmütig die Menschen damals in ihrem Gottesglauben noch waren.« Man wählte diesen Zeitpunkt, um die Leiden derer abzukürzen, die sehnsüchtig auf die Erlösung warteten.[33]

»Auf diese Erlösung warteten nicht nur die Menschen auf dieser Erde, die von den Propheten getröstet wurden mit der Verheißung, der Tag werde kommen, da sie von Leid und Not befreit würden. Dieser Trost wurde auch jenen Wesen gespendet, die in den obersten Aufstiegsebenen der Hölle auf Erlösung warteten, ja die frohe Botschaft von der künftigen Erlösung *aller* wurde auch in *allen* höllischen Bereichen verkündet. Eine besonders große und bedeutsame Aufgabe kam dabei jenen Engelwesen zu, welche die Seelen betreuten, die in den oberen Entwicklungsstufen der Hölle auf ein neues menschliches Dasein warteten.«[34]

Diesen Engeln war von der Gotteswelt bekanntgegeben worden, zu welcher Zeit der König der Geisteswelt ins menschliche Dasein treten würde. »Dementsprechend sollten diese Engelwesen sich bei ihren Vorbereitungen auf diesen Zeitpunkt abstimmen, damit jene Geistwesen rechtzeitig ins menschliche Dasein entsandt würden, die von der hohen Geisteswelt dazu bestimmt worden waren – vor allem die *Apostel.* Schon ehe sie ihr menschliches Dasein antraten, waren sie, wie erwähnt, als Geistwesen dazu erwählt worden, dereinst Jünger Jesu zu werden – dafür wurden sie gezeichnet.« Ähnliches geschah mit vielen anderen Geistwesen, die in den oberen Entwicklungsstufen der Hölle lebten.

»Zu ihnen kamen Engel Gottes und erzählten ihnen von der kommenden Befreiung und Erlösung, von der Heimkehr ins himmlische Reich. Dem einen und andern sagten sie, er werde als Mensch in allernächster Nähe des Erlösers leben dürfen. Dem einen erklärten sie:

"Dieser Erlöser, der aus den allerhöchsten Himmeln kommt, wird dir Wasser reichen. Aus *seinen* Händen wirst du das Gefäß nehmen und trinken …" Einem andern wurde offenbart: "Du wirst von ihm geheilt werden und dann in nächster Nähe bei ihm weilen." Zu wieder einem andern trat ein Engel hin und eröffnete ihm: "Du wirst dereinst als Mensch blind geboren werden, damit der Erlöser an dir ein Werk Gottes erfüllen kann. Er wird dich sehend machen."«

»Alle solchen Ankündigungen wurden von den Geistwesen mit Begeisterung aufgenommen. Schon so lange Zeit hindurch hatte man ihnen von der künftigen Erlösung gesprochen; aber sie hatten ja keine Ahnung davon, *wann* sie kommen werde, und sie wußten auch nicht, *wie* sie vor sich gehen würde. Dieses Wissen behielten die Engelwesen für sich. Sie machten nur Andeutungen … Wenn ein solcher Geist von ihnen erfuhr, daß die Zeit des Getrenntseins von Gott und der großen Bedrängnis bald vorüber sein werde, war er begreiflicherweise voll der Freude und des Jubels. Aber in ihrem Erdendasein wußten sie nichts mehr von all dem, was einst vereinbart worden war und was man ihnen erzählt hatte. Es liegt in der Weisheit Gottes, daß keiner, der als Mensch ins Erdenreich tritt, mehr von den Vereinbarungen weiß, die vormals getroffen wurden …«[35]

Die Vorgeschichte Johannes' des Täufers

Ein halbes Jahr vor Christus trat, von ihm entsandt, Johannes der Täufer in ein menschliches Dasein – der wiedergeborene Elia. »Der Vater Johannes' des Täufers hieß Zacharias und war Priester. Seine Frau hieß Elisabeth. Beide waren fromme und angesehene Menschen. Nun war auf den Priester Zacharias das Los gefallen, eine Woche hindurch, wie es üblich war, Tempeldienst zu leisten. Die Stätte im Tempel zu Jerusalem, wo Zacharias als Priester amten sollte, war gewissermaßen in ein Zelt eingeschlossen. Der mit diesem besonderen Dienst betraute Priester brachte innerhalb des Zeltes sein Rauchopfer dar. Da es verschiedene Priester gab, wurde jeweils durch das Los bestimmt, wer eine Woche hindurch diesen Tempeldienst zu verrichten hatte.«

»Es war jedoch nicht nur *ein* Priester, der bei diesem Tempeldienst amtete. Ihm zur Rechten stand vielmehr ein Hilfspriester. Wenn also Zacharias dieses Rauchopfer darzubringen hatte, stand ihm ein Helfer zur Seite. Der Sinn dieses Rauchopfers war folgender: Durch die Opfergabe wurde in diesem Offenbarungszelt eine Odkraft zusammengeballt, und diese sollte es ermöglichen, das Wort Gottes vernehmlich zu machen, nämlich durch den Mund ebendieses Hilfspriesters. Er war nicht nur behilflich, die Opfergabe zu bereiten, sondern er diente auch als Medium. Durch ihn wurde dann [in Trance] das Wort Gottes verkündet.«

»Nach einer bestimmten Zeit trat der Priester aus dem Zelt heraus vor das Volk hin und berichtete, was geoffenbart worden war. Das Wort Gottes wurde durch die heilige Geisteswelt vermittelt. Nicht Gott in Person sprach, sondern ein hoher Geist besaß die Möglichkeit, sich in diesem Zelt zu bekunden.«[36]

»Der Priester hatte die Aufgabe, dem Volke zu sagen, wie es sich verhalten solle; denn die Menschen von dazumal wurden vielfach verfolgt, und sie hatten in ihrem Leben große Nöte und Sorgen in jeder Beziehung. So fragten sie Gott um Rat, und der Priester bildete ihre Verbindung zu Gott. Stets erhielten sie Antwort auf die Fragen, die sie hatten – der Priester überbrachte ihnen diese Antwort. Doch er gab ihnen auch Worte der Ermahnung und des Tadels. Vor allem aber verkündete er dem Volk im Namen Gottes, was in diesem Tempelzelt geoffenbart worden war.«[37]

»Als nun Zacharias sein Rauchopfer darbrachte und der Hilfspriester neben ihm stand, trat ein Geist Gottes [nämlich Gabriel] in diesen ein und sprach aus dem Munde dieses Hilfs- oder Nebenpriesters zu Zacharias: "Das Gebet, das du und Elisabeth jeweils gesprochen habt, ist erhört worden. Es wird euch ein Sohn geboren, und diesem sollst du den Namen Johannes geben. Freude und Jubel wird über diese Geburt herrschen, und sie wird der Menschheit zum Heil sein; denn euer Sohn wird Vorläufer und Wegbereiter sein für den Erlöser, der da kommen wird. Heil wird so der Menschheit gebracht, und Heil und Segen werdet ihr erleben, du und Elisabeth." Ihr Schoß werde vom heiligen Geist erfüllt; ein Geist Gottes in der Kraft und Person *Elias* werde sie umgeben.« In der Botschaft des Engels war auch gesagt worden, dieser hohe Geist »werde als Mensch weder Wein noch sonstige berauschende Getränke zu sich nehmen«.

»Mit diesen und noch weiteren Worten wurde Zacharias bedacht, und er war darüber genauso erstaunt, wie später Maria erstaunt war, als durch Josef zu ihr gesagt wurde, aus ihr werde das Heiligste geboren werden. Darum gab er dem zu ihm sprechenden Geist zur Antwort: "Das glaube ich nicht! Das ist unmöglich ..." Besonders geriet Zacharias in ungläubiges Staunen, als der zu ihm sprechende Geist von sich sagte, er stehe vor Gottes Angesicht. "Das glaube ich dir nicht!" erwiderte Zacharias. Auch die ihm gegebene Verheißung wollte er nicht annehmen. "Es ist nicht möglich", wandte er ein; "ich bin in vorgerücktem Alter, und Elisabeth ist doch als die Unfruchtbare bekannt. Ihre Jahre sind vorüber. Darum kann das, was du sagst, nicht möglich sein." Zacharias wehrte sich also und wiederholte: "Ich glaube dir nicht."«[38]

»Da wurde der Engel, der durch jenen Menschen sprach, energisch: "Du glaubst mir nicht? Ich habe zu dir gesagt: Ich bin einer von denen, die vor Gottes Angesicht stehen. Du bist Priester und willst als Priester Gottes Wort verkünden – mir aber glaubst du nicht! Weil du mir nicht glaubst, wirst du von diesem Augenblick an stumm sein! Du wirst so lange stumm bleiben, bis sich erfüllt hat, was ich dir verkündigt habe."«

Wohl waren Zacharias und Elisabeth in vorgerücktem Alter. »Der Engel sagte aber ausdrücklich: "Bei Gott ist nichts unmöglich!" Auch verkündete er Zacharias, Freude werde über ihn und über die Menschheit kommen. Doch er glaubte dem Engel trotzdem nicht – es schien ihm nicht möglich zu sein. So erhielt er die Strafe für seinen Unglauben.«[39]

»Das Volk, das außerhalb des Zeltes wartete, ahnte, daß etwas Besonderes geschehen war; denn sonst dauerte es nicht so lange, bis der Priester wieder heraustrat. Diesmal aber hatte es sehr lange gedauert; denn die Gespräche gingen hin und her, so daß das Volk draußen ungeduldig wurde. Als dann der Engel geendet hatte, trat Zacharias aus dem Zelt heraus vor das Volk und machte den Versammelten deutlich, daß er nicht mehr reden könne, indem er mit dem Finger eine Gebärde machte – er legte den rechten Zeigefinger an den Mund. Jetzt wußte das Volk: Es ist etwas geschehen – Zacharias ist stumm; er kann nicht mehr sprechen ...«[40]

»Der andere Priester, der [aus der Trance] wieder in seinen normalen Zustand zurückgekehrt war, trat dann auch aus dem Zelt heraus. Er konnte den Leuten jedoch nur sagen, daß etwas vorgefallen sein müsse. Näheren Bescheid wußte er nicht. Er merkte nur, daß Zacharias nicht mehr reden konnte. So mußte dieser sich der Schrift bedienen, um das zum Ausdruck zu bringen, was er zu sagen hatte.«

»Nachdem seine Dienstzeit im Tempel nach Ablauf einer Woche beendet war, kehrte Zacharias zu Elisabeth zurück. Es war ein weiter Weg. Daheim angekommen, erklärte er Elisabeth, was geschehen war, indem er auf eine Tafel schrieb, daß er stumm geworden sei und wie es dazu gekommen war. Schriftlich berichtete er ihr, ein Sohn sei ihnen verheißen worden. Und beide wurden vom heiligen Geist erfüllt, und es erfüllte sich, was der Engel verheißen hatte. Elisabeth erlebte es, und als sie merkte, daß sie schwanger war, getraute sie sich nicht, sich in der Öffentlichkeit zu zeigen. Teils schämte sie sich wegen ihres vorgeschrittenen Alters, teils freute sie sich darüber, daß Gott ihr Gebet erhört hatte.«

»Damit verhielt es sich so: Die beiden beteten stets zusammen, Gott möge ihnen einen Sohn schenken. Dies taten sie seit dem Beginn ihrer Ehe, und diese Bitte blieb bis in ihre alten Tage hinein in ihr Gebet eingeflochten. Darum durfte der Engel zu Zacharias sagen: "Gott hat dein Gebet erhört – ihr habt ja stets um diesen Sohn gebetet." Darauf erwiderte Zacharias wie erwähnt: "Das ist doch nicht möglich . . .", und der Engel antwortete: "Du hast darum gebetet, und bei Gott ist nichts unmöglich." Jetzt aber waren die beiden voller Freude. Sie ahnten, daß das Kind, das ihnen geboren würde, etwas Besonderes sein mußte. Bald verbreitete sich die Kunde davon über das ganze Gebirge, in dem Zacharias wohnte. Sie ging von Haus zu Haus, und man sprach von einem Wunder. Ganz bestimmt müsse dieses Kind ein Prophet werden; denn hier liege unstreitig ein Wunder vor.«[41]

Jesu Geburt

Die Verkündigung

Maria und Josef sind sich in ihrem Leben nicht durch Zufall begegnet. »All dies war Bestimmung und Teil der Ordnung Gottes, Teil seines Erlösungsplanes. Die heilige Geisterwelt fügte es so, daß sich diese beiden Menschen begegneten.«[1]

In Matthäus 1,16 heißt es: "Jakob zeugte den Josef, den Mann der Maria." Tatsächlich war aber Heli der leibliche Vater Josefs. »Dieser starb, und so wurde dessen Bruder Jakob Josefs Stiefvater. Nach römischem Gesetz übernahm der Stiefvater alle Rechte, und deshalb nannte man Josef den 'Sohn des Jakob'. Jakob war jedoch nicht sein wirklicher Vater, sondern Heli.«[2]

»Maria war schon als junges Mädchen in das Haus von Josef gekommen. Zu dieser Zeit, als Maria in sein Haus kam, war Josef verheiratet. Die Ehe blieb jedoch kinderlos.« Der damaligen Sitte gemäß erwog man in einem solchen Falle eine zusätzliche Ehe. »Bei den Juden war es üblich, daß sie für ihre Kinder schon einen Partner suchten, während diese noch klein waren. Die Eltern meinten, dies sei ihr Recht. Sie verlobten also ihre Kinder schon in frühester Jugend. Das mochte verschiedene Gründe haben. Die etwas besser gestellten, die angesehenen Juden wollten ihre Kinder entsprechend verheiratet wissen. Die Kinder ehrten ihre Eltern und befolgten das Wort des Vaters.«

Maria kam also frühzeitig in das Haus von Josef. »Wenn nun ein Mädchen so früh in das Haus ihres künftigen Mannes kam, dann mußte der Betreffende oder mußte die Familie, die es aufnahm, dafür bürgen, daß diesem Mädchen nicht die Ehre genommen wurde. Die ganze Familie mußte dafür bürgen, daß die Ehre erhalten blieb. Das Mädchen, das in die Familie aufgenommen worden war, wurde wie ein eigenes Familienmitglied gehalten. Im Hause, in dem Josef wohnte, lebten auch noch Verwandte. So wuchs Maria im Hause Josefs heran. In der Zwischenzeit war seine Frau gestorben.«[3]

»Maria war ein reines Wesen [vgl. Kapitel II: Die Vorbereitungen der Menschwerdung Christi, Seite 57]; denn der Gottessohn sollte als

Mensch von einem reinen Wesen geboren werden. Die Geisterwelt Gottes leitete alles gemäß den Anweisungen, die Christus gegeben hatte, in die Wege. Maria wurde in die ihr vorbestimmte Familie hinein geboren. Vom Zeitpunkt ihrer Geburt als Mensch an bis zur letzten Stunde ihres Lebens wurde Maria von Engeln Gottes begleitet und behütet. Engel Gottes standen ihr allezeit zur Seite. Josef war ein gerechter, frommer Mann, und diesem Manne durfte Maria anvertraut werden. Sie ward ihm *anvertraut*, und er hatte für ihre Ehre zu bürgen. Beide waren sehr fromme, gottgläubige Menschen.«[4]

»Es war zu jener Zeit üblich, daß man, wenn man nicht in den Tempel oder in den Betsaal ging, sich des Abends zu Hause versammelte. Wer die Heilige Schrift lesen konnte, las aus ihr vor, und man betete. Man muß sich vor Augen halten, daß es fromme Juden waren, die es mit ihrer Religion sehr gewissenhaft und streng nahmen. Wenn man sich in solchen jüdischen Familien jeweils zum Gebet versammelt hatte, war es nichts Außergewöhnliches, daß ein Familienmitglied, vielleicht ein herangewachsener Sohn oder auch eine Tochter, ja selbst der Vater oder die Mutter, [aus Eingebung] das Wort ergriff zu dem, was vorgelesen worden war. Man betete gemeinsam und lebte in der Erwartung des Messias. Damals war unter dem jüdischen Volk der Glaube, der Messias werde kommen, so stark, daß das Gebet von dieser Hoffnung getragen wurde. Man war sich gewiß, daß man aus der höheren Welt darüber Näheres geoffenbart erhalten würde. Darüber sprach man. Allen war dies ganz selbstverständlich.«[5]

»Wenn man in den Familien [zum gemeinsamen Gebet] zusammenkam, hatte man sich vorher nicht etwa verabredet, mit einem Geist Gottes in Verbindung zu treten. Man wartete einfach ab, ob es in Gottes Willen lag, eine Botschaft zu erhalten, und wenn sie kam, nahm man sie dankbar hin. Niemand mochte dazu das Wort ergreifen. Man hatte vorher gebetet, aber man war nicht enttäuscht, wenn nichts erfolgte. Es war für jene Menschen fast etwas Alltägliches, solches zu erleben.«[6]

»Wenn nun durch einen solchen Menschen mit großer Andacht und in tiefem Eifer gesprochen wurde, zuweilen vielleicht sogar mit geschlossenen Augen, begriff man, daß durch dieses Familienmitglied jetzt *ein heiliger Geist* sprach, und man lauschte gespannt. Vor allem hoffte man dann, über den Messias Bescheid zu erhalten: wo er erscheinen, wann er kommen, was er vollbringen würde. Doch wurde zu jener Zeit den Menschen durch heilige Geister auch Antwort auf ihre täglichen Probleme zuteil – sie hatten doch ihre Sorgen und Nöte, und da und dort gab es Krankheiten in der Familie. Es kam vor, daß diese Geister Gottes Botschaft gaben, ein weit entfernt wohnender Verwandter sei schwer krank geworden, man müsse ihn aufsuchen. Oder es kam auch die Nachricht durch, ein Angehöriger liege im Sterben. Die Familienmitglieder wohnten doch nicht alle im selben Dorf oder in derselben Stadt, und mit der Nachrichtenübermittlung war es nicht so einfach und bequem bestellt wie in heutiger Zeit. Also hatte die Geisterwelt Gottes den Gläubigen so manches kundzutun, und infolgedessen war die Verbindung vom Menschen zum Geiste in dieser Weise gar nichts Besonderes. Unter diesen frommen Menschen fand man eine solche [mediale] Verbundenheit sehr häufig.«[7]

»*Josef war medial*, er war ein Mittler. Daher war es möglich, wenn beide zusammen beteten, daß sich ein Geist Gottes durch Josef kundtat. Auf diesem Wege erfuhr Maria so manches, was sie persönlich und ihre Familienangehörigen anging. Auch wurde sie aufgefordert, sich um gewisse Verwandte zu kümmern. Gewiß, dies waren nebensächliche Dinge, aber eine geistige Verbindung war einfach da, ohne daß man dazu eigens Vorkehrungen hätte treffen müssen. Es war nicht etwa so, daß man zuerst einen Menschen als Medium hätte ausbilden müssen. Für das Ausmaß an Durchgaben, wie sie bei jenen Juden durchkamen, war solches nicht erforderlich. Wohl gab es auch Medienschulen ['Prophetenschulen'], die aber ganz anders ausgerichtet waren; denn dort erwartete man von der Geisteswelt andere Botschaften. Hier handelte es sich nur um Familienmitglieder, die durch ihr sehnsüchtiges Verlangen nach der Gnade Gottes es erleben durften, daß ein Geist Gottes sie inspirierte, zu ihnen sprach.«[8]

»Maria und Josef kamen also des öftern zusammen, und wenn die Gotteswelt sich bekundete, war dies für Maria nichts Besonderes – das hatte sie ja in ihrem Elternhaus häufig erlebt. Josefs Angehörige waren nur dann bei solchen Andachten zugegen, wenn es um das allgemeine Gebet ging. Die Gotteswelt fügte es jeweils so, daß Josefs Angehörige außer Hause waren, wenn es sich als notwendig erwies, daß er seine Gebets- oder Andachtsstunde mit Maria allein abhielt. Dabei war es stets Josef, der die Gebete sprach. Teils wurde das Gebet gesungen, teils in klaren, verständlichen Worten gesprochen. Bei diesen Andachten fiel Josef in Tieftrance, und in diesem Zustand sang und betete er. In Gesang und Gebet wurde von der *Erlösung der Welt* gekündet. Josef wußte nicht, was er redete, *denn ein Geist Gottes sprach durch ihn.*«[9]

»War die Andacht beendet, erklärte Maria Josef jeweils, in welch wunderbarer Weise er Gebete gesprochen und die Zukunft geoffenbart habe. Sie erzählte es ihm, ohne nur im entferntesten zu ahnen, was auf sie zukommen sollte. Die beiden saßen nach der Gebetsandacht noch eine Weile beisammen und sprachen über das, was vernommen wurde, und über das, was in der Heiligen Schrift prophezeit war. Beide freuten sich, daß die Zeit naherückte, da ein Erlöser kommen würde; denn viel Leid herrschte damals in der Welt und in der Heimat jener Menschen. So sehr hoffte man daher, daß, wie in den Schriften verkündet, ein Erlöser nun Befreiung bringen würde.«[10]

»Dann aber kam der Tag – als Josef bei ihrem Zusammensein wiederum, teils singend, teils sprechend, seine Gebetsstunde hielt –, da er plötzlich Maria als *Gesegnete* oder *Auserkorene* begrüßte. Sie verwunderte sich über die Art der Begrüßung, und so fragte sie: "Ja, wer bist du denn? ..." Bisher hatte man sich nicht um die Namen gekümmert noch gefragt, was für ein Geist sich bekundete. Man wußte, es ist ein Geist Gottes, und damit gab man sich zufrieden. Man hatte nämlich selbst geprüft, was durchgegeben worden war, und gemerkt, daß es gut war. Jetzt aber fragte Maria: "Wer bist du denn, daß du mir solches sagst? Du bringst mich in Erstaunen. Ich kann das nicht begreifen, nicht verstehen ..." Und da tat sich dieser Geist Gottes als Engel Gabriel kund: "Ich bin es, der durch Josef spricht."«[11]

»Tatsächlich mußte Maria feststellen, daß Josef, der neben ihr war und diese Botschaft gab, in seinem Aussehen, in seinem Wesen ganz verändert erschien, im Gegensatz zu sonst; denn bisher blieb er in seiner äußeren Erscheinung, in seiner Wesensart [sozusagen] derselbe wie als Mensch, wenn er sich jeweils Geistern Gottes zur Verfügung stellte und diese durch ihn reden konnten. Maria fühlte und bemerkte die veränderte Atmosphäre ... Es handelte sich aber nicht etwa um eine Geistmaterialisation, sondern nur der Ausdruck, die Erscheinung Josefs waren verändert.«[12]

»Nun gab dieser Geist Gottes die Botschaft durch, die Maria dazu bewegen sollte, das Grußwort zu rechtfertigen. Als 'Auserkorene' war sie angesprochen worden, und der Geist Gottes klärte sie nun im einzelnen auf. "Sei ohne Angst! Du wirst einen Sohn gebären, und ihm sollst du den Namen *Jesus* geben. Er wird der Erlöser sein für das ganze Volk!" Maria erschrak. Nun war ihr wohl bewußt, daß sie mit einem Manne in Verbindung stand, mit dem sie aber keine nähere Beziehung eingehen wollte, ehe sie wirklich verheiratet waren. Der Geist Gottes erklärte ihr: "Du wirst in deinem Schoße empfangen, und der Geist des Allerhöchsten wird dich mit seinem Schatten umfangen."« Mit dem 'Geist des Allerhöchsten' war Gottes eingeborener Sohn gemeint. »Darauf fragte Maria: "Wie soll das geschehen? Ich will keinen Mann erkennen, habe noch keinen Mann erkannt." Ihr antwortete der Geist Gottes: "Es ist Gottes Wille und Wunsch, und es liegt in *seiner* Kraft, dich dahin zu führen, daß du dem Erlöser der Welt den Weg ins irdische Leben bereitest."«[13]

»Maria war begreiflicherweise darüber ganz verwirrt, war sie doch tief gläubig, und sie kannte ja auch die Folgen ... Sie war unsicher geworden, als sie diesen besonderen Gruß vernahm und die Ehrfurcht wahrnahm, mit der jetzt Josef vor ihr stand und sie als Begnadete, als Gesegnete, als Auserkorene ansprach ... Dann aber fuhr er in seinen Gebeten fort und vollendete die Andachtsstunde in gewohnter Weise.«[14]

»Maria aber machte sich sorgende Gedanken. Sie ängstigte sich, denn sie kannte doch das Gesetz. Sie dachte und hoffte, es handle sich vielleicht um etwas Einmaliges, was ihr gesagt worden war, und es werde sich wohl nicht wiederholen. Innerlich jedoch war sie unruhig. Noch aber sagte sie Josef nichts davon. Sie sprach nicht mit ihm darüber, wurde jedoch immer ungewisser, unsicherer. Während sie früher diese Andachtsstunden jeweils mit Freuden erlebte, ging sie jetzt jedesmal angstvoll hin. Plötzlich hatte sie Angst davor bekommen.«[15]

Marias Empfängnis

»Dann geschah es: Wiederum wurde Maria als Begnadete, als Gesegnete begrüßt, und sie wurde nun aufgefordert, ihr Einverständnis zu geben zu einer menschlichen Verbindung. Sie lenkte jedoch erst ein, als ihr versichert wurde: "Das, was aus dir geboren wird, ist das

Heiligste – es wird der Erlöser der Menschheit sein." Maria hatte ja schwer mit sich zu kämpfen. Es brauchte viel Überwindung und viel Überzeugungskraft, bis sie schließlich ihre Zustimmung gab. Maria mußte [letztlich] ihr Einverständnis geben, denn sie hatte ja *in der göttlichen Welt* schon eingewilligt. Christus selbst hatte sie ausgewählt und sie gefragt, ob sie bereit sei, zusammen mit ihm einen großen Auftrag auf Erden zu erfüllen, um die Menschheit zu erlösen. Maria hatte also schon in der Gotteswelt ihr Einverständnis dazu gegeben, und so waren jetzt Engel bei ihr und lenkten sie. Christus selbst wollte Josef für diese Zeugung benutzen – alles wollte er selbst tun, vom Anfang des Erlösungsplanes bis zu seinem Abschluß ... Der Engel Gottes hatte Maria von der Heiligkeit des Ansinnens überzeugt, so daß sie einwilligte.« Somit war das Kind, das von ihr geboren wurde, nach demselben Gesetz der menschlichen Verbindung gezeugt worden, das auf Erden uneingeschränkte Gültigkeit hat.[16]

»Maria empfing so, wie Elisabeth empfangen hatte. Warum will man das den Menschen heute nicht sagen? Scheut man sich davor? Denn was Gott als recht und gut befand für die Menschen, um sie den Weg des Aufstiegs antreten zu lassen, ist in seiner *Reinheit* vollkommen wie alles, was aus Gott gekommen ist und kommt. Der Mensch ist es vielmehr, der das Reine in den Schmutz zieht.«[17]

»Nach dieser Stunde des Zusammenseins mit Josef mußte Maria ihm die Wahrheit eröffnen. Sie waren ja immer zusammen und besprachen, was sich zugetragen hatte. Josef wußte ja nichts davon, daß er als Werkzeug benutzt worden war. Jetzt mußte Maria ihm sagen, was wirklich geschehen war und daß er sie schon seit längerem mit dieser besonderen Anrede begrüßt habe. Josef, der davon ja nichts wußte, ängstigte sich, denn er hatte ja sein Ehrenwort gegeben. Wer in solchen Fällen sein Ehrenwort brach, dem stand harte Strafe bevor. Josef konnte es nicht glauben, nicht verstehen ... Auch er wurde unsicher. Er fing an, an der Treue Marias zu zweifeln, denn sie ging in seinem Hause ja ein und aus. Eine eheliche Verbindung war erst für einen späteren Zeitpunkt vorgesehen gewesen.«[18]

Maria bewohnte eine eigene Kammer im Hause Josefs. »Allein, in welchen Ängsten schwebte sie! ... Sie wußte, was wirklich geschehen war, und sie hatte zuvor schon in großen Ängsten gelebt. Von diesen Ängsten sollte sie befreit werden. Josef erlebte jenen Traum, von dem auch die Bibel berichtet (Matthäus 1,20). Der Engel sprach zu ihm: "Josef, steh auf und nimm Maria zu dir. Denn alles, was geschehen ist, ist in der Wahrheit. Du sollst dich nicht fürchten. Nimm das Weib zu dir." Sehnsüchtig hatte Maria darauf gewartet, daß Josef sie aufnähme. Da stand Josef mitten in der Nacht auf und holte Maria aus der anderen Kammer in sein Gemach. Von nun an hatte sie ihren Platz in seinem Gemach. Es heißt, daß er Maria nicht erkannte, ehe sie ihren Sohn gebar (Matthäus 1,25), und das ist die Wahrheit. Man mag sich leicht ausmalen, daß nun in Maria ganz andere Gefühle wach wurden. Sie wurde von ihren Ängsten befreit. Jetzt fühlte sie sich sicher. Josef selbst wußte, daß es wahr sein mußte. Darum unternahm er, was seine Pflicht war, und meldete Maria als seine Frau an.«[19]

Maria bei Elisabeth

Bei einer der Begegnungen mit dem Engel war Maria mitgeteilt worden, ihre Kusine Elisabeth sei im sechsten Monat schwanger. »Als nun Maria empfangen hatte, machte sie sich auf zu Elisabeth, um ihr beizustehen. Sie hielt das für ihre Pflicht; denn es war dazumal üblich, daß Frauen aus der Verwandtschaft oder sonst Bekannte in solchen Fällen behilflich waren. Maria machte sich auf den weiten Weg zu Elisabeth. (Vgl. Lukas 1,39–45.)«

»In dem Augenblick, da Elisabeth Maria erblickte, begrüßte auch sie sie als Begnadete und Auserwählte, und sie fügte hinzu: "Das Kind in mir jubelt, denn die Mutter des Erlösers ist zu mir gekommen!" Diese Worte sprach Elisabeth, auch vom heiligen Geist erfüllt, inspiriert. Maria blieb etwas länger als drei Monate dort, bis Elisabeth ihr Kindlein geboren hatte; dann kehrte sie [nach Nazareth] zurück. Aber nicht nur Maria war ihrer Verwandten beigestanden, sondern noch weitere Verwandte und Bekannte hatten dies getan.«[20]

»Später kamen Maria und Elisabeth, da sie ja verwandt waren, regelmäßig zusammen. Johannes war auf den Namen getauft worden, den der Engel für ihn befohlen hatte und wie Zacharias es damals wünschte, indem er diesen Namen auf eine Tafel schrieb. Von diesem Augenblick an konnte er wieder reden. Nun besaß er wahrhaftig die Bestätigung dafür, daß ein Geist Gottes zu ihm gesprochen hatte und daß dieser sein Sohn etwas Besonderes sein würde.«[21]

Christi Aufbruch aus dem Himmel

So rückte die Zeit der Menschwerdung Christi immer näher. »Vor seinem Scheiden aus der Gotteswelt wurde Christus von gewaltigen Engelscharen gefeiert und geehrt, die Gott treu geblieben waren. Unendlich war ihre Zahl. Sie sangen und musizierten ihm zu Ehren. Die gewaltigen himmlischen Chöre stimmten bei seinem Abschied auch ganz besondere Lieder an. Sie besangen sein Scheiden und seine große Aufgabe in dieser Welt; aber auch die Hoffnung wurde besungen, die man auf Christus setzte. Die Engel sangen davon, daß nun die Schmerzen und Leiden ihrer Geschwister gemildert würden, mit denen sie einst in Harmonie zusammengelebt hatten. Gewaltig war die Musik, die erklang, ungeheuer der ehrfürchtige Jubel für Christus, der sich erhob, bevor er seinen schweren Weg antrat.«

»Seine letzte Zeit, bevor Christus den Himmel verlassen sollte, verbrachte er allein mit dem himmlischen Vater, um mit ihm noch über so viele Dinge zu sprechen, über die Menschheit und über die Wesen in der Tiefe, im besonderen also über den Erlösungsplan. Auch erhielt er vom himmlischen Vater jene Kraft und Macht, deren er sich bedienen konnte, wenn die Zeit gekommen sein würde.«[22]

»Zu seinem Abschied versammelten sich alle Getreuen; sie begleiteten ihn. Doch zuvor wurde sein Palast geschlossen. Als Christus zum letzten Male aus dem prächtigen Tor schritt, schlossen sich die vielen Pforten hinter ihm. Nur ein kleiner Seiteneingang blieb offen für jene, die seinen großen Palast in Ordnung halten sollten. Auch die Zugänge wurden versperrt: Flüsse umschließen Christi Haus – nun wurden die Brücken aufgezogen ... Keinem Unbefugten wäre es möglich gewesen, in die Nähe des Palastes zu gelangen. Niemand hätte in ihn eindringen können. Wächter wurden aufgestellt. Sie behüteten und beschützten das Haus ihres Königs, um auf ihn zu warten und ihm dann voller Jubel die Tore wieder zu öffnen, damit er als erster wieder in seinen Palast einziehen könne, so wie er ihn als letzter verlassen hatte ...«[23]

»Als dann für Christus die Zeit [der Umwandlung] gekommen war, war die Aufregung groß; denn auch *er* mußte sich den Gesetzen unterstellen, die für die Einverleibung von Geistern in einen Menschenkörper geschaffen worden waren. Auch *seine* Menschwerdung vollzog sich nach dem geistigen Gesetz. Christus war ein wunderbarer Geist in Glanz und Pracht; doch auch er mußte sich im Himmelreich der Ordnung fügen, welche die Menschwerdung regelt. Auch ihm wies man einen Raum [für die Umwandlung des Geistleibes] zu. Fürsten des Himmels wechselten ab, über ihn zu wachen, als er in einen geistigen Tiefschlaf überging, um die Vorbereitungen über sich ergehen zu lassen, die notwendig waren, um als Kindlein auf dieser Welt geboren zu werden und auf ihr aufwachsen zu können. Alles vollzog sich nach der Ordnung, nach dem Gesetz Gottes. So mußte auch Christus diesen Weg gehen.«[24] Während dieses Schlafzustandes wurde also der erwachsene Geistleib Christi in die Gestalt eines irdischen Neugeborenen umgewandelt.

Jesu Geburt

»Josef mußte mit Maria nach Bethlehem gehen, um sich dort zählen zu lassen, wie der römische Kaiser es damals befohlen hatte. Maria sah ihrer schweren Stunde entgegen. Die Zeit rückte heran, da sie ihr Kindlein gebären sollte. In Bethlehem waren jedoch alle Herbergen schon überfüllt, und so fanden sie keine Unterkunft. Es heißt (Lukas 2, 7), daß sie in einem Stalle Platz gefunden hätten. So war es auch. Doch als sie den Stall betraten, fanden sie schon andere Menschen vor, die sich dort niedergelassen hatten, weil auch sie in der Herberge keinen Platz mehr gefunden hatten.«

»Nun aber kam die Zeit für Maria. Da bat Josef jene, die sich im Stall aufhielten, diesen doch zu verlassen. Man sah ja Maria an, daß ihre Zeit gekommen war und es für die anderen eilte, den Stall zu verlassen. So gingen auch alle, ausgenommen einige beherzte Frauen, die Maria beistanden. Auch Josef hatte den Stall verlassen, und so blieb nur Maria mit einigen hilfreichen Frauen zurück. Diese Frauen waren es auch, welche die dort vorhandene Krippe mit Stroh füllten. Maria gab ihnen ihr Umtuch, damit sie es in die Krippe legten. Auch hatte sie noch einige Tücher mitgebracht – eine spärliche Kleinkindausstattung hatte sie mitgenommen. Die Frauen waren Maria behilflich, und so gebar sie das Kindlein in diesem Stall. Dann entfernten sich die Frauen, und Josef konnte eintreten. Durch die heilige Geisteswelt Gottes war es so gefügt und gelenkt worden, daß sie allein in dem Stall verweilen konnten.«[25]

Der Geist Christi trat wie jeder andere Geist bei der Einverleibung mit dem ersten Atemzug in den Kindesleib ein – mit dem ersten Atemzug, und nicht nachher, denn das wäre gesetzwidrig. Die zuweilen vertretene Behauptung, Christi Geist habe sich erst bei der Taufe im Jordan mit dem Körper Jesu verbunden, ist also irrig. Christus wurde den Menschen in allem gleich – in allem.[26]

Jesu Geburt fand nicht an dem Tag statt, an dem heute die Menschen sie feiern, sondern etwas früher. Sie wurde auf das Fest gelegt, das die Menschen damals zur Zeit der Wintersonnenwende feierten. Das wahrscheinlichste Datum ist um den 10. Dezember des Jahres 5 vor unserer Zeitrechnung anzusetzen.[27] »Als Christus ins menschliche Dasein trat, mußte ihm der Name Jesus gegeben werden – das hatte der Himmel so verfügt.« (Vgl. Lukas 2,21.)[28] Die heimische Aussprache des Namens Jesus war *Jeschu'a*; dies bedeutet 'Heiland'.

»Als es dann soweit war und sich alles nach Gesetz und Ordnung vollzogen hatte, erhob sich großer Jubel im Himmel. Scharen von Engeln öffneten zuvor die Pforten des Himmels und suchten die Nähe der Menschen auf. Sie warteten, bis es so weit war, daß sie die Geburt des Königs der Geisterwelt Gottes, des Erlösers der Menschheit verkünden durften.«

»Jene Hirten hielten nichtsahnend Wache bei ihren Herden. Da, plötzlich vernahmen sie von weit her eine wundersame Musik. Erst glaubten sie zu träumen; doch wurde sie immer deutlicher – immer näher kam der Klang dieser seltsamen Musik. So suchte der eine Hirt den andern auf, und man erkundigte sich: "Hörst du sie auch, diese Musik?" Als sie aber stärker wurde und immer stärker, da kam Angst über diese Hirten, diese schlichten Menschen. Sie fragten sich: "Woher kommt nur diese Musik? Es scheint, als werde sie durch die Luft getragen ..." Einer bemerkte: "Vom Himmel her kommt sie! Es ist himmlische Musik." Was mochte das sein?«[29]

Die Hirten vernahmen diese himmlische Musik und den Gesang der Engel im *Geiste.* »Sie waren einfache, bescheidene Menschen guten Willens, die in ihrem Glauben bestrebt waren, sich nach den Worten der Propheten zu richten und demgemäß zu leben. Die Hirten verbrachten ihre ganze Zeit, also ihre Tage und Nächte, bei ihren Herden, und sie schliefen nachts auch bei diesen Tieren. In ihrem Hütedienst wechselten sie sich ab: Die einen hüteten die Herden am Tage, die anderen nachts, und dann wieder umgekehrt. So waren die Weideplätze eigentlich das Zuhause dieser Hirten. Je nach der Jahreszeit suchten sie eine Höhle auf, wo sie mit ihren Herden Schutz und Unterkunft fanden, oder sie hielten sich in einer armseligen Hütte auf. Diese Menschen waren nicht mit so vielem überflüssigem Denken beschwert. Ihre einzige Sorge war, daß ihre Tiere gesund blieben und keines von ihnen verlorenging; denn sie waren für die Herden verantwortlich, die ja nicht ihnen gehörten, sondern einem Herrn. Ein Hirt mochte vielleicht ein oder zwei Tiere sein eigen nennen; im großen ganzen jedoch gehörten die Herden reicheren Leuten, denen die Hirten um kargen Lohn dienten.«[30]

Es geht hier darum, das menschlich unbelastete Wesen dieser Hirten deutlich zu machen. »Sie waren willig, an Gott zu glauben, und sie waren innerlich aufnahmefähig. Daher war es der geistigen Welt möglich, ihnen durch Geister Gottes eine Botschaft zu verkünden. In der Stille vermochten die Hirten die Worte der Engel zu vernehmen. Die Verbindung, der Weg zu ihren Seelen, war dafür frei, während andere, wären sie zur selben Zeit am selben Ort gewesen, nichts gehört hätten. Die Engel wußten wohl darum, daß sie von diesen Hirten gehört würden, und darum hatte man es so gefügt. Einzelne von ihnen, welche die Gabe der Hellsichtigkeit besaßen, konnten sogar deren Lichtgestalten wahrnehmen. Mit dem inneren Ohr lauschten die Hirten der Botschaft, und mit ihrem inneren, geistigen Auge hatten sie die Schau.«[31]

»Als die Hirten beisammenstanden und sich ängstigten, da erblickten sie auch einen Lichtschein ... Er wurde größer und immer größer, und dann stand plötzlich eine himmlische Gestalt, ein Engel, vor ihnen und sprach: "Fürchtet euch nicht! Fürchtet euch nicht! Wir bringen euch frohe Kunde. Frohlocket, denn in dieser Nacht ist der Heiland euch geboren – es ist Christus, der Herr! Ihr werdet das Kindlein im Stall zu Bethlehem finden. Machet euch auf, um bei ihm zu beten." Als der Engel diese Worte gesprochen hatte, entfernte er sich etwas von ihnen, und sie getrauten sich, wieder aufzublicken. Da aber sahen sie nicht nur den einen Engel, sondern es war ihrer eine große Schar, die anfing, Gott zu loben und zu preisen. Die Hirten vernahmen die Worte: "Ehre sei Gott in der Höhe und auf Erden Friede den Menschen, die guten Willens sind!" (Vgl. Lukas 2,14.) Wieder ertönte wundersame Musik, und zwischenhinein erklang die Lobpreisung Gottes durch seine Engel, die sich jetzt langsam, langsam entfernten. Mit ihnen verschwand auch das Licht...«[32]

»Die Hirten hatten immer noch nur zu staunen. Dann, als ihre weiteren Brüder gekommen waren, erzählten sie ihr Erlebnis. Sie vereinbarten, das Kindlein zu suchen, denn es war ihnen gesagt worden: "Dort drüben, in Bethlehem, ist es geboren. Ihr werdet es in einer Krippe liegend finden." So machten sie sich auf und fanden das Knäblein, wie ihnen gesagt worden war. Sie knieten an der Krippe nieder und beteten. Noch vermochten sie den Sinn der Botschaft nicht richtig zu erfassen. Eine Weile blieben sie bei dem Kindlein, dann kehrten sie wieder auf das Feld zurück. Es begegneten ihnen wieder andere Hirten; man besprach die frohe Kunde, und sie verbreitete sich in kurzer Zeit in jenem Lande.«[33]

»Gott hat es so gewollt, daß sein eingeborener Sohn bei seiner Menschwerdung in die bescheidensten Verhältnisse hineingeboren wurde. Darin liegt bereits eine Antwort: Für das Reich Gottes bedeutet irdischer Besitz, bedeutet der Reichtum der Welt nichts. Gott wußte, daß es *gut* war, wie er es einst mit seinem Sohn zusammen geplant hatte.«[34]

»In ungeheurer Zahl hatten sich himmlische Boten der Erde genähert und gewartet, bis es soweit war. Jetzt zogen sich die meisten wieder in ihre himmlischen Bereiche zurück. Doch eine gewisse Schar Engel blieb zum Schutze des Knäbleins in Erdnähe. Sie bauten dort eine Sphäre auf. Dort empfingen sie jeweils die Weisungen des Vaters. Von dort aus nahmen sie den Weg zur heiligen Familie, um sie zu führen und zu schützen.«[35]

»Durch Jesus, dieses Kindlein, kam das *Licht* in die Welt... Gottes Sohn hatte ein menschliches Dasein auf sich genommen. Das Licht des Himmels war zu den Menschen gekommen. Es leuchtete auf dieser Welt, und es leuchtete bis in die Finsternis hinein... "Aber die Finsternis erkannte das Licht nicht."« Dieses Wort (Johannes 1,5) hat zweifache Bedeutung. Zum einen besagt es, daß diese Welt in *geistiger* Dunkelheit lag. »Die [meisten] Menschen auf ihr, entweder ohne Gottesglauben oder in einem fanatisch-sektiererischen Glauben befangen, wollten das Licht nicht aufnehmen. Sie wollten nicht glauben, daß der Messias wirklich geboren war. Sie erkannten das Licht nicht, das in diese Welt der Dunkelheit eingedrungen war, denn es war ja ein geistiges Licht.«

»Das erwähnte Wort besagt aber zum andern, daß auch jene im Reiche der Finsternis, im Totenreiche Luzifers, das Licht nicht [von sich aus] erkannten ...« Damals gab es in den Tiefen der Finsternis ungeheure Aufregung, als man vernahm, Menschen auf Erden behaupteten, Gottes Sohn sei geboren – das Licht aus dem Himmel sei in die Welt und in die Finsternis eingedrungen! »Jene wollten es nicht glauben. Aber schließlich mußten sie einsehen, daß dem so war, denn sie hatten sich aus dem Totenreiche aufgemacht zu den Menschen, um Erkundigungen einzuziehen, und so mußten sie feststellen, daß es wirklich so war.«[36]

»Obschon Luzifer die Möglichkeit besaß, in viele Dinge, die von der Himmelswelt geplant worden waren, Einblick zu gewinnen – *diesmal* sollte es ihm unmöglich gemacht werden, zu erkennen, was im Himmel zur Befreiung und Erlösung der Gefallenen geplant wurde. Dieses Wissen wurde ihm noch vorenthalten, obwohl er als einstiger Lichtträger doch große geistige – man könnte auch sagen: mediale – Fähigkeiten besaß, die ihm ein Schauen in die Himmel hinein ermöglichten. Die Geisteswelt Gottes hatte jedoch die Möglichkeit, seine Schau einzugrenzen, so daß er nicht in allen Einzelheiten Bescheid wußte. Er würde es noch früh genug merken und erfahren, *wer* es war, der da ins menschliche Dasein getreten war, um der Menschheit Befreiung zu bringen.«[37]

Auch hierauf bezieht sich also das Wort: "Das Licht drang in die Finsternis, aber die Finsternis erkannte es nicht." »Jene in der Tiefe wollten es nicht wahrhaben, weil sie keine Kenntnis hatten von dem, was einst im Himmel geplant worden war. *Und so wurde Luzifer überrascht*... Nun aber war für ihn die Zeit gekommen, [besonders] wachsam zu sein. Jetzt setzte er alles daran, die Menschen *für sich* zu gewinnen, um das zunichte zu machen, von dem er nur *ahnte*, daß es geschehen könnte. Er entsandte seine Helfershelfer hinaus in diese Welt, um noch größeren Unfrieden, noch größeres Unheil unter die Menschen zu bringen. Er glaubte, auf diese Weise noch immer Herrscher über all jene bleiben zu können, die einst mit ihm die Himmel hatten verlassen müssen. Er war also in großem Aufruhr mit den Seinen – doch es nützte ihm nichts ...«[38]

Jesu Darstellung im Tempel

Gemäß jüdischem Gesetz erfolgte am achten Tag nach Jesu Geburt die Beschneidung. Danach mußte Maria weitere dreiunddreißig Tage als Reinigungsfrist abwarten, ehe sie zusammen mit Josef nach Jerusalem reisen durfte, um das Kindlein als Erstgeburt (nach 3. Mose 12,2–6) im Tempel darzustellen und das vorgeschriebene Opfer zu bringen. Zu jener Zeit lebte in Jerusalem ein frommer und gottesfürchtiger Mann namens Simeon, der von einem heiligen Geist geführt wurde. Er lebte gerecht vor Gott und vor den Menschen. »Simeon nahm sich Zeit zum Gebet und ging viel in die Stille. So besaß er eine Verbindung zum Göttlichen. Daß er von einem heiligen Geist begleitet wurde, war nicht etwas Alltägliches, sondern deutet auf eine entsprechende [durch geistige Reife erworbene, hohe] Inkarnation. Dieser heilige Geist wachte über Simeon und führte ihn in seinem Leben, wobei er zu dessen Heil alles tat, was ihm zu jener Zeit möglich war.«[39]

Hellhörend vernahm Simeon die Worte dieses heiligen Geistes. Er hatte ihm einstens als Weissagung geoffenbart: "Du wirst den Tod nicht schauen, bevor du den Gesalbten Gottes gesehen hast." (Lukas 2, 26.) Als nun Maria und Josef nach Jerusalem gekommen waren, wurde ihm hellhörend die Aufforderung zuteil: "Jetzt ist es Zeit!"[40]

»Daraufhin begab sich Simeon in den Tempel. Dort fand er Maria und Josef beisammen. Maria trug das Kindlein auf den Armen. Noch andere Eltern waren mit ihrer Erstgeburt gekommen; Josef und Maria waren also nicht die einzigen im Tempel.« Doch Simeon erkannte Maria gleich heraus. »Groß war seine Freude, das Kindlein zu erblicken. Als ein wahrhaft gottesfürchtiger Mann wußte er, was es bedeutete, daß Christus der Erlöser der Menschheit sein werde. Darum trat er auf Maria zu und sprach: "Siehe, dieser ist gesetzt zum Fall und zur Auferstehung und zu einem Zeichen für Israel, das aber nicht angenommen wird." (Vgl. Lukas 2,34.)«[41]

»Das Wort 'Fall' meint den *Abfall* der Geister von einst. Durch die ihm zuteil gewordenen Eingebungen wußte Simeon um den Geisterfall. Auch wußte er auf diese Weise, warum es allgemein zur Menschwerdung gekommen war. Ferner war ihm offenbar, daß es eine Erlösung geben werde; daß einer kommen mußte, um die Menschen aus ihrer Bedrängnis zu befreien – und er erkannte diesen Erlöser in dem

Jesuskind. Simeon wußte des weiteren, daß es eine *Auferstehung* geben werde – darum gebrauchte er ja dieses Wort. Zugleich jedoch deutete er vorausschauend darauf hin, daß man den Erlöser in Israel nicht allgemein annehmen, daß man nicht überall an ihn glauben werde. Wohl war Christus als ein *Zeichen* vom Himmel gekommen; aber die Zeichen, die er wirkte, wurden nicht angenommen.«[42]

Dann bat Simeon die Mutter Jesu: "Laß mich doch dein Kind eine Weile auf meine Arme nehmen – gib es mir!" »Maria und Josef wunderten sich über diese Bitte. Sie verstanden sie nicht, obschon in Maria eine Ahnung aufgestiegen war. So gab sie Simeon bereitwillig und voller Freude den kleinen Jesus in die Arme.«

»Nun erlebten sie und Josef, wie Simeon mit dem Kindlein auf den Armen im Gebet Gott lobpries und *ihm* dankte. Dann legte er es Maria in die Arme zurück. Es heißt (bei Lukas 2, 34): "Und Simeon segnete sie", nämlich das Kindlein und seine Eltern. Das tat er nicht etwa dadurch, daß er das Zeichen des Kreuzes machte – solches war damals noch nicht üblich... Vielmehr breitete man als Zeichen des Segnens die Hände aus, oder man legte die Hände auf das Haupt des zu segnenden Menschen, wandte das Antlitz nach oben und bat Gott um seinen Segen. So tat auch Simeon.«

Dann sprach er mit ausgebreiteten Händen: "Nun lasse deinen Diener in Frieden sterben, denn er hat das Heil der Welt gesehen. Dank sei dir, o Gott!" (Vgl. Lukas 2,29–30.) »Wohl hatte man ihm in der Weissagung geoffenbart: "Du wirst den *Tod* nicht schauen, bevor du den Gesalbten Gottes gesehen hast."« Doch damit war nur sein irdisches Sterben gemeint. Simeon sollte nicht in die Hölle, zu den 'Toten', zurückkehren müssen. »Weil Simeon ein gerechter Mensch war, sollte er in das Paradies einkehren dürfen, wo eine Stätte für ihn bereitet war« – in jenes Paradies, das für Adam und die Seinen geschaffen worden war, lange bevor es eine Menschwerdung gab, und das vor der Erlösung durch Christus diejenigen Verstorbenen aufnahm, die die oberste Stufe der damals möglichen geistigen Entwicklung erreicht hatten. »Er sollte also den 'Tod' überhaupt nicht schauen, das heißt, er sollte nicht mehr zu den von Gott Getrennten hingehen müssen, zu jenen Toten, die 'nichts wissen' (Prediger 9,5) und die in Unfrieden und Unseligkeit dahinleben. Simeon sollte vielmehr in Frieden in das Paradies einziehen, dessen Bewohner Erkenntnis davon besaßen, daß sie dort zu warten hatten, bis der Erlöser sie dereinst aufsuchte, worauf sie dann gemeinsam mit ihm das Himmelreich würden betreten dürfen.«[43]

Die Weisen aus dem Morgenlande

Propheten früherer Jahrhunderte hatten geweissagt, ein Messias werde kommen und die Menschheit erlösen. »Diese Kunde ging bei gläubigen, hoffenden Menschen schon lange von Mund zu Mund; denn damals herrschten furchtbare Verhältnisse. Es war eine böse Zeit, und darum hoffte man so sehr auf diesen Erlöser.« Man wußte, der Himmel werde ein Zeichen geben: ein Stern werde aufleuchten. Wenn ein Stern seine Leuchtkraft ganz stark vermehren werde, sei die Zeit gekommen, da der Erlöser geboren werde. Daher hielten Sternkundige ständig nach diesem besonders leuchtenden Stern Ausschau.[44]

Jetzt war die Zeit gekommen. Der Stern leuchtete, und die Sternkundigen, die aus der Bibel als die drei Weisen aus dem Morgenland bekannt sind, rüsteten sich zum Aufbruch. Sie waren nicht nur sternkundig, sondern auch medial. »Später wurden aus diesen Weisen 'Könige' gemacht; aber es waren Gelehrte, die nach dem Lichte dieses Sterns Ausschau gehalten hatten. Sie erhofften nämlich für ihre Zeit die Erfüllung der Weissagung, daß der Messias geboren werde – das wollten sie noch erleben.«[45]

»Daß die drei Sternkundigen zusammengeführt wurden, geschah durch Fügung Gottes. Engel Gottes hatten diese drei voneinander entfernt lebenden Gelehrten unabhängig voneinander auf das Leuchten dieses Sterns aufmerksam gemacht. Ihn hatten alle drei, unabhängig voneinander, ständig gesucht. Unter der Führung Gottes kamen sie dann zusammen. Auch hatten jene Menschen ihre genauen Berechnungen angestellt und wußten daher wohl, wo sie entsprechend der Himmelsrichtung den geweissagten Erlöser zu finden hatten.«

Auf alten Gemälden werden die drei Weisen in kostbaren Gewändern dargestellt. »Doch so besonders kostbar waren die Gewänder jener Gelehrten durchaus nicht ... Aber sie unterschieden sich sehr in ihrem Aussehen.« Die Kostbarkeiten, die sie als Geschenke mitführten, stammten nicht allein aus ihrem persönlichen Besitz. »Sie hatten ihre Bekannten, ihre guten Freunde, ihre Angehörigen, mit denen sie im Glauben verbunden waren und die wie sie voller Hoffnung darauf warteten, diesen Erlöser noch erleben zu dürfen. So war das kostbare

Gut, das sie als Geschenk mitbrachten, nicht von ihnen allein, sondern allgemein von ihrer Familie, ihren Bekannten, ihrem Stamm aufgebracht worden. Sie alle hatten dazu beigetragen. So machten sich diese Gelehrten zugleich im Auftrag ihrer Mitmenschen auf den Weg, mit denen sie über dieses Licht gesprochen hatten.«[46]

»Als sie sich trafen, waren sie sich darüber einig, daß sich die Weissagung erfüllt habe und daß jetzt der Messias geboren worden sei – sie wußten es. Der Stern leuchtete genauso, wie es geweissagt worden war. Also machten sie sich gemeinsam auf, und sie erkundigten sich dann in Jerusalem, wo das Kindlein geboren sei. Man gab ihnen Auskunft, und voller Freude gingen sie hin. Sie fanden das Kindlein, und sie beteten es an. Welche Freude, welche Beglückung kam damals über diese Menschen – darüber, daß ausgerechnet in ihrer Lebenszeit die Weissagung sich erfüllte!«[47]

Die drei Weisen brachten dem Jesuskind in Bethlehem ihre Geschenke dar: der eine Goldmünzen, der andere Weihrauch, der dritte Myrrhe. »Dies schenkten sie aus Freude und Dankbarkeit. Sie überreichten die Gaben der Mutter – nicht unmittelbar in ihre Hände, sondern sie wurden auf dem Boden ausgebreitet. Josef nahm die Geschenke in Verwahrung.«[48]

Danach kehrten die drei Weisen nicht nach Jerusalem zurück. »Im Traum, so heißt es (Matthäus 2, 12), erschien ihnen ein Engel, der sie anwies, einen anderen Weg der Rückkehr einzuschlagen – nicht über den König Herodes [in Jerusalem], der sie erwartete. Alle drei hatten zur selben Zeit denselben Traum. Alle drei waren, das wurde schon erwähnt, medial und besaßen die Verbindung zur höheren Geisteswelt. So wurden alle drei von der Gotteswelt aufgeklärt, und sie waren sich darüber einig, daß sie nicht mehr auf demselben Weg zurückkehren durften.«

Später erschien im Traum ein Engel auch Josef: sie sollten fliehen, man trachte dem Kind nach dem Leben. So kam es zur Flucht nach Ägypten. Wie aber sollten sie die weite Reise bewerkstelligen? »Was sie an Geld besaßen, war äußerst wenig; denn sie hatten doch gedacht, bald [nach Nazareth] heimkehren zu können. Auch besaßen sie einen Esel und einiges wenige an Verpflegung – sonst hatten sie gar nichts. Jetzt erwiesen sich das Gold, der Weihrauch und die Myrrhe als besonders wertvoll, mußten sie doch für Unterkunft und Nahrung sorgen.

Auch brauchte Maria noch die allernotwendigsten Dinge für die Pflege des Kindleins. Nun konnten sie von den wertvollen Geschenken etwas veräußern oder gegen das eintauschen, was sie zum Leben brauchten.«

»Das alles war im Geistigen vorausgeplant gewesen, so wie auch die Geburt des Herrn in der Gotteswelt sorgfältig vorausgeplant worden war. Gewisse Menschen wurden mit einbezogen, die als Werkzeuge dienen sollten. Die Geister Gottes überwachten das Kindlein mit größter Sorgfalt und Umsicht. Der Widersacher wußte ja nun auch, wer da in diese Welt hineingeboren worden war, und er glaubte, er könne durch die Beeinflussung von Menschen das Jesuskind in jenen teuflischen Mord mit einbeziehen, als so viele gleichaltrige Kinder in Bethlehem getötet wurden. Dies durfte nicht geschehen. Alles überblickten die Engel Gottes, und sie wachten sorgsam über das Kindlein, als man ihm nach dem Leben trachtete.«[49]

Jesu Kindheit und Jugend

Im Kreise der Familie

»In der Zeit, da Jesus bei seinen Eltern lebte, war er mit ihnen glücklich. Die Eltern jedoch waren manchmal von großen Sorgen erfüllt. Gleich nach der Geburt Jesu hatten diese begonnen; aber Maria und Josef standen unter dem Schutze des Allerhöchsten. Sie hatten herrliche Führer. Sie wurden von diesen inspiriert. Ihnen wurde im Traum erklärt, was geschehen sollte. Die hohe Geisterwelt konnte sich diesen beiden leicht nähern, denn es war ja der Gottessohn, der bei ihnen lebte.«[1]

»Jesus war in seiner Kindheit anderen Kindern gleich. Er mußte seinen Eltern Gehorsam leisten, und wie es auch bei anderen Kindern der Fall ist, kam es auch bei ihm manchmal vor, daß er wegen Ungehorsams von seinen Eltern getadelt wurde. Selbst Jesus mußte erst Gehorsam lernen, und das sollte ihm für sein späteres Leben eine Lehre sein. Niemals aber widersetzte sich Jesus seinen Eltern in grober Weise.«[2]

»Jesus war der älteste unter seinen Geschwistern. Nach jüdischem Gesetz hatte der Erstgeborene gewisse besondere Rechte. In jeder Familie, in der eines der Kinder eine Vorzugsstellung innehat, gibt es manchmal Uneinigkeiten, Meinungsverschiedenheiten. Es lag für die jüngeren Geschwister doch sehr nahe, daß sie Jesus gegenüber eine gewisse Eifersucht hegten! Dies bedeutete jedoch nicht, daß sie in Streit miteinander gelebt hätten.«[3]

»Auch zu jener Zeit war es so, daß das älteste Kind die anderen, die nach ihm kamen, zu überwachen und zu hüten hatte; denn die Mutter war gewöhnlich im Hause selbst beschäftigt – lag doch immer wieder ein Kind in den Windeln. Die Häuser waren zumeist einfach und klein, in der Regel nur einstöckig; zwei Stockwerke waren die Ausnahme. Weil nicht genügend Raum vorhanden war, der es den Kindern ermöglicht hätte, sich im Hause aufzuhalten, gingen sie eben ins Freie. Sie tummelten sich in den Höfen oder irgendwo auf der Straße, oder sie gingen dorthin, wo 'etwas los' war, wo es eine Unterhaltung gab.

Auch machte es ihnen nichts aus, von zu Hause wegzugehen und ein Nachbardorf aufzusuchen. Sie unterhielten sich sozusagen den ganzen Tag über in den Gassen. Die Eltern brauchten sich nicht im besonderen um die Kinder zu kümmern. Sie kamen von allein nach Hause, wenn sie Hunger hatten ...«[4]

»Es heißt: "Christus wurde den Menschen in allem gleich." (Vgl. Philipper 2,7 und Hebräer 2,17.) Das bezieht sich auch auf Jesu Kindheit mit seinen Geschwistern. Er ging mit ihnen auf die Straße, und er zankte sich auch mit seinen Geschwistern. Zuweilen mußte die Mutter Jesus zurechtweisen, weil er nicht so nach seinen jüngeren Geschwistern schaute, wie sie es ihn geheißen hatte. Er war eben ein Kind wie jedes andere, und so vergaß er sich auch. Er spielte für sich auf seine Weise und ging dahin, wo es ihm gefiel.«[5]

»Aber solche Dinge werden in der christlichen Lehre einfach nicht erwähnt.« Jesus wird schon als Kind als eine alles Menschliche übersteigende Persönlichkeit hingestellt. »Dies entspricht nicht der Wahrheit – kann ihr nicht entsprechen, wenn es doch heißt, er sei den Menschen in allem gleich geworden.«

In dem Maße, wie Jesus heranwuchs und verständiger wurde, verlangten die Eltern auch mehr von ihm. »Auch die Geisteswelt verlangte dann mehr Gehorsam, und sie stellte größere Ansprüche an ihn. Je mehr er sich der hohen Geisteswelt fügte, um so mehr konnte sie ihn beeinflussen. Hatte er etwas Falsches getan, wurde er von der Geisteswelt gerügt und in gewissem Sinne auch dafür bestraft. Auf diese Weise lernte Jesus Gehorsam. Er hörte vermehrt auf seine innere Stimme und wurde so im Geiste erzogen.«[6]

»So lebte diese Familie, und die Kinderschar wuchs heran mit Jesus als dem Ältesten. Mit seinem Heranwachsen hob er sich jedoch aus seinen Geschwistern etwas heraus, zum einen durch besondere Frömmigkeit, zum andern durch seine Intelligenz. Als Knabe wußte er jedoch noch nichts von seiner Sendung, geschweige daß er erkannt hätte, wer er in Wahrheit war. Das Leben dieser Familie war sehr, sehr einfach und bescheiden.«[7]

»Zu jener Zeit war es so: Wenn es Eltern irgendwie möglich war, bemühten sie sich, ihren ältesten Sohn schulen und ihm das nötigste Wissen beibringen zu lassen, das heißt, ihn lesen und schreiben zu lehren. In der Regel konnten nur Reiche ihre Kinder unterrichten lassen, indem sie sie zu einem Schriftgelehrten brachten, der sich dieser Kinder annahm und sie unterwies. Da nun Jesu Familie so religionsverbunden war, besaß sie entsprechende Beziehungen, vor allem durch die Verwandten Marias. Maria entstammte einer angesehenen Familie, und so fiel es ihr nicht allzu schwer, Jesus unterrichten zu lassen. Was ihm an Schulung zuteil wurde, war jedoch im Verhältnis zu heute gering.«[8]

Den Unterricht hatten teils Zacharias, der Vater Johannes' des Täufers, teils Schriftgelehrte in der Synagoge von Nazareth übernommen. Diese letzten mußten dafür bezahlt werden. Die Mittel stammten von den Geschenken der Weisen aus dem Morgenlande. Die Eltern Jesu veräußerten einen Teil dieser Kostbarkeiten, damit ihr Erstgeborener eine Schulbildung erhalten konnte. »Daß dies alles geschah, war von Geistern Gottes entsprechend gefügt worden: die Geschenke von einst wie der spätere Gang zur Schule, zur Synagoge. Es gab dort einen besonderen Raum, in dem Lehrer Unterricht erteilten.«[9]

»Da Jesu Mutter ein reiner Geist gewesen war, wurde sie auch entsprechend von reinen Geistern geführt und inspiriert. Bei Maria war es anders als bei einem Menschen, der von der Erbsünde des Abfalls her belastet ist und bei dem das Böse leicht Zugang findet. Maria konnte von Geistern des Himmels leicht inspiriert und gelenkt werden. Dadurch vermochte sie sich in ihrer Umgebung durchzusetzen, und dadurch wurde es auch möglich, Jesus schulen zu lassen, was aber nicht möglich gewesen wäre, hätte die Familie nicht über gewisse Mittel verfügt.«[10]

»Als der gelehrige Schüler, der Jesus war, versuchte er, den älteren unter seinen jüngeren Geschwistern daheim das beizubringen, was er selber gelernt hatte. Er übertrug also von seinem Können etwas seinen Geschwistern; denn Maria konnte es sich nicht leisten, allen ihren Kindern bezahlten Unterricht erteilen zu lassen. So tat Jesus das Seinige, und soweit seine Geschwister dazu bereit waren, unterwies er sie nun im Schreiben und Lesen.«[11]

»Maria hatte noch genau in Erinnerung, was alles geschah, als Jesus geboren wurde. Auch entsann sie sich der Botschaft der Verkündigung und der Umstände, unter denen sie empfangen hatte. Daher wußte sie in ihrem Herzen und in ihrer Seele, daß aus Jesus etwas Besonderes würde – daß er für etwas Besonderes bestimmt war. Aber den wahren

Sinn der Worte, die ihr damals gegeben worden waren, hatte sie nicht zu erfassen vermocht. Sie schickte sich einfach in den Willen Gottes. Sie war eine fromme Jüdin, und sie richtete sich streng nach dem jüdischen Glauben. Sie wußte nicht, was mit Jesus in Zukunft geschehen sollte. Sie ahnte nur, daß für ihn etwas Außergewöhnliches vorgesehen war. So ist es begreiflich, daß Maria ihrem ältesten Sohn besondere Aufmerksamkeit widmete. Seine Geschwister beobachteten, daß Jesus von der Mutter bevorzugt wurde und ihm manchmal besondere Rechte eingeräumt wurden. Darüber wurden sie eifersüchtig, und sie beanstandeten, daß Jesus dieses und jenes erlaubt würde, ihnen aber nicht. Andrerseits wußten sie wohl, daß das älteste Kind einer Familie [traditionell] gewisse Vorrechte genoß. Darüber kam es nicht zu Streit oder gar Unfrieden. Es war eine fromme Familie. Regelmäßig besuchte man die Synagogen. In den einzelnen Dörfern oder Flecken gab es Betsäle, und so ging man viel dorthin, um zu beten.«[12]

»So wuchs Jesus in der Familie heran. Er ging mit Josef zur Arbeit. Er fand Beschäftigung teils im eigenen Hause, wo Josef arbeitete; teils ging man in jene Häuser, wo man Aufträge erhielt. Zwischenhindurch wurde Jesus wie erwähnt im Lesen und Schreiben ausgebildet. Aber Jesus mußte bei Josef handwerklich tätig sein. Es waren doch Kinder da. Man mußte arbeiten, um zu leben. Zu jener Zeit wurden die Kinder schon frühzeitig zur Arbeit herangezogen. Diesem Jesus gefiel aber die handwerkliche Tätigkeit seines Pflegevaters von allem Anfang an nicht besonders... Doch er fügte sich, mußte aber auch Tadel über sich ergehen lassen, und er arbeitete dann Jahre hindurch mit Eifer und großem Einsatz.«[13]

Von der Zeit seiner Geburt an war Jesus von Geistern Gottes umgeben. »Sie behüteten ihn von Kindheit an. Sie weilten in seiner Nähe, griffen aber nicht in sein tägliches Leben ein. Aufgabe dieser Engel war lediglich, Jesus zu beschützen. Als er noch ein Knabe war, vermochte er sie noch nicht hellsichtig wahrzunehmen.« Der Grund für den Schutz Jesu durch Engel Gottes liegt auf der Hand. »Als die Botschaft verkündet wurde, der Menschheit werde Heil widerfahren, wußte nun Luzifer, wer dieser Heiland war. Er erkannte in Jesus den Gesalbten Gottes und König der Geisterwelt. Alles Materielle und so auch die Menschen von damals unterstanden jedoch der Herrschaft Luzifers. Die Welt war Luzifers Machtbereich. Daher wurde vom Himmel her dafür gesorgt, daß Jesus nichts widerfahren konnte. Wohl drang Luzifer mit seinem Anhang des öftern bis in Jesu Nähe vor; sie gingen jedoch wieder von dannen, als sie diese Engelwesen erblickten. Ihretwegen getrauten sie sich nicht, näher an Jesus heranzugehen. Er hatte also seinen Schutz.«[14]

»Luzifer hatte stets ein wachsames Auge auf Christus; denn an seiner Seite war er einst gewesen – neben ihm stand er einst vor Gott. Da nun Christus Mensch geworden war, traute er der Sache nicht mehr, denn das mußte seine Bedeutung haben ... Alle, die mit Luzifer abgefallen waren, sollten die Menschwerdung annehmen. Aber warum jetzt ausgerechnet noch Christus? Das gefiel ihm nicht. Luzifer wußte, daß dies etwas zu bedeuten hatte – daß etwas im Anzug war. Es wurde ihm jedoch nicht gestattet, Jesus zu vernichten, wie er es gerne getan hätte, und er durfte auch nicht so auf ihn einwirken, daß er dem Bösen anheimgefallen wäre. Jesus hatte den Schutz, wie er auch anderen heranwachsenden jungen Menschen zuteil wird, so daß das Böse nicht mit aller Kraft auf sie einwirken kann.«[15]

»Schon damals, als die Botschaft von der Erdengeburt des Herrn und Erlösers verkündet wurde, merkte Luzifer auf, und er ließ ihn während seines ganzen Menschseins nicht aus den Augen. Stets sammelten sich niedere Wesen in Jesu Nähe, um ihn zu beobachten und herauszufinden, was vor sich ging. Doch nicht in allen Fällen hatten jene Wesen die Möglichkeit, die Gespräche und Erlebnisse des Geistes Christi mitzuerleben; denn als so hoher Geist, wie Christus es war, vermochte er manches der Beobachtung durch die niedere Geisteswelt zu entziehen, und sie konnte auch nicht alle Gespräche mit anhören. Gleichwohl schenkte man seitens des Totenreiches, des Reiches Luzifers, Christus größte Aufmerksamkeit. Zwar war man sich nicht ganz im klaren darüber, was für eine Aufgabe ihm gestellt war; doch wollte man auf keinen Fall, daß es ein Gelingen geben würde, durch welches Christus in irgendeiner Art und Weise der Menschheit zum Heil werden könnte. Das wollte man nicht. So viel aber wußte Luzifer: daß, wenn schon der Gottessohn ins menschliche Dasein trat, irgend etwas geschehen würde. Er befürchtete, man werde in sein Reich eindringen und seine Rechte schmälern. Daher wollte er auf der Hut sein, und das tat er auch wahrhaftig.«[16]

Der zwölfjährige Jesus im Tempel

Nach dem jüdischen Gesetz wurde ein Knabe mit zwölf Jahren volljährig. »Es war Vorschrift, daß ein Zwölfjähriger von seinen Eltern im Tempel den Pharisäern und Schriftgelehrten vorgestellt werden mußte. Dies galt auch für Jesus. Für diese Vorstellung war jeweils zu besonderer Zeit – der Sitte gemäß am Osterfest – ein bestimmter Tag festgelegt. Von weit her kamen aus den verschiedensten Orten die Familien mit den im Tempel vorzustellenden Knaben angereist. Tagelang mußte man zu Fuß wandern, um nach Jerusalem zu kommen. Nur die Bessergestellten besaßen Reittiere; doch ihrer waren nur wenige. Das Reisen war also anstrengend.« Auch hatte man sich für diesen Zweck verabredet, Reisegesellschaften zu bilden. »Die beteiligten Menschen schlossen sich nicht nur aus ihrer näheren Umgebung zusammen, sondern sie hatten jeweils auch vereinbart, zu welchem Zeitpunkt sie sich da und da einfinden würden, damit dort weitere Familien sich ihnen anschließen konnten und man so gemeinsam in größeren Gruppen nach Jerusalem zu reisen vermochte. In größerer Gemeinschaft fühlte man sich sicherer, denn auch dazumal gab es Diebe und Räuber, und es gab auch noch wilde Tiere. Also reiste man gemeinsam und fühlte sich so geschützt.«[17]

»So war es auch, als Jesus nach Jerusalem reiste. Jeder Knabe seines Alters wurde den Pharisäern vorgestellt. Es hatte viele Knaben dort. Maria und Josef kümmerten sich um dieses Treiben nicht, sondern sie gingen im Tempel ihre Wege und verrichteten dort ihre Gebete.« Von den Tempelbesuchern wurde verlangt, daß sie sich körperlich reinigten. »Sie mußten sich am ganzen Körper mit Wasser besprengen. Das war das Sinnbild der Reinigung von Sünde. Auch Maria und Josef erfüllten diese Vorschrift.«[18]

Bei der Vorstellung mußte jeder Knabe die Namen seiner Eltern angeben, und zwar zuerst den Namen der Mutter, dann erst den Namen des Vaters. »Auch bei Jesus war es so: Er sagte, er sei der Sohn Marias und Josefs. In dieser Weise wurde es auch schriftlich festgehalten: Jesus, der Sohn Marias. Der Grund dafür war folgender: Damals konnte ein Jude, dessen Ehe kinderlos blieb, sich eine zweite Frau nehmen; desgleichen, wenn die Frau starb, ohne männliche Nachkommen zu hinterlassen. Wenn aber die zweite Frau einem Knaben das Leben geschenkt hatte, ging man zu gegebener Zeit voller Stolz in den Tempel, um ihn in die jüdische Gemeinde aufnehmen zu lassen. Dabei hatte der Knabe zuerst den Namen seiner Mutter zu nennen. So wußte man gleich, welche Frau eines Mannes die Mutter des Knaben war.«[19]

»Indem die Knaben einzeln den Schriftgelehrten und Pharisäern im Tempel vorgestellt wurden, erfolgte dadurch die offizielle Aufnahme in die Gemeinde. Von nun an waren sie Glieder der Gemeinde. Das bedeutete, daß die Zwölfjährigen schon gewisse Verpflichtungen übernehmen mußten. So waren sie beispielsweise verpflichtet, alljährlich zu bestimmten Zeiten [Passafest, Wochenfest (Pfingsten), Laubhüttenfest] im Tempel zu erscheinen. Zu diesem Zweck wurden sie eingetragen und in die Gemeinde aufgenommen. Zugleich wurde jeder dieser jungen Menschen mit einer Aufgabe betraut. Die Schriftgelehrten kamen mit ihnen ja ins Gespräch und konnten auf diese Weise die Fähigkeiten eines jeden einzelnen beurteilen. Dementsprechend wurden ihnen nun Aufgaben zugeteilt. Zum einen gab es einen Ordnungsdienst innerhalb und außerhalb des Tempels zu versehen. Dafür waren diese jungen Menschen gut geeignet, denn sie waren ja beweglich und vermochten so mancherlei Tätigkeiten zu verrichten, die einem älteren Menschen Mühe bereitet hätten.«[20]

»Es gab jedoch für diese jungen Menschen nicht nur einen Ordnungsdienst zu versehen, sondern man betraute sie auch damit, Nachrichten zu überbringen, sei es in irgendein Dorf, sei es in abgelegene Orte im Gebirge. So wurden die damit beauftragten jungen Menschen gewissermaßen zu Kurieren. Auch gab es Kranke, denen eine Nachricht überbracht oder Hilfe vermittelt werden mußte. Für diese Aufgaben wurden diese heranwachsenden jungen Menschen eingesetzt.«

»Der Tag der Vorstellung im Tempel war für die Familie wie für den betreffenden Knaben ein besonderer Ehrentag. Eltern und Söhne freuten sich aus diesem Anlaß. Bei der Vorstellung wurden den Knaben Fragen gestellt, und jeder Knabe gab die ihm entsprechenden Antworten. Solche Fragen wurden auch an Jesus gerichtet; aber er gab den Pharisäern und Schriftgelehrten nicht nur ganz andere Antworten, als sie üblich waren, sondern er stellte seinerseits *ihnen* Fragen.«[21]

Jesus hatte sich im Tempel von seinen Eltern etwas abgesondert. »Denn für Maria und Josef bot diese Reise viele Möglichkeiten, Bekannte und Verwandte wiederzusehen, die auch zum Passafest gekommen waren. Innerhalb des Tempels gab es eine für besonders heilig gehaltene Stätte, an der man beten konnte; doch im Verhältnis zur Gesamtanlage war dies nur ein kleiner Platz. Die meisten Menschen unterhielten sich jedoch miteinander. Man besprach Familienangelegenheiten oder sogar Geschäfte.«

»Der Tempel besaß verschiedene Hallen und Räumlichkeiten; denn man konnte in ihm sogar wohnen, das heißt, man konnte sich im Tempel verpflegen und dort schlafen. Beispielsweise brachte eine Prophetin [Hanna, vgl. Lukas 2, 36–37] die letzten Jahre ihres Lebens ganz im Tempel zu, um dort zu beten. Also mußte sie sich im Tempel auch verpflegen und dort schlafen können.« Freilich geschah dies auf sehr bescheidene Weise: man schlief auf dem Boden – wenn es gut ging, auf einer Matte. »Sonst behalf man sich mit einem Kleidungsstück oder einem Stück Tuch, das man auf den Boden legte und auf dem man schlief.« Aus den Evangelien (Matthäus 21,12, Markus 11,15, Lukas 19,45 und Johannes 2,12–14) geht hervor, daß im Gotteshaus zu Jerusalem auch Geschäfte getätigt wurden. »Händler hielten sich dort auf, Tiere wurden in den Tempel getrieben und verkauft. Es gab also genug Gelegenheit, sich dort zu versorgen.«[22]

Unter den zahlreichen Einrichtungen des Tempels fühlte sich Jesus vor allem zu dem Raum hingezogen, wo man die Heilige Schrift las. »Diese ging vom einen zum andern, und so hatte jeder, der des Lesens kundig war, die Möglichkeit, ein Kapitel aus der Schrift vorzulesen und es auch von sich aus auszulegen. Der Inhalt des heiligen Buches bestand zum Teil aus Prophezeiungen. Diese deuteten sozusagen *alle* auf die Zukunft und im besonderen auf Christus hin. Frühere Propheten hatten diese Weissagungen geoffenbart; doch nicht selten waren ihre Worte von denen mißverstanden und entstellt worden, die sie niedergeschrieben hatten. Der Inhalt der Schriften war daher zum Teil falsch. Ferner standen Psalmen in dem heiligen Buch, die auch gesungen wurden; auch in diesen Psalmen fanden sich immer Hinweise auf die Zukunft, auf die Erlösung. Im allgemeinen waren sich in der Auslegung alle einig. Es gab sozusagen nur eine einzige Auslegung, oder höchstens eine der gängigen Auslegung ganz angenäherte. Man getraute sich [meist] nicht, eine andere Auslegung vorzutragen – damit hätte man unliebsames Aufsehen erregt; denn nur das Wort der Hohenpriester und Schriftgelehrten galt. Ihnen zu widersprechen war sehr gefährlich. Also schwieg man – sei es aus Angst, sei es mangels besserer Erkenntnis.«[23]

»Jesus jedoch, der sich unter ebendiese Schriftgelehrten gemischt hatte und ihnen zuhörte, getraute sich, ihnen zu widersprechen: was sie da sagten, stimme nicht, sondern sei falsch! Diese Männer waren darüber höchlichst verwundert« – das mag man sich leicht vorstellen. »Ein zwölfjähriger Junge hatte den Mut, einem Schriftgelehrten zu sagen: "Was du liesest, ist nicht richtig; richtig ist es vielmehr so" – und dann legte Jesus ihnen die Schriftstelle in ihrer wahren Bedeutung aus.«

»In solcher Weise hielt sich Jesus bei den Schriftgelehrten auf. Aber nach einer gewissen Weile ermüdete auch er, und dann zog er sich in die dafür bestimmte Halle zurück, um sich schlafen zu legen. Er hatte ja eine lange Fußreise hinter sich. Da Christus in allem den Menschen gleich geworden war, erlebte auch er Müdigkeit, Hunger und Durst – ob als Knabe oder später als Erwachsener. Im Tempel verpflegte sich Jesus selbständig. Dafür gab es ja genug Händler und sonstige Gelegenheiten. Maria hatte ihm etwas Geld ausgehändigt, damit er seinen Hunger und Durst stillen konnte. Viel bekam er jedoch nicht ... Daß Maria überhaupt daran gedacht hatte, Jesus für seine Verpflegung Geld zu geben, war nicht selbstverständlich. Auch Maria wurde eben von einem Geist Gottes begleitet und gelenkt.«[24]

Schon am nächsten Tag fand sich Jesus wieder bei der Schriftlesung ein. Mit seinen zwölf Jahren war er ja des Lesens und Schreibens bereits kundig. Schon damals belehrte *er* die Pharisäer im Tempel auf Grund der Eingebungen der Wahrheit, die er empfing. »Gottes Wort konnte bei ihm durchdringen, weil er mit dem Göttlichen verbunden war. Dieses geistige Band der Zugehörigkeit des Sohnes zum Vater ist *nie* unterbrochen worden.«[25]

Jesus, von Kraft erfüllt, gab den Schriftgelehrten Antwort – die *richtige* Antwort; doch sie wurde von diesen nicht angenommen. »Damals und überhaupt in der ersten Zeit sagten sie sich: "Das ist eben ein junger Mensch! Er wird schon noch zu anderen, zu besseren Erkenntnissen kommen." Man nahm ihn also anfänglich nicht ernst. Niemand wußte doch, wer dieser Jesus in Wahrheit war. Sie staunten nur über seine Einwände. Einige dieser Schriftgelehrten aus dem Hohen Rat gaben ihm bereitwillig Auskunft und schienen ihm wohlgesinnt zu sein, weil sie es interessant fanden, daß ein so junger Mann sich in dieser Weise in die Heilige Schrift vertieft hatte. Andere jedoch wollten nichts von ihm wissen. Sie fanden, er sei ein aufdringlicher Bursche, und gingen ihm aus dem Wege. Jesus genügten aber jene Schriftgelehrten, die ihm mit Wohlwollen begegneten, und mit ihnen unterhielt er sich lange.«[26]

»Immer wieder kamen andere Priester und fragten ihn aus.« Sie lösten sich ja im Dienst ab. So riefen die einen wieder andere herbei, indem sie ihnen sagen ließen, hier sei ein Knabe, der die Schriften auf eigenartige Weise auslege. »So blieb Jesus drei Tage und drei Nächte im Tempel.«[27]

»Die anderen jungen Menschen, die sich auf diese Zeit besonders gefreut hatten, waren unter sich zusammengeblieben. Sie hatten eben auch noch Interesse für anderes als für das, was das Gesetz ihnen vorschrieb. Sie fanden sich untereinander zum Gespräch zusammen. Es war ja ein besonderer Anlaß, um sich kennenzulernen. Man stellte sich vor und erzählte, woher man kam. Auch hatten die jungen Menschen ja schon ihre Aufgaben zugewiesen erhalten. Der eine hatte Ordnungsdienst zu versehen, sei es innerhalb, sei es außerhalb des Tempels. Der andere sollte Nachrichten an einen bestimmten Ort überbringen. Wieder ein anderer sollte seine Aufgabe erfüllen, indem er den Weg zu einer Familie einschlug. Dies alles besprach man untereinander, und zugleich war man voller Freude. Auch außerhalb des Tempels gab es allerlei zu erleben. Man festete und feierte eben nach orientalischer Art, und diese jungen Menschen nutzten die Gelegenheit.«

»Schließlich kam die Zeit des Aufbruchs, um den Heimweg anzutreten. Auch hierüber hatte man sich vorher abgesprochen, und so fand man sich dementsprechend zusammen. Die jungen Menschen aber waren nicht geneigt, zur selben Zeit aufzubrechen wie ihre Eltern. Diese waren damit einverstanden, daß die Söhne länger in Jerusalem blieben, weil man davon ausging, daß sie schon rechtzeitig – wenn auch etwas später – zur Gesellschaft stießen. Die Älteren reisten ja nicht so schnell, und die Jungen versprachen, sie wieder einzuholen. So geschah es auch.«[28]

Vor dem Aufbruch hatten Maria und Josef nach Jesus Ausschau gehalten, ihn aber nicht gesehen. »Denn der Tempel war ja voll von Menschen, die sich in ihm versammelten. Sonst wäre es ja gar nicht dazu gekommen, daß sie Jesus aus den Augen verloren hatten. Auch waren viele Händler da und boten Waren feil. So mischten sich die Leute eben auch unter diese Händler, und man machte im Gedränge so manche Einkäufe. So konnte es kommen, daß Maria annahm, Jesus sei irgendwo mit den anderen.«[29]

Als nun Maria und Josef auf der Rückreise die jungen Menschen kommen sahen, bemerkten sie zu ihrer Bestürzung, daß Jesus sich nicht unter ihnen befand. »Sie mußten überall, bei der ganzen Reisegesellschaft, nachfragen. Sie suchten und hofften, Jesus schließlich doch noch zu finden, denn es war eine ziemlich große Gruppe beisammen. Als sie jedoch trotz allen Suchens Jesus nicht finden konnten, mußten sie notgedrungen den weiten Weg zurück nach Jerusalem antreten.«

Als sie ihn schließlich fanden, machte Maria ihm Vorwürfe. »"Wir als deine Eltern haben dich gesucht! Du hast uns Sorge bereitet, und deinetwegen mußten wir diesen langen, langen Weg zurück wieder antreten ..." Jesus erwiderte: "Ja wußtet ihr denn nicht, daß ich in dem sein muß, was meines Vaters ist?" (Lukas 2, 49.) Dies gab er ihnen zur Antwort – er war in dem Hause geblieben, das, wie er behauptete, seines Vaters war. Die anderen jungen Menschen hatten sich währenddessen vergnügt und waren dann aufgebrochen, um wieder Anschluß an ihre Familien zu finden.«[30]

Über Jesu Worte machten sich Maria und Josef weiter keine Gedanken. »Sie waren doch alle sehr fromm und religiös, und der Tempel bedeutete ihnen allen das Höchste und Heiligste. Er war das Haus Gottes für Jesus wie für Maria und Josef und für alle anderen.« Daß Jesus von Gott als seinem Vater gesprochen hatte, besagt nicht, er habe schon damals gewußt, daß er Gottes Sohn war. Dies erfuhr er erst viel später. Eine solche Wendung hätte auch irgendein Prophet gebrauchen können. Tatsächlich beseelte Jesus bereits zu jener Zeit ein unbestimmtes Empfinden prophetischer Sendung.[31]

»Maria besaß in ihrem Herzen, in ihrer Seele ein höheres Wissen; sie vermochte es nur nicht angemessen zum Ausdruck zu bringen. Als man Jesus endlich im Tempel fand, war gerade sie es, die ihm Vorwürfe machte. Wohl hatte sie bei der Verkündigung erfahren, wer Jesus war. Allein, da sie in all den darauffolgenden Jahren keine ausgesprochenen Bestätigungen vernahm, wurde sie zuweilen unsicher – unterschied sich doch dieser Knabe Jesus noch in keiner Weise von ihren anderen Kindern ... Sie hatte freilich ein ahnendes Empfinden, und sie schaute manchmal etwas Herrliches im Traume. Aber sie schwieg darüber. Sie fühlte sich unsicher. Es blieb in ihr verschlossen. Sie betete nur und bat, man möge sie so führen, daß sie auf dem rechten Wege wandle und stets das Richtige tue; denn sie hatte Jesus ja auch zu erziehen, und sie wollte [eigentlich] zwischen ihm und den anderen Kindern keinen Unterschied machen.«[32]

Jesus vor Beginn seiner Lehrtätigkeit

Jesu Verbindung zur Gotteswelt

»Nach diesem erstmaligen Besuch im Tempel fühlte sich Jesus vermehrt zu ihm hingezogen. Es verlangte ihn, dorthin zu gehen, zu diesen Schriftgelehrten, die in so hohem Ansehen standen. Freilich, ihm persönlich machte dieses Ansehen keinen Eindruck. Schon als junger Mensch tat sich Jesus dort hervor. Er war anders als die anderen! Er besaß größeres Wissen. Stets ergriff er im Tempel das Wort. Er belehrte die Schriftgelehrten und klärte sie über das auf, was sie falsch auslegten und verkündeten. Dadurch wurden sie auf ihn aufmerksam.«[1]

»Zuerst allerdings maß man ihm noch nicht besondere Bedeutung bei; denn es kam von Zeit zu Zeit immer wieder vor, daß jemand die Heilige Schrift auf seine besondere Weise auslegte und man ihn dann darüber belehrte, daß diese Auslegung unrichtig sei. Man darf also nicht meinen, daß man bei solchen Gelegenheiten, da in der Heiligen Schrift gelesen wurde, stets miteinander im Einverständnis gewesen wäre. Gerade deshalb las man ja die Heilige Schrift und legte sie aus. Man lebte auf die Zukunft hin, in welcher der Messias kommen werde. Freilich erwartete man ihn anders, als dann die Wirklichkeit war.«[2]

Oft war Maria mit dabei. »Sie war [in vielem] nicht einverstanden mit dem, was ihr Sohn sprach; denn es kam dadurch zu Streitgesprächen. Die Gesetze aber waren streng, und schnell wurde etwas als Gotteslästerung aufgefaßt. Allein, Jesus blieb keine Antwort schuldig. So gab es manche Diskussion, manchen Streit, der aber auch wieder geschlichtet wurde. Dabei ging es nicht ohne lautes Gerede und Getue ab, bis man dann den Tempel wieder verließ. Die einen kamen stets regelmäßig zu solcher Schriftlesung, die anderen nur von Zeit zu Zeit. Jesus jedoch kam regelmäßig. Da aber seine Zeit noch nicht gekommen war, versuchte Jesus, nicht zu weit zu gehen. Er war aber dafür bekannt, daß es, wenn er in den Tempel kam, immer interessante Gespräche gab – er sorgte für Aufregung ...«[3]

Was aber befähigte Jesus zu seinen Erklärungen, erlebte er doch seine Jugendzeit so wie jedes andere Kind? Die neuen Erkenntnisse, die er vortrug, waren ihm durch die *Gotteswelt* eingegeben worden. »Die dienende Geisterwelt Gottes inspirierte Jesus schon in der Anfangszeit mit großer Sorgfalt; denn er ahnte und wußte ja nicht, wer er war. Man konnte ihm als einem Knaben auch nicht klarmachen, daß er Gottes Sohn und als solcher der Messias, der Erlöser der Menschheit, war. Nein, mit aller Sorgfalt und Behutsamkeit trat man an den Jesusknaben heran, und man inspirierte ihn genau entsprechend den Verhältnissen, mit denen er zu tun hatte. Auf diese Weise dienten ihm die Engel Gottes, und so wuchs er zum jungen Menschen, zum Manne heran. Mit seinem Heranwachsen durfte er immer etwas mehr offenbart erhalten.« Zugleich vernahm er die Stimmen der Engel immer deutlicher.[4]

Jesus suchte die Verbindung zur göttlichen Welt. »Man konnte ihn nicht davon abbringen, sich immer wieder von zu Hause zu entfernen, ohne zu sagen, wohin er ging. Allerdings wußte man schon, wo man ihn zu suchen hatte, und dann mußte man bitten und betteln, daß er heimkam. Wenn Jesus so von zu Hause fortging, suchte er die Stille auf, in einem Garten oder Hain, wo er allein sein konnte. Dort hielt er Einkehr und verinnerlichte sich. Dort vernahm er, was die Geister Gottes zu ihm sprachen. Dort gaben sie ihm Erklärungen und Belehrungen. Aber davon sagte er Jahre hindurch daheim nichts. Ständig machte man ihm Vorwürfe. Seine Geschwister nannten ihn nur den 'Träumer' und fanden, daß er manchmal geistesabwesend sei.«[5]

»Jesus ging eben seine eigenen Wege. Allein wollte er sein. Er mußte Ruhe um sich haben. Jedem Geräusch, jedem Lärm wich er aus. Darum ging er entweder in aller Frühe von zu Hause weg und kehrte dann zur Arbeit wieder heim – manchmal reichlich spät... Sehr oft ging er abends, wenn es dunkel und kühl geworden war und Stille herrschte, hinaus zu seinen Lieblingsplätzen. Dort legte er sich nieder – das war allgemein üblich –, und er hörte auf das, was man ihm sagte.«[6]

»In den Anfängen vernahm Jesus lediglich eine leise Stimme. Er hatte das Gefühl, als redete man zu ihm – und so war es auch. Aber der Himmel tat sich ihm nicht plötzlich auf und eröffnete ihm: "Du bist der Sohn Gottes!" Das hätte er ja gar nicht ohne weiteres verstehen können, denn er war doch in allem den Menschen gleich. Darum mußte sich die Geisterwelt Gottes ihm anpassen. Sie führte ihn in die Stille, weil es ihr dort möglich war, ihn mit Eingebungen zu beeinflussen. So wurde es für Jesus zur Regel, diese Ruhe und Stille aufzusuchen, um mit den Engeln ins Gespräch zu kommen. Anfänglich hatten sie lediglich versucht, ihn zu inspirieren. Allmählich bekundeten sie sich immer deutlicher, und Jesus blieb immer länger von zu Hause weg. Sein Verlangen nach den Worten seiner hohen Geschwister, seine Sehnsucht nach dem Vater wurden immer stärker. Immer mehr wollte er wissen; denn die Engel hatten inzwischen angefangen, ihn über den Heilsplan ins Bild zu setzen und ihm zu erklären, auf welche Weise die Menschheit errettet werden sollte.«[7]

»So kam schließlich der Augenblick, da Jesus sie mit seinen Augen *schauen* konnte... Es wurde hell um ihn, und er erblickte die Lichtgestalten der Engel vor sich. Jesus konnte diese heiligen Geister erblikken; denn als reiner Geist Gottes war ihm doch das feinste Od eigen, das je ein Wesen in der Schöpfung besaß, und demgemäß wurde er hellsehend. Er sah die Gottesgeister und redete mit ihnen. Sie setzten sich zu ihm auf die Erde und besprachen mit ihm seine Zukunft. Je mehr Jesus heranwuchs, um so mehr göttliche Wesen suchten ihn auf, um sich mit ihm zu bereden, und immer häufiger entfernte er sich vom Elternhaus.«[8]

Mit Vorliebe suchte nun Jesus die Wüste für die Begegnung mit der Gotteswelt auf. »Die Zeitspanne, die er dort verbrachte, war verschieden: Manchmal blieb er einen Tag und eine Nacht in der Wüste, manchmal aber auch zwei oder gar drei Tage und Nächte. Das war Maria nicht recht. Sie bangte um ihn«, wenn er einfach verschwunden war, und dann suchte man ihn. »Man suchte ihn in der Zeit, ehe er seine Lehrtätigkeit begonnen hatte, und man suchte ihn auch während der Zeit, da er seinen Lehrauftrag ausführte. Immer hatte Maria Angst um Jesus, weil sie ahnte und man ihr auf höherem Wege, durch Eingebung, zu verstehen gegeben hatte, daß er einen schweren Weg vor sich habe.« Doch oft gab er seiner Mutter vorher Bescheid und bat, man solle ihn nicht suchen. »Dann war Maria beruhigt, denn sie wußte, Jesus würde Wort halten; nie würde er etwas sagen, was er nicht auch einhielte.«[9]

»Zuweilen brach Jesus ganz früh morgens auf zum Tempel in Jerusalem, von wo er erst nach Tagen zurückkehrte, was ihm ernste Vorwürfe der Eltern einbrachte. Ihnen wurde zugetragen, daß Jesus in seinen Gesprächen mit den hohen Gelehrten diesen gar keine Achtung, keinen

Respekt entgegenbringe, sondern ein Besserwisser sei. Dringlich bat ihn seine Mutter: "Geh doch nicht immer in den Tempel – du bringst unserer Familie Schande! Höre nur, was die Pharisäer und Schriftgelehrten vom Hohen Rat über dich und über uns reden ... Behalte doch deinen Gottesglauben und die Sendung, die Gott dir verheißen hat, noch für dich! Gib es diesen Menschen nicht preis – es bringt uns ja nur Verachtung ein! Auch stimmt das, was du sagst, oft nicht mit unserer Religion überein ..."«[10]

Jesus wurde von der Gotteswelt in behutsame, folgerichtige Schulung genommen. Zuerst war ihm, wie erwähnt, nur weniges offenbart worden. »Mit der Zeit erst erfuhr er immer mehr. Auch sollte er kleine Beweise erhalten für die Richtigkeit dessen, was man ihm mitteilte. Diese Beweise bestanden unter anderem darin, daß er nicht nur wie früher hellhörend die Worte der Engel vernehmen sollte, sondern daß er – das wurde schon gesagt – auch eine Schau haben, daß er sie erblikken durfte. Die ihm dienenden Wesen vereinbarten mit ihm einen Zeitpunkt dafür.«[11]

Die Engel baten ihn, er solle sich an dem und dem Tage, zu der und der Zeit, an dem Ort einfinden, den die Geisteswelt Gottes bestimmt hatte; dort würden sie auf ihn warten und mit ihm reden. »In dieser Weise bekam Jesus nämlich Beweise. Er fand sich zu dem verabredeten Zeitpunkt an dem betreffenden Ort ein, und dort wurde ihm [beispielsweise] gesagt: "Wenn du das nächste Mal in den Tempel gehst, werden die und die Personen" – sie wurden mit Namen genannt – "anwesend sein und dir Fragen stellen." Dann erläuterten ihm die Engel, welcher Art diese Fragen sein würden. Dies sollte für ihn ein Beweis sein. Auch gaben sie ihm die Antworten ein, die er geben sollte. Ferner erklärten sie ihm, wohin er seinen Blick richten solle – dort werde er den Geist Gottes erblicken, der ihn inspirieren würde. In dieser Art erhielt Jesus die Bestätigung für das, was er vernahm – er hatte die *Schau* ... Verschiedentlich wurden solche Vereinbarungen mit ihm getroffen.«[12]

»Indem Jesus auf diese Weise vorbereitet und belehrt wurde, war er darüber überglücklich. Er wußte damals ja noch nichts von der Schwere des Auftrages, den der Vater ihm erteilt hatte. Jesus sollte vorläufig nur diese Verbindung zum Göttlichen haben. Die Engelswelt sprach zu ihm. Sie begleitete ihn, und die Kraft Gottes war mit ihm. So nahm er zu an Weisheit und Kraft, behütet und beschützt von seinen himmlischen Geschwistern.«[13]

»Doch wie es in Gottes Willen stand, mußten auch sie zuweilen von ihm Abstand halten. Auch an ihn kamen Versuchungen. Sie wurden zugelassen in dem Maße, als man von ihm erwarten konnte, daß er das Böse überwinden würde. Durch die ihm innewohnende Kraft, durch sein göttliches Wesen vermochte Jesus, das Böse besser zu überwinden. Er lernte es; denn die Engel waren ja mit ihm [immer wieder] im Gespräch. Zuweilen wurde er von ihnen getadelt, und dann fragte er sich: "Habe ich richtig gehört? Bin ich wirklich von Engeln Gottes getadelt worden?" Auch scheuten sie sich nicht, ihm zu sagen: "Wenn du dem Worte Gottes nicht gehorchst, wirst du dies bereuen." Es ging doch um seine Belehrung, und so wurden auch ihm Maßregelungen auferlegt. Man erklärte ihm beispielsweise, daß er als Maßregelung dieses oder jenes zu erleben habe, und das wollte er dann nicht, selbst wenn es auch nur vorübergehend war. Er erkannte darin also stets eine Antwort auf sein Verhalten.«[14]

Bis dahin wußte Jesus noch nicht, daß er Gottes eingeborener Sohn war. »Wohl ahnte er, daß er ein hoher Geist sei – vielleicht ein Prophet… Doch dies sprach er nicht aus; es war in ihm ja nur ein Ahnen.« Daß er wirklich ein hoher Geist war, wurde ihm allmählich immer gewisser. »Denn die Engel, die sich ihm bekundeten, erwiesen ihm besondere Ehrerbietung und begrüßten ihn als ihren geliebten hohen Bruder. Doch lange verschwiegen sie ihm, daß er Gottes Sohn war – bis der Zeitpunkt dafür kam.«[15]

Als Jesus zum Manne gereift und in der Schule der Engel herangewachsen war, wurde ihm eröffnet, er sei der Sohn Gottes. »Als er zum erstenmal vernahm, er sei Gottes Sohn, bedeutete dies für ihn nicht lediglich eine Überraschung. Vielmehr erschütterte es ihn zutiefst, zu erfahren, daß er als Gottes Sohn in dieses menschliche Dasein getreten war. Aber irgendwie erschien ihm das nicht so ganz sicher. Er sollte Gottes Sohn sein?… Wohl erblickte er die Engel, mit denen er in wunderbarer Verbindung stand; doch dachte er bei sich: "Dies ist ein wunderschöner Engel. Ich selber bin zwar in einen Menschenleib eingekleidet, kann jedoch trotzdem ein ebenso schöner Engel sein. Aber Gottes Sohn?…" Obwohl die Engel es ihm bestätigten, war er innerlich noch nicht davon überzeugt.« Die Engelswelt sorgte aber dafür, daß diese Zweifel einer tiefinneren Gewißheit wichen. Er staunte, als die Engel ihm ein Gewand brachten und es ihm überzogen – ein geistiges, feinstoffliches Gewand voller Licht und Glanz... »Dazu sprachen sie: "Das ist ein Gewand, das du trugst, als du neben Gott standest und wir dich als König begrüßten..." Jesus trug nun dieses Gewand, und die Engel dienten ihm. Sie gaben ihm geistige Speise und geistigen Trank, und sie sagten: "Der Vater bietet dir das an. Der Vater hat es uns gegeben, damit wir es dir überreichen." Auf solche Weise erhielt Jesus die Bestätigung, daß er wahrhaftig Gottes Sohn war. So verblieb er eine Zeitlang, bis die Engel sein Gewand wieder an sich nahmen und entschwanden. Jesus blieb allein in der Wüste zurück. Dann machte auch er sich auf.«[16]

Vorher aber hatten die Engel ihn noch aufgefordert, er solle seiner Familie und seiner Umgebung nicht gleich offenbaren, wer er sei. »"Behalte es vorläufig noch für dich! Wir werden es dir sagen, wenn es an der Zeit ist, es zu verkünden."«[17]

Jesu Hineinwachsen in sein Wirken als Heiler und Prophet

»Nicht nur in seiner Familie kam es vor, daß Eltern oder Kinder zuweilen unpäßlich waren. Jesus ging dann jeweils zu diesen Kranken hin, legte ihnen die Hände auf, und recht bald wurden sie wieder gesund. Darüber machten sich die Eltern keine besonderen Gedanken. Sie lebten einfach in dem Glauben, daß Gott mit Wohlgefallen auf ihre Familie blicke und Jesus eben diese heilende Kraft besitze – weiter dachten sie darüber nicht nach. Die Hauptsache war, die Kranken wurden gesund. Wenn irgendein Familienmitglied erkrankte, dachte man daher gleich an Jesus und wollte ihn bei sich haben. Warum und wieso er diese heilende Kraft besaß, darüber zerbrachen sie sich den Kopf nicht.«

»Auf diese Weise kam Jesus mit vielen Verwandten und Bekannten in Berührung. Auch war es dazumal üblich, daß man sich gegenseitig besuchte. Hatte man irgendein Problem, und mochte es noch so geringfügig sein, dann beredete man es tagelang. Heute ging man damit zu diesem, morgen zu jenem. Man brachte Stunden, ja Tage damit zu, alles zu erzählen. Von jedem erbat man sich einen Rat – befolgte aber keinen... Auch Jesus wurde auf solche Besuche mitgenommen, und im stillen unterrichtete man die Bekannten davon, wie es um ihn stand. Man tat es in aller Verschwiegenheit, um keine Gefahr zu laufen. Oftmals befand sich unter den Besuchten auch ein Kranker. Dann ging Jesus zu ihm hin, legte ihm die Hände auf, sprach ein Gebet – und der Kranke wurde gesund. Gleichwohl hielt man dies nicht für ein Wunder. Man betrachtete Jesus schon gewissermaßen als Propheten – man redete ihn mit 'Meister' an. Ein Prophet *muß* doch höhere Gaben besitzen! Man dachte sich also nichts Besonderes dabei, sondern nahm es als eine gottgesandte Fügung hin. Sie wußten ja nicht, wer dieser Jesus in Wirklichkeit war ...«[18]

»Wenn Jesus seine Freunde besuchen wollte, mußte er lange Wegstrecken zurücklegen. Wenn er von daheim fortging, hatte er leere Taschen ... Ernähren konnte er sich von den Früchten auf dem Felde. Auch gab es Feigenbäume am Wegrand, von denen man pflücken durfte. Um jedoch seinen Durst löschen zu können, mußte er eine Quelle aufsuchen, und er wußte, wo sie zu finden war. Auch war ihm bekannt, wann Menschen zum Brunnen gingen, um Wasser zu schöpfen – die Bewohner des Ortes meist am frühen Morgen oder am späten Abend, selten im Laufe des Tages. Sie holten Wasser in ihren Krügen, um tagsüber damit versorgt zu sein. So waren es meist Wanderer oder Pilger, die Jesus während des Tages am Brunnen traf und die dort ihren Durst löschten.«[19]

»Jesus ging aber auch zu jenen Zeiten zum Brunnen, da er wußte, daß die *Bewohner* dort Wasser schöpften. Er suchte die Menschen doch auf und wollte mit ihnen ins Gespräch kommen. Bei diesen Begegnungen hatte Jesus oft die Möglichkeit, Kranke zu heilen. Meist waren es solche, deren Krankheit nicht besonders auffällig war, und so betrachtete man auch ihre Genesung nicht als ein Wunder. Außerdem hatte man zu den Propheten, obschon sie längst in ihre himmlische Heimat zurückgekehrt waren, noch immer eine innige Verbindung, und man erinnerte sich ihrer herrlichen Taten. So schien es gar nichts Besonderes zu sein, wenn nun Jesus kam und Kranken die Hand auflegte zu ihrer Genesung – man hielt es wie gesagt nicht für ein Wunder.«[20]

»Inzwischen wuchsen zu Hause ja auch seine Geschwister heran. Immer wieder kam es mit ihnen zu kleineren Auseinandersetzungen, weil sie eben andere Glaubensvorstellungen hatten. Man betete in der Familie viel, und da hatte Jesus nach der Lesung der Heiligen Schrift so vieles zu beanstanden. Immer wieder mußte er den Seinen sagen: "So ist es nicht!" Obwohl seine Geschwister jünger waren als er, widersprachen sie ihm dann. Sie hatten noch nicht erfaßt, daß Jesus eben mehr war als nur ein leiblicher Bruder. Nur als solchen betrachteten sie ihn.«[21]

»Maria vergaß die Botschaft nicht, wer ihr erstgeborener Sohn sein würde; aber inzwischen war doch viel Zeit verstrichen. Dazumal verehrte man besonders die Propheten, und so nahm Maria an, Jesus sei zu einem solchen Propheten berufen. Sie hatte nicht begriffen, daß er der Erlöser der ganzen Menschheit sein sollte, obwohl ihr bei der Verkündigung gesagt worden war, ihr Sohn werde die Sünden der Welt hinwegnehmen. Dieses war eben in bildlicher Sprache vorgebracht worden, und so vermochte Maria nicht zu verstehen, was damit wirklich gemeint war. Darum nahm sie Jesus öfters beiseite und bat ihn, er möge doch in seinen Reden zurückhaltender sein. Er aber erwiderte: "Ich sage das, was ich sagen muß, und ich sage die Wahrheit." Solches erlebte Maria immer wieder.«[22]

»Die Angst vor den Pharisäern und Schriftgelehrten saß allgemein tief, weil sie große Macht besaßen. Wer gegen ihre Gesetze und Vorschriften verstieß, konnte aus der jüdischen Gemeinschaft ausgestoßen werden. Davor hatte Maria Angst. Sie hatte Angst vor diesen Menschen mit ihrer großen Macht, und sie bangte um ihren Sohn Jesus. Aus diesem Grund wies sie ihn manchmal zurecht, und er fügte sich dann auch, weil er seinen Eltern keinen Kummer bereiten wollte. Gleichwohl war er sich seiner Sache sicher. Er wußte, daß das, was er sagte, die Wahrheit war, schon ehe die Engel ihm eröffneten, wer er war; denn in Jesus weste doch der aus Gott geborene Geist. So vermochte er einfach nicht zu allem ja zu sagen, was diese Menschen da behaupteten, und darum hatte er es oftmals schwer. Nur seinen Eltern zuliebe bemühte er sich, sich zu fügen, um ihnen weniger Sorgen zu bereiten.«[23]

»Jesus sah indessen voraus, daß unwiderruflich die Zeit kommen werde, da er seinen Eltern und seinen Geschwistern große Sorgen bereiten würde.« Zu einem Aufruhr der Gemüter kam es, als Jesus von den Engeln geheißen worden war, der Familie zu eröffnen, wer er war. »Eines Tages stand er beim gemeinsamen Gebet daheim auf und sprach: "Was ihr betet, ist nicht richtig... Ich will euch sagen: *Ich* bin der Sohn Gottes!..." Man mag sich vorstellen, wie bestürzt und erschrocken die Familie war, als sie diese Worte vernahm; denn schließlich war Jesus doch als Säugling, als Kleinkind und dann als Ältester unter seinen Geschwistern in der Familie aufgewachsen. Nun aber erklärte er: "Ihr seid nicht meine Eltern. Ich habe nur einen Vater, und das ist der Vater im Himmel. Wohl bin ich in diese Familie hineingeboren worden, aber ich bin in Wahrheit der Sohn Gottes."«[24]

»Darüber entsetzten sich besonders seine Geschwister. Sie sagten, er sei von Sinnen. "Wir sind doch deine Brüder! Wir haben doch denselben Vater und dieselbe Mutter wie du! Wie kommst du dazu, so etwas zu behaupten?..." Solche Vorwürfe gehörten auch zu den ständigen Ermahnungen, welche die Familie an Jesus richtete, er solle sich doch an die jüdische Religion halten und die Lehren befolgen, in denen sie unterwiesen worden seien. Aber es half nichts... Zu seiner Mutter hatte Jesus nicht ein solches Verhältnis, wie es bei Kindern üblicherweise sonst der Fall ist. Zwar verehrte und liebte er seine Mutter sehr; aber gleichwohl war sie als Mutter für ihn gewissermaßen in den Hintergrund getreten, weil der himmlische Vater alles für ihn geworden war. Er redete jetzt nur noch vom Vater... Jesus hatte es nicht vermocht, seiner Mutter die Erlebnisse zu offenbaren, die ihm zuteil wurden. Wohl war ihr bewußt, daß er eine besondere Aufgabe zu erfüllen hatte; doch von den Einzelheiten ahnte sie nichts. Später sogar mußte sie zuerst von den Jüngern in dieser Hinsicht unterrichtet werden.«[25]

Damals brachen für Jesu Familie schwere Zeiten an; doch Jesus erbrachte den Beweis für die Wahrheit seiner Worte, auch in der Familie. »Ein solcher Beweis bestand beispielsweise darin, daß er ihnen voraussagen konnte, was sich an diesen oder jenen Tagen in Jerusalem ereignen werde. Infolge seiner hellsichtigen Schau [und weil er hellhörend die Worte der Engel vernahm], vermochte er den Seinen vorherzusagen, wann die Obrigkeit welche Gesetze erlassen werde, oder er konnte ihnen im voraus verkünden: "Zu dem und dem Zeitpunkt wird dieser oder jener Mensch von der Welt abscheiden." Wenn dann das Vorhergesagte eintraf, mußten seine Angehörigen sich eingestehen: "Ja, es stimmt!" Daher sehnten sie jeweils die entsprechende Lage und Zeit herbei, die Jesus hinsichtlich des Verhaltens der Obrigkeit vorhergesagt hatte, und sie freuten sich, wenn es tatsächlich so herauskam, wie er es der Familie prophezeit hatte. Doch dies behielt man für sich – man verhielt sich still und ruhig. Man wollte es nicht der Öffentlichkeit bekanntgeben, weil man die Gefahren kannte, die Jesus wegen solcher Aussagen drohten.«[26]

Jesu berufliche Tätigkeit

Jesus mußte sich jedoch wie jeder andere Mensch betätigen. »Auch er mußte arbeiten. Allerdings besaß er ganz besondere Gaben und Talente, und diese bedeuteten ihm auch eine Antwort, eine Bestätigung, wer er war. Es heißt (Markus 6,3), Jesus habe bei seinem Pflegevater den Beruf eines Zimmermanns erlernt. Vor fast zweitausend Jahren gab es nicht solche qualifizierten Handwerker wie im heutigen Berufsleben. Josef übte seinen Beruf als Zimmermann teils daheim aus, teils auf Baustellen. Seine Werkstatt – wenn man von einer solchen überhaupt reden kann – war sehr bescheiden; denn dazumal arbeitete man überwiegend im Freien. Das Werkzeug, das man zum Arbeiten brauchte, hatte man vor dem Hause oder vor der Hütte.«[27]

»Josef hatte jedoch nicht immer genügend 'Heimarbeit'; doch man fragte bei ihm an, wenn Bauten errichtet wurden. Meistens verdienten diese Bauten nicht die Bezeichnung 'Häuser'. Trotzdem gab es da und dort Arbeit zu verrichten, und so ging Josef mit Jesus dorthin, um mitzuhelfen, ein Haus fertigzustellen. Oft mußte man Tagereisen unternehmen, um da oder dort Arbeit zu verrichten. Dann kehrte man am Abend nicht nach Hause zurück – es war zu weit. Nicht alle Handwerker besaßen einen Esel, und so mußte man zu Fuß gehen. Also teilte man sich die Arbeit ein und blieb oft Tage hindurch an der Baustelle, bis das Haus fertig war.«[28]

»Jesus verrichtete seine Arbeit, wie Josef sie ihm jeweils auftrug. Mit der Zeit vermochte er jedoch besonders Schönes zu gestalten, und bei der Erstellung von Gebäuden wirkte er auch beratend mit. Er erklärte den anderen, wie sie dieses oder jenes gestalten könnten. Er zeigte ihnen, wie sie Steine bearbeiten oder behauen sollten, wie man Figuren in sie einmeißeln oder aus ihnen heraus formen könne – Abbilder von Menschen, wie sie lebten, von Tieren, wie sie waren, von Gegenständen, mit denen man sich abgab, kurzum: ein Stück Natur. Jesus versuchte, es den Steinmetzen vorzuzeichnen. Die Fähigkeiten, die er dabei an den Tag legte, hoben seine Tätigkeit von der Arbeit ab, wie sie bei seinem Pflegevater üblich war. Durch Beratung und Mithilfe, die er da und dort leistete, vollbrachte er Arbeiten, die mit der Tätigkeit eines Zimmermanns, so wie man sie dazumal auffaßte, nicht mehr viel gemein hatten.«[29]

»Gewiß waren die Häuser damals im allgemeinen so einfach; aber es gab doch auch reiche Römer, es gab reiche Pharisäer und Schriftgelehrte, und es gab den Tempel. Jesus war ein frommer Mensch. Wann immer es ihm möglich war, suchte er den Betsaal, die Synagoge auf. Er wurde, wie erwähnt, auch durch seine Schriftlesungen im Tempel bekannt. Mit der Zeit wurde Jesus für seine Mitmenschen ein Begriff. Man holte ihn da- und dorthin, um seinen Rat zu erbitten. Dann entwarf er Pläne und legte den Betreffenden dar, wie sie dieses oder jenes gestalten könnten. Auch erklärte er ihnen die Zusammenstellung und die Gewinnung von Farben.«[30]

»Sollte er als Schöpfer des Himmels und der Erde solches nicht vermögen? Er, der als Geist das Schönste geschaffen, das sich nur denken läßt? Sollte dem Menschen Jesus nicht zumindest ein Funke davon erhalten geblieben sein? Doch, sicherlich! Also konnte Jesus seinen Mitmenschen Hinweise geben, wie sie Wurzeln, Bäumen, Blättern und Blüten gewisse Stoffe entnehmen und zusammen mit Öl Farben daraus herstellen konnten. Auch brachte er ihnen bei, wie man Farben besser, als sie es gewohnt waren, zusammenstellen konnte. In jeder Beziehung war er ihnen behilflich, wenn es darum ging, etwas *schön* zu gestalten. Dafür wurde Jesus bekannt.« Besonders bei Wohlhabenden sprach es sich herum, man sei gut beraten, Jesus heranzuziehen; er habe auffallendes Geschick und großes Können.[31]

»In jener Zeit legte man auch sehr schöne Gärten an, und das lag Jesus besonders. Er entwarf die nötigen Zeichnungen und brachte seine Vorschläge für die dazugehörigen Bauten vor, die er dann mit den Auftraggebern besprach.« Jesus besaß ja hohe schöpferische Fähigkeiten und verfügte über eine Fülle von Ideen. »Da gab es prächtige Hauseingänge und wunderschön aufgeteilte Gärten. So wurde Jesus ein begehrter Baumeister. Man bewunderte, was von ihm entworfen und nach seinen Plänen entstanden war.«

»So erhielt er mehr als genug Aufträge. Durch die Leistungen, die Jesus in seiner 'Berufszeit' vollbrachte, erzielte er Einkünfte, mit denen er seine Familie unterstützte. Dazumal war es Brauch, daß ein arbeitender Sohn, der daheim wohnte, einen Teil seines Verdienstes den Eltern abgab. Sofern es möglich war, beließen die Eltern den Kindern einen Teil ihres Arbeitslohnes; doch nur dann, wenn die Eltern nicht den gesamten Verdienst ihrer Kinder für den Unterhalt der Familie benötigten. So war es auch bei Jesus.«[32]

»Jesus wurde sogar von Pharisäern und Schriftgelehrten, die in keineswegs bescheidenen Häusern wohnten, herangezogen. Auch für Synagogen arbeitete Jesus. Er schmückte Betsäle aus und zog dazu Helfer heran. Diese wurden bezahlt, und auch er selbst wurde entlohnt. Die von Jesus erbrachten Leistungen mußten höher vergütet werden, und er konnte sich in diesem Sinne behaupten. Stets aber war er gut und hilfsbereit. Er gab von seinem Geld den Armen, oder er teilte es unter sie auf.«

»Jesus beobachtete jedoch, daß die Pharisäer, für die er arbeitete, beim selben Hausbau die anderen Arbeiter sehr schlecht bezahlten, ja daß diese Pharisäer und Schriftgelehrten auch noch Geldverleiher waren. Weil die armen Menschen, die im Hause eines solchen Pharisäers arbeiteten, so schlecht entlohnt wurden, mußten sie bei ihrem Auftraggeber Geld aufnehmen; denn ihr Arbeitslohn reichte ihnen nicht für den Lebensunterhalt. Für dieses geliehene Geld mußten sie hohe Zinsen zahlen. Dies erlebte Jesus selbst mit.«

»Die Männer, die mit ihm zusammenarbeiteten, berichteten es ihm. Sie wußten ja noch nicht, daß er Gottes Sohn war. Sie blickten aber zu ihm auf, und sie bewunderten ihn ob seines Könnens und seiner großen Fähigkeiten. Ihm klagten sie ihr Leid: "Sieh doch nur", sagte ein solcher Arbeiter zu Jesus, "mir zahlt man sowenig, und ich muß ihm soviel Zinsen für sein Darlehen zahlen." So erklären sich die schroffen Wendungen, die Jesus später, während seiner Lehrzeit, gegenüber den Pharisäern und Schriftgelehrten gebrauchte. Er klagte sie nicht vom Hörensagen her an, sondern er hatte dies selbst miterlebt.«[33]

»Durch seine Leistungen auf Grund seiner Fähigkeiten hatte Jesus sich etwas verdienen können. Mit dem Geld, das ihm persönlich zur Verfügung stand, erwarb er Häuser. Auch seine Mutter hatte ein [solches] Haus. In den anderen Häusern ließ er seine Verwandten wohnen, und später durften seine Jünger dort einziehen. Wer in einem seiner Häuser wohnte, brauchte keinen Mietzins zu zahlen. Jesus hatte sich dies alles verdient. Von geistiger Seite aus war ihm gesagt worden, es werde eine Zeit kommen, da er darüber froh sein werde, in seinem eigenen Hause einkehren zu dürfen. Als nämlich seine Lehrzeit begann und seine Jünger ihm nachfolgten, hatten diese ja alles verlassen. Ihnen konnte nun Jesus von seinem irdischen Eigentum das Nötige zur Verfügung stellen. Sie konnten bei ihm wohnen, und sie brauchten nichts dafür zu zahlen. Als seine Jünger sollten sie nicht Not leiden, sondern eine Behausung haben.«[34]

»Doch hatte Jesus sich in diesen Häusern einen Raum zu seiner eigenen Verfügung ausbedungen, in dem er lehren konnte. So besaß er während seiner Lehrzeit die Möglichkeit, da und dort einzukehren – eben bei seinen Jüngern. Er brauchte sie nicht einmal darum zu bitten, bei ihnen wohnen zu dürfen; denn es war ja jeweils *sein* Haus. Er nahm Menschen mit sich hinein während der Zeit, da er seine Lehre verbreitete.«[35]

Zudem hatte Jesus, ehe er sich ganz von zu Hause trennte, jenes Gut gefordert, das ihm gehörte. »Von den kostbaren Geschenken, die seine Mutter bei seiner Geburt erhalten hatte, waren zwar die meisten veräußert; aber Maria gab ihm den Teil, der ihm zustand, desgleichen jenen Teil an Vermögen, der ihm für seine beim Vater geleistete Arbeit gebührte, wie es jüdische Sitte war. Jesus ging also nicht mit leeren Händen von daheim fort. Niemand brauchte für seinen Unterhalt aufzukommen; überall lebte er aus eigenen Mitteln.«[36]

»Später, als Jesus erkannte, welchen Weg er gehen und daß er nun sterben müsse – als ihm dies alles offenbar geworden war, bedeutete ihm sein irdisches Eigentum nichts mehr. Er verschenkte es an seine Geschwister und an seine Jünger. Ihnen sollte es gehören.«[37]

Jesu Schau des Vaters

Als sich die Vorbereitungszeit Jesu ihrem Ende näherte, durfte er die Krönung seiner Verbindung zur geistigen Welt erleben: Er erfuhr in einer Schau *vom Vater selbst*, daß er dessen Sohn war – der Sohn Gottes, aus *ihm* geboren. »Gott sprach zu ihm: "Du bist der einzige – der Erstgeborene –, der Sohn Gottes genannt werden darf." Ihm habe der Vater Macht verliehen; aber er habe in dieser Welt einen Auftrag zu erfüllen – so sprach der Vater zum Sohn. Jesus sollte dies von *ihm* selbst vernehmen.«[38]

Es wurde Jesus also gegeben, mit eigenen Augen seinen Vater zu schauen, und er durfte vernehmen, wie der Vater ihm sagte, wer er war. »Denn Jesus konnte doch erst hinaustreten, um seinen Auftrag zu erfüllen, als er innerlich gestärkt und in seinem Glauben zutiefst gefestigt war. Von geistiger Seite aus wurden alle Möglichkeiten ausgeschöpft, um Jesus davon zu überzeugen, daß er wirklich Gottes Sohn war. Als Mensch mußte ihm diese Überzeugung zur Gewißheit werden. Wohl fühlte er sich von innen heraus dazu gedrängt, und er trug ja in seinem ganzen Wesen jene göttliche Kraft, die ihn alles besser verstehen ließ. Damit wollte man es aber nicht bewenden lassen, sondern Jesus sollte als *Mensch* mit dem Vater in unmittelbare Beziehung kommen können. Er sollte alle Beweise dafür erhalten, daß er in Wahrheit der eingeborene Sohn Gottes war.«[39]

In Jesus hatte ja der höchste Geist der ganzen Schöpfung Menschengestalt angenommen. »So bestand von diesem Menschen Jesus eine geistige Verbindung, eine innere Zugehörigkeit zu seinem Vater. Durch ebendiese Verbundenheit vermochte Jesus mit seinem Vater ins Gespräch zu kommen. Durch dieses Band der Zugehörigkeit zu Gott besaß Jesus Kräfte, die ihn hellsehend, hellhörend, hellfühlend machten. Durch dieses Band zum Vater vermochte er mit Beteiligung von Engeln Gottes Wunder zu wirken.«[40]

»Jesus heilte spontan Kranke. Es brauchte für ihn nie irgendwelche besonderen Vorbereitungen, um Menschen zu heilen, um Blinde sehend, um Lahme gehend zu machen. Die dazu erforderlichen Kräfte waren in ihm durch das Band der Zugehörigkeit zu Gott eben vorhanden. Durch dieses Band floß ein *Strom* vom Vater zum Sohn und konnte so sich auswirken. Dieses Band wurde *nie* unterbrochen; es war immer da.«

»Allerdings vermochte es sich durch das menschliche Dasein in Christus nicht so auszuwirken wie in der Geisteswelt – es *durfte* sich nicht so auswirken, weil Christus ja mit einer Aufgabe ins Erdendasein getreten war. Doch die Zugehörigkeit zum Vater konnte man ihm nicht nehmen. Jesus hielt sich an diesem Band der Zugehörigkeit zu Gott fest. Ebendadurch wurde ihm ja auch die Schau in seine einstige geistige Heimat ermöglicht. Dadurch wurde es ihm auch möglich, in die Himmelswelt 'hineinzuhören'. Wenn Jesus sich in die Einsamkeit zurückzog, kam er mit dem Vater ins Gespräch oder mit hohen Geistern des Himmels, die ihm Nachrichten zukommen ließen und ihm eröffneten, was geschehen werde und was man mit ihm vorhabe. So bestand diese Verbindung.«41

»Allein, Jesus mußte auch *das andere* erleben, denn er mußte ja wissen, warum er in dieses menschliche Dasein berufen worden war. Auch darüber wurde er in allen Einzelheiten unterrichtet. Die Engelswelt erklärte ihm, daß es ein Totenreich gibt, jenes Reich, in dem die Unseligen leben. "Diese Geschwister sollst du befreien – ihnen sollst du Rettung bringen." Viele Belehrungen erhielt Jesus. Er wurde davon in Kenntnis gesetzt, daß die Welt durch ihn geschaffen worden war und daß es für die Abgefallenen einen Weg geben sollte – eben in dieser von ihm geschaffenen Welt –, der ihnen die Heimkehr ermöglichte.« Göttliche Wesenheiten führten ihm das, was einst geschehen war, vor sein *geistiges Auge.* »So sah er sich selbst als den von Gott Gekrönten und Gesalbten – Christus selbst hatte als Mensch diese Erlebnisse. Wohl schwieg er über das, was er im Geiste erlebt und mit seinen geistigen Augen geschaut hatte. Aber dieses Erleben verschaffte ihm innere Gewißheit, und so fühlte er sich geborgen und sicher, geführt von der Hand des Vaters. Ihm versprach er auch: "Ich werde meine Aufgabe erfüllen!"«42

Über *alle* Einzelheiten seines Erdenweges war Jesus jedoch nicht aufgeklärt worden. »Er *sollte* sie nicht erfahren, denn dies hätte ihn in seinem Leben an der Entfaltung gehindert. Wohl aber wußte er um die hohe Aufgabe, mit der er betraut war. Über sie jedoch schwieg er sich [noch] aus – wie über so viele Dinge.«43

»Wie oft ging Jesus von daheim weg und suchte die Einsamkeit auf in der Hoffnung, mit dem Vater in Verbindung zu kommen, und in der Erwartung, daß Engel ihm zu Hilfe eilten und ihn unterwiesen! Sie kamen so, wie Gott es befohlen hatte. Darum erlebte Jesus eben auch manche Enttäuschung. Er ging hin in der Hoffnung auf die Verbindung mit der Gotteswelt – und er erlebte Luzifer, der ihn zu Fall bringen wollte ... Gar manchen Kampf hatte Christus als Mensch mit seinem einstigen Bruder auszufechten. Doch er vermochte allen Angriffen des Bösen standzuhalten.«44

So rückte der Zeitpunkt heran, da die Gotteswelt ihm offenbarte, bald habe er hinauszutreten, um seine Sendung zu erfüllen. Gewissermaßen auf dem Höhepunkt der Entfaltung seines irdischen Könnens trat Jesus von seiner beruflichen Tätigkeit zurück, um sein Erlösungswerk zu beginnen.[45] Der erste Schritt dazu war die Taufe am Jordan. Dort erfolgte nach der inneren Bestätigung seiner Gottessohnschaft durch die Schau des himmlischen Vaters die *äußere Bestätigung* vor allen Anwesenden.

Jesu Taufe

Elisabeth, die Mutter des Täufers, und Maria waren Geschwisterkinder, und so kannten sich Jesus und Johannes seit ihrer Jugend. »Als junge Menschen waren sie [oft] zusammen und verhielten sich dabei so, wie es unter Heranwachsenden üblich ist. Als sie dann jedoch etwas herangereift waren, ging jeder von ihnen seinen eigenen Weg. Später fing Johannes an zu taufen. In seinen Bußpredigten führte er eine harte Sprache.«[46]

»Johannes der Täufer war der letzte Prophet des Alten Bundes. Er führte ein ungemein bescheidenes Leben. Zeitweise lebte er sogar in der Wüste.« Es gab eine Weissagung, die besagte: Wenn der Messias komme, werde zuvor einer taufen und damit die Sünden wegnehmen. »Darum kamen die Menschen zu Johannes und wollten sich gemäß dieser Weissagung die Sünden wegnehmen lassen. Die Pharisäer schickten deshalb Abgesandte zu Johannes und ließen ihn fragen, wer er denn sei – ob er selber der Messias sei, oder wer sonst? Ob Elia gekommen sei oder vielleicht Mose? Johannes gab ihnen zur Antwort: "Ich bin nicht Elia, und ich bin nicht Mose. Ich bin die Stimme eines Rufenden in der Wüste." (Vgl. Johannes 1, 19–23.)«[47]

Der Täufer wußte also nicht, daß er der wiedergeborene Elia war. »Mit klaren Worten steht in der Heiligen Schrift (Lukas 1, 17), daß Johannes im Geist und in der Kraft des Elia vor Gott einherging – daß Johannes also der wiedergeborene Elia war. Dies hat Jesus ausdrücklich bestätigt, als in einem Gespräch von Elia die Rede war, von dem die Schriftgelehrten sagten, er müsse zuvor kommen (Matthäus 17, 10–12). Jesus sagte zu den Jüngern: "Elia war ja schon da, und ihr erkanntet ihn nicht."«[48]

»Johannes der Täufer war ein tief religiöser Mensch, der es mit sich selbst und mit seinen Mitmenschen sehr streng nahm. Er genoß bei der Obrigkeit ein gewisses Ansehen. Zwar traten ihm bestimmte Vertreter der Obrigkeit ständig entgegen, doch wußten sie wohl, daß er mehr war als nur ein gewöhnlicher Mensch.«[49]

»Als es wieder einmal so weit war, daß der Jordan genügend Wasser führte, um gut taufen zu können, nahm Johannes diese Gelegenheit wahr. Da machte sich auch Jesus auf, um sich taufen zu lassen.« Dies dürfte im Frühjahr 27 gewesen sein. »Jesus bewunderte Johannes als einen frommen, gerechten, mit sich selbst strengen Menschen. Wohl kannte Johannes den Menschen Jesus, aber es mußte erst eine ganz bestimmte Stunde kommen, da der Geist Gottes ihm kundtat, wer Jesus in Wahrheit war. Bis zu diesem Zeitpunkt war er auch für Johannes eben bloß ein gerechter, frommer Mensch. Er erkannte ihn nicht als Gottessohn.«[50]

»Dies geschah erst zu der dafür bestimmten Stunde, das heißt, als die Zeit gekommen war und Jesus sich aufmachte, um Johannes aufzusuchen. Während er Jesus von weitem kommen sah, vernahm er eine Stimme. Die Stimme sprach zu Johannes: "Der zu dir kommt, um sich taufen zu lassen, und über dem du ein helles Licht erblicken wirst, das ist *er*, der die Sünden der Welt wegnimmt – *er* ist es!"« Auch wurde ihm geoffenbart, das Licht in Gestalt einer Taube werde über dessen Haupt bleiben, damit er ihn daran erkenne. »Solches vernahm Johannes, als er Jesus sich nahen sah, und so rief er aus: "Das Lamm Gottes kommt zu mir!"«[51]

»Jesus trat auf Johannes zu und bat: "Taufe auch mich!" Johannes sträubte sich zunächst: "Du kommst zu mir und willst dich von mir taufen lassen? Ich bin nicht einmal würdig, dir die Schuhriemen zu lösen... Der mich gesandt hat, mit Wasser zu taufen, kündete mir: Der ist es [der die Sünden der Welt wegnimmt], über dessen Haupt du die Gestalt einer Taube erblicken wirst – der ist es!" Jesus bat erneut darum, ihn zu taufen, und stieg in das Wasser.«[52]

»Da öffnete sich der Himmel. Vom Himmel her strömte ein Licht auf Jesus. Ein feiner Dunst umgab sein Haupt und nahm die Form einer Taube an. Daraus vernahm man eine Stimme: "Dies ist mein vielgeliebter Sohn. An ihm habe ich mein Wohlgefallen." (Matthäus 3,17.) Die Umstehenden vernahmen die Worte. Sie kamen *von oben*. Wie es in der Schrift steht, hatte sich eine Erscheinung in der Gestalt einer Taube gebildet. Sie bestand aus einer kleinen Wolke von odischer, göttlicher Kraft. Diese Kraft machte es möglich, die Stimme ertönen zu lassen.«[53] Dadurch erhielt Johannes die Bestätigung dessen, was er zuvor vernommen hatte. Er sah es – und ward überglücklich.

Niemand, auch Johannes nicht, hatte gewußt, daß Jesus der Sohn Gottes war. »Deswegen wurde ihm dieses Zeichen zuteil. Nun stieg auch Johannes aus dem Wasser. Tief ergriffen sprach er zu all denen, die sich taufen ließen und ihn umstanden: "Wie konnte es nur möglich sein? So lange schon kannte ich Jesus, und doch habe ich ihn nicht erkannt ... Ich sah, wie der Geist Gottes über ihm leuchtete ... Er ist derjenige, der als *erster* Gott gesehen hat, denn er ist aus Gott geboren. Er ist Gottes Sohn. Auch ist er das Lamm Gottes. Er ist wie ein Lamm, das auf dem Altar geopfert wird. So wird er sich für die Menschen opfern ... Mose brachte euch das Gesetz. Er verpflichtete euch, das Gesetz zu halten. Dieser Jesus aber, der Messias, bringt euch Licht und Gnade!"«[54]

So sprach Johannes zu den Seinen, erschüttert darüber, daß er Jesus erst jetzt erkannte. »Allein, es tat ja nicht not, daß er es vorher gewußt hätte. Die Zeit dafür mußte erst kommen. Die Stunde war bestimmt, da Johannes dies offenbart werden sollte. Jesus stand dabei. Er hörte, was über ihn gesagt wurde.« Dann sprach Johannes zu ihm: »"Ich erkannte dich nicht. Du warst vor mir. Zwar bin ich vor dir dagewesen, aber du warst doch vor mir."«[55]

»Diese Worte kann man nur verstehen, wenn man weiß, daß es noch ein *anderes* Leben gibt und daß eben dieses andere Leben der Ursprung allen menschlichen Daseins ist. Johannes wußte nun, daß Jesus Gottes Sohn und der Erstling der Schöpfung Gottes war. In der irdischen Welt war er zwar [ein halbes Jahr] vor Jesus geboren worden, und er hatte sein Wirken vor ihm aufgenommen. Insofern kam Jesus danach; aber als Gottessohn war Christus vor Johannes ins [geistige] Dasein getreten. Daher betonte Johannes immer wieder: "Wohl bin ich vor ihm gekommen, aber er war vor mir ..."«[56]

»So erhielt Jesus von ihm die Bestätigung, daß er wirklich Gottes Sohn war, also höher stand als Johannes. Dabei hatte Jesus ihn früher als einen hohen, ihm übergeordneten Geist betrachtet. Da er für Johannes große Achtung hegte und ihm seine Worte heilig waren, schenkte er ihm Glauben.« Jesus erlangte durch Johannes und durch die Stimme aus der Odwolke die Bestätigung dessen, was er von den Geistern Gottes und vom Vater selbst schon vernommen hatte. »Für alles, was er hellhörend, hellfühlend, hellsehend wahrnahm, bekam er im Laufe der Zeit die Bestätigung. Er *mußte* als Mensch eine solche Bestätigung erhalten. Er mußte ganz sicher sein, daß er der Sohn Gottes war. So vernahm ja auch er selbst die Stimme: "Dies ist mein geliebter Sohn." Wohl hatte er dies eine gewisse Zeit vorher bereits erfahren, aber er hatte noch keine [für ihn als Menschen] unumstößliche Bestätigung dafür erhalten. Sie wurde ihm bei der Taufe zuteil.«[57]

»Von da ab wurde auch Jesu Verhältnis zur geistigen Welt ganz anders. Als die Stimme verkündete, daß er Gottes Sohn sei, hatte dies ja auch Luzifer gehört [und ihm die letzte Bestätigung gebracht]. Von da an ging dieser mit ganz anderen Mitteln gegen Jesus vor. Dieser war jedoch innerlich gestärkt worden. Er brauchte diese innere Festigkeit und Überzeugung, um den Versuchungen widerstehen zu können.«[58]

Jesus hatte damals, bei der Jordantaufe, obwohl er seine Sendung noch nicht angetreten hatte, bereits einige Jünger, und sie kamen nun ins Gespräch mit den Jüngern des Täufers. Einige von diesen sprachen Jesus an. »"Wo wohnst du eigentlich?" fragten sie ihn; denn er war ihnen ja fremd. "Können wir sehen, wo du wohnst?" – "Ja, kommt und seht", antwortete ihnen Jesus. "Kommt mit mir; ihr könnt sehen, wo ich wohne." Und sie gingen mit ihm nach Hause. Jesus vermochte in seiner Erleuchtung ihnen so vieles zu erklären und zu offenbaren. "Gott hat mir einen Auftrag erteilt", sprach er zu ihnen. "Ich bin Gottes Sohn und muß die Menschheit von ihrer Sünde befreien." So gut es ihm nur möglich war, machte Jesus ihnen begreiflich, daß er wahrhaftig Gottes Sohn war.«[59]

Jesu Lehrtätigkeit

Die Hochzeit von Kana

Drei Tage nach der Taufe im Jordan fand in Kana in Galiläa die Hochzeit eines Verwandten statt, zu der Maria und Jesus mit seinen Geschwistern und Jüngern eingeladen worden waren. »Es war nicht die einzige Hochzeit, an der Jesus teilnahm. Er war gerne in Gesellschaft von fröhlichen Menschen. An einer Hochzeit ging es auch damals nicht traurig zu!« Denn es war in jenen Ländern üblich, die Feste länger zu feiern, als es bei uns heute der Brauch ist. »Die Hochzeitsgesellschaft hatte den Meister eingeladen; er sollte sich mit ihnen freuen.«[1]

Wie es heißt (Johannes 2,3), ging dem Gastgeber der Wein aus. »Maria fühlte sich – zum erstenmal – bewogen, Jesus herauszufordern. Es war eine peinliche Lage entstanden, und sie spürte in sich: *Er* kann hier Abhilfe schaffen. Von einem Geist Gottes, der sie begleitete, wurden ihr die Worte in den Mund gelegt, ihn auf das Fehlende aufmerksam zu machen, und so sprach sie: "Sieh, wir sind in Verlegenheit – es ist kein Wein mehr da..." Maria wußte, daß er daheim und bei den Leuten so viel Außerordentliches getan hatte. Sie war in ihrem Herzen gewiß, daß er für eine große Aufgabe ausersehen war, und so forderte sie ihn auf – im Glauben und in der Zuversicht, er könne hier helfen.«[2]

»Jesus war von der Aufforderung seiner Mutter überrascht. Wohl war er gewohnt, da und dort einem Kranken beizustehen, indem er ihm die Hände auflegte; aber er selbst glaubte, seinen Händen wohne eben heilende Kraft inne. Wenn er sich jeweils in geistiger Verinnerlichung mit den Geistern Gottes beredete, unterwiesen sie ihn – das wurde schon berichtet –, und sie sagten ihm auch, daß er vieles vollbringen werde, worüber die Menschen sich wundern würden. Aber nur langsam weihten sie ihn in sein künftiges Wirken ein. Also hatte er seitens der ihn belehrenden Gottesgeister noch keinen Hinweis erhalten, daß ihm solches gelingen könnte, und ohne ihre Bestätigung hatte er keine Gewißheit darüber; hatte man ihm doch erklärt: "Du sollst nur so weit gehen, nur das tun, was wir dir sagen." Jesus durfte also seine

Kräfte nicht selbst erproben, sondern er sollte sich ganz der Führung der Engelswelt überlassen. *Sie* wollte ihn führen, und sie *mußte* es.«[3]

»Jesus hatte also von sich aus nicht gewußt, daß seine Zeit gekommen war. Man hatte ihm nicht vorhergesagt, er werde bei dieser Hochzeit sein erstes Wunder wirken.« Daher soll er seiner Mutter, wie es in der Schrift (Johannes 2,4) heißt, zur Antwort gegeben haben: "Weib, was habe ich mit dir zu schaffen? Meine Stunde ist noch nicht gekommen." »Seine Worte hatten damals nicht die Schärfe, wie sie sie in der heutigen Übersetzung haben – sie wurden nicht sinngemäß wiedergegeben. Jesus hatte nicht in diesem Ton mit seiner Mutter gesprochen, sondern er war immer sehr gütig zu ihr.«[4]

»Da aber eine Notlage eingetreten und seine Mutter bittend an ihn herangetreten war, wandte sich Jesus betend Gott zu und fragte ihn im Geiste: "Darf ich, soll ich es tun? Soll ich dieser Bitte nachkommen? Ist es Zeit für mich?" Da erblickte er seine Geistgeschwister, die ihm ein Zeichen gaben und ihn ermunterten, indem sie zu ihm sagten: "Tue es!" Daraufhin legte Jesus seine Hände zum Segen über das Wasser, das er in die Krüge hatte füllen lassen, und so wurde aus Wasser Wein. Es war, wie die Menschen sagen, sein erstes Wunder. Viele, viele Jenseitswesen waren ihm dabei behilflich.«[5]

»Die ganze Hochzeitsgesellschaft erlebte es, und alle staunten. Ganz besonders staunten Jesu Geschwister. Jetzt fanden sie zu ihrem Bruder eine ganz andere Einstellung, denn sie hatten von ihm wahrhaftig einen Beweis erhalten. Es war nicht der letzte; es war erst ein Anfang. Von da an hörten sie mehr auf ihren Bruder. Sie führten nicht mehr solche Gespräche wie früher, sondern sie ließen sich sogar von ihm belehren. An Jesu Heilungen hatten sich die Menschen gewöhnt gehabt, doch dies erregte ihre tiefe Verwunderung. Für seine Mutter, die ja wußte, daß er zu Höherem berufen war, bedeutete dies eine Bestätigung, und es war auch für Jesus selbst eine solche. Obwohl er nie daran gezweifelt hatte, war es auch für ihn eine Bestätigung. Er fand den Weg in die Stille, um seinem Vater für den Beistand zu danken. Die Engel machten ihm klar, *jetzt* beginne für ihn die Zeit seiner eigentlichen Wirksamkeit.«[6]

Dies war ursprünglich nicht gerade für diesen Zeitpunkt vorgesehen gewesen. »Doch die geistige Welt paßt sich stets den Verhältnissen an. Sie kann nicht in jedem Fall die Zeit *genau* vorher festlegen. Die Zeit spielt eben in der göttlichen Welt nicht dieselbe Rolle wie beim Menschen. Wohl wird etwas innerhalb eines Zeitplanes vorgesehen, und danach muß es sich auch vollziehen; aber es braucht dazu nicht Tag und Stunde vorherbestimmt zu werden.«[7]

Jesu Versuchung in der Wüste

Im vorigen, fünften Kapitel wurde berichtet, wie der heranwachsende Jesus bis zur Zeit vor Beginn seiner Lehrtätigkeit immer wieder sich von zu Hause entfernt hatte, um die Stille aufzusuchen – in einem Garten oder Hain, irgendwo, wo er allein sein konnte, um sich zu verinnerlichen, um die Worte der Engel zu vernehmen, aber auch um seinen Vater um Beistand zu bitten. »Dies tat er ganz besonders dann, nachdem er erkannt hatte, daß sich *zwei* Arten von Geistern mit ihm abgaben. Das eine Mal kamen jene, die ihm Botschaft vom Vater brachten. Das andere Mal erschienen welche, die sich auch als Engel Gottes ausgaben und sich dazu mit hellem Licht und Glanz umgaben ... Jesus mußte selbst zur Erkenntnis kommen, daß diese nicht von Gott gesandt waren, und das war nicht leicht. Diese nämlich erklärten ihm, das, was jene anderen vorhin zu ihm gesagt hätten, sei doch gar nicht wahr: "Du bist doch nicht Gottes Sohn! ..." Sie widersprachen allem, was die Engel Jesus gesagt hatten. Äußerlich 'aufgedonnert' kamen diese daher, um ihm vorzuspiegeln, sie kämen aus den höchsten Himmeln ... Diesen teuflischen Mächten war es möglich, sich für eine gewisse Zeit zu tarnen und sich als Engel auszugeben. Sie legten es ja nur darauf an, Jesus zu täuschen und ihn unsicher zu machen.«

»Und tatsächlich *wurde* Jesus unsicher ... Er war jetzt nur ein Mensch ... In seiner seelischen Not flehte er zum Vater – er betete nicht etwa leise, sondern unter Tränen schrie er zum Vater. Er weinte und schrie laut ... Er flehte, Gott, der Vater, möge ihm doch Klarheit schenken; denn er wußte in seiner inneren Unsicherheit nicht mehr, wem er glauben sollte ... Der Vater ließ die Täuschungsversuche zu, und Jesus konnte nicht verstehen, warum er gerade auf diese Weise geprüft werden sollte.«[8]

Dann erhielt Jesus, bei der Taufe im Jordan, die Bestätigung seiner Gottessohnschaft. Eine weitere Bestätigung seiner Sendung erlebte er durch das Wunder von Kana. Aber noch ahnte er nichts von den Prüfungen, die zu bestehen der Vater von ihm erwartete ... »Gott hatte diese Prüfungen für seinen Sohn bestimmt, damit er beweise, daß er fähig sei, die ihm gestellten Aufgaben zu erfüllen – damit der Beweis erbracht werde, daß durch die innere Kraft des Glaubens der Gottessohn trotz schlimmster Versuchungen an seinem Glauben festzuhalten vermochte. Dieser Beweis sollte den Versuchern erbracht werden.«[9]

Bei Lukas 4, 1 heißt es, Jesus sei voll des heiligen Geistes in der Wüste umhergetrieben worden. Der wahre Sinn ist vielmehr: "Jesus, erfüllt von göttlicher Kraft, wurde durch einen Geist in die Wüste geführt."[10] »Er blieb, wie es heißt, vierzig Tage und Nächte in der Wüste und fastete.« So wird es bei Matthäus 4, 1–2 überliefert. Auch das ist richtigzustellen. »Jesus nahm dort *etwas* Nahrung zu sich; doch sie vermochte ihn nicht zu sättigen – sie gab ihm lediglich die Möglichkeit zu überleben.« Johannes der Täufer hatte sich viel in der Wüste aufgehalten (vgl. Matthäus 3, 1–4). »Dort ernährte er sich von Wurzeln und Blättern. Denn damals gab es in der Wüste eßbare Wurzeln und zu gewissen Zeiten auch Blätter, die für Menschen genießbar waren. Diese Blätter und Wurzeln waren sehr öl- und wasserhaltig. Daher konnten Johannes und nun auch Jesus sie kauen – Jesus nahm vielleicht weniger davon – und so ihren Durst lindern. Von Nahrung im eigentlichen Sinne kann dabei jedoch nicht gesprochen werden, jedenfalls nicht bei Jesus.«[11]

»Die Gotteswelt hatte ihm nur genau so viel an *geistiger* Nahrung zukommen lassen, daß sein Leib während dieser langen Zeit lebensfähig blieb – nur gerade soviel. Tagsüber herrschte große Hitze, nachts bittere Kälte. Dies alles mußte er durchstehen. Jesus wurde während dieser Zeit so geschwächt, daß er die Wüste nicht mehr verlassen konnte. Man kann sich selbst ausmalen, was es hieß, schutzlos der Hitze ausgesetzt zu sein in dieser Wüste, in der es weder Schatten noch Wasser gab. Jesus litt Hunger und Durst und fieberte. Er war keine robuste, sondern eine körperlich zarte Gestalt von empfindsamem Wesen. Da ihm nicht genügend Nahrung zugeführt wurde, wurde Jesus am Leibe krank. Damit er nachts nicht zu sehr fror, hatten Engel des Himmels eine Wolke der Wärme um ihn gebreitet. Auch schützten sie ihn vor wilden Tieren.«[12]

»In den ersten Tagen seines Aufenthaltes in der Wüste waren noch Engel Gottes auf ihn zugekommen, und sie sprachen mit ihm über das, was sich auf der Welt abspielen würde und das mit dem geistigen Aufstieg der Abgefallenen zu tun hätte. So vieles gab es da mit Jesus zu besprechen ... Es heißt, der Satan habe ihn vierzig Tage hindurch versucht (so bei Markus 1, 13 und bei Lukas 4, 1–2). Nein! In der ersten Zeit waren vielmehr *Engel Gottes* um Jesus und warnten ihn vor dem Wirken Luzifers. Sie erklärten ihm: "Er wird sich nicht scheuen, vor dich hinzutreten, um zu versuchen, dich zu Fall zu bringen. Bleibe stark!" Und sie gaben ihm Berichte vom Vater im Himmel und vom Leben dort, die ihn erfreuten und innerlich stärkten. Doch die Engel blieben nicht bei ihm, sondern sie zogen sich wieder zurück. Ehe sie gingen, ermahnten sie ihn erneut: "Bleibe stark, denn von der Hölle aus wird man alles versuchen, um dich zu Fall zu bringen!"«[13]

»Und so geschah es. Es kamen böse Geister – noch nicht der Satan selbst. Dieser hatte erst seine Knechte zu Jesus entsandt, der in der Wüste betete und sich danach sehnte, wieder ins Reich des Vaters schauen zu dürfen.« Denn die Engel hatten ihm ja damals ein Stück des Himmels aufgetan, damit er seinen Vater schauen konnte. »Deshalb konnte Jesus später den Pharisäern vorhalten: "Ich habe den Vater gesehen – ihr aber habt ihn nicht gesehen!" (Vgl. Johannes 6, 46.)«[14]

Allein, statt einer Schau des Vaters erlebte Jesus in der Wüste, wie die Gestalten der Bösen vor seinem geistigen Auge erschienen. »Er hatte sie erblickt, gehört. Sie hatten ihn verspottet und ausgelacht. Doch Jesus blieb standhaft – er sandte sie weg. Aber nach einer gewissen Zeit kamen sie wieder und drangen auf ihn ein: er solle doch nicht meinen, er sei Gottes Sohn – *sie* vielmehr würden ihm in seinem Leben beistehen! Sie machten ihm Versprechungen. Sie forderten ihn auf, an dem und dem Tage da- und dahin zu gehen und das und das auszuführen. Sie wollten ihn also umherschicken und in die Irre führen.«[15]

»Gott hatte es zugelassen, daß sich die teuflischen Mächte an Jesus heranmachten, auf ihn eindrangen und ihm immer erneut einredeten: "Du bist doch gar nicht Gottes Sohn! Das haben dir die da ja nur vorgespiegelt! Sie haben dich getäuscht! ..." Sie sahen mit an, wie Jesus hungerte und fror und fieberte, und sie versprachen ihm eine Speise, die ihn kräftigen würde; aber vorher müsse er ihnen zustimmen. Geister der Verzweiflung drangen auf Jesus ein.« Mit allen Mitteln versuchten sie, ihn Gott abtrünnig zu machen. »Unter Tränen schrie er zu

Gott, er möge ihm doch beistehen ... Dann, als Luzifers Helfershelfer nichts erreichten, erschien dieser plötzlich selbst.«[16]

Dies wurde für Jesus zu einer furchtbaren Prüfung. Gott ließ sie zu. »Denn Luzifer sollte sich selbst davon überzeugen können: Man hat Jesus in äußerste Not gebracht, aber selbst in dieser äußersten Not hat er standgehalten. Luzifer sollte nicht sagen können, Jesus habe immer Hilfe erhalten und daher sei es für ihn nicht schwierig gewesen, durchzuhalten.«[17] Deshalb ließ man Jesus in dieser schweren Zeit ganz allein, auf sich selbst gestellt. »Denn während er sonst stets die Engel um sich erblickte, die ihm zudienten, mit ihm redeten, sah er jetzt keinen von ihnen. Er war allein ...«[18]

»Luzifer trat nicht in Menschengestalt vor Jesus hin, sondern *im Geiste* versuchte er ihn. Jesus war doch hellsehend und hellhörend, und so erkannte er im Geiste, wie jener vor ihm stand. "Du gibst dich als Gottes Sohn aus", begann Luzifer, "aber die Menschen glauben dir nicht. Du mußt doch erst Beweise dafür erbringen, daß du Gottes Sohn bist, und zwar sichtbar für die Augen der Menschen. Das wäre auch für dich persönlich gut, denn du bist nämlich gar nicht Gottes Sohn! Das solltest du endlich einmal merken. Denn wenn du wahrhaftig Gottes Sohn wärest, müßtest du doch deine Füße niemals auf diese schmutzige Erde setzen. Du brauchtest dich nicht auf deinen Füßen über diese Erde hin zu bewegen, sondern könntest über ihr schweben. Du behauptest, du seiest Gottes Sohn – erbring den Menschen doch einmal den Beweis dafür! Wenn du Gottes Sohn bist, so hebe dich von der Erde empor, schwebe den Wolken entgegen und erscheine deinen Jüngern von dort her! Das wäre dann ein Zeichen dafür, daß du wirklich Gottes Sohn bist, wie du behauptest ..."«[19]

Als Luzifer auf diesem Wege nichts erreichte, versuchte er den aufs äußerste erschöpften Jesus durch Versprechungen für sich zu gewinnen. In den Schriften (Matthäus 4, 8–9 und Lukas 4, 5–7) heißt es, er habe Jesus auf einen sehr hohen Berg geführt, ihm alle Reiche der Welt und ihre Herrlichkeit gezeigt und ihm versprochen, sie gehöre ihm, wenn er vor ihm, Luzifer, niederknie und ihn anbete. Wie konnte solches geschehen? »Alles, was Jesus bei der Versuchung in der Wüste erlebte, spielte sich vor seinem *geistigen* Auge ab. Daß Luzifer ihm die Herrlichkeiten der Welt zeigte, war möglich, indem er in dieser Umgebung die odische Hülle davon aufbaute, die Jesus dann hellsichtig erblicken konnte. Die odische Hülle all dieser Materie vermochte der Satan an diesen Ort zu projizieren. Das ist Bestandteil der Macht, die er besitzt und die ihm nicht genommen wurde. Gleichzeitig sprach er auf Jesus ein: "Alle Herrlichkeit dieser Welt gehört mir – wem denn sonst? Niemand in dieser Welt sonst hat Anrecht auf diesen Besitz. Alles, was in dieser Welt ist, gehört mir, und ich kann damit machen, was mir beliebt. Ich kann davon geben, wem ich will!"« Er versprach, ihm davon abzutreten, wenn er sich vor ihm niederwerfe und ihn anbete. »Doch Jesus erwiderte ihm: "Du weißt, daß man nur Gott anbeten soll, und außer Gott niemanden!"«[20]

»Aber Luzifer ließ sich nicht so leicht abweisen. Er sah ja, wie hungrig Jesus war – wie schwach er durch das lange Fasten geworden war. Diese Ermattung und Erschöpfung nutzte Luzifer aus. "Hier sind Steine", sagte er zu Jesus; "wenn du wirklich, wie du überall behauptest, Gottes Sohn bist, dann mache doch Brot aus diesen Steinen und iß davon! Aber du bist eben nicht Gottes Sohn, sonst könntest du solches doch tun..." Jesus antwortete ihm: "Der Mensch lebt nicht vom Brot allein." (Matthäus 4, 4.)«[21]

Doch auch damit gab sich Luzifer nicht geschlagen. Es heißt: »Im Geiste führte er ihn auf die Zinne des Tempels und sagte zu ihm: "Stürze dich hinab! Wenn du Gottes Sohn bist, werden Engel dich auffangen, und es wird dir nichts geschehen..."« (Vgl. Matthäus 4, 5–6.) »So redete der Satan auf den ermatteten Jesus ein, indem er zugleich bemüht war, die odische Umhüllung des Tempels vor Jesu Augen erscheinen zu lassen. Jesus konnte hellsehend diese odische Feinstofflichkeit wahrnehmen, die Luzifer – wenn auch nur für kurze Zeit – aufzubauen vermochte. Zugleich sprach er auf Jesus ein: "Wenn du wieder nach Jerusalem kommst, so geh doch in den Tempel, steige auf die Zinne und versuche es – stürze dich hinab! Dann wirst du ja bestätigt erhalten, ob du Gottes Sohn bist oder nicht..." Der Satan hoffte und glaubte, Jesus werde solches tun – war er doch als Mensch den Menschen in allem gleich. Zudem war die Kraft, die Luzifer auf den erschöpften Jesus ausübte, ungeheuer. Dadurch wollte er ihn zu Fall bringen. Seine Überlegung dabei war folgende: "Gelingt es mir, diesen Jesus zu überreden, und stürzt er sich wahrhaftig hinunter, so stirbt er ja – und dann wird [da er auf mich hörte] sein Geist mein Eigentum!..."«[22]

»Jesus hatte zugehört – schweigend zugehört. Nur dann und wann warf er ein Wort ein. Schließlich aber wurde es ihm zuviel. Er rief Luzifer zu, den er ja als seinen einstigen Bruder kannte, er möge ihn versuchen, soviel er wolle – er, Christus, werde gleichwohl fest bleiben! ... Und wieder redete Luzifer auf ihn ein: "Beweise, daß du Gottes Sohn bist, indem du dich von der Erde hebst und gen Himmel ziehst, um dann von dort wiederzukommen und den Deinen zu erscheinen. Nimm doch die Propheten gleich mit, zeige dich unter ihnen – zeige dich so, und sie werden an dich glauben als an den Gottessohn!"«

»"Es ist genug", sagte nun Jesus. "Du hast mich versucht, und ich habe dich deine Versuchungskünste ausüben lassen. Jetzt aber weiche von mir – dies spreche ich zu dir im Namen des Vaters!"«[23]

»So mußte Luzifer unverrichteter Dinge umkehren – trotz der vielen Versprechungen, die er Jesus gemacht hatte, was er ihm geben würde, welche Stellung er einnehmen würde, wenn er nur auf die Knie fallen und ihn, Luzifer, anbeten würde. Trotz seiner furchtbaren Schwäche vermochte es Jesus, den Satan von sich zu weisen. "Ich gehe nun", sagte Luzifer, "aber bei der nächsten sich bietenden Gelegenheit bin ich wieder da! ..." Fiebernd am Boden liegend, war Jesus Sieger geblieben!«[24]

»Erst dann kamen wieder Engel Gottes zu ihm. Sie brachten ihm die Erlabung, die er benötigte, um wieder zu Kräften zu kommen. Sie wuschen ihm mit geistigem Wasser das Antlitz. Sie wuschen ihm Hände und Füße. Sie salbten ihn mit geistigem Öl. Nachdem sie Jesus so gedient hatten, setzten sie sich neben ihm nieder und verweilten so lange bei ihm, bis er wieder gekräftigt war. Jetzt nahm er von der Geisteswelt Gottes jene Speisen an, die ihm vom Himmel her gebracht wurden – während er dem Satan *widerstanden* hatte, als dieser zu ihm sagte, er könne aus Steinen Brot machen. Auch das Wasser hatte er abgewiesen, das Luzifer ihm in Aussicht gestellt hatte, damit er seinen Durst löschen könne. Christus kannte ihn, und er blieb standhaft auch unter den größten Qualen, die ihm die niedere Geisterwelt zufügte. Er *wußte,* daß er Gottes Sohn war, und er wußte um seine Aufgabe in dieser Welt. Voll gekräftigt und gestärkt stand dann Jesus wieder da und trat den Weg nach Hause an.«[25]

Jesus und seine Jünger

»Als Jesus aus der Wüste zurückgekehrt war, suchte er seine Bekannten auf. Von zu Hause hatte er sich schon vorher ganz gelöst. Seiner Mutter fiel diese Trennung nicht mehr allzu schwer, da sie sich schon daran gewöhnt hatte, daß Jesus so oft von daheim abwesend war. Zwar gab es auch in dem Ort [Nazareth], wo Jesus aufwuchs, einen Betsaal, in dem sich die Gemeinde zu gemeinsamem Gebet einzufinden pflegte. Aber auch in dieser Synagoge hatte sich Jesus unbeliebt gemacht... Denn auch dort führte er das Wort und betonte immer erneut, wo die bisherige Lehre falsch sei. So war er eben manchenorts mißliebig geworden.«

»Nun kehrte er bei jenen Bekannten ein, die ihn stets auf den Straßen und Plätzen aufgesucht und sich mit ihm angefreundet hatten. Mit ihnen fühlte sich Jesus verbunden, weil sie trotz der Warnungen der Tempelbehörden zu ihm gehalten hatten.«[26]

Da nun die Zeit seines öffentlichen Wirkens angebrochen war, suchte Jesus sich eine Schar Jünger aus, mit denen er in Freundschaft zusammenleben wollte – einfache Männer, die dafür bestimmt waren, sein Werk weiterzuführen. Zwar hatte Christus sie in der Gotteswelt selbst bestimmt gehabt, aber als Mensch hatte er keine Erinnerung mehr daran. So wählte er seine Jünger mit dem Beistand der heiligen Geisterwelt, nicht aus sich selbst. »Immer wieder hat doch Jesus betont: "Alles, was ich rede und tue, tue und rede ich nicht aus mir selbst, sondern der Vater belehrt mich – der Vater sagt mir, was ich zu tun habe." (Vgl. Johannes 12,49 und 14,10.) Geister Gottes waren es, die im Namen des Vaters ihm sagten, was er zu tun habe. "Dein Vater hat bestimmt, daß du da- und dahin gehen sollst", sprachen sie zu ihm, oder: "Der Vater will, daß du es so und so machst." Dementsprechend wählte Jesus auch seine Jünger aus. Er vernahm jeweils die Worte: "Dieser gehört zu dir – diesen sollst du aufnehmen!"«[27]

Wenn Jesus auf diese Weise den Vater oder Ehemann aus einer Familie herausnahm, damit er sein Jünger werde, löste dies begreiflicherweise nicht eitel Freude aus. »Nein, Jesus war ja durchaus nicht überall beliebt, und zudem hatte man Angst... Die Schriftgelehrten erblickten in ihm eine Gefahr. Darum scheuten sie sich nicht, Jesus nach Kräften zu verleumden. In jenen Zeiten hatten die Menschen nicht die Möglichkeit, viel zu verdienen. Man war voneinander abhängig. So kam es dahin, daß, wenn man erfuhr, jemand aus der Familie folge diesem Jesus nach, man nicht mehr bereit war, weiter mit ihm Handel zu treiben. Dadurch gab es in der ersten Zeit in den Familien der Jünger Schwierigkeiten – man bangte um das tägliche Brot. Man mußte arbeiten, um zu leben, und nun gingen gerade diejenigen fort, die zum Unterhalt der Familie beigetragen hatten.«

»Jesus aber sammelte diese Jünger jeweils um sich und ging mit ihnen des Abends an den See [Genezareth]. Dort forderte er sie auf, ihre Netze auszuwerfen. Stets war dann die Ausbeute groß, so daß die Familien der Jünger versorgt werden konnten. Mit dem Beistand der heiligen Geisterwelt fand so Jesus immer einen Weg, den Jüngern ihr Brot zukommen zu lassen. Einmal, als er ihnen begegnet war, hatte es Gott gefügt, daß sie in der Nacht vorher nichts hatten fangen können. Als sie dann auf Jesu Geheiß die Netze auswarfen, sollten sie sehen und erleben, daß *er* es war, durch den sie einen großen Fischfang taten (Lukas 5,4ff.).«[28]

»Die Jünger folgten ihm. Sie lebten sich ein mit Jesus. Er war ihr Meister geworden. So viel hatte er ihnen zu sagen!« In Jerusalem traf er sich jeweils im Garten Gethsemane mit ihnen. »Dort kamen sie zu bestimmten Zeiten zusammen. Oft ging er allein hin, um dort zu beten, und die Seinen wußten, wo er zu finden war. Sie gingen auch in diesen Garten, wenn die Zeit es ihnen erlaubte, mit ihm zusammenzusein. Dort setzte man sich auf Steine nieder. Man bevorzugte die Abendzeit. Da versammelte man sich zum Gespräch, zum Lauschen, zum Gebet. Es war dazumal nichts Auffälliges, wenn man sich in Gruppen absonderte und gemeinsam betete. So hatte der Meister mit den Seinen jeweils gebetet, damit sie stark bleiben sollten. Unter ihnen war auch Judas jeweils dabei. Der Meister sprach zu den Jüngern von dieser Welt und ihren Menschen, von der Macht, die diese Welt beherrscht, von seiner Aufgabe, die er zu erfüllen habe und die ihm so schwer gemacht würde. Viel Leid werde über sie alle kommen, aber auf das Leid werde große Freude folgen – nicht nur auf dieser Erde, sondern noch viel mehr im Reiche des Vaters.«[29]

Wenn Jesus der Garten zu unruhig war, ging er in die Wüste hinaus. Er teilte seinen Jüngern mit, er tue dies, wenn er ganz allein sein und mit dem Vater reden wolle. »Dort in der Wüste werde er beten, mit dem Vater und mit seinen erhabenen Geschwistern reden, und dort werde ihm offenbart, was er alles zu erfüllen habe. Er erzählte ihnen auch von der großen Versuchung, in die er geführt worden war. Da er den Menschen in allem gleich geworden war, mit allen ihren Schwächen, mit allen ihren Empfindungen von Hunger, Durst, Schmerzen, Angst, habe Luzifer gemeint, ihn besiegen zu können; doch er sei standhaft geblieben und habe die Kraft gehabt, den Widersacher von sich zu weisen. Er erzählte den Jüngern von der köstlichen Speise und dem himmlischen Trank, mit dem die Engel des Himmels ihn erquickten; er erhalte öfters diese geistige Speise von seinen erhabenen Geschwistern, die ihm neue Kraft, neuen Mut verleihe. Die Jünger bewunderten ihren Meister, und ihr Glaube wurde in der Zeit gestärkt, da der Meister ihnen nahe war. Sie fühlten seine Kraft und seine Macht – sie erlebten ja auch die Wunder, die er wirkte.«[30]

Wenn sie mit Jesus zusammen waren, baten sie, er möge ihnen doch vom Himmel erzählen. »Und er erzählte ihnen davon, und sie waren glücklich. Solange sie in seiner allernächsten Nähe weilen durften, fühlten sie sich geborgen. Gingen sie wieder ihre eigenen Wege, so kam Angst, kamen mancherlei Zweifel über sie, und Gefühle der Unsicherheit beschlichen sie. Daher war es für sie etwas Erhabenes und Beglückendes, um ihren Meister sein zu können und all das zu vergessen, was sich in ihrem Alltag abspielte – auch die Klagen und Vorwürfe der Verwandten, die gehört hatten, daß man Jesus nachfolgte . . .«[31]

»Doch konnten sie sich ja nicht immer alle regelmäßig bei ihm einfinden. Aber wann immer möglich, war Johannes zugegen. Er war ursprünglich ein Jünger Johannes' des Täufers gewesen und von diesem zu Jesus übergegangen. Johannes, damals um zwanzig Jahre alt, wurde Jesu Lieblingsjünger. Mit ihm saß er oft zu ebener Erde oder auf einem Stein, und sie hielten sich beide Hände, um gemeinsam zu beten. Johannes als seinem Lieblingsjünger vertraute Jesus mehr Dinge an, nämlich von seinen Gesprächen und Erlebnissen mit dem Vater und mit seinen erhabenen Geschwistern. Johannes zweifelte nie. Er glaubte an seinen Meister, und der Meister ließ seinen Lieblingsjünger schützen.«[32]

Aber obwohl die Jünger die außergewöhnlichen Taten Jesu erleben durften, begriffen diese einfachen Menschen nicht, um was es wirklich ging. »Sie wußten überhaupt nichts davon, wie sich der Erlösungsplan erfüllen sollte. Wohl sprach Jesus dann und wann davon, aber zunächst sollten sie – das war das erste – an ihn *glauben* können. Sie sollten ihn als Sohn Gottes bejahen; denn oftmals zweifelten die Jünger an ihrem Meister... Der eine oder andere von ihnen erwog schon, Jesus zu verlassen, weil er meinte, es könne doch nicht stimmen, daß er der Sohn Gottes sei. Als Bestätigung erwarteten sie von ihm anfänglich noch größere Wundertaten. Zum andern hatten die Jünger viel durchzustehen, weil die niederen Geister alles daransetzten, sie irrezumachen. So brauchte es auch hier den Beistand der göttlichen Welt, um sie in ihrem Glauben zu festigen.«[33]

»Üblicherweise setzte sich Jesus außerhalb der Zeit seines öffentlichen Predigens mit seinen Jüngern zusammen – bald im Hause dieses Apostels, bald in dem eines andern –, oder man fand sich in einem größeren Saal zusammen. Zuweilen ließ man sich auch einladen. Dann waren nicht nur die Jünger, sondern auch deren Freunde oder sonstige ausgewählte Menschen mit Jesus unter sich. Zu diesen engsten Vertrauten sprach er doch ganz anders als bei seinen öffentlichen Ansprachen.« Er versuchte, ihnen solche Erklärungen zu geben, von denen er annehmen durfte, daß sie diese aufnehmen und einigermaßen verstehen konnten. »Ja er ging sogar einen Schritt weiter und erzählte ihnen vom Vater und von der Herrlichkeit, in der er mit dem Vater dereinst wieder wohnen werde.«[34]

Man darf aber nicht meinen, die Jünger hätten ihren Meister in allen Dingen verstanden. »Oftmals stritten sie heftig untereinander. Jeder glaubte, den Meister besser begriffen zu haben. Weil die Seinen ihn nicht verstanden hatten, mußte Jesus häufig unter ihnen schlichten. Noch begriffen sie nichts von der Demut und Bescheidenheit, wie er sie lehrte. Er wußte wohl, daß er große Geduld mit ihnen haben mußte, stritten sie doch zuweilen sogar darüber, wer von ihnen ihm wohl im Himmelreich zunächst sein dürfe; denn wenn sie Gelegenheit hatten, mit ihm zusammenzusein, dann versuchte ja auch ein jeder, so nahe als möglich an ihn heranzurücken. Dabei brachten sie zum Ausdruck: "Ja, jetzt bist du unter uns. Alles haben wir aufgegeben, um dir nachzufolgen. Wir glauben an dich. Wir glauben, daß du der Sohn Gottes bist. So gib uns doch die Gewißheit, daß wir, wenn wir dann im Himmelreich sein werden, dir auch so nahe sein dürfen wie jetzt hier." Da mußte Jesus den einen und andern wohl etwas enttäuschen, oder er gab dem Betreffenden eine bildliche, symbolische Antwort; denn die

Wahrheit konnte und durfte er ihnen nicht sagen, weil sie sie nicht begriffen hätten und vielleicht davongelaufen wären ...«[35]

»So manches Mal gab Jesus doch seinen Jüngern Worte, daß sie sich wechselseitig erstaunt anblickten, wie wenn sie einander fragen wollten: "Glaubst du das wirklich? ..." Es ist nämlich nicht nur einmal [wie bei Johannes 6,67 berichtet] geschehen, daß er zu einem Jünger sagen mußte: "Willst du mich verlassen? Glaubst du mir nicht?" Doch immer tiefer, immer inniger wurden die Gespräche, und so sind die Jünger bei Jesus geblieben – bis auf den einen ...«[36]

»Jesus versuchte, seinen Jüngern klarzumachen, was es brauchen werde, um alles von unten aufsteigende Leben zur Entwicklung und Entfaltung zu bringen. Er versuchte, ihnen verständlich zu machen, auf welche Weise sich dies vollziehen würde. Doch das vermochten seine Jünger nicht zu glauben – sie verstanden es einfach nicht... Auch wandten sie ein: "Meister, stelle dir vor, wir würden dem Volk das verkündigen, was du uns sagst – sie würden es uns nicht glauben, sondern sie würden sagen, wir seien von Sinnen." – "Gut", erwiderte ihnen der Meister, "ich sehe ein, ihr könnt es jetzt nicht fassen. Aber die Wahrheit muß gleichwohl ans Licht kommen – dafür werde ich besorgt sein, wenn ich wieder beim Vater bin. Dann werde ich die Geister der Wahrheit aussenden, und sie werden versuchen, gereiften Menschen die Wahrheit allmählich zu offenbaren. Das will ich tun: Ich werde die Geister der Wahrheit aussenden."«[37]

Vom Beginn der Lehrtätigkeit Jesu

»Als für Jesus die Zeit gekommen war und seine göttlichen Begleiter ihm offenbarten: "Jetzt ist es Zeit! Du kannst mit deiner Heilslehre beginnen!", machte er sich ans Werk, ging auf die Straßen und Plätze und verkündete dort seine Lehre.« Er ging von Ort zu Ort, so daß er bald als 'Wanderprediger' bekannt und bezeichnet wurde. »Mit einzelnen Menschen fing er an. Er begegnete Armen und Kranken und trat an sie heran. Zu jener Zeit gab es viele arme Menschen. Sie schliefen in Höhlen oder sonstwo im Freien, auf Lumpen, die ihnen als 'Bett' dienten, um nicht auf bloßer Erde liegen zu müssen.«[38]

»Den Anfang machte er mit einem Halbblinden, der dalag. Er ging zu ihm hin und sagte zu ihm: "Ich bin Jesus, ich bin Gottes Sohn. Gott hat mich gesandt, um die Menschheit von den Sünden zu befreien."

Erstaunt vernahm der Halbblinde diese Worte. "Was sagst du?" fragte er. "Du bist Gottes Sohn?" – "Ja", erwiderte Jesus, "ich bin der Sohn Gottes, und ich kann Sünden vergeben." An dieser Stelle des Gesprächs – und solche kamen ja mehrfach vor – unterschieden sich die einzelnen Kranken. Der Kranke, von dem hier die Rede ist, sagte: "Was, du kannst Sünden vergeben? Dann vergib doch auch mir meine Sünden! Wenn du der Sohn Gottes bist, so hilf mir doch!" – "Ja", gab Jesus ihm zur Antwort, "ich will dir helfen: Du sollst sehend werden – du sollst sehen!" Und Jesus streicht ihm mit der Hand über die Augen und hilft ihm, der am Boden halb liegt, halb sitzt, aufzustehen – und er sieht! ... Dieser Sehendgewordene ist überglücklich und voller Dankbarkeit. Jauchzend eilt er hinweg – *er sieht!* Jesus ruft ihm nach: "Sündige nicht mehr!" Aber der Überglückliche hört gar nicht, was Jesus ihm nachruft ...«[39]

»Das war der Anfang. Der Geheilte ging zu den Menschen und sagte: "Ich bin sehend geworden ..." Erstaunt fragten sie ihn: "Ja, wer hat dich denn sehend gemacht?" – "Dieser Jesus", antwortete er; "Jesus hat er sich genannt, und er sagte, er sei der Sohn Gottes ..." Kehrte ein solcher Sehendgewordener zu seinen Angehörigen heim – falls sie ihn nicht vorher schon gänzlich verstoßen hatten –, dann sagten diese zu ihm: "Erzähle niemandem davon! Sage es keinem!" Denn sie hatten Angst. Die Angehörigen hatten schon im Tempel von diesem Jesus gehört und wußten, daß die Schriftgelehrten ihm nicht gut gesinnt waren. Immer fragten die Angehörigen in einem solchen Falle auch: "Wann wurdest du sehend? War es vielleicht am Sabbat? Am Sabbat darf man das nicht tun ..." Aus lauter Angst baten sie den Betreffenden, über seine Heilung zu schweigen. Aber gewöhnlich blieb sie nicht verborgen. Man wurde auf den Sehendgewordenen aufmerksam – und erst recht wurde man auf Jesus aufmerksam ...«[40]

»Es gab aber noch weitere Menschen, die irgendwo auf der Straße auf einer Decke lagen, ganz oder halb gelähmt oder schon von beginnendem Aussatz gezeichnet, der nur noch nicht erkannt wurde. So lagen diese Kranken herum. Arbeit gab es keine für sie, und leben mußten sie von der Mildtätigkeit der Mitmenschen. So trat Jesus zu einem von ihnen hin. Auch zu ihm sprach er: "Wenn du willst, kann ich dich gesund machen. Ich bin Jesus. Ich bin der Sohn Gottes. Ich kann dich von den Sünden befreien." Allein, nicht ein jeder war gleich damit einverstanden, durch diesen Jesus von den Sünden befreit und gesund gemacht zu werden – und zwar einfach aus dem Grunde, weil der Betreffende nicht glaubte, daß Jesus Gottes Sohn war. Viele waren so in ihrem jüdischen Glauben festgewurzelt, daß sie, wenn einer sich als Sohn Gottes ausgab, es nicht glauben wollten, sondern es vielmehr als Frevel betrachteten. Wie durfte jemand von sich sagen, er könne Sünden vergeben! So gab es Kranke, die erwiderten: "Nein, laß mich in Ruhe! Ich will von dir nichts wissen – nein, ich glaube dir nicht!"«

»Und Jesus ging... Er ging zu jenen, die glaubten. Des öftern fragte er, ehe er den Betreffenden heilte: "Glaubst du an mich? Glaubst du, daß ich der Sohn Gottes bin?" Es waren Menschen in tiefem Unglück, mit schweren Leiden, von Krankheit heimgesucht. Sie antworteten: "Ja, Herr, ich glaube! Ich glaube, daß du Gottes Sohn bist und Sünden vergeben kannst." Dann sprach Jesus zu ihnen: "Dein Glaube hat dir geholfen. Nimm dein Lager und gehe!" Dies geschah in den Anfängen.«

»Es gab Kranke, die von ihrer Familie ausgestoßen worden waren, weil sie ihnen ja nicht helfen konnte und selber in größter Armut lebte. Kehrten sie dann geheilt zu ihrer Familie zurück, war das Staunen groß. Wieder schieden sich die Geister. Im einen Falle waren die Angehörigen bereit, den Geheilten wieder in die Familie aufzunehmen und auch an Jesus zu glauben. Im anderen Falle verstießen sie den Betreffenden aus lauter Angst und weil sie nicht glauben konnten.«[41]

»Als die eigene Familie nun vernahm, wie Jesus allen Leuten verkündete, er sei Gottes Sohn, war das seiner Mutter nicht recht; denn als Mutter hatte sie Angst vor Vergeltungsmaßnahmen der Juden. Jesus aber blieb fest und standhaft in seinem Glauben und in seinen Reden. Offen erklärte er: "Ich bin der Sohn Gottes."«[42]

»Als Jesus lehrend von Dorf zu Dorf, von Stadt zu Stadt ging und dabei eine Lehre verkündete, die so ganz anders war als die bis dahin verbreitete, wollten auch die einfachen Menschen wissen: "Woher kommst du denn?" Auch kam es immer wieder vor, daß sie ihn fragten: "Wo wohnst du? Dürfen wir sehen, wo du wohnst?" Dann lud Jesus sie ein, zu ihm nach Hause zu kommen.« Sie sollten sehen, wo er vor Beginn seiner Lehrtätigkeit wohnte. »Seine Mutter begrüßte jene, die aus Neugierde gekommen waren, um zu sehen, wo er daheim war. Denn auch sie fragten sich: "Woher kommt denn ein solcher Mensch?

Er kommt doch sicher aus einer ganz angesehenen Familie, aus einem reichen Hause?" Nun mußten sie zu ihrer Verwunderung feststellen, daß Jesus aus ganz einfachen Verhältnissen kam.«

»Darüber machten sie sich Gedanken, denn schon damals hatte Jesus gesagt: "Mein Reich ist nicht diese Welt. Der Vater hat mich gesandt. Ich bin *ihm* Sohn, und *er* ist mir Vater." Angesichts solcher Aussprüche überlegten sie bei sich, ob Jesus vielleicht doch der Messias sei. Allein, genau wie die Pharisäer und Schriftgelehrten im Tempel und in den Synagogen meinten, der Messias könne nur aus einer angesehenen Familie hervorgehen, waren auch diese einfachen Menschen derselben Auffassung. Sie konnten nicht glauben, ein anderer könnte der von Gott gesandte Erretter der Menschheit und der Messias sein, von dem immer geredet und geweissagt wurde. Also wollten sie selber sehen, woher Jesus kam, und dann mußten sie staunen.«[43]

»Damals hatte Jesus schon begonnen, Wunder zu wirken. Er hatte Blinde sehend gemacht und Lahme geheilt. Zum einen oder andern sprach er: "Gehe hin und zeige dich den Schriftgelehrten!" Bei einem andern Geheilten konnte es sein, daß er sagte: "Sprich zu niemandem davon!" Es kam immer auf den einzelnen Fall an. Wenn Jesus Blinde sehend gemacht und Kranke geheilt hatte und er sie zu den Pharisäern schickte, tat er es deshalb, weil diese ihn in der ersten Zeit nicht ernst nahmen. Doch als er angefangen hatte, sich durch Krankenheilungen zu beglaubigen, und als er gleichzeitig verkündete, er sei Gottes Sohn, gefiel ihnen dies gar nicht.«[44]

Indem Jesus auf solche Weise von Ort zu Ort zog, folgten ihm viele Menschen nach. »Meist stellte er sich an freien Plätzen auf – an Orten, an denen viele Menschen vorbeikamen –, rief sie zu sich heran und begann zu predigen und zu lehren.« Nachdem er angefangen hatte, Kranke zu heilen, wuchs der Zustrom bedeutend. »Man interessierte sich im Grunde genommen weniger für seine Lehre als dafür, gesund zu werden, wenn man krank war... Immer mehr Menschen zogen mit Jesus von Ort zu Ort, oder sie fanden sich in der Gegend ein, von der sie wußten, daß Jesus dorthin kommen werde; denn die Botschaft davon ging von Mund zu Mund. Auch fragte man ihn schon am Tag zuvor, wo er morgen lehren werde. Manchmal sagte er es. Zwischen den einzelnen Orten lagen vielfach weite Wegstrecken. War bekannt, wo er sich aufhalten würde, gingen die Menschen dorthin und warteten auf ihn. Vor allem fanden sich dort Kranke ein in der Hoffnung, von ihm geheilt zu werden.«[45]

»So geschah es vor allem in der Anfangszeit seines öffentlichen Wirkens. Immer mehr Menschen folgten ihm nach. Wer es irgend einrichten konnte, seine Arbeit liegenzulassen, begleitete Jesus, um zu hören, was er zu sagen hatte. Unter diesen Zuhörern fehlten aber auch die Schriftgelehrten und Pharisäer nicht. Sie hatten ein wachsames Auge auf Jesus. Sie versuchten, ihn herauszufordern und ihm zu widersprechen. Was im kleinen begonnen hatte, nahm mit der Zeit immer größere Ausmaße an. Immer größer wurde die Zahl der Menschen, die Jesus nachfolgten.«[46]

Jesu Lebensweise

Als Jesus öffentlich wirkte, zog er bald an diesen, bald an jenen Ort und kehrte meist nicht mehr in sein bisheriges Zuhause zurück. »Er machte sich des Morgens jeweils vor Sonnenaufgang auf den Weg, um rechtzeitig an dem gewünschten Flecken einzutreffen. Während er lehrte, aß er oft den ganzen Tag über nichts, und er trank sehr wenig. Müde kehrte er abends bei seinen Freunden ein mit den Worten: "Ich bin hungrig und durstig. Gebt mir zu essen und zu trinken." Mit seinen Jüngern kehrte er bei Freunden und deren Verwandten ein, deren Haus immer für ihn offenstand.«

»Es war Brauch, daß man den Gästen ein Gefäß mit Wasser brachte, damit sie sich darin Gesicht und Hände waschen konnten. Auch für die Fußwaschung brachte man ein Gefäß – nach der anstrengenden Wanderung und bei der Hitze war dies eine große Wohltat. Kam Jesus allein, brachten die Frauen ihm die Gefäße ins Haus, und er konnte sich dort Gesicht, Hände und Füße waschen. Waren sie zu mehreren, die einkehrten, ging man vor oder hinter das Haus oder in den Garten, und die Frauen brachten die Gefäße dorthin. Nach vollzogener Waschung begab man sich in das Haus, und eifrig trugen die Frauen zu essen und zu trinken auf. Schnell verbreitete sich die Kunde, Jesus sei in diesem oder jenem Hause eingekehrt. Dann liefen viele herbei und versammelten sich außerhalb des Hauses.«[47]

»Die Leute, bei denen Jesus ein und aus ging, waren oftmals arm. Was man auftischte, bestand oft nur aus Wasser und Honigkuchen, aber man war damit zufrieden und glücklich; denn die Gastfreundschaft wurde im Lande Jesu sehr gepflegt. Man teilte das wenige mit dem Gast und freute sich am Zusammensein.«

»So kehrte der Herr heute da, morgen dort ein. Oftmals kam er sehr müde an und sagte: "Gebt mir zu essen und zu trinken. Nachher will ich nur noch ruhen." So ließ man ihn allein, denn er brach ja morgens schon wieder sehr früh auf. Gegen zwei, drei Uhr des Morgens schon ging er fort. So war es selbstverständlich, daß er abends müde war.«

»Jesus kehrte manchmal für kürzere Zeit ein, manchmal für längere. Seine Getreuen nahmen jede Gelegenheit wahr, mit ihm zu feiern. Sie saßen zusammen, und wo es ging, aß man Hammelfleisch und trank Wein dazu. Wo Armut herrschte, schätzte man das Wasser als kostbare Gabe und aß Honigkuchen. Wichtiger war das Erzählen von dem, was man alles erlebt hatte, was alles geschehen war, welcher Blinde sehend geworden, welcher Lahme geheilt worden war. Man wollte wissen, was dieser oder jener im Tempel über Jesus gesprochen hatte, wer gegen ihn war, was geplant wurde und für wen die Leute den Meister hielten. So viel gab es zu bereden; denn die Leute im Lande Jesu sprachen viel und erzählten gern ...«[48]

»Manchmal vermochte Jesus [mit dem Volk] nicht den ganzen Tag über von einem Dorf zum andern zu wandern, und so entließ er die Leute eben vorher. Meistens ging er ja wie erwähnt schon frühmorgens von zu Hause fort, und so konnte es vorkommen, daß er das Volk bereits gegen Mittag entließ. In anderen Fällen suchte Jesus mit ihnen einen Platz auf, der etwas Schatten bot, und er lehrte sie dort. Manchmal blieb er bis zum späten Abend mit ihnen zusammen. Es war also ganz verschieden und hing von seiner persönlichen Verfassung ab.«

»Die Menschen folgten Jesus nach, weil sie von den Wundern gehört hatten, die er zu wirken vermochte. Vielen war es damals – das wurde schon erwähnt – weniger um die Lehre zu tun, die er verkündete, als darum, von ihm geheilt und von den Übeln befreit zu werden, die sie plagten. Deshalb zogen sie ihm nach. Wenn Jesus dann das Volk entlassen wollte, sagte er zum einen oder andern: "Du wirst zu Hause erwartet." Es kam vor, daß er zu einem sprach: "Eines deiner Kinder ist plötzlich erkrankt. Du mußt sofort nach Hause gehen. Wenn du aber daheim bist, dann reiche diesem Kind in meinem Namen die Hand – und das Kind wird gesund." Einem andern eröffnete er, seine Frau oder sonst ein Angehöriges sei erkrankt oder es habe sich sonst irgendein

Übel zugetragen; er verhieß jedoch dem Betreffenden, das Übel werde vorübergehen, sobald er sein Haus betreten werde.«

»Die Leute, die sich um Jesus versammelt hatten, waren sehr neugierig. Darum begleiteten sie die Betreffenden heim, falls deren Haus nicht allzu weit von dem Ort entfernt war, wo Jesus gelehrt hatte. Sie wollten sehen, ob sich erfüllte, was dieser Mann vorhergesagt hatte. Das wollten sie miterleben, und so liefen sie den Betreffenden nach. Dann konnte Jesus mit seinen Jüngern allein sein oder mit jenen, die er für ein besonderes Gespräch ausgewählt hatte und die er um sich haben wollte. Wenn es in der Bibel (Matthäus 20, 17; Markus 10, 32; Lukas 18, 31) heißt: "Er nahm sie an seine Seite", so besagt dies, daß er mit den Jüngern allein sein wollte. Das tat er dann, wenn er in der Nähe eines Hauses war, in das er mit den Jüngern eintreten konnte, entweder, weil es ihm selbst gehörte oder weil dort ein Jünger oder sonst ein ihm gut Bekannter wohnte, der ihn in sein Haus eingeladen hatte. Dort kam Jesus dann in ein persönliches Gespräch mit seinen Jüngern.«[49]

Aussendung der Jünger

»Jesus gab seinen Jüngern, wenn er sie aussandte, Anweisungen, wie sie sich verhalten sollten (vgl. Matthäus 10, 5–14). Er verlieh ihnen Macht, Kranke zu heilen, so sie im Glauben stark waren. Wenn er sie aussandte, sprach er zu ihnen: "Geht nicht zu den Heiden, und auch nicht zu den Samaritern – meidet ihre Häuser! Geht aber zum Volke Israel, dem verlorenen. Verkündet das Reich Gottes und sprecht zu ihnen: 'Das Reich Gottes ist nahe! Das Reich Gottes ist gekommen!' Suchet sie auf; aber betretet nur ein Haus, das ihr für würdig befindet."«

»Der letzte Satz bedeutet, sie sollten nur ein Haus aufsuchen, von dessen Bewohnern sie das Gefühl hätten, sie würden ihr Wort aufnehmen. Heiden und Samariter sollten sie meiden. Denn es gab damals verschiedene fanatische Sekten und Gruppen, von denen Jesus im voraus wußte, daß es sinnlos war, mit diesen Menschen zu reden. Er wußte, daß sie Werkzeuge Luzifers und dessen Anhangs waren. Den niederen Geistern ging es ja doch nur darum, Unwahrheit zu verbreiten, Unfrieden zu säen, unter den Menschen keine Harmonie aufkommen zu lassen. So wurden die Menschen fanatisch, stellten ihre Satzungen auf und zwangen ihre Anhänger, danach zu leben. Mit dem, was diese

Gruppen als Heil und göttliches Wort verkündeten, war Jesus nicht einverstanden.«

»Darum sprach er zu den Jüngern: "Wen ihr für würdig haltet, dessen Haus betretet, und verkündet dort das Reich Gottes. Hört man euch nicht an, so wendet euch ab. Wenn ihr das Haus betretet, dann sprecht: 'Der Friede sei mit euch!' Will man das nicht verstehen und von euch nichts wissen, sondern schickt man euch fort, dann geht. Der Friede, den ihr diesen Menschen bringen wolltet, kehrt so zu euch zurück. Aber wenn ihr ein Haus betretet, dessen Bewohner auf euch hören, bei denen kehrt der Friede ein, den ihr ihnen mit eurem Gruß gewünscht habt. Doch verlasset den Ort, wo ihr nicht erwünscht seid, und schüttelt den Staub von euren Füßen!"«[50]

»Wenn er so in engster Verbindung mit seinen Jüngern war, unterrichtete und belehrte er sie über den Auftrag, der ihm gegeben worden war. Trotzdem wurden auch die Jünger manchmal unsicher, und dabei hatten sie doch unmittelbares Zeugnis von seiner Sendung erleben dürfen. Darum hielt Jesus ihnen vor: "Zu wem hat denn jemals der Vater gesagt: 'Du bist mein geliebter Sohn' und 'Ich bin dir Vater, und du bist mein Sohn'? Zu keinem andern hat Gott je solche Worte gesprochen."«[51]

Dieses Wort bezog sich zum einen auf die Stimme, die bei seiner Taufe im Jordan und später dann auf dem Berg Tabor erscholl, zum andern auf zwei Stellen im Alten Testament. Diese Stellen sind Psalm 2,7 und Samuel 7,14: "Kundtun will ich den Beschluß des Herrn: er sprach zu mir: 'Mein Sohn bist du; ich habe dich heute gezeugt.'" – "Ich will ihm Vater sein, und er soll mir Sohn sein."

Jesus zwischen Zustimmung und Ablehnung

»Vieles erlebte Jesus während seiner Lehrzeit. Damals gab es auch fromme und gerechte Menschen, die auf den Messias warteten, der schon so lange als Befreier und Erlöser der Menschheit verheißen worden war. Unter ihnen befanden sich welche, die die Eingebung erlebten: "Ja, er ist es, der Sohn Gottes!" Solche traten zu ihm hin und sprachen: "Ich weiß, du bist es – du bist der Sohn Gottes. Ich weiß, Gott hat dir einen Auftrag erteilt." Diese Worte verwunderten Jesus nicht – wußte er doch selbst, daß dem so war. Denn ihm selbst wurde stets Bescheid gegeben, wenn er in die Stille ging und betete, um sich mit dem Vater und mit der hohen Geisteswelt in Verbindung zu setzen. Es wurde ihm vorausgesagt, was er am nächsten Tag erleben, wer ihm begegnen würde und wer was zu ihm sagen werde. So wußte Jesus immer Bescheid, und zugleich erhielt er dadurch auch die Bestätigung seines Auftrages.«[52]

Aber seine Lehrtätigkeit wurde ihm wahrhaft nicht leicht gemacht. Die Menschen dachten nicht mehr an das, was voraufgegangen war. »Sie dachten nicht mehr an die Zeit zurück, da den Hirten auf dem Felde verkündet worden war, der Messias, der Erlöser der Menschheit, sei geboren worden. Diese Botschaften hatte man vergessen... So viele Beweise seiner hohen Herkunft mußte Jesus erbringen, und trotzdem wurden immer wieder Vorwürfe und Drohungen gegen ihn ausgestoßen. Man verstand ihn nicht, und man *wollte* ihn nicht verstehen.« Später trachtete man ihm sogar nach dem Leben, und so manches Mal mußte er fliehen. Doch die Heiligen des Himmels standen ihm zur Seite. »Rechtzeitig machten sie ihn auf die Gefahren aufmerksam, die ihm von da oder dort drohten. So konnte ihm nichts geschehen. Dies ging so lange, bis die Zeit heranrückte, da er verhaftet und gefangengenommen werden sollte. Das war vom Himmel so bestimmt worden, und Christus selbst hatte es seinerzeit mit dem Vater besprochen, es ausgedacht und vorausberechnet.«[53]

Je mehr Jesus seine Lehre verbreitete, desto größer wurde die Ablehnung der Pharisäer und Schriftgelehrten, und sie ergriffen entsprechende Maßnahmen. »Wenn Jesus das Volk zu beeinflussen vermochte, mußte man eingreifen. Also sprach man [später sogar] den *Bann* über ihn aus. Der Zutritt zum Tempel war ihm damit verwehrt. Auch alle die, welche es mit Jesus hielten, sollten in den Bann kommen. Dadurch bekamen die Leute Angst, und sie hielten sich in der Öffentlichkeit, vor den Augen der anderen, von Jesus zurück.«[54]

»Aber es war doch etwas an diesem Jesus... Es gab sogar Schriftgelehrte und Mitglieder des Hohen Rates, die ihm ihre Sympathie bekundeten. Sie baten ihn, in ihr Haus zu kommen statt in den Tempel; man könne dort miteinander reden, ohne gesehen zu werden. So fanden sich einige zusammen, die zu Jesus hielten, und sie trafen sich heimlich mit ihm. Jesus belehrte sie dort, so wie er von den Geistern Gottes belehrt worden war.«[55]

Das Gespräch mit Nikodemus

Zu diesen heimlichen Besuchern gehörte auch Nikodemus. »Er war Lehrer und Vorsteher im Tempel zu Jerusalem, und daher wußte er, daß es für ihn ein Wagnis war, sich auf die Seite eines Mannes zu stellen, der von den Schriftgelehrten und Pharisäern angegriffen wurde.« Der Evangelist Johannes berichtet in Kapitel 3 von einer solchen Begegnung. »Es war aber nicht das erstemal, daß Nikodemus heimlich Jesus aufgesucht hatte. Auch war er nicht der einzige; aber keiner wußte vom andern, daß auch er nachts heimlich zu Jesus ging, damit er ihnen Erklärungen über Dinge geben sollte, die sie einfach nicht verstanden. Die aber ihn aufsuchten, waren Männer, die Glauben an ihn hatten.«[56]

Die Wendung "Dieser kam des Nachts" (bei Johannes 3, 2) müßte richtiger heißen: "als es dunkel war". »Es wäre Jesus nicht zumutbar gewesen, sich mitten in der Nacht stören zu lassen.« Da es keine Straßenbeleuchtung gab, brauchten die heimlichen Besucher lediglich die Dunkelheit abzuwarten. »Auch wußte man größtenteils, wo Jesus zu finden war, oder man erkundigte sich nach seinem Aufenthaltsort. Man konnte doch leicht herausfinden, wo er gepredigt hatte und sich jetzt aufhielt.«[57]

So kam also Nikodemus nach Einbruch der Dunkelheit wieder einmal zu Jesus. »Er sagte: "Ich weiß, du bist ein Mann Gottes, denn es war noch keiner da, der solches vollbracht hat wie du. Für mich ist es ganz selbstverständlich, daß du ein Mann Gottes bist. Aber ich habe da allerlei Fragen und Probleme ..."« Wenn man sich dessen erinnert, was Jesus in Gesprächen jenen erwiderte, die ihn anerkannten, könnte man vermuten, er habe sich über die Worte des Nikodemus gefreut und ihn gelobt. »Allein, Jesus hat ihm keine solche anerkennende Antwort gegeben. Da es sich bei Nikodemus um einen Gelehrten handelte, wollte Jesus ganz anders mit ihm reden – und er konnte dies auch. Freilich, so wie es in der Bibel überliefert ist, erkennt man die Zusammenhänge nicht. Die beiden hatten nicht in dieser 'Kurzfassung' geredet, wie sie das Evangelium enthält.«[58]

»Ehe Nikodemus überhaupt von seinen Problemen zu reden anfangen konnte – es ging ihm ja nur darum, zu erfahren: Wie kommt man ins Himmelreich? –, sprach Jesus zu ihm: "Du bist ein Lehrer und weißt nicht einmal, wie man ins Himmelreich kommt? ..." Nikodemus aber wollte als frommer Mensch leben und so ins Himmelreich gelangen. Daher fragte er: "Ja, was ist denn nun richtig? Ist das richtig, was *du* sagst, und ist alles falsch, was *wir* sagen? Wie komme ich ins Himmelreich? Denn ich glaube an dich. Sage mir, was muß ich tun?" Es war ja wie erwähnt nicht die erste Begegnung des Nikodemus mit Jesus. Dieser gab ihm zur Antwort: "Wer ins Himmelreich eingehen will, muß wiedergeboren werden."«[59]

»Das konnte Nikodemus nicht verstehen, und er bat Jesus, es ihm deutlicher zu erklären. "Soll man denn wiedergeboren werden, wenn man alt ist? Soll man in den Schoß seiner Mutter zurückkehren? Wie wäre solches möglich? Ich verstehe das nicht . . ." Darauf sagte Jesus zu ihm: "Wenn ihr nicht aus dem lebendigen Wasser und dem lebendigen Geist wiedergeboren werdet, könnt ihr nicht ins Himmelreich eingehen."«[60]

»Dies steht wörtlich nicht so in den heiligen Schriften (vgl. Johannes 3, 5), denn man hatte es damals nicht verstanden – konnte es nicht verstehen. Es heißt dort lediglich: "Wenn jemand nicht aus Wasser und Geist geboren wird, kann er nicht in das Reich Gottes kommen." Das sagt doch gar nichts. Aber "aus dem *lebendigen* Wasser und dem *lebendigen* Geist" – das sagt alles. Zu beachten ist, daß Jesus diese Worte vom 'lebendigen Wasser' und vom 'lebendigen Geist' sprach, als er seinen Auftrag noch nicht erfüllt hatte. Diese Worte würden aber ihre Gültigkeit gewinnen, wenn er sein Erlösungswerk vollbracht hatte. Dann sollten die Menschen ins Reich Gottes einkehren können, wenn sie durch das lebendige Wasser und durch den lebendigen Geist gegangen waren.«[61]

»Diese Worte sprach Jesus also mit dem Blick in die Zukunft. Jetzt war der Himmel noch verschlossen. Sie sollten aber durch das *lebendige Wasser* zum Vater zurückkehren können.« Damit meinte Jesus sich selbst. »Man kann also nicht ins Himmelreich eingehen, wenn man nicht durch dieses 'lebendige Wasser' hindurchgeht. Das bedeutete zugleich: Jesus mußte seinen Auftrag erfüllen, um dadurch den Weg frei zu machen, auf dem die Seinen ins Himmelreich zurückkehren konnten. So ist er für alle Zeit für die Menschheit das lebendige Wasser. Denn niemand kommt zum Vater, ohne daß er an Christus vorbeiginge. (Vgl. Johannes 14, 6.)«[62]

»Es heißt in dem angeführten Wort ferner, die Menschen müßten auch durch den 'lebendigen Geist' gehen; dann stünde ihnen das Himmelreich offen. Denn die Menschen der Zeit vor Christi Erlösungstat gehörten ja noch nicht zum lebendigen Reiche Gottes. Sie gehörten vielmehr dem Herrscher der 'Welt', der Finsternis. Von ihm waren sie umfangen; in sein Reich mußten sie nach ihrem Abscheiden zurück, dorthin, wo *er* die Rechte ausübte, die ihm zugesprochen worden waren. Ihm, Luzifer, gehörten sie. In seinem Reiche waren keine lebendigen Geister – dort waren vielmehr die Totengeister. Ebendarum lautete die Verheißung, sie könnten nur durch das lebendige Wasser und den lebendigen Geist ins Himmelreich eingehen.« Mit dem 'lebendigen Wasser' ist somit *Christus* als Erlöser gemeint, mit dem 'lebendigen Geist' die *Geisterwelt Gottes.* »Nur durch ihn, Christus, können die Menschen ins Himmelreich einkehren, und durch die heilige Geisterwelt sollte es möglich werden, dieses Himmelreich zu erringen. Mit seinen Worten gab Jesus eine leise Andeutung von den Aufstiegsstufen der Heimkehr zum Vater.« Diese Aufstiegsstufen der geistigen Welt Gottes wurden jedoch erst nach Christi Erlösungstat geschaffen. Die Worte Jesu waren also, es sei wiederholt, auf die Zukunft ausgerichtet.[63]

Von diesen Aufstiegsstufen wird im letzten, im dreizehnten Kapitel die Rede sein. Mit dem 'lebendigen Geist' meinte Jesus also die ganze heilige Geisterwelt Gottes, die ihm verpflichtet und untertan ist. »Diese heiligen Geister begleiten den Menschen in das irdische Reich hinein, und sie führen ihn auch wieder daraus zurück in das geistige Reich. Kein Aufsteigender vermag ins menschliche Dasein zu treten – sei es zum ersten, sei es zum wiederholten Male –, ohne daß ihm die heilige Geisterwelt Gottes dabei behilflich ist. Das besagt, daß die Bestimmung zur Menschwerdung und die Vorbereitungen für ein solches Dasein aus dem Reiche Gottes kommen müssen. Die Engelschaften übernehmen die Ausführung des Willens Gottes und Christi. Keiner vermöchte in das Reich Gottes einzutreten, dem die Menschwerdung aus dem Totenreiche Luzifers heraus [also durch dessen Willen und Veranlassung] ermöglicht würde. Ein solcher Mensch könnte nach seinem Erdentod nicht ins Himmelreich gelangen, weil er nicht aus dem 'Wasser' und nicht aus diesem 'Geist', von dem Jesus sprach, gekommen wäre.«[64]

Jesus hatte zu Nikodemus auch gesagt: "Was aus dem Fleisch geboren ist, das ist Fleisch, und was aus dem Geist geboren ist, das ist Geist." (Johannes 3, 6.) »"Denke doch nach", hatte Jesus zu dem Pharisäer gesagt: "Das Fleisch – der Leib also – ist verweslich, der Vergänglichkeit geweiht. Davon bleibt nichts. Der Geist aber ist Geist; er kommt aus dem Ewigen, kann also nicht vergehen, sondern der Geist geht wieder dahin, woher er gekommen ist."«[65]

»Des weiteren sprach Jesus zu Nikodemus: "Vor mir ist noch keiner mit diesem Auftrag vom Vater in diese Welt geschickt worden und ist deswegen vom Himmel herabgestiegen, in den er wieder zurückkehren kann. Wie könnte sonst jemand berichten, wie es im Himmelreich aussieht [wenn er nicht von dorther gekommen wäre]? Denn die Toten wissen nichts."«

Dieser letzte Satz steht auch in den heiligen Schriften (Prediger 9, 5). Denn die 'Toten', also die Bewohner des Totenreiches Luzifers, wußten vor der Erlösungstat Christi nichts mehr von dem, wie es einst, vor dem Abfall, gewesen war. Zwar war ihnen von Engeln Gottes bei deren Besuchen in der Hölle erklärt worden, daß es einst anders gewesen sei; aber *wie* es gewesen war, davon hatten sie keine Ahnung mehr. »Ihr Wissen um die Herrlichkeit von einst war in ihnen erloschen, als sie in die Finsternis gestürzt wurden.« Auch als Menschen wußten sie nicht, woher sie in Wahrheit kamen. »Davon hatten sie kein Wissen mehr, und so konnten sie auch nicht über die Wiedergeburt, über die Rückkehr ins Vaterhaus sprechen.« Dies vermochten nur Propheten, also jene Menschen, die aus dem Himmel kamen und nach ihrem Erdentod wieder in den Himmel zurückkehrten, weil sie als rein gebliebene Geister am Abfall nicht beteiligt gewesen waren.[66]

Christus war der erste und einzige Geist, der *nach einem Erdendasein* in die Hölle, also in das Totenreich, eindrang und *ihr wieder entfliehen konnte.* »Engel konnten zwar vor der Erlösungstat Christi im Auftrage Gottes in die Hölle eindringen [und diese auch wieder verlassen]; sie hatten ja kein menschliches Dasein hinter sich. Alle Wesen hingegen, die aus der Hölle heraus in ein menschliches Dasein getreten waren, hatten [vor der Erlösungstat Christi] nach ihrem irdischen Tode wieder in die Hölle *zurückkehren* müssen – sie waren Gefangene Luzifers.«[67]

»"Der Menschensohn kommt vom Himmel und kehrt auch wieder in den Himmel zurück." So sprach Jesus zu Nikodemus – doch was konnte dieser damit anfangen? Er hatte mit der Antwort, die Jesus ihm gegeben hatte, nicht viel anfangen können, obwohl er in ihm einen Propheten erblickte und er sich zu der Überzeugung durchgerungen hatte, daß Jesus von Gott gekommen war, weil nur jemand, der von Gott kam, solche Dinge vollbringen konnte, wie Jesus sie vollbrachte.«[68]

Die Samariterin am Brunnen

Vom 'lebendigen Wasser' sprach Jesus auch zur Samariterin, nachdem er eines Abends durstig beim Jakobsbrunnen bei Sychar angekommen war und auf seine Jünger wartete (Johannes 4, 5–30). »Sie waren in die Stadt gegangen, um Lebensmittel zu kaufen, denn sie waren hungrig, da sie den ganzen Tag unterwegs gewesen waren, ohne etwas zu essen. So blieb Jesus am Jakobsbrunnen zurück und wartete auf ihre Rückkehr. Da er nun dort saß und ihn dürstete, kam eine Frau, um Wasser zu schöpfen. Es war dortzulande so üblich, gegen Abend, wenn es kühler geworden war, Wasser zu schöpfen. Die Bewohner kamen ungefähr immer um dieselbe Zeit zum Brunnen. So kam jetzt auch die erwähnte Frau. Sie kam als erste und bemerkte, daß Jesus dort saß. Da er kein Gefäß bei sich hatte, der Brunnen aber tief war, konnte er selber kein Wasser schöpfen. Darum bat er sie: "Gib mir zu trinken!"«

»Die Frau, etwas entrüstet, erwiderte: "Du – du bist doch ein Jude, und ich bin eine Samariterin. Wir haben nichts Gemeinsames miteinander, und da willst du von mir Wasser geschöpft haben?" – "Wenn du wüßtest", sprach Jesus, "wer dich um Wasser bittet, dann würdest du welches von mir verlangen, und ich würde dir *lebendiges Wasser* geben, das zum ewigen Leben gereicht." Erstaunt sagte darauf die Frau: "Ja, wenn das so ist, will ich dir gerne Wasser schöpfen." Denn Jesus hatte ihr zu verstehen gegeben, daß es sie nicht mehr dürsten würde, wenn sie von seinem lebendigen Wasser tränke. Sie dachte ganz selbstverständlich, es handle sich dabei um irdisches Wasser. Jesus aber machte ihr deutlich: "Von dem Wasser dieses Brunnens kann man trinken, man kann Tiere damit tränken und Pflanzen begießen – aber sie alle werden sterben. Wer aber von meinem lebendigen Wasser zu sich nimmt, stirbt nicht." Diese Worte waren der Frau rätselhaft. Sie sollte nie mehr Durst haben, und sie sollte nicht sterben? Das konnte sie nicht begreifen.«

»Bei so vielen Anlässen hat Jesus vom lebendigen Wasser geredet. Wer von diesem lebendigen Wasser tränke, würde nicht sterben, sondern leben – würde ewiges Leben haben. Wenn Jesus von sich als dem lebendigen Wasser sprach, meinte er damit zugleich den *Glauben an ihn.* Wer an ihn glaube, werde nicht sterben.«[69]

Die Begegnung mit Zachäus

Als Jesus durch seine Lehrtätigkeit die Aufmerksamkeit gewisser Schriftgelehrter auf sich gelenkt hatte, fanden diese wie berichtet den Weg zu ihm. »Manche suchten ihn [wie Nikodemus] zu Hause auf, um mit ihm über das zu reden, was er im Tempel vorgetragen hatte. Jesus wurde jedoch auch eingeladen. Angesehene Leute baten ihn, zu kommen und zu ihnen zu sprechen, und er ging zu ihnen hin. Meistens erfolgte die Einladung freilich heimlich, weil die Einladenden sich fürchteten.« Doch zu Beginn seiner Lehrtätigkeit, als man Jesus nur den 'Wanderprediger' nannte, erblickten die führenden Juden in ihm noch keine Gefahr. »In der ersten Zeit hatte Jesus ja auch noch nicht jene Offenbarungen verkündet, wie er dies später tat.«[70]

Einmal befand sich Jesus in Jericho, wo viele Menschen sich um ihn geschart hatten, um ihm zuzuhören. »Unter ihnen befand sich einer, der unbedingt Jesus sehen wollte. Es gelang ihm aber nicht, sich durch die Menge zu drängen, und da er klein von Gestalt war, vermochte er Jesus auch nicht zu erblicken. Nun befand sich nahe bei der Stelle, wo Jesus lehrte, ein wilder Feigenbaum. Auf diesen kletterte er hinauf, um von da aus Jesus sehen und ihm zuhören zu können. (Vgl. Lukas 19, 1–10.)«[71]

»Jesus sah, daß der Mann auf den Baum gestiegen war. Er rief ihm zu, er solle schnell herabsteigen, denn er möchte in seinem Hause zu Gaste sein. Hocherfreut stieg der Mann vom Baum herab und trat zu Jesus hin. Es war ein Reicher namens Zachäus, von Beruf Oberzöllner. Als Jesus zu ihm sagte: "Ich will in dein Haus einkehren", sandte er sogleich einen der Umstehenden in sein Haus, damit dieser seine Familie und seine Dienerschaft davon verständige, daß er mit Jesus kommen werde und daß man alle nötigen Vorbereitungen treffen solle. Der, dem er diesen Auftrag erteilt hatte, machte sich eilig auf den Weg, denn er wußte, daß der Oberzöllner, den er kannte, ihm dies lohnen werde. Er ging also hin und richtete aus, der Hausherr werde in den nächsten Stunden mit Jesus eintreffen und man solle alle erforderlichen Zurüstungen treffen.«

»Jesus machte sich dann auch auf und löste sich aus der Menge. Die Menschen murrten darüber, daß er ausgerechnet jetzt weggehe, wo sie doch teilweise von weit her gekommen seien, um ihm zuzuhören – und obendrein gehe er noch mit diesem Zöllner... Unruhig und verdrossen sprachen sie: "Wir können nicht begreifen, weshalb sich dieser Jesus ständig nur mit Sündern abgibt..." Als Jesus dies vernahm, entgegnete er ihnen: "Ich bin gekommen, um zu befreien und zu retten. Die Kranken bedürfen des Arztes, nicht die Gesunden."«

»Nachdem er dies den Umstehenden gesagt hatte, ging er mit Zachäus in dessen Haus. Die Menge mußte sich zerstreuen; denn in diesem Fall durften die Jesus nachfolgenden Menschen nicht einfach mit ihm in das Haus eintreten, wie sie dies sonst vielfach taten, ob sie nun eingeladen waren oder nicht. Diesmal getrauten sie sich nicht, weil der Oberzöllner ein angesehener Mann war. Also hielten sie sich zurück, und Jesus ging mit dem Hausherrn allein in dessen Haus hinein.«

»Da der Oberzöllner hatte Bescheid sagen lassen, daß er einen Besucher mitbringe, waren die entsprechenden Vorbereitungen getroffen worden. So stand beim Eingang ein Diener mit einem Tuch bereit und bat den Gast, ihm die Füße waschen zu dürfen, wie es in einem vornehmen Hause eben üblich war. Der Diener löste Jesus die Sandalen und wusch ihm die Füße, trocknete sie ab und zog ihm die Sandalen wieder an. Jesus ließ es geschehen. So war es bei den Vornehmen Sitte. Danach brachte ein Diener ein anderes Gefäß mit frischem Wasser und wusch in gleicher Weise auch dem Hausherrn die Füße.«

»Als sie den Vorraum betraten, standen zwei weitere Diener bereit. Der eine hielt ein Gefäß mit Wasser und ein Tuch, der andere, neben ihm, auch ein Tuch. Der erste Diener hielt dem Gast das Gefäß so hin, daß er sich Gesicht und Hände waschen konnte. Mit dem Tuch trocknete der Gast sich das Gesicht; dann ging er zum anderen Diener, um sich mit dessen Tuch die Hände zu trocknen. Gelegentlich hatte dieser Diener auch selber noch ein Gefäß mit Wasser zum Händewaschen. Denn es war üblich, daß man sich vor einer Mahlzeit wusch. Jesus war nun Gast bei diesem Oberzöllner. Die Vorbereitungen waren getroffen worden, und die ganze Familie wartete, bis man das gemeinsame Mahl einnehmen konnte.«

»Zur Erklärung der erwähnten Sitte ist zu bemerken, daß es in jenem Lande zu gewissen Zeiten sehr, sehr heiß war. Wenn man tagsüber weite Strecken zurücklegte, hatte man keine Möglichkeit, sich Gesicht und Hände zu waschen. Man bedenke, wie viele Hände Jesus während eines Tages in die seinen nahm. So waren am Ende eines Abends eben auch seine Hände nicht mehr sauber. Zwar mußten sich auch die *armen* Juden vor den Mahlzeiten Gesicht und Hände waschen; aber sie hatten nicht soviel Wasser zur Verfügung wie die Reichen mit ihrer Dienerschaft. Bei seinem Besuche im Hause des Oberzöllners fand Jesus daher reichlich Wasser vor.«[72]

»Als nun Jesus bei dieser Familie zu Gast war, kam es zu Gesprächen. Zachäus hatte viele Fragen. Damals bezeichnete sich Jesus bereits als Gottessohn, und darüber wollte sein Gastgeber gerne Näheres erfahren. Jesus versuchte, es ihm zu erklären, so gut es ihm nur möglich war. Da sprach dieser Zöllner: "Siehe, ich gebe von meinem Vermögen die Hälfte den Armen, und wenn ich einen Menschen betrogen habe, will ich es ihm vierfach ersetzen." Über diese Worte freute sich Jesus, und er rief aus: "Heil diesem Hause – Heil! Ich bin ja gekommen, das Verlorengegangene zu suchen und zu retten. Denn Aufgabe des Menschensohnes ist es, von dem Verlorenen so viel zu suchen und zu retten, als nur möglich ist."«

»Die ganze Familie war glücklich darüber, daß Jesus bei ihr eingekehrt war. Besonders Zachäus freute sich; denn er erlebte jetzt Jesus zum erstenmal, da er sonst keine Gelegenheit hatte, ihm nachzufolgen und ihm aus nächster Nähe zu begegnen. Ihm bedeutete es eine ganz besondere Ehre und Freude, daß Jesus bei ihm eingekehrt war.«

Was wollte Jesus damit zum Ausdruck bringen, als er zu Zachäus vom Verlorengegangenen sprach? »Damit nahm er auf die *vorgeburtliche Zeit* seines Gastgebers Bezug. Warum hatte Jesus ausgerechnet diesen Mann angesprochen, der auf den Feigenbaum geklettert war, und zu ihm gesagt: "Komm eilends herab, ich will in dein Haus einkehren!"? Jesus hatte *in seiner Geistesschau* diesen Mann aus seiner vorgeburtlichen Zeit erkannt. Er wußte nun, daß er einer von jenen gewesen war, die wegen ihres *Wankelmutes* die Himmel hatten verlassen müssen. Das war der Grund seines Menschseins.«

Im ersten Kapitel wurde erwähnt, daß es vor dem Abfall in den himmlischen Welten Wesenheiten gab, die sich nicht entscheiden konnten. »Sie konnten sich weder dazu entschließen, bei Christus zu verbleiben, noch dazu, es mit Luzifer zu halten. Sie waren unentschlossen, wankelmütig; sie wollten es sich noch überlegen. Da es aber damals zu einer *gründlichen* Säuberung kam, mußten auch diese Wankelmütigen zusammen mit den Anhängern Luzifers die Himmel verlassen; nur hatten sie sich nicht in dem Maße wie diese verschuldet. Die Strafe richtete sich jedoch nach dem Verschulden des einzelnen. Wer größte Schuld auf sich geladen hatte, wurde in die tiefsten Tiefen der Dunkelheit gestürzt; jene aber, die sich weniger verschuldet hatten, erhielten in den höllischen Bereichen weniger schlimme Stätten zugewiesen. Zwar waren auch diese Stätten noch schlimm genug; aber es bestand doch ein Unterschied zu den anderen.«

»Jesus hatte also gesehen, daß dieser ins menschliche Dasein getretene Geist zu jenen gehörte, die sich einstmals im Himmelreich nicht aufs schwerste verschuldet hatten«, sondern infolge ihrer Wankelmütigkeit dem Himmel verlorengingen. »Darum sprach er zu ihm: "Der Menschensohn sucht das Verlorengegangene." Denn Zachäus gehörte zu jenen, von denen Jesus gesagt hatte, sie seien verlorengegangen, aber es sei der Mühe wert, sie zu suchen und zu retten. Mit dem Ausspruch "Der Menschensohn sucht die Verlorengegangenen" machte Jesus hier einen Unterschied gegenüber den anderen«, gegenüber jenen, die es mit Luzifer hielten.[73]

Die Ehebrecherin

Durch seine häufigen Besuche in Jerusalem kannte Jesus den Tempel sehr genau, denn dieser spielte im Leben der Juden eine überragende Rolle. »Dort gab es eine große Halle, wo man sich traf und sogar Geschäfte abschloß. Der Tempel bot die Möglichkeit dazu, weil man dort zusammenkam. Jesus hatte Anstoß daran genommen, daß man sich in dieser großen Halle zu Besprechungen und Geschäften einfand. Für ihn war der Tempel ein Ort, um Gespräche zur Ehre Gottes zu führen, und nicht, um dort Handel zu treiben.« Einer der Brüder Jesu, der ihm besonders zugetan war, hieß Jakobus; er wird von Paulus (Galater 1,19) als 'Bruder des Herrn' erwähnt. »Dieser Bruder war Vorsteher im Tempel geworden, und das hieß: Jakobus war für den Ordnungsdienst dort verantwortlich.«[74]

»Der Tempel hatte verschiedene Hallen und verschiedene Ein- und

Ausgänge.« In der Apostelgeschichte (3,10) wird die 'Schöne Pforte' erwähnt; dort heilte später Petrus zusammen mit Johannes einen Almosen erbittenden Lahmgeborenen. »Es war nicht der übliche Eingang, sondern ein Seiteneingang oder -ausgang, wie man es nennen will. Es war eine wunderbar geschmückte Tür mit besonders kunstvollem Eingang, und deshalb nannte man sie – sie befand sich an der Ostseite des Tempels – die 'Schöne Pforte'. Dort standen zuweilen auch Jesus und seine Jünger.«[75]

»Gerne suchte Jesus im Tempel eine besondere Halle auf, wo es ruhiger war. Man nannte sie die 'Halle Salomos' (vgl. Apostelgeschichte 3, 11). Erfuhr man, daß Jesus sich in jener Halle aufhielt, gingen Pharisäer und alle, die ihn hören wollten, dorthin, wo sie mit ihm ins Gespräch kamen. Jesus war ja öfters im Tempel und liebte es, in dieser Halle umherzuwandeln. Auch Kranke kamen zu ihm und baten ihn um Hilfe, und Jesus ließ ihnen diesen Beistand im Tempel zuteil werden. Es gab auch wissensdurstige Menschen, die gerne von ihm Auskunft gehabt hätten über Dinge, die ihnen unklar waren. Dort konnten sie mit ihm reden, zu zweit, zu dritt.«

»Gewöhnlich aber ging es so, daß, wenn man wußte, daß Jesus sich dort aufhielt, mehrere dazu kamen und er plötzlich von Menschen umringt war. Dann tauchten auch Pharisäer und Schriftgelehrte auf und richteten verfängliche Fragen an ihn. Besonders die Tatsache, daß Jesus auch im Tempel heilte, forderte die Pharisäer heraus.«[76]

»Als Jesus einmal dasaß, von Mitmenschen umgeben, erhob sich plötzlich ein Lärm. Man drängte eine Frau herein und stellte sie in die Mitte. Die Ankläger und Schriftgelehrten, die sie in den Tempel hineingestoßen hatten, bildeten einen Kreis um sie, und in diesem Kreis wurde sie zur Schau gestellt. Als die Ankläger Jesus erblickten, trat einer der Schriftgelehrten auf ihn zu und sagte zu ihm: "Siehst du, diese Frau haben wir beim Ehebruch ertappt. Du weißt, daß sie nach dem Gesetze Mosis die Steinigung zu erwarten hat. Was sagst du dazu?"« (Vgl. zu diesem Abschnitt Johannes 8, 1–11.)

»Jesus durchschaute die Gesinnung dieser Schriftgelehrten. Er wußte, daß sie ihn nur auf die Probe stellen wollten; denn sie gingen ja immer darauf aus, ihn zu einer Äußerung zu veranlassen, auf Grund deren sie ihn anklagen könnten. Jesus war wohl darüber unterrichtet, daß das Mosaische Gesetz in diesem Fall die Steinigung vorschrieb; allein, die Bürger von Jerusalem unterstanden dem römischen Gesetz, und dieses verbot für ein solches Vergehen die Todesstrafe.«

»Diese Schriftgelehrten hielten sich alle für fromm. Auch Jesus betrachteten sie als frommen Menschen, weil er ja immer von Gott sprach. Sie waren ihm aber schon aus dem Grunde nicht gut gesinnt, weil Jesus von Gott als seinem Vater redete. Darum hatten sie ihm jetzt eine Falle gestellt. Sie wollten von ihm wissen: "Wie haben wir hier zu entscheiden? Du kennst das Gesetz, es fordert die Steinigung." Jesus tat zuerst so, als nehme er von ihnen keine Notiz. Denn er saß da, bückte sich und tat mit seinem Finger gleichgültig so, als wollte er am Boden etwas schreiben. So mußten sie sich ihm erneut bemerkbar machen. "Hörst du, was wir dir sagen?" fragten sie ihn. "Das Gesetz schreibt vor, daß man sie steinigt." Da stand Jesus auf und sprach zu den Pharisäern: "Wenn einer unter euch ist, der ohne eine Sünde ist, dann soll er den ersten Stein werfen."«

»Nun waren sie sprachlos ... Sie hatten ja eine ganz andere Antwort erwartet. Sie hatten ihm eine Falle gestellt, doch eine solche Antwort hatten sie nicht erwartet. Sie selbst fühlten sich von dieser Antwort betroffen. Einer dieser Ankläger nach dem andern schlich sich hinaus. Alle gingen sie aus dem Tempel hinaus; denn sie wußten, daß sie nicht ohne Sünde waren. Die Antwort, die Jesus ihnen gab, hatte sie betroffen gemacht.«

»So blieb Jesus mit dieser Frau allein. Er fragte sie: "Wo sind denn deine Ankläger?" – "Sie sind alle fortgegangen", sagte sie. Da sprach er zu ihr: "Nun, gehe auch du und sündige nicht mehr." Jesus ging mit ihr zu einem Seitenausgang, durch den sie unauffällig entweichen konnte, und kehrte an seinen Platz zurück. Mit der Zeit kamen jene Menschen alle wieder herein. Jesus war noch da, aber die Frau nicht mehr. Sie hatten nämlich darauf gewartet, daß sie herauskommen würde, um sie dann doch noch in Empfang zu nehmen ... Jesus jedoch kannte den Tempel mit allen seinen Ein- und Ausgängen und hatte sie so durch einen Seitenausgang entlassen.«[77]

Maria Magdalena salbt Jesus die Füße

»Jesus war von einem Pharisäer zum Essen eingeladen worden. (Vgl. Lukas 7, 36–50.) Damals betrat zuweilen auch jemand das Haus, der nicht eingeladen war. Zu jener Zeit war es üblich, daß man für eine kurze Weile in ein Haus ging, um sich nach dem Befinden der Bewohner dort zu erkundigen. Dazumal hatten die Menschen mehr Zeit zum Reden und Gesprächeführen. So kam es, daß, als Jesus bei dem erwähnten Pharisäer zu Gast geladen war, zwei Frauen eintraten. Die eine von ihnen hatte ein kostbares Gefäß mit erlesenem Öl bei sich. Sie hatte von Jesus gehört und war ihm voller Bewunderung nachgefolgt. Sie glaubte an ihn. Als sie von der Einladung erfuhr, scheute sie sich nicht, sondern ging, von einer anderen Frau begleitet, in das Haus dieses Pharisäers.« Es war Maria Magdalena.[78]

»Maria Magdalena war vor Jesus niedergekniet, um seine Füße zu salben. Sie war tief ergriffen, weil sie in ihrem Innersten erkannte, wer er war, und sie weinte. Mit ihren Tränen benetzte sie Jesu Füße und trocknete sie mit ihrem Haar. Jesus ließ es geschehen.« Dazumal saß man nicht an Tischen. »Vielmehr gab es tiefe Liegestätten, und man nahm die Mahlzeit sozusagen im Liegen zu sich. So war es für Maria Magdalena ganz einfach gewesen, sich Jesus kniend zu nähern, um seine Füße mit ihrem kostbaren Öl zu salben.«

»Dem Gastgeber mißfiel dies, und er sagte entrüstet zu Jesus: "Siehst du denn nicht, wer das ist, die zu deinen Füßen liegt? Kennst du sie nicht? Sie ist doch eine große Sünderin und in der ganzen Stadt bekannt, und du lässest dir so etwas gefallen?" – "Du hast mich geladen", erwiderte ihm Jesus. "Ich bin gekommen. Aber du hast mir kein Wasser gereicht, um damit meine Füße zu waschen. Auch hast du mir keinen Kuß zur Begrüßung gegeben. Sie aber hat mit ihren Tränen meine Füße gewaschen und sie geküßt. Du hingegen hast es nicht für nötig gehalten, mir Wasser zu reichen, um die Füße waschen zu können."« Man muß sich dabei vor Augen halten, daß es in jenem Land auf den Wegen und Straßen viel Staub gab und daß große Hitze herrschte. Der eine oder andere besaß wohl einen Esel, aber Jesus selbst ging zu Fuß von Ort zu Ort. »So erklären sich die Worte, die er an seinen Gastgeber richtete.«

»Nebenbei sagte Jesus zu ihm noch: "Der Kranke bedarf des Arztes, der Gesunde braucht keinen Arzt." Wie sollte der Gastgeber das verstehen? Denn für ihn war diese Frau eben eine große Sünderin, die in der ganzen Stadt dafür bekannt war. Darum meinte dieser Pharisäer, Jesus müßte sich von ihr fernhalten. Jesus jedoch sagte zu dieser Frau: "Du hast viel geliebt. Dafür sind dir deine Sünden vergeben."

Von da an folgte Maria Magdalena, wann immer es ihr möglich war, Jesus nach.«[79]

Jesu Kampf mit den Pharisäern

»Wenn ihm das Volk nachfolgte, mischten sich auch die Vorsteher der Synagogen, die Schriftgelehrte waren und zu den Pharisäern gehörten, unter die Menge. Jesus sah sie wohl. Er sagte zu den Anwesenden, sie brauchten jene nicht zu fürchten, die zwar den Leib töten, der Seele aber nichts anhaben könnten. Doch er fügte hinzu: "Fürchtet euch vor dem, der Macht hat, euch in die Hölle zu werfen!" (Lukas 12, 5.) Im Zusammenhang mit dieser Warnung vor Luzifer sprach Jesus auch: "Nichts bleibt geheim, alles wird offenbar. Das, was einer dem andern in der Dunkelheit zuflüstert, darüber wird dann am Tage geredet. Was in den Kammern im Verborgenen besprochen wird, das wird danach stets von den Dächern gerufen." (Vgl. Lukas 12, 2–3.)«

»Nachts standen nämlich die Pharisäer und Schriftgelehrten an den Ecken von Hütten und Behausungen. Sie wisperten und tuschelten miteinander, denn dieser Jesus paßte ihnen nicht... Jesus lehrte im Tempel, heilte Kranke – und bezeichnete sich als den Sohn Gottes. Sie aber sagten: "Wer ist denn schon dieser Jesus? Seine Eltern sind doch einfache Leute, und seine Geschwister kennen wir auch..." Sie wollten also Jesus keinen Glauben schenken. Sie verkündeten eine ganz andere Lehre als er. Jesus stand ihnen im Weg. Darum beredeten sie untereinander, was ihm bevorstehe, wenn er in dieser Weise seine Predigten fortsetzen sollte. Darüber sprachen sie miteinander im Dunkeln. Am hellichten Tag aber traf man sich ja wieder, und dann redete man über dasselbe, was man zuvor im Dunkeln besprochen hatte, nämlich: es werde schon so kommen, man müsse nur noch abwarten. Was zuerst im Dunkeln getuschelt worden war, ging später, bei Tage, von Mund zu Mund.«[80]

»Jesus befaßte sich während seines Erdenlebens – das ist wohl selbstverständlich – vor allem mit der ihm von Gott übertragenen Aufgabe. Er konnte ja sehen, wer gegen ihn war und seine Lehren nicht annehmen wollte. Darum erklärte Jesus schonungslos, was diese Pharisäer vorbrächten, sei Heuchelei. Sie gäben sich bloß als fromme Menschen aus. Er schalt sie Heuchler, weil sie falsches Zeugnis ablegten und die Menschen betrogen. Jesus durchschaute ihre Falschheit und ihr heuchlerisches Tun und Treiben, und das machte er unter dem Volke kund. Aus diesem Grund sagte Jesus auch, was sie in ihren Kammern tuschelten und sich heimlich ins Ohr flüsterten, werde tags darauf von den Dächern verkündet. In der damaligen Zeit war es dort üblich, daß man vom Dach aus dem andern etwas zurief. Auch zu den Vorübergehenden sprach man vom Dach her. Ereignete sich etwas Besonderes oder wurde ein Mensch zum Tode verurteilt, dann zogen nicht nur Männer durch die Gassen und riefen die Nachricht aus, sondern man gab sie auch von Dach zu Dach weiter.« Diese waren ja flach, wie noch heute im Orient üblich. »Auch als Jesus dann verurteilt worden war, rief man dies von den Dächern herab einander zu. Hatte man doch schon zuvor in der Kammer heimlich davon gesprochen, wohin es mit Jesus kommen werde. Dies hatte Jesus in der Schau vorausgesehen – er wußte darum. Er kannte nicht nur seine Aufgabe, sondern auch die Entwicklung der damaligen Menschen. Er wußte um die Herrschaft, die der Satan über die Menschen ausübte. Jesus kannte den Satan und seine Herrschaft über die 'Welt'.«[81]

Aus biblischen Zeugnissen erhellt, daß Jesus mit den Pharisäern und Schriftgelehrten zahlreiche Streitgespräche geführt hat. Fast das ganze Kapitel 23 im Matthäus-Evangelium besteht aus Jesu Anklagen und Vorwürfen gegen die führende Schicht der Juden. »"Söhne seid ihr von Prophetenmördern!" rief Jesus einmal jenen zu, die damals im Tempel lehrten. Er warf ihnen nicht nur vor, daß sie selber nicht ins Himmelreich kämen, sondern er sagte: "Ihr versperrt den Himmel auch den anderen, so daß sie nicht dahin eingehen können." Tadelnd sprach er: "Diese Schriftgelehrten wollen überall die Ersten sein. An den Festen wollen sie zuoberst an der Tafel sitzen. Sie verrichten ihre Gebete auf öffentlichen Plätzen, um gesehen zu werden. Sie gehen in schönen Gewändern einher, damit man gleich erkennt, wer sie sind. Und dabei", so fügte er hinzu, "scheuen sie sich nicht, die Gelder der Armen zu nehmen, sie zu betrügen und dann in dieser Scheinheiligkeit zu leben." Christus hat also diese Menschen herausgefordert. Warum tat er es?«[82]

Da alles, was auf dieser Welt geworden ist, durch Christus geworden ist, verdankten auch diese Pharisäer und Schriftgelehrten ihr Dasein *ihm.* »Die ganze Vergangenheit stand Jesus vor Augen, und so wußte er, warum diese Erde geschaffen werden mußte... Auch war ihm schon im voraus klar gewesen, daß er einen Kampf würde aufnehmen müssen, wenn er dereinst selber ins menschliche Dasein träte. Schon in der Jenseitswelt, als er mit dem Vater zusammen diese Pläne [der Erlösung] ausarbeitete, wußte er, daß er bei seiner Menschwerdung seinem einstigen königlichen Bruder Luzifer gegenüberstehen würde. Dieser übte seinen Einfluß aus, indem er die Welt und ihre Menschen beherrschte.«

»Christus wußte, daß es, wenn er selber Mensch sein würde, zunächst darum ging, die auf Erden lebenden Menschen zum wahren Glauben an Gott hinzuführen. Denn so vieles von dem, was die Propheten verkündet hatten, war entstellt und verfälscht worden. Deshalb warf Jesus den Schriftgelehrten vor: "Ihr nehmt ständig die Propheten in den Mund, aber ihr tut nicht, was sie gelehrt haben." (Vgl. Matthäus 23, 2–3.)«[83]

»Als Christus ins menschliche Dasein trat, verkündete er ein *neues* Gesetz. Er predigte eine andere Lehre als die der Propheten. Wohl kam er zu den Seinen, wie es heißt, aber die Seinen erkannten ihn nicht und nahmen ihn nicht auf. Unermüdlich erklärte er den Menschen den Willen Gottes. Doch was erlebte er? Ablehnung! Dabei hat *er* diesen Menschen, zu denen er gekommen war, einst die Gesetze gegeben... Auch sagte er zu ihnen, er sei Gottes Sohn, weil er das Wesen seiner Gottessohnschaft immer wieder aufs neue in sich selbst erlebte. Und doch stieß er fast nur auf Ablehnung. Das, was er im Himmelreich zur Errettung und Befreiung der Menschen selbst vorbereitet hatte, wurde verneint. Er, der Erstling der Schöpfung Gottes, er, der aus Gott Geborene, wurde nicht als Gottes Sohn angenommen.«[84]

»In ständigen, immer wiederkehrenden Besprechungen, Beratungen und Erörterungen mit dem Vater hatte sich Christus einst für die Rettung der gefallenen Engel eingesetzt. In allen Einzelheiten hat Christus das ausgearbeitet, was in den Gesetzen für die Befreiung der Gestürzten, für die Erlösung der Menschheit, für die Heimführung der Gefallenen fest verankert ist. Alles dafür Erforderliche tat und tut Christus selbst. Nun kam er zu den Seinen – und die Seinen nahmen ihn nicht auf. Die Schriftgelehrten, die Hohenpriester spotteten über ihn, die Obrigkeit verhöhnte ihn – *ihn*, der in der Geisteswelt die Gesetze so abgefaßt und ausgearbeitet hatte, daß den Abgefallenen die Möglichkeit der Heimkehr ins Vaterhaus eröffnet werden konnte. Hat man ein Empfinden dafür, wie hart es Jesus ankam und wie es ihn schmerzte, erleben zu müssen, daß man all seine Worte abstritt und es nicht wahrhaben wollte, daß er der Sohn Gottes war? Dabei hatte er selbst es diesen Menschen ermöglicht, ins irdische Dasein zu treten. Er hatte gehofft, sie würden ihren Gottesglauben in seiner Reinheit bewahren. Er hatte gehofft, sie würden die Wahrheit in der Weise verkünden, wie die Propheten es getan hatten. So war es für Jesus eine bittere Enttäuschung, erleben zu müssen, daß sie sich nicht an die Wahrheit hielten und trotzdem behaupteten, sie stünden Gott nahe.« *Ihm* verdankten sie ihr Menschsein – und sie wurden an ihm zu Verrätern ...[85]

»Auf Grund all der Begegnungen mit der Gotteswelt konnte Jesus den Pharisäern entgegenhalten: "Euer Vater ist der Teufel, der Vater der Lüge. Mein Vater aber ist im Himmel. Ihr kennt ihn nicht, ihr habt ihn nicht gesehen – ich aber habe ihn gesehen ..." (Vgl. Johannes 8, 44ff.) Immer wieder hat Jesus im Laufe seiner Lehrzeit den Menschen von seinen ureigenen Erlebnissen gekündet; aber sie konnten ihn nicht verstehen, nicht begreifen. Nicht einmal seine Jünger haben ihn in allen Dingen verstanden, obwohl er sie des öftern beiseite nahm und ihnen Erklärungen gab. Auch wenn er ihnen vom Reiche Gottes sprach und von seinem Königreich, verstanden sie ihn nicht, sondern meinten, es handle sich um ein Reich auf dieser Erde.«[86]

Die Heilung des Gichtbrüchigen

Jesus hatte versucht, seinen Zuhörern die himmlische Welt zu offenbaren, ihnen zumindest etwas von dieser Welt anzudeuten. »Allein, die Menschen konnten sich gar nicht vorstellen, daß es eine andere Welt gibt – eine Welt, die so ganz anders ist. Es waren doch verhältnismäßig nur wenige Menschen, die Jesus zu überzeugen vermochte und die an ihn glaubten. Aber er hat es immer wieder versucht.« Er versuchte es besonders in der *Bergpredigt* (Matthäus 5, 3–12). »Er versprach die Seligkeiten des Himmels all jenen, die um ihn waren. Er redete ihnen gut zu. Er verurteilte die Menschen nicht; er versuchte höchstens, wenn es notwendig geworden, sie zu belehren.« Zu denen, die ihm nachgefolgt waren, um ihn anzuhören, sprach Jesus von der Seligkeit. »Doch frei von der Himmelswelt zu erzählen, wie er es gerne getan hätte, das vermochte er nicht, weil er dafür keinen Glauben und kein Verständnis gefunden hätte. Also mußte er sich zurückhalten.«

»Für die Menschen jener Zeit war es jedoch schon etwas Besonderes, Worte zu vernehmen von einer Seligkeit, die auf einen zukommen werde, wenn man den irdischen Leib abgelegt habe. Demnach sollte es in der Jenseitswelt, in der Geisteswelt, eine Seligkeit, einen Frieden geben ... Darum hat Jesus auch all jene, denen er helfen wollte, gefragt: "Glaubst du an mich?" Indem er den einzelnen fragte: "Glaubst du?", wollte er herausfinden, ob der Betreffende *für* ihn war. In diesem Falle wollte Jesus ihm [durch die Heilung] den Beweis erbringen, daß er Gottes Sohn war und der Vater ihm Macht verliehen hatte, solche Wundertaten zu vollbringen.«[87]

Während der Zeit seines öffentlichen Wirkens lehrte Jesus einmal in einem Hause in Kapernaum. »In diesem Hause drängten sich die Leute. Unter ihnen waren solche, die Jesus eingeladen hatten zu kommen; aber viele gingen einfach so mit hinein. Noch viele Menschen standen vor dem Hause in der Hoffnung, vielleicht doch noch Eingang zu finden, oder daß Jesus wieder herauskommen und außerhalb des Hauses zu ihnen sprechen werde. Wie immer waren viele Kranke darunter.«

»Unter diesen Kranken war einer so schwer krank, daß er weder gehen noch stehen konnte – in der Bibel heißt er der Gichtbrüchige (Markus 2, 3–12). Man trug ihn auf einer Bahre, aber es war unmöglich, ihn ins Haus hineinzuschaffen; die Leute ließen ihn nicht durch. Sie waren schon vorher dagewesen und wollten selber zu Jesus. Da der Weg also versperrt war, blieb nichts anderes übrig, als den Kranken auf das Dach des Hauses zu bringen. Außerhalb des Hauses führte eine Treppe auf das flache Dach. Denn diese Häuser waren ja niedrig und konnten meistens nur unten bewohnt werden. Man trug also jetzt diesen Kranken auf der Bahre von der Seite her die Treppe hinauf auf das Dach, von dem man ein Stück öffnete. Durch die Öffnung ließ man den Kranken auf seiner Bahre zu Jesus hinab. Als er dies bemerkte, rührte ihn der Glaube dieser Menschen, daß er helfen könne. Kaum war der Kranke herabgelassen worden, vor Jesus hin, sprach er die Worte: "Mein Sohn, deine Sünden sind dir vergeben. Stehe auf, nimm dein Bett und gehe!" Und der Mann stand auf und konnte gehen ...«

»Hier also sprach Jesus die Worte: "Mein Sohn, deine Sünden sind dir vergeben", weil er von soviel Glauben an ihn ergriffen war. In dem Hause, wo er gerade lehrte, befanden sich aber auch Schriftgelehrte.

Sie entsetzten sich über seine Worte "Deine Sünden sind dir vergeben" und hielten ihm entgegen: "Das kannst du nicht, kein Mensch kann Sünden vergeben, nur Gott! Das ist eine Gotteslästerung!" Jesus, daran gewöhnt, daß die Schriftgelehrten sich ihm entgegenstellten, erwiderte ihnen mit großem Nachdruck: "Was ist wohl leichter – zu sagen: 'Deine Sünden sind dir vergeben' oder: 'Nimm dein Bett und gehe!'? Der Menschensohn hat Macht, Sünden zu vergeben. Der Menschensohn vergibt die Sünden der Menschen der Welt!"«[88]

»Wie immer, wenn ein solches Wunder – wie man es nannte – geschah, gab es einen Tumult. Der so schwer krank gewesene Mann trat jetzt aus dem Hause heraus. Er war voll des Jubels und des Dankes; er kniete vor Jesus nieder und küßte seine Hände, seine Füße aus überquellender Dankbarkeit darüber, daß ihm so viel Heil widerfahren war. Voller Eifersucht schauten die Pharisäer drein, außer sich darüber, daß dies geschehen war. Denn von den Pharisäern und Schriftgelehrten waren keine solchen Wunder zu erwarten. Gerade darum interessierten sie sich ja so sehr für diesen Jesus ... Sie ahnten, daß es mit ihm etwas Besonderes auf sich haben müsse und daß er kein gewöhnlicher Mensch sein könne. Daß er aber Gottes Sohn sein sollte, das konnten und wollten sie nicht glauben. Trotzdem folgten sie ihm nach ...«

»Warum aber hatte Jesus zu dem Gichtbrüchigen gesagt: "Mein Sohn, deine Sünden sind dir vergeben!"? Auch bei ihm – wie bei Zachäus – hatte er in seinem Geiste die *vorgeburtliche* Zeit dieses Menschen geschaut.« Anders als bei Zachäus, der nur durch Wankelmütigkeit gefehlt hatte, sah Jesus bei diesem Menschen, welche Last er sich aufgeladen, wie sehr er sich versündigt hatte, indem er es mit Luzifer hielt. »Nun war er von schwerer Krankheit heimgesucht worden. Sie konnte von ihm genommen werden, indem Jesus sprach: "Deine Sünden sind dir vergeben!" Das besagte: "Ich verzeihe dir, was du getan hast. So sollst du so gesund sein dürfen wie andere Menschen."«[89]

Die Heilung des Armgelähmten

»Als Jesus wieder einmal [in einer Synagoge] von Menschen umringt war, befand sich unter der Menge ein Mann, der – wie es in der Schrift (Matthäus 12,9–13) heißt – einen verdorrten Arm hatte. Heute würde man sagen: einen gelähmten Arm. Ihn forderte Jesus auf: "Strekke deine Hand aus!" Und der Mann tat es: er hob seinen Arm und streckte seine Hand aus.«

»Diesmal sagte Jesus nicht: "Deine Sünden sind dir vergeben!" Er brauchte diese Worte nicht zu sprechen, weil in diesem Falle ein anderer Grund vorlag. Bei diesem Menschen ging der Umstand, daß er einen gelähmten Arm haben mußte, auf *menschliches Verschulden* zurück. So forderte Jesus ihn ohne weitere Worte oder nähere Hinweise einfach auf, die Hand auszustrecken – und er hatte wieder einen gesunden Arm.« Ihm brauchte er nicht zu sagen: "Deine Sünden sind dir vergeben!", weil sein Gebrechen nicht infolge einer früheren Schuld entstanden war, sondern durch Selbstverschulden in seinem gegenwärtigen Leben.[90]

Die Heilung der zehn Aussätzigen

»Einmal war Jesus den Weg entlang [der Grenze zwischen Samarien und Galiläa] gegangen, der in die Nähe jenes Ortes führte, wo damals die Aussätzigen ihre Wohnstätte hatten. Er tat dies absichtlich. Zu jener Zeit wurden Aussätzige abgesondert, damit sie nicht mit gesunden Menschen in Berührung kamen – das war ihnen bei Strafe verboten; denn es war eine sehr gefährliche Krankheit, gegen die es damals noch kein Mittel gab. So lebten die Aussätzigen eben mit Menschen zusammen, die dieselbe Krankheit hatten.«

»Als nun Jesus in die Nähe der Grenze dieser Absonderungsstätte kam, erblickte ihn einer der Aussätzigen. Sie wußten wohl, daß er Kranke heilen konnte; doch hatten sie ja keinen Zugang zu ihm. Kaum hatte nun dieser Aussätzige von weitem Jesus erblickt und erkannt, lief er, so schnell er konnte, zu den anderen und rief sie herbei: "Kommt, kommt! Dieser Jesus ist in der Nähe! Er soll uns gesund machen! Kommt!"«

»So fand sich eine Schar von zehn Aussätzigen zusammen, die nun Jesus entgegeneilten, bis an die ihnen gezogene Grenze heran, und ihm laut zuriefen: "Meister, erbarme dich unser!" (Vgl. hierzu Lukas 17, 12–19.) Sie hatten von seinen Wundertaten gehört und erhofften sich von ihm Heilung. Jesus rief ihnen zu: "Gehet hin zu den Priestern und zeigt euch ihnen!" Und diese Menschen brachen im Glauben an seine wunderwirkenden Kräfte auf zu den Priestern. Während sie unterwegs waren, wurden sie alle von ihrer Krankheit geheilt. Gesund geworden, zeigten sie sich den Priestern, und nun durften sie wieder unter die Menschen gehen.«

»Einer von ihnen aber kehrte zurück und suchte Jesus auf – *einer* nur. Dieser kniete vor Christus nieder – in der Schrift (Lukas 17, 16) heißt es: "Er warf sich aufs Angesicht zu seinen Füßen." Er beugte sein Haupt zur Erde, küßte aus Dankbarkeit seine Füße und den Saum seines Gewandes. Er lobte und pries Gott für das, was Er an ihm hatte geschehen lassen. Er dankte Gott und anerkannte Jesus als Gottes Sohn. Voller Inbrunst hatte er gebetet – kniend, mit erhobenen Händen und Armen, von Dankbarkeit erfüllt, Jesus als Sohn Gottes preisend. Jesus war davon gerührt, und er sprach: "Dein Glaube hat dir geholfen."«[91]

»Dann fügte Jesus hinzu: "Ihr wart aber doch eurer zehn. Wo sind denn die anderen?" Sie kehrten nicht zu ihm zurück. Sie gaben Gott nicht die Ehre. Sie dankten Jesus nicht, sie lobten und priesen ihn nicht als den Sohn Gottes. Keiner von diesen neunen kam.« Sie waren von bösen Geistern inspiriert worden, *nicht* zu Jesus zurückzukehren, sich *nicht* bei ihm zu bedanken und *nicht* Gott und seinem Sohn die Ehre zu geben. »Die Geister aus der Welt des Bösen gehen stets darauf aus, sich die Menschen der 'Welt' dienstbar zu machen. Deshalb veranlaßten sie auch jene neun vom Aussatz geheilten Menschen, Jesus nicht anzuerkennen. Darum sprach Jesus zu dem einen, der zurückgekommen war: "Dein Glaube hat dir geholfen." *Ihm* durfte geholfen werden, weil er von der Sendung Jesu überzeugt war. Dieser *blieb* gesund. Die anderen aber wurden nach einer gewissen Zeit wieder von ihrer Krankheit befallen.«

»So verhielt es sich auch in anderen Fällen. Den Menschen ging es ja vor allem darum, gesund zu werden. Aus diesem Wunsch heraus wollten sie Jesus – im Moment – schon als Sohn Gottes hinnehmen. In ihrem Herzen, in ihrer Seele jedoch waren sie nicht davon überzeugt, und so war eben bei so manchen die Heilung nur vorübergehend. Wenn aber Jesus zu einem Genesenen sagte: "Dein Glaube hat dir geholfen", hatte er erkannt, daß dieser in der Tiefe seiner Seele Glauben an ihn hatte. So sehr ging es doch Jesus darum, von den Menschen als Sohn Gottes *anerkannt* zu werden.« Allein, man nahm ihn eben nicht immer auf. »Doch wo ein Mensch in seinem Innern ihm Glauben schenkte und ihn als Gottessohn anerkannte, sollte ihm auch geholfen werden. So war es in vielen Fällen.«[92]

Wenn Jesus Kranke heilte, richtete er, wie schon erwähnt, jeweils verschiedene Worte an sie. »Zum einen sagte er beispielsweise: "Dein Glaube hat dir geholfen. Steh auf, nimm dein Bett und gehe!" Zu einem andern sagte Jesus lediglich: "Nimm dein Bett und gehe!" Zu einem dritten hingegen sprach er: "Deine Sünden sind dir vergeben. Steh auf, nimm dein Bett und gehe!"« Dazu sogleich Näheres; vorweg jedoch zwei Zwischenbemerkungen, eine erste zu dem Ausdruck 'Bett'.

»Vielfach war dies einfach ein Brett oder sonst eine ganz bescheidene, ja primitive Liege, auf der man lag. Womöglich hatte man seine Liegestätte am Straßenrand oder sogar mitten auf einem Platz oder einer Straße. Dort legte man sich nieder. Oder ein Tuch oder eine Art Teppich diente als Bett. So lagen viele da. Sie hatten kein Zuhause. Sie schliefen da und dort, und niemand nahm Anstoß daran. Die Mitmenschen gingen an diesen Menschen vorüber. Ob diese krank oder gesund waren – man kümmerte sich kaum um sie; sie lagen eben da. Glücklich durften sich jene schätzen, die ein Zuhause, ein Obdach hatten, das ihnen Schutz bot vor Kälte und Hitze. Auch in Höhlen verkrochen sich Menschen vor der Hitze und auch vor der Kälte. Diese damaligen Verhältnisse muß man sich vergegenwärtigen, wenn man in den Schriften liest, Jesus habe jeweils gesagt: "Nimm dein Bett und wandle!" Dieses Bett war in Wahrheit eine primitive Liege.«

Nun zur zweiten Zwischenbemerkung. »Auch darüber kann man sich Gedanken machen, daß Menschen allezeit Jesus bei seinen Wanderungen folgten. Also besaßen sie vielfach keine Arbeit, die ihnen das tägliche Brot eingebracht hätte. Wohl waren unter ihnen Menschen, die eine Arbeit hätten verrichten können. Es gab ja auch schon damals einen Handel, doch niemals diese vielen Berufe wie heute.« Bescheiden, ja armselig war das Leben damals noch. »Menschen verpflegten sich notdürftig von den Früchten auf dem Felde. Viele aber hungerten. Sie freilich hatten Zeit, Jesus nachzugehen. Von ihm erhofften und erwarteten sie sich etwas, denn es waren gerade die Ärmsten, die ihm folgten.«[93] Doch nun zu den verschiedenen Äußerungen Jesu:

»Wenn Jesus zu einem Kranken sagte: "Stehe auf, dein Glaube hat dir geholfen!" (Lukas 17,19), war in seiner Seele eine tiefe innere Freude, weil er sehen konnte, daß man auf ihn hoffte und an ihn glaubte – mochte es damals auch nur wegen der Wunder sein, die er vollbrachte.

Sie glaubten an ihn, und das beglückte Jesus. Deshalb durfte er dann auch sagen: "Dein Glaube hat dir geholfen." Im Innern Jesu ging aber noch etwas ganz anderes vor; er schaute ganz andere Dinge, als es bei den Menschen der Fall war – er schaute die Dinge in ihrer *geistigen Wirklichkeit.* Jesus sah in die Tiefe der Seele des Menschen. Er wußte, wie es um diesen stand. Zudem hatte er seine heiligen Boten neben sich, die ihn inspirierten. Er war aber selbst hellsehend genug, um in die Tiefe der Seele eines Menschen Einblick zu gewinnen und sogar zu erkennen, wie dieser sich einst beim Abfall der Geister verschuldet hatte. Er sah bei einem Menschen auch, wie er als geistiges Wesen in seinem Reiche vor dem Abfall gelebt hatte. Jesus erblickte also den Menschen nicht lediglich als einen von einem irdischen Leib umhüllten Geist, sondern er schaute wie erwähnt in die Tiefe der Seele und konnte so die Belastungen des betreffenden Menschen erkennen.«[94]

»War ein Mensch krank, der nicht als im besonderen belastet gezeichnet war, dann erkannte Jesus, daß die Krankheit dieses Menschen nicht auf ein Karma zurückging, also nicht der Wiedergutmachung diente. Dieser Mensch war somit durch eigenes Verschulden im Laufe seines Lebens krank geworden, vielleicht durch unrichtige Ernährung oder auf eine andere Art und Weise [wie der Armgelähmte]. In einem solchen Falle konnte Jesus sagen: "Steh auf und gehe!" Einem solchen mußte er weder sagen "Deine Sünden sind dir vergeben" noch – wie es bei diesem oder jenem geschah – "Gehe hin und sündige nicht mehr!"«

»Diese Mahnung "Sündige nicht mehr!" besagte ja auch: "Wenn du wieder in Sünde zurückfällst, so wie du gesündigt hast, dann wirst du erneut auf dieselbe Weise belastet, also krank sein." Bei den Krankenheilungen ging es für Jesus zunächst darum, festzustellen, in welcher Weise dieser oder jener Mensch belastet war und auf welcher Entwicklungsstufe er stand. Dies konnte Jesus eben erkennen. Wenn er zu einem Geheilten sagte: "Deine Sünden sind dir vergeben" [wie bei dem Gichtbrüchigen], so waren damit vorgeburtliche Sünden gemeint. Wenn also Jesus sprach: "Deine Sünden sind dir vergeben", sollte das bedeuten, daß der Geheilte nach seinem irdischen Tode nicht mehr mit der Sünde belastet sein sollte, die aus seiner früheren Zeit stammte. Jesus sagte dies nicht, wenn beim einzelnen die Belastung so groß war, daß sie ihm nicht vergeben werden konnte, sondern der Betreffende einerseits durch Leiden abzutragen hatte und andererseits noch beweisen sollte, daß er es besser machen konnte.«[95]

Menschen in der Zeit, ehe Jesus seinen Erlösungsauftrag erfüllt hatte, kamen nach ihrem Erdentode wieder in die *Hölle.* Sie blieben also unter der Herrschaft Luzifers. »Doch damals schon gab es, wie bereits erwähnt, Aufstiegsstufen, und dies besagt, daß Wesenheiten die Möglichkeit hatten, durch ein irdisches Dasein etwas von ihrer inneren, geistigen Last abzutragen, sich in ihrem Wesen zu wandeln, zu bessern, um von den unteren Aufstiegsstufen im Bereiche Luzifers auf eine erhöhte Stufe aufzusteigen. Dabei sind zwei Dinge im Auge zu behalten: Es gab für den einzelnen eine persönliche Belastung, die er sich im menschlichen Dasein [der verschiedenen Erdenleben] aufgeladen hatte, und es gab für ihn jenes Verschulden, das er aus der Zeit mitgebracht hatte, da er es in den Himmeln mit Luzifer gehalten hatte. Jesus erkannte seine aufsteigenden Geistgeschwister wohl. Er erkannte beim einen oder andern dessen großes Verschulden – sei es ein Verschulden aus einem früheren menschlichen Dasein, das ihm nicht vergeben werden konnte, weil der Betreffende sich in der Tiefe seiner Seele noch nicht gebessert hatte, sei es die Belastung, die in ihm wegen seines Verschuldens beim Abfall gezeichnet war. Beides ist auseinanderzuhalten, und Jesus erkannte dies wohl. Doch war es für ihn einfach Sünde – vor ihm stand einer, der gesündigt hatte, sei es nun auf diese oder jene Weise dazu gekommen. Somit konnte Jesus sagen: "Deine Sünden sind dir vergeben." Wenn er aber zu einem Geheilten sagte: "Gehe hin und sündige nicht mehr!", dann sollte sich dieser nicht erneut belasten, weil dies seinem Aufstieg hinderlich wäre.«[96]

Wenn Jesus vor einen Kranken geführt wurde, hatte er nicht nur die geschilderte eigene innere Schau in die Vergangenheit des Kranken, sondern er nahm hellsichtig auch seine eigenen Schutzgeister wahr, und er vernahm von diesen Engeln Gottes, ob dem Betreffenden geholfen werden durfte. »Denn Jesus hat nicht einem jeden Menschen geholfen. Auch besaß er nicht nur selbst odische Kräfte, sondern die Geisterwelt Gottes führte ihm weitere odische Kräfte zu, wie er sie für seine Krankenheilungen brauchte, ja mit denen er sogar Scheintote wieder ins Leben zurückrufen konnte. Dazu brauchte er vermehrte Kräfte. Wohl besaß Jesus als Gottes Sohn in sich wunderbare, reine odische Kräfte. Sie genügten aber nicht für die Vollbringung all der

Wundertaten, die er wirkte und mit denen er Zeugnis gab von seiner Herkunft. Menschen erwarteten ganz verständlicherweise *Übernatürliches* von einem Menschen, der von sich behauptete, er sei Gottes Sohn. So standen Jesus jeweils diese Geister Gottes zur Verfügung, wenn es notwendig war. Er war also nicht einfach 'aus der Luft heraus' imstande, jene Taten zu vollbringen, die man als Wunder kennt, und auch seine eigene, persönliche Kraft reichte dafür nicht aus. Vielmehr bedurfte es der Zuführung verschiedener Odströmungen und -arten durch die damit beauftragten geistigen Wesen.«[97]

Die Heilung des Blindgeborenen

»Jesus begegnete einmal, wie die Bibel (Johannes 9, 1–3) berichtet, einem Blindgeborenen. Sie erwähnt aber nicht, wie es dazu gekommen war. In Wirklichkeit hatten die Angehörigen jenes Blindgeborenen ihn an einen Ort geführt, wo Jesus, so hofften sie, ihm begegnen würde. So stand dieser Blindgeborene auf der Straße, da, wo Jesus an ihm vorbeigehen sollte. Jesus trat vor den Blinden hin, um ihn sehend zu machen. Die Jünger aber wandten sich als erstes an ihn mit der Frage: "Meister, wer hat hier gesündigt, er oder seine Eltern?"«[98]

»Daß die Jünger ihren Meister fragten: "Hat er gesündigt, oder waren es seine Eltern?", läßt erkennen, daß sie eine *vorgeburtliche* Sünde voraussetzten. Denn der Blindgeborene konnte ja während seines jetzigen Erdenlebens keine entsprechende Schuld auf sich geladen haben. Die Jünger verlegten diese Schuld sowohl bei dem Blinden wie bei seinen Eltern in vorgeburtliche Zeit. Somit besaßen die Jünger Kenntnis davon, daß auf einem Menschen eine Schuldenlast *aus früheren Erdenleben* liegen kann, die ihm, wie man es heute ausdrückt, zum Karma seines jetzigen Lebens wird. Das Wort Karma freilich war zu jener Zeit dort nicht gebräuchlich. Es geht aber daraus hervor, daß man an eine Wiedergeburt glaubte, wenn dies auch nicht bei allen Religionsgemeinschaften der Fall war.« Die Jünger glaubten an das Wiedergeborenwerden, obschon Jesus kaum im besonderen darauf hinwies. »Vieles andere schien ihm doch von größerer Bedeutung und viel wichtiger zu sein, den Menschen von damals klarzumachen.«[99]

Jesus aber antwortete den Jüngern: "Weder er hat gesündigt noch seine Eltern. Vielmehr ist dies geschehen, auf daß Gottes Werke an ihm offenbar würden." Das sind inhaltsschwere Worte. »Sie können nur von jenen Menschen verstanden werden, die die tieferen Zusammenhänge kennen. Hat Jesus, indem er sagte, Gottes Werk solle offenbar werden, damit nicht zugleich erkennen lassen, daß *er selbst* mit diesem zu offenbarenden Werk Gottes in Zusammenhang stand, daß er selbst *Anlaß* zu dieser Offenbarung war?« Die Gründe, weshalb dieser Mensch blind geboren war, wurden im zweiten Kapitel, im Abschnitt über die Festlegung der Geburtszeit Jesu, bereits dargelegt. Als Geist hatte er am Abfall von einst teilgenommen, sich aber bis in eine obere Stufe der Hölle emporarbeiten können. Dort haben Engel Gottes ihm eröffnet, er werde als Mensch blind geboren sein, damit Christus sich, indem er ihn heilte, als Sohn Gottes erweisen könne. Zugleich sühnte er durch dieses Blindgeborensein sein Verschulden aus der Zeit des Abfalls; es geschah also, dies sei wiederholt, nicht zur Sühne für ein Verschulden aus einem voraufgegangenen Erdenleben.

Doch wie kam diese Blindheit zustande? »Da Luzifer damals noch die uneingeschränkte Macht über diese ganze Erde besaß, über die Natur, über das Tierreich und über die Welt der Menschen, schaltete und waltete er mit seinen Geistern über sie, wie es ihm beliebte. Seine Helfershelfer brachten Leid und Elend über Tiere und Menschen, ohne daß diese mit ihren Quälern vorher in Beziehung gestanden hätten. Die bösen Geister suchten sich ihre Opfer aus, wie es ihnen in den Sinn kam. Sie verwüsteten die Natur, und sie quälten und schädigten Menschen und Tiere nach ihrer bösen Lust und Laune. Dazu gehörte auch, daß Luzifer seine Helfershelfer beauftragte, in Scharen eine werdende Mutter zu begleiten und zu umfangen.« Diese haben wo irgend möglich versucht, den im Mutterschoß heranwachsenden Kindesleib zu schädigen. »Deshalb sind in jener Zeit, also *vor* der Erlösungstat Christi, so viele Kinder blind, taub, stumm oder gar schon besessen geboren worden.« So war es auch dahin gekommen, daß dieser Mensch, von dem hier die Rede ist, durch das Einwirken eines bösen Geistes blind zur Welt kam. Ohne es zu wollen, führte damit der böse Geist an diesem Menschen den Willen der Gotteswelt aus.[100]

»Etwas anderes war es indes, wenn – beispielsweise – zwei auf Erden lebende Menschen sich untereinander verfeindeten und der eine den andern umbrachte. Beide kehrten [in der Zeit vor Christi Erlösungstat] nach ihrem Erdenleben an die Stätte innerhalb der Hölle zurück, von der sie ausgegangen waren. Dort begegnete also das Opfer seinem

Mörder und schwur ihm Rache; es lauerte nur darauf, daß sein Mörder wieder als Mensch einverleibt wurde, um sich dann – als Geist – an ihm zu rächen.« Dies führte zu Besessenheit mit all den damit verbundenen Demütigungen und Leiden des Besessenen, wovon im nächsten Abschnitt die Rede sein wird. »Die Menschen der Zeit vor der Erlösung durch Christus wußten darum, daß es eine solche Vergeltung gab. Sie wußten aber nicht, daß Geister Luzifers sich damals auch völlig grundlos unter den Menschen ihre Opfer aussuchten und ihnen Leid zufügen konnten. Darum vermuteten sie auch in solchen Fällen den *Racheakt* eines bösen Geistes. *Das* war der Grund, weshalb die Jünger fragten: "Meister, wer hat hier gesündigt, er oder seine Eltern?" Sie lebten in der Überzeugung, daß es eine Vergeltung einer vorgeburtlichen Schuld am Mitmenschen gab. Zugleich geht aus der Frage der Jünger hervor, daß sie an eine *Wiedergeburt* glaubten. Sie glaubten an mehrfache Erdenleben. Beides zusammen, das Wissen um die Vergeltung, die ein rachsüchtiger Geist an einem einstigen Feind üben kann, der wieder Mensch geworden war, und die Erkenntnis von der Wiedergeburt, ließ die Jünger annehmen, der Blindgeborene oder seine Eltern hätten in einem früheren Leben Schuld auf sich geladen. So aber mußte Jesus ihnen erwidern: "Das Werk Gottes wird dadurch offenbar werden."«[101]

Dies sollte heißen: Gottes Gnade und Barmherzigkeit im Hinblick auf die bevorstehende Erlösung sollte durch Christus geoffenbart werden. »Denn Gott erwies seine Barmherzigkeit und Gnade und sein Mitleid all jenen, die unter der Herrschaft Luzifers leben mußten. Gerade deshalb hatte Gott seinen geliebten Sohn nicht vor der großen und schweren Aufgabe der Menschwerdung bewahrt. Er hat ihn nicht geschont. Ihm, Christus, sollte dadurch die Möglichkeit gegeben werden, alle die Abgefallenen wieder zu sich zurückzuholen, denn er war ja der König *aller* Geister, und als König wollte er sie alle für sich gewinnen.« So durfte er diesen Blindgeborenen heilen – als ein Zeichen für die kommende Erlösung durch ihn, Christus. »Er konnte zu den Jüngern sagen: "Die Heilung ist geschehen, damit der Menschensohn verherrlicht wird. Ihr sollt wissen, daß dem Menschen nicht mehr solches Leid widerfahren wird, wenn das Erlösungswerk vollendet ist." Jesus meinte damit, daß, wenn er Gericht über Luzifer gehalten haben werde, diesem Bedingungen auferlegt würden, die sein Wirken einschränken.« Dies alles ist im Gesetz genau festgehalten, wie im zehnten Kapitel näher ausgeführt ist. »Darum ist es Luzifer seither nicht mehr in dem Maße möglich, auf die Menschen loszugehen, wie er es dazumal getan hat.«[102]

Heilung des Besessenen von Kapernaum

Als Luzifer erkannt hatte, daß der höchste geschaffene Geist des Himmels Mensch geworden war, ahnte er ja nichts Gutes für sich. »Er hegte den Verdacht, Christus sei in die Menschenwelt gekommen, um seine, Luzifers, Macht zu beschneiden, seinen Besitz zu schmälern. Allein, solange Christus als Mensch auf Erden lebte, somit seinen Erlösungsauftrag noch nicht erfüllt hatte, herrschte Luzifer in seinem Reich noch fast unumschränkt. Als er nun sah, *wer* da aus dem Himmel heraus in diese seine Welt eingetreten war, versuchte er, seine Rechte voll und ganz zur Geltung zu bringen. In dem Augenblick, da Luzifer Kenntnis von der Menschwerdung Christi erlangt hatte, öffnete er die Pforten der Hölle weit, viel weiter als in den Jahrhunderten oder Jahren zuvor. Er tat es, um seine Macht zur Wirkung zu bringen, und in der Hoffnung, vielleicht doch die Oberhand zu behalten.«

»Also war damals die Menschheit und war die Natur von bösen Geistern förmlich übersät. Sie machten Menschen besessen oder bemächtigten sich der Tiere. Alle waren sie der Willkür Luzifers ausgeliefert. Denn die Geister, die so auf dieser Erde wirkten, unterstanden alle jeweils dem Befehl eines bösen Geistes, der sie lenkte, führte, einreihte. Luzifer setzte so *seine* Ordnung durch und wußte wohl, wie er die Seinen zu führen hatte. Alle, die da losgelassen worden waren, hatte Luzifer bedroht, ja seine Aufträge zu erfüllen, und sie hatten Angst vor ihm.«[103]

Da die Hölle ihre Tore weit offen hatte, entflohen viele ihrer Bewohner den Widerwärtigkeiten jener höllischen Mächte und drangen zu den Menschen hin. »Doch was konnten sie den Menschen anderes bringen als das, was sie in ihrer Welt selbst zu erleben hatten? Sie kannten nichts als Bedrängnis, Streit, Unzufriedenheit, Neid, Zorn, Unfrieden und wie diese üblen Zustände alle heißen. Also lebten sich diese Wesen bei den Menschen aus und entflohen damit zeitweise ihren eigenen Peinigern. Dabei hofften sie, jenen Peinigern einen Gefallen erwiesen zu haben, wenn dann die von ihnen gequälten Menschen starben. Doch so manche von diesen bösen Geistern kehrten auch dann nicht zur Hölle zurück, sondern suchten sich unter den Menschen neue Opfer, bei denen sie sich abermals auslebten.«[104]

»Niemand hinderte sie daran, in einen Menschen einzudringen, und oft waren sie dabei nicht vereinzelt. Heißt es doch, Jesus habe aus Maria Magdalena sieben böse Geister ausgetrieben (Lukas 8,2; Markus 16,9). Es war eine Zeit des Schreckens für die auf Erden lebenden Menschen; denn uneingeschränkt herrschte das Böse über sie. Für die ersten Christen war es eine Selbstverständlichkeit, in der Familie oder in der nächsten Umgebung Menschen zu haben, die von einem bösen Geist der Krankheit befallen waren. Überall waren böse Geister, in den Häusern, bei Menschen, bei Tieren, in der Natur; denn sie waren ja aus der Hölle herausgelassen worden.«[105]

»Die Besessenen hausten auf den Dächern der Häuser, die damals ja einfach und niedrig gebaut waren, oder sie schliefen auf Bäumen. Sie belästigten die Vorübergehenden. Manche schliefen mitten auf der Straße, andere wieder in Höhlen. Sie behelligten ihre Mitmenschen auf verschiedenste Weise. Schreiend und heulend liefen sie durch das ganze Dorf oder schreckten die Menschen nachts mit ihrem Geschrei auf. Oftmals mußte man sie mit Ketten fesseln oder einsperren, weil sie den anderen zur Qual wurden.«

Solche Besessenheit darf heute nicht mehr sein. Wer heute von einem bösen Geiste besessen ist, erlebt dies infolge eigener Schuld aus einem früheren Erdenleben; es ist ihm zur Sühne auferlegt. »Damals, zur Zeit Jesu, hatte sich Luzifer nach Belieben die Menschen dafür aussuchen dürfen; doch von dem Zeitpunkt an, da Christus über ihn Gericht gehalten hat, ist Luzifer solches nicht mehr gestattet.«[106]

Damals jedoch war es eine Zeit des Schreckens für die Menschen dieser Erde. »In einem Falle hatte Jesus einen bösen Geist aus einem Menschen ausgetrieben, der stumm gewesen war. Nachdem er diesen Geist ausgetrieben hatte, konnte der bisher Stumme reden (Matthäus 9,32–33). Solche Wunder wirkte Jesus vor den Menschen, und sie wurden Zeugen seiner Taten zur Befreiung der Menschen. Gleichwohl waren viele ihm übelgesinnt, denn sie sagten: "Du hast einen bösen Geist durch Beelzebub ausgetrieben!" (Vgl. Matthäus 12,24.) Jesus erwiderte jenen, die ihn auf solche Weise anklagten: "Saget doch – wie steht es denn mit euren Söhnen, wenn *sie* solches tun?" Zu jener Schreckenszeit, in der so viele Menschen in Besessenheit dahinlebten, war es nämlich auch möglich geworden, da und dort einen bösen Geist auszutreiben, und zwar durch Menschen, die zum Tempel oder zu den Synagogen gehörten und an Gott glaubten, so wie sie damals eben ihren Glauben für richtig hielten. Jenen war es in seltenen Fällen, indem sie zu Gott flehten, gelungen, böse Geister auszutreiben. Andererseits geschah es jedoch auch, daß böse Geister aus Menschen ausgetrieben wurden mit Hilfe der bösen Geisterwelt selbst!« Solches geschah bei Götzendiensten, wo den daran teilnehmenden Menschen von der bösen Geisterwelt Forderungen auferlegt wurden. »Würden diese Forderungen erfüllt – so wurde versprochen –, werde man dafür diesen und jenen Menschen von seiner Besessenheit befreien. Dazumal war es für die Menschen ein wahrhaft schreckliches Leben, von dem die heutige Zeit keine Ahnung hat.«[107]

Als Jesus einmal in der Synagoge von Kapernaum lehrte, stand einer auf und schrie. »Er war von einem bösen Geiste besessen, und dieser schrie: "Du bist der Heilige Gottes, ich kenne dich! Warum kommst du? Etwa um mich zu verderben?" Jesus befahl ihm zu schweigen. Der Mensch fiel hin, der böse Geist entfloh aus ihm.« (Vgl. Markus 1, 23–26.) Dieser Besessenheitsgeist hatte den Gottessohn zu erkennen vermocht; das war eine Ausnahme. Warum aber hatte er gesprochen: "Bist du etwa gekommen, um mich zu vernichten?" Das hat folgenden Zusammenhang: »Luzifer wußte, daß es für Gott die Möglichkeit gab, *ihn und seinen ganzen Anhang zu vernichten.* Davor bangte er – vor allem vor seiner eigenen Vernichtung. Aus dieser Angst heraus hatte Luzifer auch jenen Furcht eingejagt, die als Rädelsführer damals, beim Abfall, mit ihm in die Tiefe gestoßen worden waren. Sie wußten, daß eine solche Vernichtung durch geistiges Feuer bewirkt werden könnte, und davor hatten sie Angst. Auch könnten sie irgendwo in der Hölle eingemauert werden und dabei unsägliche Schmerzen erleiden müssen. Luzifer fürchtete zudem, für die anderen gäbe es vielleicht eine Möglichkeit der Rettung, aber nicht für ihn. Doch dies alles konnte der Satan nicht im voraus wissen oder erkennen – es waren lediglich Ängste, die ihn plagten, weil er um Gottes Macht wußte.« So fürchtete auch der Besessenheitsgeist in der Synagoge von Kapernaum, Christus könnte ihn als Geist vernichten.[108]

Jesu Heilung des Besessenen von Gergesa

Ein ähnlicher Fall trug sich am Ostufer des Sees von Genezareth zu (Lukas 8, 26–39). Als Jesus dort vom Reiche Gottes predigte, kam ein Mann auf ihn zugelaufen, der, wie es heißt (Markus 5, 2), einen unreinen Geist in sich hatte. »In Wahrheit war er von mehreren bösen Geistern besessen. Dieser Mensch wurde von allen gefürchtet, denn er war wahrhaftig böse. Er lief unbekleidet herum, schrie wie ein wildes Tier und vernichtete und zerschlug, was ihm in den Weg kam. Man legte ihm Fußeisen an, schloß ihn in Ketten – aber nichts half. Er befreite sich von den Fußeisen und zerriß die Ketten. Nachts schlief er in Grabhöhlen, tagsüber verführte er einen großen Lärm und schrie. Niemand konnte ihm helfen, und alle fürchteten sich vor ihm.«[109]

Dieser von einer ganzen Schar böser Geister besessene Mensch lief also auf Jesus zu. »Er schrie: "Ich kenne dich, du bist der Sohn des Allerhöchsten, du bist Gottes Sohn! Was habe ich mit dir zu schaffen? Du Sohn des Allerhöchsten, verschone mich! Vernichte mich nicht! Hilf mir! Stürze mich nicht, stürze uns nicht in den Abgrund!"« Auch er war also ein Geist, der Christus erkannte. »Solche gab es mitunter; denn unter diesen gefallenen Geistern fanden sich eben auch solche, die im Himmelreich einst eine führende Stellung innegehabt hatten und daher Christus erkennen konnten. Kraft des hohen Ranges, den sie einst besaßen, hatten sie eine nähere Verbindung und vermochten so den Sohn Gottes auch in dessen Menschengestalt zu erkennen. Im allgemeinen war dies jedoch nicht der Fall.«[110]

»Der Geist, der diese Worte sprach, wußte auch, daß, wenn Christus die Menschwerdung auf sich genommen hatte, für die geistigen Wesen eine Veränderung bevorstand, eine Umwälzung, eine Befreiung. Denn die Kunde von einer künftigen Befreiung und Erlösung ist auch in den höllischen Bereichen immer wieder verbreitet worden. Man wußte nur nicht, wann und wie dies geschehen würde.«[111]

Jesus hatte Erbarmen mit diesem Menschen. »Er fragte ihn: "Wie ist dein Name?" Jesus wußte ja, daß es seinerzeit in der Geisteswelt hohe Geistwesen gab, die sich beim Abfall aufs schwerste verschuldet hatten, und so wollte er wissen, wie dieser Geist damals geheißen hatte. Er fragte also nicht nach dem irdisch-weltlichen Namen des Besessenen.«[112]

Der von Jesus befragte Geist gab als seinen Namen 'Legion' an (Lukas 8, 30). »Das heißt aber nicht, daß in diesem Menschen eine Legion unreiner Geister gewesen wäre. Immerhin war es eine große Anzahl, die um ihn und mit ihm verbunden waren. Nur deshalb war er auch stark genug, die Ketten zu sprengen, die man ihm um Hände und Füße legte. Ein Geist allein vermöchte solches nicht zustande zu bringen. Mit dem Wort 'Legion' meinte also der sprechende Geist nicht eine Legion von Geistwesen um diesen Menschen, sondern dies sollte besagen: Sie gehörten der Legion von Abgefallenen, von niederen und bösen Geistern an; sein eigener Name verschwinde in der Unzahl von unglücklichen, unseligen Geistern.«[113]

»Denn Legionen waren die Scharen in der Hölle, und sie trugen keine Namen mehr. Sie waren namenlose, besitzlose Unselige. Es lag in Gottes Weisheit, jene in Unkenntnis über ihre Vergangenheit zu lassen – wußte er doch genau, daß es für die Abgefallenen nicht gut wäre, sie wissen zu lassen, welche Namen sie einst getragen und welchen Reichtum sie damals besessen hatten. Dereinst freilich sollte auch für sie eine Zeit anbrechen, da sie zur Erkenntnis ihrer Herkunft gelangen würden. Doch noch während der Zeit, da ihnen verkündet wurde, es werde für sie einen Retter geben, waren und blieben alle – außer Luzifer – in der Hölle namenlos, besitzlos, unglücklich.«[114]

»Aber so manchen der Untertanen Luzifers, die einst in der geistigen Welt eine hohe, führende Stellung bekleidet hatten, tat es inzwischen leid, daß sie Luzifer Gehör geschenkt hatten. Allein, sie besaßen keine Möglichkeit, sich von ihm zu entfernen, ausgenommen den Fall, daß er ihnen erlaubte, in die Erdenwelt zu ziehen und dort von einem Menschen Besitz zu ergreifen. Das bedeutete jedoch keineswegs, daß sie danach, nach dem Tode dieses besessenen Menschen, nicht wieder hätten in die Hölle zurückkehren müssen. Anders war es mit jenen niederen Geistern, die von Jesus ausgetrieben wurden. Bei ihnen kam es ganz darauf an, welches ihre Gesinnung war. Die einen wurden wieder in ihre Hölle zurückgewiesen, andere hingegen durften in die Aufstiegsstufen eintreten. Es hing ganz davon ab, welche Gesinnung diese Geister an den Tag legten, als Jesus sich mit ihnen befaßte.«[115]

Mit dem Besessenen von Gergesa verhielt es sich folgendermaßen: »Ein Geist, der vor dem Abfall in einer geistigen Gemeinschaft führend gewesen und jetzt in Luzifers Umgebung war, hatte von diesem

Auftrag erhalten, er müsse, wenn ein Kindlein geboren würde, von Anfang an von dessen Leib Besitz ergreifen.« Dieser Auftrag erklärt sich so: Auch Luzifer hatte die Möglichkeit, ein Geistwesen in ein menschliches Dasein zu führen. Dazu mußte dessen Geistesleib auch umgewandelt werden zur Gestalt eines Neugeborenen. »In der Hölle befanden sich aber Geister Gottes, die alles überwachten, ohne daß sie von Luzifer und seinen Knechten erblickt werden konnten. Sie hatten dann einzugreifen, wenn Luzifer die ihm zugestandenen Rechte überschritt. Engel Gottes besaßen somit einen Überblick über das Geschehen in der Hölle.«[116]

Nun muß man bedenken, daß es selbst in der Tiefe der Hölle Wesenheiten gab, die eigentlich nicht mehr bereit waren, das Böse so zu betreiben und zu fördern, wie es dem Willen Luzifers entsprach. Dies war auch der Fall bei jenem Geist, der von Luzifer beauftragt worden war, in ein menschliches Dasein zu treten. Daher hatten Engel Gottes seine Menschwerdung gestattet. Der Sinneswandel dieses Geistes war Luzifer aber verborgen geblieben. »Dieser einst führende Geist war von Luzifer so bearbeitet worden, daß dieser sich sagte: "In ihm werde ich auf der Welt, in die Christus jetzt hineingeboren worden ist, einen tüchtigen Mitarbeiter haben." Denn Luzifer setzte ja auf die Wesen, die ihm dienten. So nahm dieser einstmals führende Geist von dem Leib eines Kindleins Besitz. In den ersten Lebensjahren merkte man nichts davon, daß in diesem Kind ein besonders niederer Geist hauste. Der Knabe wuchs heran und der Geist mit ihm. Mit seinem Heranwachsen erkannte jedoch dieser Geist, daß Christus zur Erlösung der Menschheit in ein Erdenleben getreten war – er erkannte ihn und wäre so gerne zu ihm zurückgekehrt, so gerne auf seine Seite übergetreten. Denn er hatte seine Gesinnung geändert.«[117]

»Nun ließ jedoch Luzifer alle, die er ausgesandt hatte, ständig überwachen, ob sie die ihnen übertragenen Aufgaben auch wirklich nach *seinem* Willen ausführten. Auf diese Weise erfuhr er, daß der Geist in diesem heranwachsenden Menschen seine Gesinnung geändert hatte. Die Nachricht davon war Luzifer überbracht worden, und so schickte er jetzt ganze Scharen von bösen Geistern dorthin aus, bis derjenige, der seine Gesinnung gewandelt hatte, von ihnen ganz überwältigt und seiner Sinne nicht mehr mächtig war. In ganzen Scharen hatten sie sich in seinen Leib eingedrängt, und sie besaßen eine solche Kraft, daß sie ihn völlig unterdrückt hielten und er machtlos geworden war. Es waren ganz besonders gewalttätige Wesen; denn Luzifer ging es ja darum, nur keinen aus der Schar seiner führenden Geister an Christus zu verlieren. Er sollte doch seine Aufgabe so erfüllen, wie er, Luzifer, sie ihm aufgetragen hatte. Da dieser jedoch auf verlorenem Posten zu stehen schien, hatte er eingegriffen.«[118]

»Die von Luzifer für diesen Zweck ausgesandten Geister waren so voller Bosheit und von solcher Gewalt, daß die Stimme dieses Menschen wie die eines wilden Tieres tönte. Daher stieß seine Familie ihn aus; sie wollte nichts mehr von ihm wissen. Die bösen Geister aus den Legionen Luzifers trieben nun ihr Spiel mit ihm. Mochten die Menschen den Besessenen auch in eiserne Ketten legen – sie sprengten diese Ketten auf. Unbekleidet lief dieser Mensch umher und wurde zum Ärgernis aller. Dadurch wurde der Geist, der versucht hatte, seine Gesinnung zu ändern, tief gedemütigt.«

»Schließlich kam seine Begegnung mit Christus zustande. Die Leute, die sahen, daß ausgerechnet dieser von allen Gefürchtete auf Jesus zulief, der das Reich Gottes predigte, hatten Angst vor ihm. Jesus jedoch hatte keine Furcht, denn jener fiel ja vor ihm nieder – diese Möglichkeit hatte er noch. Er flehte ihn an: "Stürze mich nicht, stürze uns nicht in den Abgrund!"« Damit meinte er nicht irgendeinen Abgrund auf Erden, sondern die *Hölle.* »Er flehte also Jesus an, ihn nicht in die Hölle zu stürzen; und durch seine Bitte "Stürze *uns* nicht in den Abgrund!" wollte er jene Geister miteinbezogen haben, die auch im Leibe dieses Menschen waren. Keiner von ihnen sollte wieder in die Hölle zurück müssen.«

»Der Geist dieses Menschen hatte jetzt das Wort ergreifen können; er durfte nun seine wahre Gesinnung zum Ausdruck bringen. So bat er für alle, die mit ihm da in diesem Menschen waren: "Rette uns, rette *uns*!" – nicht nur ihn allein. Und Jesus gewährte seine Bitte.«[119]

»Jesus hätte ja nur zu sagen brauchen, die bösen Geister sollten aus dem Menschen, den er befreien wollte, *weichen* – und es wäre geschehen. Die Umstehenden hätten gar nichts davon bemerkt, was mit dieser Schar böser Geister geschah, denn sie blieben ja für menschliche Augen unsichtbar.« Dann aber wären sie wieder eine Beute der Hölle geworden. Sie hatten jedoch etwas für sie Besseres erkannt. »Unten am Abhang war nämlich eine Herde Schweine. Sie baten darum, in diese

Herde hineinfahren zu dürfen.« Wären sie nämlich einfach aus dem Menschen ausgetrieben worden, hätte sich ihnen keine Möglichkeit geboten, eine Veränderung ihres Daseins zu bewirken. Sie aber strebten Befreiung an. Die Schweineherde war in der Nähe des Sees Genezareth. »Indem sie nun in die Leiber dieser Tiere fuhren, konnten sie dort durch ihre Kraft und ihren Unmut so in deren Leibern wüten, daß sich alle sogleich in den See hineinstürzten und ertranken.«[120]

»Mit dem Tod dieser Tiere kam es für die Besessenheitsgeister zu einer Befreiung von der irdischen Materie, an die sie durch die Macht des Bösen gebunden waren. Luzifer besaß doch eine große Macht, und er hatte damit eigene Gesetze erwirkt. Nach einem solchen Gesetz durften Geister, die [in seinem Auftrag] von der Materie Besitz nehmen mußten, sich von ihr erst wieder befreien, wenn diese Materie aufgelöst wurde [das heißt nicht mehr 'lebensfähig' war]. Dadurch, daß die Tiere ertranken, wurden somit die Geister, die in sie gefahren waren, befreit. Sie wurden nun zusammen mit den eigentlichen Tiergeistern von Geistern Gottes in Empfang genommen. Sie kamen nicht wieder in die schlimmen Sphären der Hölle zurück, sondern hatten jetzt die Möglichkeit, in eine etwas bessere Geistesebene zu gelangen und dort auf die eigentliche Befreiung, die wahre Erlösung durch Christus, zu warten.«[121]

»Zu dem Menschen, dessen Geist seine Gesinnung gewandelt hatte, sprach Jesus: "Gehe jetzt nach Hause!" Und der Befreite ging heim; er jubelte und dankte Gott. Als die Seinen ihn erblickten, merkten sie, daß er nicht mehr wie bisher irre und gewalttätig, sondern gesunden Sinnes war. Sie gaben ihm Kleider, und er zog sich an. Er redete mit ihnen, lobte Gott und dankte, daß er Befreiung gefunden hatte. Dann kehrte er zu Jesus zurück.«

»Der Meister war noch da. So ging er zu ihm hin und setzte sich ihm zu Füßen; denn Jesus saß auf einem Stein. Der einstmals Besessene kam gekleidet, und die Leute, die ihn kannten, konnten es kaum fassen. "Ich bin einer, der aus der Legion entflohen ist", sagte er zu ihnen. "Jetzt habe ich gesundes Denken und will mit Jesus gehen. Ich möchte, daß er mich aufnimmt." Und er bat den Meister: "Laß mich doch bei dir bleiben!" Aber Jesus sprach zu ihm: "Gehe du nach Hause und gib Zeugnis von dem, was an dir geschehen ist. Zeige dich deinen Mitmenschen und erkläre ihnen, was du erlebt hast." So ging er wieder heim.

Seine Familie nahm ihn auf. Er ging unter die Leute, und diese begegneten ihm freundlich – sie waren ja schon an Wunder gewöhnt. Er, der bisher Böse, Gewalttätige, war zu einem sanftmütigen Menschen geworden, und allen erzählte er, was an ihm geschehen war. "Ich bin ein anderer geworden, ich habe meine Gesinnung geändert. Meine Rettung habe ich Jesus zu verdanken ..."«[122]

Rückkehr unreiner Geister in einen Menschen

In einer Gleichnisrede bezüglich eines besessenen Menschen sagte Jesus: »"Wird ein böser Geist aus einem Menschen ausgetrieben, dann irrt er in den Einöden umher. Da er aber so keine Ruhe findet und er doch ein Zuhause haben möchte, und da er in der Welt, in der er umherirrt, sich nicht so betätigen kann, wie es ihm bisher gefallen hatte, hat er nach einer gewissen Zeit das Verlangen, wieder in sein Haus zurückzukehren; denn es gefällt ihm in der Einsamkeit nicht, in der er sich befindet; er fühlt sich dort verlassen. Er sucht also sein Haus wieder auf. Wie nun dieser böse Geist zurückgekehrt ist, findet er das Haus in Ordnung, mit dem Besen saubergefegt. Damit ist er unzufrieden. Daher zieht er fort und sucht sich sieben weitere böse Geister, noch schlimmere als er selbst, um aufs neue bei jenem Menschen Einkehr zu halten, der dadurch noch weit übler geplagt wird als vorher."« (Vgl. Matthäus 12,43–45 und Lukas 11,24–26.)[123]

»Was ist hier mit dem 'Haus' gemeint? Es ist der Mensch mit seinem Leib. Er bot dem bösen Geist Wohnung; dieser bemächtigte sich des Denkens und Wollens des Menschen und brachte ihn so in seine Gewalt. Mit dem 'Haus' ist also der besessene Mensch gemeint, in dem sich der böse Geist ausgetobt hatte.«[124]

»Indem er davon sprach, daß das 'Haus', die 'Wohnung', *gesäubert* worden sei, wollte Jesus ausdrücken, er werde den Menschen die Botschaft des Friedens bringen; er werde das Seinige vollbringen, um die Menschen zu *befreien*. Das aber wollte Luzifer nicht, und darum hatte er mit seiner ganzen Kraft sich bemüht, Menschen heimzusuchen und ihnen Schaden zuzufügen. Diesen Sachverhalt hat Jesus als Gleichnis geschildert.«

»Damals [vor der Erlösung] war Luzifer mit den Seinen doch schon so unendlich lange in der Hölle. Er fühlte sich seiner Herrschaft völlig sicher. Denn alle Wesen kamen, auch wenn sie Mensch geworden waren, nach ihrem Erdendasein wieder zu ihm zurück. Wohl war seit langem von einem künftigen Messias gekündet worden; aber es kam ja so lange keiner... Je mehr Zeit darüber verstrich, um so sicherer fühlte sich Luzifer seines Reiches und all jener, die ihm als ihrem Herrscher gehörten – bis er die Botschaft vernehmen mußte, welche Maria verkündet worden war: Einer werde der Menschheit Erlösung bringen und aus ihr werde *Höchstes* geboren werden.«

»Da mußte Luzifer umdenken... Bisher war er beim Aussenden böser Geister zu den Menschen eher gleichgültig gewesen; er hatte ja nichts zu verlieren, die Verstorbenen kamen ja alle zu ihm zurück. Nun aber hatten sich die Verhältnisse geändert. Jetzt vernahm auch er die Botschaft, und er ahnte, *wer* es sei, der da in ein menschliches Dasein treten würde...«

»Jetzt war es mit seiner Ruhe vorbei; jetzt mußte er eingreifen. Darum sandte er eine Vielzahl böser Geister aus. *Ein* Besessenheitsgeist in einem Menschen genügte ihm jetzt nicht mehr. Nun setzte er alles daran, um sich zu behaupten. Denn jetzt mußte er um jene *bangen*, die in ein menschliches Dasein getreten waren. Jener, der da kommen würde, werde – das ahnte Luzifer – seine Herrschaft schmälern; die Wesenheiten auf Erden würden nach ihrem irdischen Tod dann nicht mehr den Weg zurück zu ihm in die Hölle einschlagen müssen, sondern könnten möglicherweise in den Himmel heimkehren...« Das ahnte nun Luzifer, und so setzte er in übergroßer Zahl seine Geister der Hölle zum Schaden der Menschen ein.[125]

»Solches war möglich zu einer Zeit, da Luzifer noch das uneingeschränkte Recht auf die Menschen besaß. Im Verhältnis zu heute lebten damals ja überhaupt nicht so viele Menschen, und daher war die Übermacht der bösen Geister, die bei Menschen 'Wohnung' nahmen, sehr groß. Sie waren in der Überzahl, weil die Hölle ja ihre Pforten geöffnet hatte. Diesen Sachverhalt erklärte Jesus den Seinen; er war ja nur dadurch möglich geworden, daß die Erlösung noch nicht stattgefunden hatte.«[126]

»So viele böse Geister hat Jesus aus den Menschen ausgetrieben. Auch darüber hat er mit seinen Jüngern gesprochen, aber es ist kaum anzunehmen, daß sie ihn wirklich verstanden. Er hatte ihnen gesagt: "Es ist *höchste Zeit*, daß ich gekommen bin, damit nicht noch mehr Unglück geschieht und die Menschheit nicht noch mehr von bösen Geistern heimgesucht wird. Es ist Zeit geworden, daß ich gekommen bin, um Gericht zu halten." Jesus betonte aber zugleich, daß er nicht in diese Welt gekommen sei, um sie zu richten, sondern um sie zu retten. Doch um Gericht [über Luzifer] zu halten, ein neues Gesetz einzuführen, eine neue Ordnung zu schaffen, sei es höchste Zeit geworden. "Das Volk erscheint mir wie eine Herde Schafe ohne Hirten." Er erbarmte sich dieses Volkes, denn er sah, daß die Menschen geistig führerlos waren. Er schaute ja tiefer als andere.«[127]

Auch hatte Jesus seinen Jüngern Macht verliehen, böse Geister auszutreiben. »Sie sahen wohl, wie ihr Meister es tat; doch ihnen selber gelang es nicht immer. Auch die ersten Christen versuchten, diese bösen Geister auszutreiben. Denn auch als das Letzte Gericht stattgefunden hatte und das neue Gesetz in Kraft getreten war, weilten diese bösen Geister [aus der Zeit vor Christi Erlösungstat] noch unter den Menschen; sie waren noch auf Grund der alten Gesetzlichkeit über sie hergefallen. Eine Befreiung war nur möglich, indem man im Namen Gottes und Christi solche bösen Geister aus den Menschen, den Tieren, den Pflanzen, den Feldern austrieb. Um dies zu bewirken, brauchte es innerlich starke und gottesgläubige Menschen. Gerade die ersten Christen versuchten es, indem sie ein Kreuz zurechtmachten, mit diesem Kreuz vor einen kranken oder besessenen Menschen hintraten und sprachen: "Im Namen Christi: Weiche, böser Geist!" Des öftern hatten sie Erfolg, aber nicht immer. Selbst die Jünger klagten ja ihrem Meister, daß es ihnen nicht stets gelang.« (Vgl. Matthäus 17, 19.)[128]

Brotvermehrung

»Wenn Jesus jeweils auszog, um zu predigen, und seine Jünger ihn begleiteten, nahmen sie gewöhnlich einige Brote und einige getrocknete Fische mit. Denn wenn sie morgens früh mit ihrem Meister auszogen, mußten sie irgendwo haltmachen und ihren Hunger stillen. So geschah es auch einmal, als sie morgens früh weggegangen waren, daß diese Zeit kam und auch das ganze Volk, das Jesus gefolgt war, Hunger hatte. Die Jünger wiesen ihren Meister darauf hin: "Lasse sie sich niedersetzen, damit sie essen können, denn sie sind hungrig." Da befahl Jesus, daß sie sich auf einer Anhöhe niedersetzen sollten, und er gebot seinen Jüngern: "Gebt von den Broten, die ihr bei euch habt, und teilt auch die Fische aus!" Erstaunt erwiderten die Jünger: "Meister, es ist ja nur wenig, was wir haben; es sind nur wenige Brote und wenige Fische. Es ist unmöglich, diese Menge damit zu speisen." Aber da der Meister es befohlen hatte, taten sie es, und alle konnten sich satt essen, ja sie konnten noch Körbe mit Resten füllen. (Vgl. Matthäus 14,15–21.) Wie staunten die Menschen über dieses Wunder!«

»Alle Wunder Jesu, auch dieses, finden im Geistigen ihre natürliche Erklärung. Die Geisterwelt Gottes hatte mitgeholfen, dieses Brot und diese Fische zu vermehren. Das bereits Vorhandene diente den göttlichen Boten zur Vermehrung. Sie haben die geistigen Odsubstanzen, die ihnen zur Verfügung standen, mit den irdischen Odsubstanzen vermischt, materialisiert und so vermehrt. Sie verwandelten geistiges Brot in materielles, sie verwandelten die geistige Form von Fischen in irdische Materie hinein. So brachten sie diese Vermehrung zustande. Wo Jesus hinschritt und auftrat, war er von der hohen Geisterwelt Gottes begleitet, die jederzeit bereit war, das Ihrige dazu beizutragen, um jene sogenannten Wunder zustande zu bringen. Gott gab jenen helfenden Geistern die dazu erforderliche Kraft. Christus als Sohn Gottes war selber ein Kraftspender, ein derart reiner Quell, der das Seinige von sich geben konnte, damit sich alles auf beglückende Art und Weise gestaltete. Doch mußten immer Geister Gottes zur Seite stehen und ihrerseits das Notwendige beisteuern.«[129]

»In der Luft sind geistige Strömungen, sind geistige Quellen enthalten – *Odströme.* Ein bedeutender, notwendiger Strom in der Luft ist die geistige *Nahrungsquelle.* Auch davon machte Jesus Gebrauch. Zu den Jüngern sagte er: "Ich nehme dann und wann, oder wenn es notwendig ist, eine unsichtbare Speise zu mir." Geister Gottes, die ihm zudienten, brachten ihm diese für den Menschen unsichtbare geistige Speise. Sie nahmen dazu von der Kraft dieser Nahrungsquelle und verdichteten sie, um sie in dieser verdichteten [aber nicht materiellen] Form ihrem König darzubieten, damit er davon nehme.«[130]

In diesem Zusammenhang ist auch der verdorrte Feigenbaum zu erwähnen (Matthäus 21,18–22). »Jesus konnte lange fasten, er besaß die Kraft zum Überwinden« – ohne dabei geistige Nahrung aufzunehmen. »Die Jünger waren es, die zuerst hungerten. So fragten sie einmal den Meister: "Hast du nichts für uns zu essen? Wir haben Hunger..." So kamen sie zu einem Feigenbaum. "Siehst du, hier ist ein Feigenbaum; hier können wir sicher etwas zu essen finden..." Dies sagten sie, obwohl sie wußten, daß es *nicht* die Zeit der Feigen war. Sie wollten Jesus gewissermaßen auf die Probe stellen; sie waren im Glauben an ihn noch nicht so gefestigt, und so wünschten sie, von Jesus ein Wunder zu erleben. Sie erhofften sich zu der Zeit, da die Feigen noch nicht reif waren, daß der Baum mit Früchten vollbehangen wäre, damit sie sich satt essen könnten.«

»Jesus hatte stets und auf so vielfache Weise seine göttliche Kraft bewiesen, und so war er über die immer wiederkehrenden Zweifel der Jünger ungehalten. Deshalb sprach er, dieser Baum solle verdorren und nie mehr Früchte tragen, weil sie keinen Glauben hätten. Er fügte hinzu: "So ihr Glauben hättet, könntet ihr Berge versetzen." Es betrübte ihn, daß sie nicht ganz und voll an ihn und seine göttliche Kraft glaubten. So durfte solches geschehen als eine Mahnung an die Jünger.« Man darf also beim Lesen der erwähnten Bibelstelle nicht versäumen, Jesu Worte bezüglich des Glaubens in den Sinnzusammenhang miteinzubeziehen.[131]

»Wer sind meine Brüder? ...«

»Als Jesus einmal während seiner Lehrzeit von Menschen umgeben war, die ihm lauschten, kamen seine Jünger heran und sagten: "Meister, komm, es warten deine Brüder, deine Schwestern, es wartet deine Mutter auf dich!" Jesus aber war voller Eifer in seinen Belehrungen begriffen, durch die er den Zuhörern den Himmel eröffnete und ihnen soviel Neues zum Nachdenken gab. Er sprach zu ihnen von seinem Vater, von seinem Königreich – ganz vertieft war er in seine Belehrungen. Jetzt aber vernahm er, was seine Jünger ihm sagten. Und was gab er ihnen zur Antwort? "Wer sind meine Brüder? Wer sind meine Schwestern? Wer ist meine Mutter? Die, welche den Willen Gottes erfüllen – die sind meine Brüder, meine Schwestern, meine Mutter! ..."« (Matthäus 12, 46–50.)[132]

»Die Jünger erfaßten nicht, was er damit meinte. Jesus meinte mit dem, was er erwiderte, zweierlei. Einmal wollte er zum Ausdruck bringen: "Diese Brüder und Schwestern, diese Mutter sind meine *irdischen* Angehörigen." Die Bindung zu ihnen – und diesen Unterschied wollte er ihnen klarmachen – war eben nicht so fest wie die Bindung zu seinen *geistigen* Angehörigen, also zu jenen, die beim Vater in Harmonie und Glückseligkeit leben. "Sie, die den Willen Gottes erfüllen, sind meine eigentlichen Brüder und Schwestern, sind meine Mutter" – Wesenheiten, die bei Gott sind, in Gottes Nähe weilen. Die Bindung zu seinen irdischen Angehörigen war demgegenüber mehr eine lose.«[133]

»Zum andern wollte Jesus mit seinen Worten andeuten, daß er der Sohn *Gottes* war. Gewiß hatte Jesus als Mensch eine Mutter; aber er hatte keine solche *geistige* Mutter, weil er als Gottes Sohn *unmittelbar aus Gott* geboren ist. Wohl konnte er von einem seiner irdischen Brüder sagen: "Er ist mein Bruder" – doch in einem höheren Sinne, so wie er alle geistigen Wesen als seine Geschwister betrachtet. Denn geistig gesehen war dieser ja nicht Christi Bruder, eben weil Christus aus Gott geboren ist und weil *durch Christus* alles weitere geworden ist, was da ist.«[134]

»Freilich, den Menschen vermochte Jesus dies nicht zu erklären; doch erlebte er in seinem Geiste alles ständig in einer göttlichen Schau in die Himmel hinein – für ihn war seine geistige Vergangenheit allezeit gegenwärtig, und aus ebendieser Schau heraus vermochte er den Menschen seine Belehrungen zu geben. Doch sie konnten ihn nicht verstehen.« Meinen doch selbst heute noch manche Menschen, es sei von Jesus ungebührlich gewesen, mit diesen Worten seine Angehörigen von sich zu weisen. »In diesem Sinne ist es jedoch keineswegs gewesen. Man muß Christus als den von Gott höchstgeschaffenen Geist erkennen und von daher seine Erklärungen verstehen lernen. Als Jesus diese den Menschen gab, hatte er sein Erlösungswerk ja noch nicht vollbracht. Folglich konnte er diese Erklärungen nur aus dieser seiner göttlichen Schau heraus geben. Er wollte den Umstehenden verdeutlichen, daß es nicht darum gehen könne, der Bitte seiner Jünger sogleich nachzukommen. Er war doch in Erfüllung seines hohen Auftrages im Lehren begriffen. Dies mußte wichtiger sein als die Unterbrechung seiner Belehrungen, um zu seinen Angehörigen zurückzukehren. Deshalb sagte er: "Wer den Willen des Vaters erfüllt, der ist mir Bruder, Schwester, Mutter." Auf *sein* Reich wollte er die Zuhörer damit hinlenken.«[135]

»Was sagt das Volk, wer ich bin?«

»Als Jesus einmal mit seinen Jüngern zusammen war, fragte er sie: "Was sagen die Menschen, wer ich bin?" (Markus 8, 27–28.) Er hatte diese Frage nicht einfach so, ganz zusammenhanglos, seinen Jüngern gestellt, sondern ihr war ein Gespräch voraufgegangen. Man hatte sich nämlich über das *Wiedergeborenwerden* unterhalten, und man hatte von den Propheten gesprochen.« Doch Jesus war ja vor allem daran gelegen, seinen Zuhörern das zu erklären, was damals für deren geistigen Aufstieg bedeutungsvoll war. »Daher wollte er nicht im besonderen von der Wiedergeburt zu ihnen reden – nicht im besonderen. Wohl deutete er gelegentlich darauf hin, und er fügte hinzu: "Es kommt ja der Geist der Wahrheit, und dieser wird euch in alles Nähere einweihen."«[136]

Aus dem Zusammenhang des Gespräches über die Wiedergeburt und über die Propheten ergab sich Jesu Frage: "Was sagt das Volk, wer ich bin?" »Da erwiderte Petrus: "Die einen sagen, du seiest Johannes." Johannes der Täufer lebte damals nicht mehr, doch unter gewissen Menschen herrschte der Glaube, der Geist des Johannes sei auf Jesus übergegangen. Petrus sagte ausdrücklich: "Die *einen* sagen, du seiest Johannes." Damit meinte er jene Menschen, die diesen besonderen Glauben hegten; seine Bemerkung bezog sich somit nicht auf die Allgemeinheit. "Andere sagen", so fuhr Petrus fort, "du seiest Elia." Dazu ist zu sagen: Johannes der Täufer *war* Elia – der wiedergeborene Elia. Bei einer Gelegenheit, als Johannes noch lebte und sie nach Elia fragten, hatte Jesus den Seinen gesagt: "Ihr sprecht von Elia – dabei ist er mitten unter euch!" Petrus hatte also gesagt: "Andere behaupten, du seiest Elia." Das waren aber nicht jene, die – wie erwähnt – meinten, Jesus sei Johannes der Täufer; sie wußten also nicht, daß Johannes der wiedergeborene Elia war. Dann sagte Petrus noch: "Wieder andere glauben, du seiest Jeremia oder sonst einer der Propheten" – also einer der früheren Propheten.«[137]

»Darauf fragte Jesus: "Und was sagt ihr, wer ich bin?" Da antwortete ihm Petrus: "Du bist der Sohn des lebendigen Gottes!" Ihm erwiderte Jesus: "Petrus, das, was du gesagt hast, hat nicht Fleisch und Blut aus dir gesprochen." (Matthäus 16, 13–17.)« Jesus meinte damit, nicht der *äußere* Mensch Petrus habe hier gesprochen. »Er brachte damit zum Ausdruck, daß dieses Wort des Petrus eine Eingebung, eine Inspiration, gewesen war. Dies betonte Jesus in diesem Falle ausdrücklich: "Nicht Fleisch und Blut haben dir das eingegeben, sondern es ist der himmlische Vater, es ist mein Vater, der dir das gesagt hat!" Mit diesen Worten machte Jesus deutlich, daß auch die ihn begleitenden Jünger von der hohen Geisteswelt inspiriert werden konnten. Wenn Jesus sagte: "Dies hat dir mein Vater gesagt", so ist dies so aufzufassen: Dies sind Worte des himmlischen Vaters, die durch einen hohen Engel des Himmels aus Petrus gesprochen worden sind. Durch den Willen Gottes geschah es.«[138]

Jesus hatte nicht nur zu dem Jünger Johannes, sondern auch zu Petrus eine besondere Bindung. Er fügte nämlich hinzu: "Du bist der Fels; auf diesen Felsen will ich meine Kirche bauen, und die Pforten der Hölle werden sie nicht überwältigen." (Matthäus 16, 18; griechisch *pétros* bedeutet 'Fels'.) »Das besagt: Christus wollte seine Kirche *auf festem Glauben* bauen. Damit ist nicht ein äußerlich sichtbares Gebäude gemeint, sondern gemeint ist die Kirche Gottes unter Christi Herrschaft. Die Pforten der Hölle würden einen Glauben, wie Petrus ihn hatte, nicht überwältigen können. Also ging es um den festen Glauben, wie er Petrus eigen war und wie er ihn bekundete. So stark, wie Petrus in seinem Glauben war, wollte Jesus seine künftige Kirche sehen. Indem Jesus betonte, die Hölle werde diesen Glauben nicht überwältigen, nicht zunichte machen können, geht daraus zugleich hervor, daß die Hölle noch immer tätig ist.«

»Luzifer ist bereit, jederzeit die Pforten seines Reiches weit aufzutun« – ist er doch der Herrscher über die Menschen auf dieser Welt. Dieses Recht ist ihm zugesprochen worden, nachdem Christus ihn in der Hölle besiegt hatte. »Aber obwohl Luzifer dieses Recht besitzt, wird er die Gesetze, die damals aufgestellt wurden, wird er das Recht, das zu jener Zeit festgelegt worden ist, niemals umstoßen können. Er würde es nicht 'überwältigen' können, auch wenn ihm noch soviel Freiheit gelassen worden ist, unter den Menschen zu wirken und sie zu seinen Werkzeugen zu machen.« Vielmehr wird es einmal dahin kommen, daß diese Pforten, von denen Jesus sinnbildlich sprach, leer offenstehen werden, weil Luzifers Anhang, ja sogar Luzifer selbst aus der Hölle entschwunden ist. »Niemand wird mehr da sein, weil *alle* den höllischen Bereichen entflohen sein werden.«[139]

Jesus hatte mit den Worten geschlossen: "Was du auf Erden bindest, ist auch im Himmelreich gebunden. Was du auf Erden lösest, ist auch im Himmelreich gelöst." (Vgl. Matthäus 16, 19.) Aus diesen Worten hat man auf jeden Fall nicht *das* gemacht, was sie wirklich bedeuten. »Denn *kein* Mensch kann einem andern Menschen Sünden vergeben.

Wohl aber können zwei Menschen, die miteinander in Streit leben, einander vergeben, verzeihen. Wenn jemand auf dieser Welt dem andern etwas vergibt – es mag sein, was es wolle –, so bleibt dies auch im Himmelreich vergeben. Umgekehrt: Ist man auf einen Menschen voller Neid und Zorn, weil er einem vielleicht übel mitgespielt hat, und vermag man ihm nicht zu vergeben, dann bleibt nach dem geistigen Gesetz dieser Groll in der Seele bestehen.«[140] Was auf solche Weise 'gebunden' bleibt, wirkt sich für den Betreffenden als Belastung aus, die dann in der geistigen Welt 'gelöst', das heißt bereinigt werden muß.

Auf dem Berg Tabor

Einst ging Jesus mit den drei Jüngern Johannes, Petrus und Jakobus, dem Bruder des Johannes, auf den Berg Tabor, und dort erlebten diese Jesu Verklärung (vgl. Matthäus 17, 1–13).

»Jesus hatte, schon ehe er beabsichtigte, auf den Berg Tabor zu gehen, dies alles in einer Vorschau gesehen, und so ging er in der Absicht dorthin, es zu erleben. Oft ging Jesus, wenn er beten wollte, in die Wüste. Auch ging er [in Jerusalem] nachts in den Garten Gethsemane, fern von den Menschen, um allein zu sein.« Das wurde früher schon berichtet. »Allein wollte Jesus vor allem dann sein, wenn er mit dem Vater oder mit hohen Geistern des Himmels Zwiesprache hielt. Auch Mose war seinerzeit in die Berge geflohen, weil er Ruhe und Stille brauchte. Er entzog sich der Umgebung seiner Mitmenschen. So war es auch bei Jesus, ausgenommen damals, als er drei seiner Jünger mitnahm. Er tat dies mit der Absicht, ihnen wenigstens *einmal* ein solches besonderes Erlebnis zu ermöglichen. Zu jener Zeit konnten selbst diese Jünger das Geschehen nicht verstehen, aber sie hatten Glauben. Sie hatten den festen Glauben, daß Jesus Gottes Sohn war. Sie glaubten ihm und waren ihm treu ergeben – trotzdem vermochten auch sie so manches nicht zu begreifen.«[141]

»Als Jesus auf dem Berge angekommen war, kniete er nieder und fing an zu beten.« Die Jünger, müde geworden, legten sich nieder, um zu schlafen. Auf einmal verklärte sich Jesus – so wie es heißt: "Sein Angesicht leuchtete wie die Sonne, sein Gewand wurde so weiß wie Schnee." »Wunderschön war seine Gestalt. Aus dem Schlafe erwacht, waren die Jünger zuerst erschrocken. Sie wichen einige Schritte zurück. Plötzlich erblickten sie zwei strahlend lichte Wesenheiten, die sie auch zu erkennen glaubten. Sie hörten, wie Jesus zu ihnen sprach; allein, sie vermochten es nicht deutlich zu vernehmen. Sie zogen sich noch weiter zurück, denn sie fingen an sich zu fürchten, während Jesus in diesem Glanze war und auch die beiden Wesenheiten in ihrem Lichte dastanden.« Die Jünger waren von diesem Geschehen überwältigt. »Petrus rief aus: "Hier wäre es doch gut sein für uns! Laß uns doch drei Hütten bauen, dir eine, Mose eine und Elia eine! ..." Niemand hatte Petrus gesagt, wer diese beiden Männer waren. Von innen heraus, aus seinem Geiste, war er zu dieser Erkenntnis gelangt, und so sprach er diese Worte. Diese entsprachen der Wahrheit: Es war Elia, es war Mose, und sie redeten mit Jesus über seine nahe Zukunft, über das, was sich mit ihm ereignen werde.«[142]

»Dann aber entschwanden die beiden Gestalten, und die drei Jünger bemerkten, wie Jesus allmählich wieder sein ihnen gewohntes Aussehen annahm. Sie fingen an ganz aufgeregt zu reden, als sie eine Wolke erblickten, die sich plötzlich auf sie zu bewegte und sich über ihnen verdichtete. Aus dieser lichten Wolke erscholl eine Stimme. Wieder erschraken sie und wichen abermals einige Schritte zurück. In ihrem Schrecken knieten sie nieder, das Gesicht tief zur Erde geneigt, denn sie hatten wahrhaftig Angst. Es war für sie ein ganz außerordentliches Erlebnis. Sie hörten die Stimme, eine Stimme aus der Wolke.« Jetzt vernahmen sie ganz deutlich die Worte: »"Dies ist mein geliebter Sohn, an ihm habe ich mein Wohlgefallen. Folgt ihm, tuet, was er sagt!" Es währte eine Weile; dann schritt Jesus auf die Jünger zu. Er mußte sie berühren, indem er zu ihnen sprach: "Habt keine Angst, es ist alles in Ordnung. Aber sagt niemandem etwas von dem, was ihr hier erlebt habt. Erst dann, wenn der Menschensohn vom Tode auferstanden ist, dürft ihr anderen euer Erlebnis kundtun."«[143]

»Die Jünger waren von diesem Erleben noch ganz erfüllt. Aufgeregt fragten sie einander: "Hast du gehört? Stimmt das, was wir gehört haben? Hat wirklich Gott gesprochen? ..." Und sie fragten den Meister: "War das der Vater, der mit dir geredet hat? Wir haben deutlich eine Stimme vernommen, und doch ist niemand um uns ..." – "Ja", erwiderte ihnen Jesus, "ich habe mit dem Vater geredet. Ihr durftet es hören, daß ich mit dem Vater gesprochen habe." Dadurch gab Christus seinen Jüngern Zeugnis und Bekräftigung, daß er wahrhaftig Gottes Sohn war.«[144]

»Wieder nahm Petrus das Wort und sagte zu Jesus: "Warum sagen die Schriftgelehrten, Elia werde wiederkommen?" Petrus und die beiden anderen Jünger hatten ja nun Elia in seiner Erscheinung erlebt. Da sie an Jesus als den Sohn Gottes glaubten, wie er es ihnen kundgetan hatte, wollten sie nun von ihm wissen: "Warum sagen uns denn die Schriftgelehrten, ehe der Messias komme, müsse erst Elia kommen?" Ihr Meister hatte ihnen doch gesagt, *er* sei der Sohn Gottes, der Befreier und Erlöser, und es war kein Elia da ... So mußte Jesus ihnen erklären: "Ja, gewiß sollte Elia kommen und alles wiederherstellen. Aber ich sage euch: Elia *war* schon da, und sie haben ihm angetan, was sie nicht hätten tun dürfen." Damit gab er ihnen zu verstehen, wer dieser Elia gewesen war, und die Jünger begriffen, daß er Johannes den Täufer meinte. Er war der wiedergeborene Elia gewesen« – davon war oben schon die Rede. »Jesus fügte hinzu: "Elia war schon da, und er wurde nicht erkannt. Großes Leid taten sie ihm an, und so werden sie auch dem Menschensohn großes Leid antun – wie sie wollen ..."«[145]

Jesus hatte den drei Jüngern eine Schau in die geistige Welt ermöglicht. »Er redete doch immer wieder von *seinem* Reich, und so wollte er den Jüngern die Bestätigung erbringen, daß das Reich, von dem er sprach, eben kein für Menschenaugen sichtbares Reich, sondern ein *geistiges* Reich war. Solche Schauungen hatte Jesus im Laufe der Zeit öfters gehabt, ohne daß seine Jünger miteinbezogen gewesen wären. Durch dieses Erlebnis jedoch wurden die Jünger in ihrem Glauben an ihn gefestigt.«[146]

Von Gott zu Christus geht ein Band geistiger Zugehörigkeit aus, ein geistiges *Odband*, das auch während seines Menschendaseins – wie früher schon erwähnt – erhalten blieb. »In diesem Odband waren und sind jene Kräfte enthalten, die Christus einst zur Verfügung standen, als er die Schöpfung aufbaute. So brauchte er nur noch den Anschluß an die irdischen [materiellen] Verhältnisse, und dazu mußten ihm Engel Gottes behilflich sein. Engel Gottes nahten sich ihm und ermöglichten das Zustandekommen seiner Krafttaten. Menschen freilich vermochten diese Bande der göttlichen Zugehörigkeit nicht wahrzunehmen, weil es sich dabei ja um geistige Bande handelte, die von seinem Innersten, von seiner Seele aus ihn mit dem Vater verknüpften. Durch ebendiese Bande [und durch die Mithilfe seiner göttlichen Geschwister] wurde es auch möglich, *geistige Stoffe zu verdichten.* Denn da

Mose und Elia als Engelwesen der himmlischen Welt Lichtgestalten waren, mußten sie mit ihrem Eintritt in die irdische Atmosphäre verdichtet werden, um sich ihr anzupassen und um von den Jüngern gesehen werden zu können. Jesus selber hätte sie auch wahrgenommen, ohne daß sie ihre Lichtgestalt verdichtet hätten. Er hätte sie, wie dies bei ihm oft der Fall war, in ihrer [geistigen] Lichtgestalt zu erblicken vermocht, eben kraft des ihm eigenen Bandes der göttlichen Zugehörigkeit. Mittels dieses Bandes konnte er auch mit der Geisteswelt Gespräche führen, von denen die Menschen keine Ahnung hatten und über die auch heute die Menschen noch nicht Bescheid wissen. Die Verdichtung der beiden Lichtgestalten wurde also nur um der Jünger willen notwendig, denn sie sollten sie erblicken können.«[147]

Jesus selbst war bei diesem Geschehen so in seinem Glanze und in seiner Herrlichkeit, weil hohe Geister Gottes gewisse Substanzen, etwas von dem Ewigen, Unvergänglichen, das dem Geistesleib Christi im Himmel eigen war, ihm zurückbrachten, um ihn vorübergehend damit einzuhüllen. »Sie brachten von dieser Kraft und verdichteten sie in einer Weise, daß auch Menschenaugen es wahrnehmen konnten. Die Jünger sollten ihren Meister in seiner Pracht und Herrlichkeit *schauen* können.«

»Jesus hatte die drei Jünger geheißen: "Sagt niemandem etwas davon. Erst dann könnt ihr es tun, wenn der Menschensohn selbst sich den Seinen gezeigt hat, wenn er von den Toten auferstanden ist." Damals, als er dann den Jüngern erschien, verdichtete Christus seinen Geistesleib in derselben Weise, daß er für Menschenaugen sichtbar ward. Denn er wollte, daß seine Getreuen ihn als Auferstandenen erleben konnten. Die drei Jünger jedoch [Petrus, Johannes, Jakobus] sollten ein solches Geschehen schon vorher erleben dürfen. So hatte Jesus, damit sein Antlitz ganz licht wurde und wie eine Sonne leuchtete, von den irdischen Stoffen seiner menschlichen Gestalt Teile aufgelöst, um sich ganz vergeistigt zeigen zu können. Dies tat er bewußt, und es war ihm möglich. Als höchstgeschaffener Geist wollte sich Christus diesen Jüngern in seinem geistigen Wesen zeigen. Sie sollten ihn so schauen können und dadurch schon als Menschen eine Ahnung, eine Vorstellung von seinem wirklichen geistigen Aussehen in der himmlischen Welt gewinnen. Es sollte für sie ein Beweis dafür sein, daß wirklich der Sohn Gottes aus der unsichtbaren Welt, aus der Welt des Geistes und der Ewigkeit, herausgetreten und in die Erdenwelt gekommen war.«

»Und nun zur Entstehung der Wolke. Sie war eine verdichtete geistige Masse, eine verdichtete Odwolke. Durch diese Odverdichtung wurde es ermöglicht, daß sich eine Stimme vernehmen lassen konnte – gewissermaßen, nach menschlichen Begriffen, wie durch ein Sprachrohr.« Dasselbe war ja auch bei Jesu Taufe geschehen. »Unsichtbare Stoffe spielen eben eine bedeutende Rolle. Auch in diesem irdischen Dasein des Menschen gibt es geistige, unsichtbare Kräfte, die verdichtet, also sichtbar gemacht werden könnten. Zu einer solchen Verdichtung braucht es freilich viel.«[148]

Die Bitte der Söhne des Zebedäus

Die beiden Brüder Johannes und Jakobus, die Söhne des Zebedäus, traten einmal an Jesus heran. »Sie sagten: "Wir möchten, daß du uns eine Bitte erfüllst." – "Welche Bitte soll ich euch erfüllen?" fragte Jesus. Darauf sprachen sie: "Die Bitte, daß, wenn du in deiner Herrlichkeit bist, der eine von uns zu deiner Linken, der andere zu deiner Rechten sitzen darf." Jesus entgegnete ihnen: "Ihr könnt nicht mit jener Taufe getauft werden, mit der ich getauft werde. Ihr könnt nicht jenen Kelch trinken, den ich trinken werde." Die beiden behaupteten: "Doch, wir werden es! . . ." Darauf sprach Jesus zu ihnen: "Ihr werdet einen Kelch trinken, wie ich ihn trinke, und ihr werdet getauft, wie ich getauft werde. Doch den Platz im Himmel, den ihr verlangt, kann ich euch nicht zuweisen – der ist schon vergeben." (Vgl. Matthäus 20, 20–23.)«

»Jesus wollte seinen Jüngern, die doch auch in seiner schweren Zeit zu ihm standen, nicht einfach sagen: "Ihr könnt dereinst nicht zu meiner Rechten und zu meiner Linken sein." Also sagte er zu ihnen: "Ich kann diese Plätze nicht zuweisen, denn es ist schon bestimmt, an wen sie vergeben werden." Damit wollte er im Grunde sagen: "Ich stehe doch zur Rechten *Gottes* – also könnt *ihr* nicht an meiner Seite sein." Mit diesen Worten mochte er es ihnen jedoch nicht sagen, sondern er versuchte, sie darüber hinwegzutrösten, indem er darauf hindeutete, daß Gott selber diese Plätze vergebe. Damit mußten sich die beiden Jünger begnügen.«

»Jesus hatte zu den beiden gesagt: "Mit *der* Taufe, mit der ich getauft werde, könnt *ihr* nicht getauft werden."« Dies ist selbstverständlich nicht wörtlich aufzufassen, denn Jesus war ja schon durch Johannes den Täufer getauft worden. »Mit 'Taufe' ist hier also etwas anderes gemeint. Zudem sprach Jesus nicht von der Vergangenheit, sondern von der Zukunft – er sprach vom Getauft-*Werden.* Auch redete er von dem Kelch, den er trinken werde und den sie nicht ebenfalls trinken könnten. Jesus sah die Ausführung seines Auftrages auf sich zukommen. Zugleich sah er auch den Auftrag der Jünger. Doch zwischen diesen Aufträgen war eben ein großer Unterschied ... Jesus hatte einen wahrhaft bedeutungsvollen Auftrag zu erfüllen. Mit dem Kelch, den er trinken müsse, war sein Leiden gemeint, das er *um der Menschheit willen* auf sich nehmen mußte. Die beiden Jünger aber würden nicht jenes Leiden durchzustehen haben, wie es auf ihn zukam. Ähnliches gilt auch für die 'Taufe', die ihm bevorstand. Mit ihr war nicht nur das Leid und der Hohn gemeint, den Jesus würde ertragen müssen, sondern mit ihr war vor allem der Kampf gemeint, den er danach im Totenreich würde ausfechten müssen. Mit diesem Kampf, so meinte es Jesus, hätten die beiden Jünger nichts zu tun. Wohl hätten sie seinetwegen auch zu kämpfen und zu leiden, doch nicht in dem Maße, wie er, Jesus, zu leiden und zu kämpfen habe.«[149]

»Daß es schwer ist, als Mensch in dieser Welt zu leben, das wußte auch Jesus. Er hatte dafür gerade auch mit seinen eigenen Jüngern genügend Beweise erlebt. Fragten sie ihn doch einmal: "Meister, sag uns doch: Wer ist der größte von uns?" (Matthäus 18, 1.)« Über diese Frage war Jesus etwas enttäuscht. »Sie wollten wissen: "Wer hat bei dir und bei Gott das größte Ansehen?" Und Jesus mußte ihnen klarmachen, indem er sich eines Beispiels bediente: "Nicht der am Tische ißt, muß der Größte sein. Der Diener kann geistig auch erstarkt sein und dadurch zu den Großen gehören." Es solle kein Unterschied gemacht werden, ob einer ein Diener ist oder ob er – wie man es zu jener Zeit ausdrückte – am Tische ißt, also sich bedienen läßt. Jesus gab ihnen zu verstehen: "Könige herrschen zwar über Völker, aber im Geiste herrscht man nicht." Auch gab er den Jüngern zu verstehen, daß es bei Gott kein Ansehen der Person auf dieser Welt gibt, daß also keiner sich rühmen kann, der Größte zu sein. Denn alle Menschen auf dieser Erde sind Geschöpfe Gottes. Alle diese Menschen gehören in das Königreich Christi. Ihre Tätigkeit, die sie auf dieser Erde ausüben, ist für die Geisterwelt Gottes nicht maßgebend. Maßgebend ist allein, was aus ihrem Wirken *geistig* entstanden ist. Denn für einen jeden Menschen ist das Leben eine Prüfung. Auch Jesus hat dies seinen Aposteln gegenüber erwähnt. "Wir alle" – und damit bezog er sich selbst ein – "wir alle stehen in der Prüfung." Das sagte er bei einer Gelegenheit zu seinen Jüngern.«[150]

Herrenworte

Die von Jesus überlieferten Worte werden nur verständlich, wenn man sie als Bestandteil seines Erlösungsauftrages erkennt. Dieser ist eine Folge einerseits des Abfalls und andererseits der unendlichen Liebe Gottes und Christi gewesen. Im folgenden werden einzelne Herrenworte im Lichte dieser Erkenntnis näher betrachtet.

»Ich bin das Licht der Welt«

»Wenn Jesus sagte: "Ich bin das Licht der Welt" (Johannes 8, 12), so ist das *geistig* gemeint. Jesus war in eine geistige Dunkelheit hinein gekommen, denn damals war nicht nur die Hölle, sondern auch die Welt eine einzige geistige Finsternis. In diese Finsternis brachte er Licht, indem er seinen Auftrag erfüllte und die Menschheit erlöste. Jesus hat mit seinem Wort, seiner Lehre, und mit der Erfüllung seiner Aufgabe dieser Welt das geistige Licht gebracht.«[1]

»Als Sohn Gottes trägt Christus in sich das höchste und herrlichste Licht, das man im Geiste sehen und erleben kann. In seiner Seele ist dieses große geistige Licht, das Licht des Himmels, das er vom Vater erhalten hat und das er damals in diese Welt mit hineinbrachte, als er den Auftrag erfüllte, den ihm Gott gegeben hatte. Darum konnte Jesus auch sagen: "Ich bin ein Licht, in die Welt gekommen, daß alle, die an mich glauben, nicht in Dunkelheit wandeln." [Dies ist der richtige Wortlaut für die Stelle Johannes 12, 46.] Wer aber an Christus glaubt, muß auch beherzigen und befolgen, was er verkündet hat. Tut er das, so kommt er als ganzer Mensch in ein geistig höheres Bewußtsein hinein – und eben dadurch kommt er Christus näher. Dann verbindet sich sein eigenes geistiges Licht, das er in der Seele trägt, mit dem Christuslicht.«[2]

»Ich bin das Brot des Lebens«

»Jesus hatte den Seinen erklärt: "Ich bin das Brot des Lebens" (Johannes 6, 35) und: "Eure Väter aßen das Manna, und sie starben; wer aber mein Brot ißt, stirbt nicht" (Johannes 6, 49–51).« Jene Menschen wollten das nicht verstehen. »Vielmehr entgegneten sie ihm: "Mose hatte es so weit gebracht – er war mit Gott in Verbindung, und darum kam das Brot vom Himmel. Das sah man. Aber von dem Brote, von dem du sprichst, sieht man nichts ..." Darauf gab Jesus ihnen zur Antwort: "Die Menschen, die von jenem Brote aßen, sie starben. Das Brot jedoch, das ich euch zu geben habe, das spendet Leben und mit dem stirbt man nicht." Das konnten seine Zuhörer nicht verstehen; so hatten sie dafür nur Spott übrig.«

»Wie ist das zu verstehen? Damals, als diese Menschen durch den Propheten Mose in der Wüste das Manna erhalten hatten, mußten sie nach ihrem leiblichen Tode zurück ins Totenreich; denn damals gehörten sie noch Luzifer. Noch hatte die Erlösung durch Christus nicht stattgefunden, und so konnten sie nicht in die himmlische Welt zurückkehren. Jene Menschen meinten, das Manna wäre das Brot des Himmels, und wer solches habe essen dürfen, müsse doch von Gott aufgenommen werden.« Zwar hatte ihnen der Himmel Brot geschenkt und damit ihren irdischen Leib ernährt; »gleichwohl waren sie des 'Todes' – sie waren bei ihrem Abscheiden von der Erde zum 'Tod' verurteilt. Denn noch waren die Himmel verschlossen, und so mußten jene wieder ins Totenreich einkehren.«

»Und nun kam Jesus und verkündete: "Ich bin das Brot des Lebens; wer von diesem Brot ißt, stirbt nicht." Mit diesem Brot war nicht Manna gemeint, das man wirklich essen konnte. Was Jesus damals zum Ausdruck brachte, war dies: "Wer an mich glaubt, wird *leben.* Ich gebe eurem Geiste Nahrung. Ihr bekommt von mir die Kraft, und ich schaffe für euch die Möglichkeit der Heimkehr [ins wahre Leben], denn ich verbinde und versöhne euch mit dem Vater. Ich nehme den Kampf mit Luzifer auf; denn alles, was der Vater mir gegeben hat, will ich ihm wieder zurückbringen." Jesus war gekommen, um die Menschheit aus der Herrschaft Luzifers zu befreien, sie vom geistigen Tode zu erlösen.«[3]

»Ich bin der Anfang und das Ende«

In einem Streitgespräch warf Jesus den Pharisäern vor: »"Ihr seid nur nach dem Fleischlichen ausgerichtet. Nur das Sichtbare dieser Welt hat für euch Bedeutung. Nur darauf stellt ihr euch ein; nur nach dem urteilt ihr. Aber ihr habt keine Kenntnis vom Geistigen. Ihr wißt nichts von einem höheren, geistigen Leben. Ihr könnt ja nicht anders urteilen als diese Welt, von der ihr seid. Ich komme von oben, ihr aber kommt von unten." (Vgl. Johannes 8, 23.) Das vermochten sie nicht zu begreifen, und so forderten sie Jesus heraus: "So sag uns doch, wer bist du denn?" Er gab ihnen zur Antwort: "Ich bin der Anfang und das Ende."«

Dieses Herrenwort stand ursprünglich bei Johannes 8, 25, ist dort aber im heutigen Wortlaut entstellt zu: "Was rede ich überhaupt noch zu euch?" Im griechischen Urtext ist an dieser Stelle vom ursprünglichen Wortlaut nur noch das Wort für 'Anfang' erhalten, allerdings als Akkusativ *tên archên,* und diesen kann man auch mit 'überhaupt' übersetzen. Erhalten ist das ursprüngliche Herrenwort jedoch noch in Offenbarung 22,13.

»Aus den Worten "Ich bin der Anfang" geht hervor, daß Christus nicht urewig war [wie Gott] und daß es auch keine Verschmelzung zu einer Person [von Vater, Sohn und Heiligem Geist] gibt. Christus ist der Erstling der Schöpfung Gottes. Wenn behauptet wird, Christus sei Gott und ewig wie der Vater, so trifft das nicht zu. Welch ein Widerspruch ist dies doch, wenn man andererseits von Christus als vom eingeborenen Sohn Gottes spricht! Darum gab es für diesen eingeborenen Sohn einen 'Anfang'. Der erste Satzteil bedeutet somit: "Ich bin Gottes erste Schaffung." Jesus wollte aber zugleich damit sagen, daß alles im Himmel und auf Erden aus ihm und durch ihn geschaffen worden war.«[4]

Indem Jesus sagte: "Ich bin das Ende", bezeichnete er sich auch als das Ende der unmittelbaren Schöpfung Gottes. »Er wird der einzige aus Gott Geborene bleiben, denn *keiner* wird nach ihm aus Gott geboren werden. Darum konnte er mit Recht sagen: "Ich bin der erste, ich bin der Anfang – aber auch das Ende."«[5]

Zugleich nehmen diese Worte auch Bezug auf Christi Erlösungswerk. »Keiner kann je kommen und im selben Auftrag ausgehen, wie Christus es getan hat. *Er* war es, der ausgegangen war. Auch insofern ist er Anfang und Ende, denn *er* hat die Brücken geschlagen für die Heimkehr zu Gott.« Christus hat der Hoffnungslosigkeit der Abgefallenen in den Tiefen ein Ende bereitet.[6]

»Ich bin der Erste und der Letzte«

Jesu Wort "Ich bin der Erste und der Letzte" ist innerhalb der biblischen Überlieferung ebenfalls nur in der Offenbarung des Johannes (22, 13) erhalten geblieben. Auch dieses Herrenwort bezieht sich einerseits auf die unmittelbare Geistschaffung Gottes und andererseits auf Christi Erlösungswerk. Freilich, als Jesus dieses Wort sprach, hatte er sein Erlösungswerk noch nicht vollbracht. Diesbezüglich war es also, wie so manche Herrenworte, ein Vorgriff auf die Zukunft.

»Christus ist der *Erstling* der Schöpfung Gottes.« Er ist jedoch zugleich auch der *letzte* unmittelbar von Gott geschaffene Geist – hat doch Gott die weitere Entfaltung seinem eingeborenen Sohn übertragen. »Christus war aber auch der erste, der in die Hölle eindrang und sie als Sieger wieder verließ. Er war der erste, der [als Mensch gewesener Geist] ins Reich der Finsternis hinabstieg, ohne daß dessen Herrscher auf ihn, der da in sein Reich eindrang, ein Anrecht gehabt hätte. Er war der erste [und zugleich der letzte], der in dieser Hölle Gericht hielt. Kein anderer sollte nach ihm kommen, denn niemals sollte es je notwendig werden, dort ein anderes Gericht zu halten als das, welches Christus in diesem Totenreich gehalten hat.«[7]

»Christus hat dafür gesorgt, daß Luzifers Rechte in seinem Reich, in dem er regiert, *beschränkt* wurden. [Darüber ausführlich im zehnten Kapitel.] Er hat Luzifer *seine* Bedingungen auferlegt.« So hat Christus mit Bezug auf diese Bedingungen von sich gesagt: *"Ich bin das A und das O."* (Offenbarung 1, 8 und 22, 13.) »Damit meinte er: *"Ich* habe Luzifer in seinem Reiche Bedingungen auferlegt." Dadurch hat Christus auf alle Zeiten hinaus Luzifer die *neue Gesetzgebung* vorgeschrieben. Er war und ist, wie es heißt, "das A und das O". Dieses Wort umschreibt seine Gesetzgebung.«[8]

»Ich habe euch erwählt«

»Zu der Zeit, als Christus mit dem Vater noch allein zusammen war, hatten sie gemeinsam den Wunsch, die himmlische Welt so zu bevölkern oder zu beseelen, daß die Scharen der Himmelsbewohner überaus groß sein würden. Diese gewaltigen Scharen wollte Gott alle seinem Sohne anvertrauen. Ihm sollten alle diese Scharen angehören und Gehorsam leisten.« Das wurde im ersten Kapitel näher ausgeführt.

»Wenn Jesus sagte: "Ich habe euch erwählt" (vgl. Johannes 15,16), so heißt dies nach heutigen Begriffen: "Es war mein Wunsch gewesen." Doch immer wieder betonte Jesus, daß sein Wunsch auch der Wunsch des Vaters war, und umgekehrt. Denn sie waren und sind eins in ihrer Gesinnung, in ihrem Willen, in ihrer Schöpferkraft. Von da her sind die erwähnten Worte zu verstehen. Ist doch alles Christus zu verdanken, was in den Himmeln und auf Erden geworden ist. Alles kommt von Christus – also hat *er* die anderen berufen, erwählt, nicht sie ihn.«

»Christus hat es auch als *seine* Aufgabe betrachtet, die Seinen, die ihm durch ihren Ungehorsam einstens beim Fall der Geister verlorengegangen waren, wieder zurückzuführen. Diesen Wunsch hatte der Vater zuerst, und er tat ihn dem Sohne kund. Denn Gott, der Vater der Liebe und Güte, hatte Erbarmen mit den Gefallenen; doch er ließ seinem Sohne das Vorrecht bei der Heimführung. Christus sollte sich auf den Weg machen, um die Seinen wieder zu sich und zum Vater zurückzubringen.« Das Herrenwort bezieht sich daher ebenso auf die Erlösung durch Christus.[9]

»Nicht die Menschheit konnte sich ihren Erlöser erwählen. Sie konnte nur in dem Verlangen nach Befreiung aus ihrer Qual leben. Indem Jesus sprach: "Ich habe euch in diese Welt erwählt, nicht ihr habt mich erwählt", wollte er zum Ausdruck bringen: "Auf meinen Wunsch hin seid ihr als Menschen in dieser Welt, in einer Welt, die vom Bösen her auch ihren Einfluß auf euch ausübt." Jesus wollte und konnte ihnen nicht sagen: "Ihr Menschen seid vom Himmel Ausgestoßene ... Ich aber habe euch für diese Welt erwählt. Diese Welt soll für euch eine Stätte des Aufstiegs und der Befreiung aus der Knechtschaft des Bösen werden. So habe *ich* euch dazu erwählt. Nicht ihr habt mich erwählt." Damit ist auch gemeint: Jene Gefallenen und von Gott Getrennten konnten keine Bedingungen stellen, weder Gott noch Christus gegenüber. Sie waren Ausgestoßene des Himmels. Alles lag in der Barmherzigkeit und Liebe Gottes und in der Liebe und Barmherzigkeit des Erlösers.«[10]

»Wäre ich nicht gekommen, hätten sie keine Sünde«

Mit dem Herrenwort: "Wäre ich nicht gekommen und hätte ich nicht mit ihnen geredet, hätten sie keine Sünde" (Johannes 15,22) waren nicht die Menschen im allgemeinen gemeint. »Je näher die Stunde der Erfüllung seines Erlösungsauftrages rückte, um so mehr beschäftigte sich Jesus gerade mit den Menschen, die ihm Leid zufügen und ihn zum Tode verurteilen würden. Es waren also die Pharisäer und Schriftgelehrten gemeint. Diese Menschen hätten keine Sünde gehabt, wenn er nicht gekommen wäre und nicht mit ihnen geredet hätte. Das heißt aber nicht, daß sie nicht die Todsünde [des Abfalls von Gott] auf sich trugen – diese hatten sie. Jesus meinte damit die Sünde der Bosheit, der Verleumdung, des Unglaubens, der Falschheit, die diese Menschen ihm gegenüber begingen.«

»In diesem Zusammenhang hatte Jesus auch gesagt: "Keiner vor mir hat die Werke getan, wie ich sie vollbracht habe." Jesus hatte doch [durch diese Werke] den Beweis erbracht, daß er Gottes Sohn war, wie er ihnen immer gesagt hatte; doch sie nahmen ihn nicht an. Darum konnte er sagen: "Wenn ich nicht gekommen wäre, hätten sie keine Sünde. Da ich aber gekommen bin, haben sie keine Ausrede mehr, und sie haben nun Sünde." (Vgl. Johannes 15, 22.) Denn da Christus gekommen war, *betätigten* sie die Sünde des Unglaubens, der Bosheit und der Falschheit. *Das* war die Sünde, von der Jesus sprach.«[11]

»Ich werde den Tempel Gottes niederreißen ...«

Bei der Verurteilung Jesu traten Zeugen auf, welche behaupteten, er habe gesagt: "Ich kann den Tempel Gottes zerstören und nach drei Tagen aufbauen" (Matthäus 26, 61). Das Herrenwort lautete: "Ich werde den Tempel Gottes niederreißen und nach drei Tagen wieder aufbauen."

»Darüber lachten die Pharisäer und Schriftgelehrten, und auch seine Jünger zweifelten. Warum zweifelten die Jünger? Sie dachten menschlich. Sie wußten nicht, daß auch dieses Wort *geistig* gemeint war. Jesus sprach davon, daß er den Tempel niederreißen werde, weil die Menschen, die im Tempel lehrten, so vieles falsch auslegten. Jesus war ja oft in den Tempel und in die Synagogen und Betsäle gegangen, und er hatte versucht, das, was dort gelehrt wurde, richtigzustellen, weil er sah, daß es im Widerspruch zur Wahrheit stand.«

»So sprach man dort nicht von einem gütigen Gott, sondern von einem zürnenden Gott. Man sprach davon, daß Gewalt mit Gewalt erwidert werden müsse. Jesus aber lehrte das Gegenteil. Also mußte er das, was man in geistiger Sprache als 'Tempel' bezeichnet, niederreißen, um einen neuen 'Tempel', eine *neue Kirche*, zu errichten. Dies sollte geschehen, wenn er am dritten Tage aus der Hölle auferstanden war, nachdem er dort Letztes Gericht gehalten, also für alle Zeiten Recht gesprochen hatte. Der neue 'Tempel' sollte eine Kirche Gottes sein und unter Gottes Herrschaft stehen. Christus wollte dann dieser Kirche die notwendigen Hinweise, Erklärungen und Belehrungen zukommen lassen, damit sich Gottes Herrschaft in ihr entfalte und wirksam werde. Hatte er doch schon seinen Jüngern verheißen, er werde den Geist der Wahrheit senden, um die Menschen über jene Dinge zu unterrichten, die sie als Geheimnisse damals noch nicht verstehen konnten. In dieser neuen Kirche, die Gottes Herrschaft bedeuten soll, würde wahrhaftig Gottes Wort verkündet werden.«[12]

Die Fangfrage der Sadduzäer

Eine Gruppe von Sadduzäern versuchte, Jesus zu verunsichern, indem sie ihn fragten, was nach der Auferstehung – an die sie nicht glaubten – mit einer Frau geschehe, die in ihrem Leben mit mehreren Männern verheiratet gewesen war; wem solle sie in der andern Welt gehören? (Vgl. Matthäus 22, 23ff.) »Sie drängten Jesus, ihnen dies zu beantworten, weil sie meinten, ihn dadurch in Verlegenheit zu bringen. Denn er sprach doch soviel von dieser andern Welt, von dem seligen Leben dort, und daß man sich dort wiederfinden würde. Diese Menschen nun glaubten, sie könnten mit ihrer Frage Jesus verwirren. Doch er gab ihnen zur Antwort: "Ihr irrt. Es ist nicht so, wie ihr meint. Denn im Himmelreich wird nicht geheiratet oder verheiratet."«

Im ersten Kapitel wurde dargelegt, daß alle Geistwesen – nur Gott und Christus ausgenommen – als Paare, als Duale, geschaffen wurden und werden. Das sind die Ehen, die im Himmel geschlossen werden. Durch den Abfall wurden die Duale zumeist auseinandergerissen. Ein gestürztes Dual, das sich wiederfand, waren Adam und Eva. Für die Menschen gilt, daß sie in der Regel nicht mit ihrem Dualwesen zusammenleben. Nach diesem Du wird man in der geistigen Welt auf die Suche gehen müssen. »Auf die Suche macht sich derjenige, der bereits eine bestimmte Geistesstufe erreicht hat. Er trägt dann ein höheres Verlangen in sich. Doch wie viele kommen in die Jenseitswelt herüber, die sich nicht auskennen und nicht einmal wissen, daß sie gestorben sind, sondern nur das einzige Verlangen haben, wieder mit jenen zusammen zu sein, mit denen sie auf Erden gelebt haben! Die Möglichkeit zu einem Zusammensein ist in der Tat vorhanden. Ob aber jene, mit denen man im Leben zusammen war, auch wirklich die eigenen *geistigen* Angehörigen sind, ist eine andere Frage. Das erkennt keiner, der sich noch in den unteren Aufstiegsstufen befindet. Er fragt auch gar nicht nach seiner wirklichen, geistigen Familie. Deshalb konnte Jesus den Sadduzäern diese Antwort geben.«[13]

»Wenn einer dich auf die Wange schlägt...«

Jesus sagte: "Wenn einer dich auf die Wange schlägt, halte ihm auch die andere hin." (Matthäus 5, 39.) »Dies darf nicht wörtlich aufgefaßt werden. Man soll – so ist dies gemeint – eine Kränkung nicht in gleicher Sprache, mit gleicher Münze heimzahlen, sondern man soll dem Betreffenden verzeihend begegnen. Man soll für ihn Verständnis aufbringen, ihm wohlwollend entgegentreten. Den Haß des andern soll man mit Liebe vergelten. Oder, anders ausgedrückt: "Du sollst nicht mit dem andern streiten!"«

»Ähnliches gilt für Jesu Wort: "Fordert einer den Rock, so gib ihm noch den Mantel dazu." (Matthäus 5, 40.) Das besagt: Nimm dich des Nächsten an. Gib ihm nicht nur das Nötigste, das er braucht, gib ihm noch etwas dazu! Wenn es darum geht, Gutes zu tun, dann sei nicht geizig, nicht engherzig, sondern wenn du dem Nächsten einen Gefallen erweisen, wenn du ihm dienlich sein kannst, dann sei großzügig! Tue es aus höherer Liebe heraus – aber tue es niemals aus Berechnung...«[14]

»Was nennst du mich gut?!«

Einmal kam ein junger Mann zu Jesus und sagte zu ihm: "Guter Meister, was soll ich tun, um ins Himmelreich zu gelangen?" (Vgl. Matthäus 19, 16–17.) "Guter Meister" hatte er gesagt. »Doch Jesus erwiderte empört: "Was sagst du – guter Meister? Wer ist gut? Niemand ist gut außer dem Vater. Nur beim Vater ist alles gut!" Damit meinte Jesus: Nur beim Vater ist die Vollkommenheit. Kein Geschöpf, das als Mensch auf dieser Erde lebt, ist unfehlbar, wenn selbst Christus von sich sagte: "Was nennst du mich gut?! Nur der Vater ist gut!" Ja, beim Vater ist die Vollkommenheit. Jesus hätte dies doch wahrhaftig auch auf sich beziehen können; aber er, der höchste von Gott geschaffene Geist, wehrte sich dagegen, daß man ihn 'gut' nannte.« Heute würde man statt 'gut' vielleicht 'vollkommen' oder 'unfehlbar' übersetzen.[15]

»Ehe Abraham war, war ich«

»Jesus sprach zu den Pharisäern: "Ehe Abraham war, war ich." (Johannes 8, 58.) Was aber antworteten sie ihm? "Du bist noch nicht fünfzig Jahre alt, und du behauptest, vor Abraham gewesen zu sein! Welch eine Gotteslästerung!" Christus, der Erstling in der Schöpfung Gottes, Sohn Gottes, war, ehe Abraham war. Abraham wurde erst viel später ins geistige Dasein gerufen. Darum konnte Jesus sagen: "Ehe Abraham war, war ich."«[16]

Auch sagte er: "Abraham frohlockte, meinen Tag zu sehen." (Johannes 8, 56.) »Die Zuhörer lachten darüber, sie verstanden ihn nicht. Sie hatten keine Ahnung vom Ursprung des Lebens. Sie wußten nicht, woher sie kamen und wohin sie nach ihrem irdischen Tod gehen mußten.« Abraham war wie alle Propheten ein reiner Geist des Himmels gewesen. »Er verhielt sich aber in seinem Erdenleben nicht so, wie man es von ihm erhofft hatte. Was Abraham jedoch zugute gehalten wurde, war sein tiefer Glaube an Gott. Er besaß starken Gottesglauben; sein Glaube bedeutete ihm alles. Doch als Mensch zeigte er große Schwächen ... Daher durfte Abraham nach seinem irdischen Tod nicht in seine frühere Seligkeit zurückkehren. Vielmehr wurde er in jenes Paradies übergeführt, das seinerzeit für Adam und Eva und ihre Scharen aufgebaut worden war und in das dann auch Christus nach seinem Kreuzestod einkehrte, wo er von Engeln Gottes für den Kampf in der Hölle gerüstet wurde.«[17]

»Dieses Paradies ist eine *Vorstufe des Himmels,* aber keine Sphäre letzter himmlischer Seligkeit.« Es kann nicht nach menschlichen Begriffen örtlich begrenzt werden. »Es hat verschiedene Bereiche und darunter auch besonders schöne Stätten mit einem entsprechend besonders schönen geistigen Leben. Dorthin wurde Christus geführt, und dort dienten ihm Engel Gottes zu.«

»Abraham hatte den Tag herbeigesehnt, da Christus in die Erdenwelt eintreten und die Erlösung bringen würde.« Weshalb sehnte sich Abraham nach dem Tag der Menschwerdung Christi? »Eben weil er noch keinen Zugang zum Himmelreich hatte, sondern im Paradies darauf warten mußte, daß Jesus kam, den Kampf mit Luzifer aufnahm und durch seinen Sieg am Kreuz die Erlösung brachte. Darum konnte Jesus zu den Juden sagen: "Abraham frohlockte, meinen Tag zu sehen."«[18]

Im allgemeinen konnten jene Wesenheiten, die als reine Geister in ein menschliches Dasein getreten waren, nach ihrem irdischen Tode wieder in die Himmel zurückkehren. »Doch wer von ihnen sich wie Abraham als Mensch allzusehr belastet hatte, mußte in diesem Paradiese so lange warten, bis er zusammen mit Christus von dort aus in die Himmel heimkehren durfte. So ist auch Abraham zusammen mit vielen anderen Geistern in einem großen Gefolge voller Prunk und Schönheit mit Christus wieder in seine Seligkeit zurückgekehrt.«[19]

Scheinbar widersprüchliche Herrenworte

In der biblischen Überlieferung gibt es so manches, woran Menschen Anstoß nehmen, weil es widersprüchlich zu sein scheint. Hierher gehört das Herrenwort: "Ich bin in die Welt gekommen, nicht um sie zu richten, sondern um sie zu retten." (Vgl. Johannes 12, 47.) An anderer Stelle heißt es jedoch: "Ich bin nicht gekommen, Frieden zu bringen, sondern das Schwert." (Matthäus 10, 34.)

»Oberflächlich betrachtet, mögen das Widersprüche sein; in Wahrheit sind sie keine. Widersprüche sind diese Worte Jesu nur für Menschen, welche die Geisteslehre nicht kennen. Denn wer sie kennt, weiß, daß Christus den Frieden ja erst bringen konnte, nachdem er mit dem Schwert den Sieg errungen hatte – freilich nicht als Mensch! Der Streit von einst – beim Abfall – hat ja auch nicht von Mensch zu Mensch stattgefunden, sondern von Geist zu Geist. Also mußte Christi Kampf mit Luzifer abermals von Geist zu Geist ausgefochten werden – und zwar mit dem Schwert. Mit dem Schwert wurde in der Hölle gekämpft. Erst dann konnte auf Erden jenen Menschen der Friede gebracht werden, die guten Willens sind.«[20]

Bei Matthäus 10, 34 schliessen sich die Worte an: "Denn ich bin gekommen, einen Menschen mit seinem Vater zu entzweien und eine Tochter mit ihrer Mutter" usw. Dies erweckt gedanklich den Eindruck, als bezöge sich Jesu Wort vom Schwert, das er bringe, darauf, daß durch seine Lehre die Familien entzweit würden. »Das ist von den Menschen, die [später] die Evangelien zusammengestellt haben, als zusammenpassend so angefügt worden. Sie haben Aussagen Jesu, die zusammenpaßten, einfach hintereinandergestellt. Dabei sind von einer zitierten Aussage zur andern Tage oder Wochen verflossen.«[21] Jesu Wort vom Schwert, das zu bringen er gekommen sei, bezieht sich also nicht auf die Entzweiung von Familien, sondern wie erwähnt auf seinen bevorstehenden Kampf mit Luzifer in der Hölle.

Entstellte Schriftworte

Nach Johannes 14, 12 soll Jesus gesagt haben, wer an ihn glaube, werde die Werke, die er tue, auch tun und werde "größere als diese tun". »Kann denn etwa ein Mensch wahrhaftig größere Werke vollbringen als Christus – als *er*, durch den alles geschaffen wurde, wie es ist, und der alles in seine Bahnen gelenkt hat? Wohl vermögen Menschen heute Großes zu leisten, aber größere Werke als Christus können sie nicht vollbringen, auch wenn es – nach dem heutigen Wortlaut – in der Schrift steht. In Wahrheit hieß es an dieser Stelle nicht 'Größeres', sondern *'noch anderes'*, das auch hohen Wert haben und bewundernswert sein würde. Was die Menschen wissenschaftlich, technisch oder medizinisch erreicht und geleistet haben, sind doch wahrhaftig große Dinge. Große Dinge würden gläubige Menschen zu vollbringen vermögen – aber nicht größere. Das ist ein entscheidender Unterschied.«[22]

Im Zusammenhang mit der Entstellung von Schriftworten noch ein Beispiel aus dem Alten Testament:

Gemäß dem jüdischen Gesetz mußten Eltern mit ihrem Erstgeborenen zum Tempel nach Jerusalem gehen und das Kind dort darstellen, wie es auch bei Jesus geschah und in Kapitel III geschildert wurde. »Denn es hieß im Gesetz, die Erstgeburt sei dem Herrn heilig. [Vgl. 4. Mose 8, 17: "Denn mein ist alle Erstgeburt unter den Israeliten." Weitere Stellen sind 2. Mose 13, 2 und 5. Mose 15, 19.] Dem Herrn ist jedoch nicht nur die Erstgeburt heilig, sondern *alle Kinder*, auch die nachgeborenen, sind Gott in diesem Sinne heilig. Propheten sollen in ihren Weissagungen solches verkündet haben. Aber wie kann der Erstgeburt solches Vorrecht zuerkannt werden, während die danach geborenen Kinder benachteiligt werden? Dies soll als Gottes Wort im Gesetz verankert gewesen sein?«[23]

»Hier stimmt doch etwas nicht! Hier wurden Prophetenworte verdreht. Selbst wenn Propheten erwähnt haben, die Erstgeburt sei Gott heilig, war damit nicht gemeint, die nachfolgenden Kinder wären es nicht. Man hat vielmehr solche Worte entstellt. Auf diesem Gebiet waren die Schriftgelehrten und Pharisäer bekanntlich Meister...« Wenn den Menschen verkündet wurde, die Erstgeburt sei dem Herrn heilig, so deutete dies in Wahrheit auf den geistigen Aufstieg aller gefallenen Wesenheiten hin. »Das Wort bedeutete sinnbildlich, daß ein *Anfang* geschaffen worden war. Dieser Anfang galt als heilig, weil er die weitere Entfaltung der menschlichen Entwicklung ermöglichte. Durch einen solchen Anfang konnten immer mehr geistige Wesen in ein menschliches Dasein treten und damit den Weg des Aufstiegs einschlagen.«[24]

»Menschen also haben die Worte der Propheten entstellt. Dazu gehört auch, daß in den Schriften von einem zürnenden Gott gesprochen wird. Niemals haben die Propheten einen rächenden, zürnenden Gott verkündet, sondern Menschen haben dies in die Schriften eingefügt. Diese Schriften haben sie dann als heilig erklärt und die Menschen dazu verpflichtet, sie als heilig anzuerkennen. So manches Geoffenbarte ist nicht verstanden worden, und so manches hat man absichtlich verdreht, weil es einem nicht gepaßt hat.«[25]

Als letztes sei hier noch erwähnt, daß es im Vaterunser nicht "Führe uns *nicht* in Versuchung" heißen muß, sondern "Führe Du uns in der Versuchung". Hier liegt ein durch Übersetzungen entstandener Fehler vor. »Gott führt die Menschen nicht in Versuchung, sondern die tiefen Mächte tun dies. Diese Versuchungen sind Prüfungen, die Gott zuläßt und wodurch der Mensch beweisen muß, daß er stark und fähig ist, eine höhere Aufgabe zu lösen.« Jesus hat also mit seinen Worten gemeint, Gott möge den Menschen Stärke verleihen und sie *in* den schweren Stunden der Prüfungen führen.[26]

»Ich bin der gute Hirte«

»Jesus sagte von sich: "Ich bin der gute Hirte und kenne die Meinen, und die Meinen kennen mich." (Johannes 10, 14.) Dann fuhr er in seiner Bildrede fort: "Wer einen Schafstall betritt, geht durch dessen Türe. Die Schafe erkennen ihren Hirten an seinem Schritt, an seiner Stimme. Er ruft sie beim Namen, und sie hören auf ihn. Wer jedoch nicht durch die Tür eintritt, sondern anderswo in den Schafstall eindringt, tut es, um zu stehlen. Er ist ein Räuber und ein Dieb." (Vgl. Johannes 10, 1–3.)«[27]

»Mit den 'Meinen' meinte Jesus jene Menschen, die seine Worte aufnahmen und die nach seinem Erdentod und nach seiner Auferstehung *durch ihn* den Weg zurück zu Gott wieder würden antreten können. Alle kennt er, die an ihn glauben, und sie werden bei ihm Obdach finden; denn er ist ihr guter Hirte.«[28]

Jesus erwähnte jedoch, er habe auch noch andere Schafe, in einem anderen Stalle; »auch sie müsse er führen, auch sie würden seine Stimme vernehmen, bis es schließlich *eine* Herde und *ein* Hirt sein werde. (Vgl. Johannes 10, 16.) Mit diesen 'anderen Schafen' meinte er in erster Linie die Wesen von unten, welche die Welt regieren, und die Menschen, welche das tun, was der Herrscher dieser Welt ihnen befiehlt. Jene gehören noch nicht zu ihm. Aber auch dieser anderen 'Herde', jenen vom 'anderen Stall', wurde die Botschaft verkündet, daß es eine Erlösung und Auferstehung geben werde.« Dereinst werden auch sie alle den Weg zu Christus finden.[29]

Mit den Dieben und Räubern, die in den Schafstall eindringen, zielte Jesus auf die niedere Geisteswelt des Bösen. »Wie Räuber und Diebe schleicht sich die böse, die niedere Geisterwelt bei den Menschen ein, um sie zu verderben. Darum sprach Jesus: "Hütet euch vor diesen, die auf Schleichwegen kommen und Verderben bringen."«[30]

»"Ich bin die Türe", fuhr Jesus fort. "Wer durch mich geht, wird gerettet werden. Wer durch mich ein und aus geht, der wird Weide finden." (Vgl. Johannes 10, 9.)« Christus sprach von sich als der 'Türe', weil er für die Abgefallenen die Heimkehr ins geistige Reich ermöglichen würde und auch ermöglicht hat. Wer durch diese 'Türe' gehe, würde gerettet werden. »Gemeint ist damit ein Doppeltes, nämlich zum einen der Glaube an Christus, zum andern das Letzte Gericht oder der Jüngste Tag – gleichviel, wie man dieses Geschehen benennen will.« Dieser Jüngste Tag oder dieses Letzte Gericht fand, wie ausführlich im zehnten Kapitel dargetan werden wird, statt, als Christus nach seinem Kreuzestod Luzifer besiegte. »Als er seinen Kampf in der Hölle siegreich durchgefochten hatte, nahm Christus all jene Geistwesen von dort mit sich, die bereit waren, mit ihm zu gehen, und die ihn als den Erlöser erkannt hatten. Jene waren wahrhaftig gerettet. Sie hatten schon vorher in ihrem geistigen Aufstieg innerhalb der Hölle einen großen Schritt getan gehabt.« Nun konnten sie ihr entfliehen und ihre Rückkehr ins Reich Gottes über die Stufen des weiteren Aufstiegs antreten.[31]

»Mit seinen Worten "Wer durch mich ein und aus geht, wird Weide finden" nahm Christus auf den langen Weg des Aufstiegs Bezug.« Wer sich auf dieser Welt im Aufstieg befindet, in ihr ein und aus geht nach Gesetzen, die von Christus bis ins letzte festgelegt worden sind, wird "Weide finden". »Dank Christus ist die Welt so beschaffen, daß ein jedes Wesen auf ihr seinen Weg nach oben finden kann, mag es auch durch die verschiedensten Stufen gehen und immer wieder anders 'eingekleidet' werden müssen. Sein Aufstieg vollzieht sich gemäß jenem Gesetz, das Christus einstmals zusammen mit dem Vater ausgearbeitet hat, gemäß jenem Gesetz, das beim Letzten Gericht in der Hölle dem Satan auferlegt wurde.« Ein jedes aufsteigende Wesen wird so durch Christus ein und aus gehen. »Nur durch *ihn* führt der Weg heim zu Gott. Doch wie bedeutsam sind die Worte, die Jesus hinzufügte: "und er wird Weide finden"! "Weide finden" wird jeder Aufsteigende, ganz gleich, auf welcher Stufe er noch steht. Er wird für sein Dasein Nahrung finden.«[32]

»Zwei Sperlinge für eine Kupfermünze«

»Jesus sagte zu den Jüngern, man verkaufe zwei Sperlinge für nur eine Kupfermünze, und doch falle keiner von ihnen auf die Erde, ohne daß Gott darüber Bescheid wisse ... (Matthäus 10, 29.)«

»Mit diesen Worten nahm Jesus auf den Schöpfungs- und Heilsplan Bezug. Wie kann Gott darüber Bescheid wissen, wenn ein Sperling auf die Erde fällt? Hinter diesem [scheinbar] unbedeutenden Vorfall ist mehr verborgen. Es ist nicht etwa so, daß man sagen dürfte: "Das ist ja nur so ein unbedeutendes Tierchen; was sollte sich Gott darum kümmern, ob es auf die Erde fällt?" Nein, denn auch in ihm ist *Leben* enthalten! Leben wurde [einst] geschaffen, und nun schreitet dieses Leben durch immer neue Wandlung und Umwandlung über die verschiedensten Entwicklungsstufen, bis es den Punkt erreicht hat, wo man von ihm sagen kann: Jetzt ist es zur Krönung der Schöpfung geworden. Mit der Menschwerdung erreicht es diese Krönung. Das heißt freilich nicht, es habe die Krönung des Glücks erlangt, sondern dies bezeichnet die krönende Stufe innerhalb der [materiellen] Entwicklung.«

»Auch darüber hat Jesus die Menschen belehrt. "Niemand geht verloren", sagte er selbst. (Vgl. Matthäus 18, 14.) Das bedeutet nichts anderes, als daß jedes Lebewesen, und sei es noch auf niederster Stufe, im Plane Gottes festgehalten ist. Auch dieses niederste Lebewesen durchschreitet seinen Entwicklungsweg nach oben. Auf wunderbare Weise ist dies alles gefügt und gelenkt. Wüßten die Menschen darum, verhielten sie sich Tieren gegenüber manchmal anders! So manches schätzte und achtete man dann, an dem man jetzt in der Natur achtlos vorübergeht oder das man zertritt. Solches *könnte* man gar nicht mehr tun, kennte man den Schöpfungsplan und den darin eingebetteten Aufstieg allen Lebens.«[33]

»So ihr nicht werdet wie die Kinder«

Mit dem Wort "So ihr nicht werdet wie die Kinder, könnt ihr nicht ins Reich Gottes eingehen" (Matthäus 18, 3) meinte Jesus nicht die Einfalt der Kinder, sondern ihre Willigkeit, ihren Gehorsam, ihre Bereitschaft, das zu glauben, was ihnen von den Eltern gesagt wird. »Der Mensch muß dasselbe Vertrauen haben zu Gott wie ein Kind zu seinen Eltern. Er muß so fest an die göttlichen Dinge glauben wie ein Kind.«[34]

Das ist aber nur der eine Sinn dieses Herrenwortes; ein weiterer, noch gewichtigerer Sinn ist folgender: »Wird ein Kind geboren, so hat es in den meisten Fällen sein Verschulden aus früheren Erdenleben zu einem guten Teil getilgt, vielleicht sogar alles.« Auf jeden Fall ist das kleine Kind in seiner Seele noch nicht *erneut* belastet. »Ihm gehört also das Himmelreich. Das ist, was Jesus meinte: Auch die erwachsenen Menschen sollten in ihrer Seele noch so unbelastet sein. Sie sollten dafür Sorge tragen, daß das Innere ihrer Seele frei von jeder Last bleibt. Denn dies verschafft ihnen die Möglichkeit, in ein herrliches, harmonisches Paradies einzugehen. Für die Schuldigen hingegen steht das Himmelreich nicht in dem Maße offen wie für die unschuldigen Kindlein, die Jesus meinte.«[35]

»Lasset die Kinder zu mir kommen«

»Jesus ließ sich so manches gefallen, was aus großer Zuneigung und Liebe an ihm getan ward, während die Jünger dann anfingen, dem zu wehren. Ein Beispiel dafür ist, daß sich Frauen um Jesus bemühten, die Jünger aber kamen und sie wegschicken wollten. Doch Jesus nahm sie in Schutz, indem er sagte: "Das, was sie an mir tun, wird bewirken, daß ihr Name in der Welt erhalten bleibt. So werde nicht nur ich geehrt, sondern auch jene, die zu meinem Wohle etwas an mir getan haben." (Vgl. Matthäus 26, 10–13.) So manches Mal mußte Jesus die Jünger zurechtweisen. In ihrem Übereifer wollten sie ihren Meister schützen. Dieser aber wehrte ihnen auch, als sie die Kinder nicht zu ihm lassen wollten.«[36]

»Nun gab es zu jener Zeit wahrhaftig große Kinderscharen. Dazumal waren die Kinder weniger erzogen als heute. Denn jene Kinder lebten mehr auf den Gassen und Straßen als zu Hause; sie waren vielfach auf sich selbst angewiesen. Denn die Familien waren zahlreich, die Armut war groß und die Nahrung knapp. So war es nichts Außergewöhnliches, wenn Kinder nachts nicht nach Hause kamen, sondern irgendwo im Freien schliefen. Man vermißte sie nicht. Wohl kamen sie wieder heim, wenn sie Hunger hatten und sie die Eltern brauchten. Aber in großen Familien mit zwanzig oder noch mehr Kindern vermißte man nicht so schnell eines davon; es gab kein solches Familienleben, kein solches Zusammengehörigkeitsgefühl. Damals war es nichts Besonderes, wenn Menschen von diesen Kinderscharen zuweilen belästigt wurden. So gingen diese Kinder eben auch zu Jesus. Sie erkannten ihn ja nicht, sie riefen ihm einfach den Namen 'Jesus' nach. Die einen folgten ihm aus einem inneren Drang heraus, während es für andere bloß eine Unterhaltung war. Die aber, die aus einem inneren Drang heraus seine Nähe suchten, wollten ihn betrachten und begrüßen. Diese Kinder wurden von den Jüngern ferngehalten und weggeschickt. Da mußte Jesus ihnen Einhalt gebieten, indem er sagte: "Lasset sie doch zu mir kommen, denn ihrer ist das Himmelreich." (Vgl. Matthäus 19, 14.)«

»Diejenigen, die dieses Wort "ihrer ist das Himmelreich" vernahmen, wußten nicht, was Jesus damit meinte. Die Menschen waren damals der vielen Kinder eher überdrüssig; es waren ihrer zu viele. Und nun kam Jesus und verkündete, ihnen gehöre das Himmelreich! Dadurch stiegen den Zuhörern immer mehr Zweifel auf, besonders den Schriftgelehrten und Pharisäern.«[37]

Der eigentliche Sinn des Herrenwortes ist folgender: Diese Kinder stellten für Christus die Zukunft dar; sie würden nach ihrem irdischen Tode infolge seiner Erlösungstat ihren Aufstieg in der Geisterwelt Gottes antreten können. »Sie gehörten zu jenen, denen dann das Himmelreich offenstand. Ihrer war das Himmelreich; ihnen sollte es nicht mehr verwehrt sein. Christus sprach diese Verheißung aus, weil er vorausschaute, was er erfüllen würde. Er sah voraus, daß diese Kinder heranwachsen und dadurch in eine Zeit hineinkommen würden, in der es ihnen möglich sein würde, aufzusteigen und in den Himmel, in die Ewigkeit, zurückzukehren.«

»Wenn ein Mensch während der Zeit des Erdenlebens Christi starb, konnte er nämlich noch nicht ins Himmelreich einkehren, weil Christus damals seinen Auftrag noch nicht erfüllt hatte. Jene heranwachsenden Menschen jedoch sollten dann in den Genuß der Erlösungstat Christi kommen dürfen. Wie hätte Jesus sie also von sich weisen können, für die er ja Mensch geworden und für die er zu sterben bereit war? Diese Kinder waren die Menschen der Zukunft; sie wollte er um sich haben. Darum hatte er gesprochen: "Lasset die Kinder zu mir kommen, wehret es ihnen nicht; denn ihrer ist das Himmelreich!" Wenn für sie einst die Zeit des Abscheidens von dieser Erde gekommen sein würde, würde ihnen der Weg frei sein und der Aufstieg offenstehen. Sie würden nach ihrem irdischen Tode nicht mehr unter die Herrschaft Luzifers fallen.«[38]

»Jesu Wort hatte seine Bedeutung damals, noch ehe er seinen Auftrag erfüllt hatte, und es hat seine Bedeutung auch noch heute – nämlich insofern, als Kinder, die in ihrer Jugend sterben, von Engeln Gottes in ihre Welt begleitet werden, dorthin, wohin *sie* gehören.« Sie haben sich in diesem Erdenleben ja noch nicht belastet. »Da ein Kind in seiner Seele noch nicht [erneut] belastet ist, gehört ihm wahrlich das Himmelreich.«[39]

»Wer an mich glaubt, wird leben, auch wenn er stirbt«

»Auch dieses Wort (Johannes 11, 25) sprach Jesus ja, ehe er seinen Auftrag erfüllt und die letzte Gesetzgebung verwirklicht hatte. Er fragte jeweils: "Glaubst du an mich?" Je nach der Antwort, der Lage und den Lebensumständen des Betreffenden konnte Jesus sagen: "Du wirst leben, auch wenn du stirbst." Damit deutete er schon seinen bevorstehenden geistigen Sieg über den Widersacher an.« Jesus wies mit diesen Worten zugleich, wenn auch verhüllt, darauf hin, daß schon damals, also während seiner Lehrzeit und in der Zeit kurz vor seinem Tode, bereits die ersten Vorbereitungen für die Gestaltung der geistigen Ebenen getroffen wurden, welche künftig die abscheidenden Menschenseelen aufnehmen sollten. »Bestimmte Vorbereitungen wurden in der geistigen Welt schon damals in der großen Hoffnung und Erwartung getroffen, daß Jesus Sieger sein werde.« Dazu gehörte insbesondere die Veränderung und Neugestaltung der obersten Stufen der Hölle, die man auch als Vorstufen des Himmels, als *Vorhimmel*, bezeichnen kann.[40]

Menschen, die an Jesus glaubten und sich mit ihm verbunden fühlten, aber vor ihm starben, konnten in diesen Vorhimmel übergeführt werden. »Denn in den Himmel selbst konnten solche Menschenseelen noch nicht zurückkehren. Noch waren die Tore dorthin nicht geöffnet. Erst dann wurden sie mit Halleluja und Paukenschlag, mit Musik und Gesang geöffnet, nachdem Christus als Sieger von der Hölle wieder aufgestiegen war. Jetzt war der Weg für die Heimkehr frei.« Nun konnten sie alle in jene Ebene der geistigen Welt hineinschreiten, von wo aus sie ihren Aufstieg, ihre Rückkehr zu Gott, antreten durften. »Weil es dahin kommen sollte, hatte Jesus zu ihnen sagen können, sie würden leben, auch wenn sie stürben. Damit deutete er auf das künftige ewige Leben hin.«[41]

»Die Füchse haben ihre Höhlen«

Auf dem Weg nach Jerusalem wollte dem Meister einer nachfolgen, wohin er auch gehe. Zu ihm sprach Jesus: "Die Füchse haben ihre Höhlen, die Vögel ihre Nester, aber der Menschensohn hat nichts, wohin er sein Haupt legen kann." (Lukas 9, 58.)

»In der Zeit, da Jesus lehrte, wohnte er vorübergehend bald bei diesem, bald bei jenem seiner Jünger oder auch bei seinen Anhängern. Es gab also immer einen Platz, auf den er sein Haupt betten konnte. Somit ist dieser Ausspruch nicht wörtlich zu nehmen – er war nicht wörtlich gemeint, sondern *geistig.* Mit diesem Ausspruch brachte Jesus zum Ausdruck: "Diese Welt hier gehört mir nicht; sie ist nicht mein Reich. Mit der Herrschaft in dieser Welt habe ich nichts zu tun. Die Herrschaft über diese Welt ist ja einem anderen zugewiesen, eben jenem, den es zu bekämpfen gilt. Ich habe kein Anrecht auf diese Welt; ich besitze nichts von ihr."«[42]

»Die Sünde wider den Geist«

»In Streitgesprächen mit den Schriftgelehrten soll Jesus auch gesagt haben: "Die Sünde wider den Geist wird in Ewigkeit nicht vergeben." (Vgl. Markus 3, 29.) Eine Äußerung "in Ewigkeit nicht vergeben" ist schon deshalb ausgeschlossen, weil es doch eine Vergebung gibt. Spräche man davon, etwas werde in Ewigkeit nicht vergeben, so wäre dies doch gleichbedeutend mit ewiger Verdammnis. Diese aber gibt es nicht.«

»Wohl hat Jesus gesagt: "Was ihr über den Menschensohn lästert, mag euch vergeben werden. Aber was ihr über den heiligen Geist [ge]lästert [habt], das wird euch nicht vergeben." (Vgl. Matthäus 12,32.)« Damit ist folgendes gemeint: Was sie an Jesus als Menschen auszusetzen hatten, wurde ihnen nicht in dem Maße angerechnet, wie jene Sünde des Abfalls, als sie sich gegen Christus, den von Gott eingesetzten König, wandten. »Jene Sünde, die auch als 'Todsünde' bezeichnet wird, werde nicht einfach vergeben – weder in dieser noch in der zukünftigen Welt –, sondern müsse *gesühnt* werden. Indem Jesus davon sprach, daß diese Sünde auch in der zukünftigen Welt [das heißt in der jenseitigen Welt der Läuterung] nicht vergeben werde, deutete er auf den Weg der Wiedergutmachung [des Wiedergeborenwerdens] hin, den alle gehen müssen, bis alles bereinigt ist.«

'Sünde wider den Geist' – jedoch nicht 'Sünde wider den heiligen Geist' – begeht derjenige, welcher seinem Mitmenschen willentlich ein Leid antut, ihn in Not bringt, ihm Böses zufügt. »Gemeint ist die Sünde wider den Geist des Nächsten, die Lieblosigkeit gegen den Mitmenschen. Es ist darunter auch Betrug, Neid und Haß zu verstehen – überhaupt alles, womit man dem andern wehe tut, ihn beleidigt, womit man ihn [in seiner Seele] verletzt. Das alles sind Sünden wider den Geist, die nicht [ungesühnt] vergeben werden.« Sie hat man wiedergutzumachen, teils in der geistigen Welt, teils in einem neuen Erdenleben.[43]

»Ich bin im Vater, und der Vater ist in mir«

»Jesus hat zu den Aposteln gesagt: "Ich bin im Vater, und der Vater ist in mir. Und ich bin in euch, und ihr seid in mir." (Johannes 14,20.) Wie so vieles andere, das Jesus sprach, vermochten sie auch dieses nicht zu verstehen. Indem Jesus sagte: "Ich bin im Vater, und der Vater ist in mir", brachte er zum Ausdruck, daß er *aus Gott* geboren, daß er Gottes eingeborener Sohn ist und daher etwas vom odischen Leib Gottes besitzt. In seiner unendlichen Liebe hat der Vater soviel von dem Seinen dem Sohn gegeben.« Gott hat Christus von seiner Macht, von seiner Schöpfungskraft und seiner Liebe gegeben. »So konnte Jesus immer wieder sprechen, wenn er in der Stille betete: "Vater, ich bin in dir! Vater, du bist in mir! ..." (Vgl. Johannes 17, 21.) Er erlebte erneut das ganze Geschehen von einst. Er erlebte die Zeit der Glückseligkeit wieder; sie stand vor seinem geistigen Auge.«[44]

»Doch auch zu den Seinen hatte Jesus gesagt: "Ich bin in euch, ihr seid in mir."« (Vgl. Johannes 15, 4.) Um begreifen zu können, was er damit meinte, muß man die Zusammenhänge kennen: »Jeder Mensch birgt in sich einen winzig kleinen Funken, einen kostbaren odischen Kern, der aus Gott ist. Dieser Gottesfunken ist in seinen geistigen und in seinen irdischen Körper eingebettet. Doch seinen *geistigen Körper*, der auch die Gestaltung des irdischen Leibes bestimmt, den verdankt der Mensch Christus.« Denn von *ihm* ist ja die Entfaltung der himmlischen Schöpfung ausgegangen. *Er* gab den geistigen Leib für die Entfaltung des Lebens in der göttlichen Welt. »So muß man Jesu Wort: "Ich bin in euch, ihr seid in mir" verstehen.«[45]

»Der Vater und ich wollen Wohnung nehmen bei euch«

»Jesus hatte auch gesagt: "Mein Vater und ich, wir wollen Wohnung nehmen bei euch." (Vgl. Johannes 14, 23.) Dies ist geistig zu verstehen; denn es ist doch klar, daß weder Christus noch Gott dem Wortsinne nach bei einem Menschen Wohnung nehmen können. Doch welch ein Versprechen ist dieses Herrenwort! Gott möchte mit seinem Sohne wirklich *Anteil* haben am Menschen ...«

»Ein jeder Mensch birgt in sich einen Teil von Gott, einen Teil von Christus.« Das wurde im vorigen Abschnitt erwähnt. Dieses Unvergängliche im Menschen ging einst, beim Abfall von Gott, dem Himmel verloren. Um es wieder ins göttliche Reich zurückführen zu können, hat Christus seine Erlösungstat vollbracht. Nun muß der Mensch die Voraussetzung dafür schaffen, daß sich das Göttliche in ihm wieder entfaltet – daß es dem Himmel immer näher gebracht werden kann. »Gott und Christus möchten also Anteil haben am Göttlich-Lebendigen eines jeden Menschen.«[46] Sie wollen – mit Jesu Worten ausgedrückt – bei ihm Wohnung nehmen.

Das Herrenwort will also besagen, »daß Gott und Christus sehnlich wünschen, daß das Inwendige, die Seele des Menschen, wieder in jenen Zustand kommt, wie er einst bestanden hat; daß man wieder in Frieden und Harmonie gemeinsam miteinander leben kann; daß es wieder eine Herrlichkeit gibt und man sich erneut mit den Allerhöchsten des Himmels verbinden, verständigen kann . . .«[47]

»Ich werde ihn auferwecken am Jüngsten Tage«

Bei Johannes 6, 40 heißt es: "Denn das ist der Wille meines Vaters, daß jeder, der den Sohn sieht und an ihn glaubt, ewiges Leben habe; und ich werde ihn auferwecken am Jüngsten Tage." Dieses Wort ist für die Christen schwer zu verstehen. Was haben sie alles aus diesem 'Jüngsten Tag' gemacht! In Wahrheit ist unter dem Jüngsten Tag der Tag der Erlösung durch Jesus Christus zu verstehen. Das Warten der unerlösten Seelen auf den Jüngsten Tag gehört somit seit dem Tag der Erlösung durch Jesus Christus der Vergangenheit an.

»Mit dem Jüngsten Tag meinte Christus eben jenen Tag, auf den sich auch seine Äußerung bezog: "Ich bin das Gericht."« (Vgl. Johannes 5, 22 und 9, 39.) Damals, nach seinem Kreuzestode, als Christus in der Hölle dieses Letzte Gericht gehalten hatte, auferweckte er jene, die an ihn als den Erlöser glaubten. »An diesem Tag erschien er [in der Hölle] als der Mächtige, als das Licht in der Finsternis. Alle Wesen dort konnten sich entscheiden; die mit ihm gehen wollten, nahm er zu sich. Denn Gott hatte ihm die Macht verliehen, in die Hölle hinabzusteigen und die Wesen dort vom 'Tod' [von ihrer Zugehörigkeit zu Luzifer] ins 'lebendige' Leben hinüberzuführen. Das besagen seine Worte: "Ich werde sie am Jüngsten Tage auferwecken."«[48]

»Auf den Wolken des Himmels . . .«

Wer es mit der christlichen Lehre genau nimmt, für den ist es von großer Bedeutung, die Worte des Erlösers in ihrer richtigen, wahren Form zu kennen. Manchmal wurde nur ein einziges Wort entstellt, und schon bekam der ganze Satz einen anderen Sinn. Dies gilt auch für das Folgende.

»Als Jesus am Vorabend seines Kreuzestodes vor dem Hohenpriester stand, drang dieser in ihn: "Ich beschwöre dich bei dem lebendigen Gott: Sage uns, bist du wahrhaftig Gottes Sohn? Bist du Christus, der Sohn Gottes?" Jesus antwortete ihm: "Du sagst es ja." Dann aber soll er – das ist *eine* Fassung, es gibt aber deren mehrere – gesagt haben: "Von jetzt an werdet ihr den Sohn des Menschen sitzen sehen zur Rechten der Macht und kommen auf den Wolken des Himmels." (Matthäus 26, 63–64.) Etwas dieser Art soll er dem Hohenpriester geantwortet haben.«

»Jesus war weder auf die sogenannten Hohenpriester noch auf die Schriftgelehrten gut zu sprechen gewesen. Daher lag es ihm ganz fern, ihnen zu verheißen, sie würden ihn bald auf den Wolken des Himmels kommen sehen. Das ist eine ganz falsche Überlieferung und Auslegung, genauso falsch wie die sich daran knüpfende Meinung vom bevorstehenden Ende der Welt. Nach dem heutigen Bibelwortlaut wird gesagt, man werde Christus auf den Wolken des Himmels *kommen* sehen. In Wahrheit muß es heißen: "auf den Wolken des Himmels *gehen* sehen"! Jesus sprach also davon, wie er von dieser Erde *fortgehen* werde.«[49]

»Diese Verheißung galt jedoch nur seinen Jüngern und nächsten Anhängern.« Sie wurde also nicht in Gegenwart des Hohen Rates geäußert. Jesu Getreuen allein war es vorbehalten, seine Auffahrt zu erleben. »Sie haben sich dann später versammelt, und nur *sie* durften erleben, wie er von dieser Welt ging. Auf Grund dieser falschen Überlieferung gibt es heute noch Menschen, die meinen, das Ende der Welt stehe bevor und Christus werde auf den Wolken kommen. Nein – von einer Odwolke eingehüllt, *ging* er von dieser Welt fort. Von einem Ende der Welt ist in diesem Sinne überhaupt keine Rede. "Ende der Welt" bedeutet doch *Erfüllung* [des Heils- und Erlösungsplanes]. Alles muß erfüllt sein, ehe es zu einem Ende dieser materiellen Welt kommen kann, und davon kann in naher Zukunft doch gar keine Rede sein.«[50]

»Der Sohn macht lebendig, wen er will«

»In den Begegnungen mit den Menschen seiner Zeit hob Jesus immer erneut sein Verhältnis zu Gott hervor. Auch erwähnte er den Auftrag, den Gott ihm erteilt hatte; dabei sprach er von der *Zukunft* – von dem, was geschehen werde. In einem solchen Gespräch äußerte Jesus:

"Denn wie der Vater Tote[s] zum Leben erweckt, so erweckt auch der Sohn Tote zum Leben. Der Sohn macht lebendig, wen er will. Der Vater richtet nicht. Er hat das Gericht seinem Sohn übergeben."« (Vgl. Johannes 5, 21–22.)[51]

Was bedeutet Jesu Wort, der Vater erwecke Tote zum Leben? »Damit ist *nicht* gemeint, Gott führe gemeinsam mit Christus die geistig Toten [die Abgefallenen] zum Leben zurück.« Bemerkte Jesus in diesem Zusammenhang doch ausdrücklich: "Der Sohn macht lebendig, welche er will." (Vgl. Johannes 5,21.) Es sind also zweierlei Vorgänge gemeint. »Was heißt das: Gott erweckt 'Totes' zum Leben? Es besagt: *Die Schöpfung Gottes geht immer weiter. Immerfort entsteht neues Leben.«*[52]

Wenn in der geistigen Welt auf dem Wege der geistigen Zeugung von Dualpaaren neues Leben entsteht, stammt dieses seinem geistigen Leibe nach von Christus ab. Die Lebendigkeit aber, das Lebendige in diesen Neuschaffungen, das stammt von Gott. *»Gott erweckt es zum Leben.* Denn das, was in geistleiblicher Gestalt neu entstanden ist, bleibt ohne den Gottesfunken tot. Sobald aber dieser Funke in den neugeschaffenen geistigen Leib gebracht wird, wird dieser damit zum Leben erweckt.«

»Mit Recht konnte Jesus sagen: "Was ich beim Vater gesehen habe, das tue ich auch." Er hatte die Notwendigkeit seiner Zeit [nämlich die Heimführung der Abgefallenen] erkannt. Dies alles war ja mit dem Vater abgesprochen worden. Alle, die einst aus den Himmeln ausgestoßen worden waren, sollten wieder zurückkehren dürfen. Christus sollte ihr Retter sein, und *so würde auch er Tote zum Leben erwecken.* Christus wollte die *geistig Toten* [eben die Abgefallenen] zum Leben erwekken.«[53]

Alles war – wie erwähnt – zwischen Gott und Christus abgesprochen worden bis in alle Einzelheiten hinein, auch was das Gericht betraf. »Darum konnte Jesus sagen: "Der Vater richtet nicht. Er hat das Gericht dem Sohn übertragen." Das hatte Jesus den Menschen verkündet, *ehe* es verwirklicht wurde. Zu wissen, was es mit diesem Gericht auf sich hat, ist von größter Wichtigkeit. Denn es gibt Christen, die noch immer und ständig vom Letzten Gericht reden und ihren Mitmenschen damit drohen. Ein Christ muß jedoch wissen, daß dieses Gericht bereits stattgefunden hat.« Damals, nach seinem Sieg über Luzifer, hat in Wahrheit der Gottessohn in den höllischen Bereichen Gericht gehalten – und er hat lebendig gemacht, wen *er* wollte.[54]

»Was besagt das? Es besagt, daß Christus jene mit sich nahm, die er wollte, nämlich jene, die willens waren, an ihn zu glauben. Diese nahm er [aus der Hölle] mit. Zu ihnen sprach er: "Kommt mit mir!" Die anderen geistig Toten, die nicht an ihn glauben konnten, hatte er nicht – *noch nicht* – lebendig gemacht. Diese hatten also noch keine Möglichkeit, ihren Aufstieg anzutreten. Darum ging es. Wer seinen geistigen Aufstieg antreten konnte, wurde dadurch wieder 'lebendig', weil er jetzt wieder ins Himmelreich heimkehren durfte. Wer jedoch diesen Aufstieg nicht antreten konnte, blieb in der Hölle zurück. Allein, auch für sie würde die Zeit kommen, für einen jeden – auch für Luzifer. Keiner soll davon ausgeschlossen sein. Ein jeder wird diesen Aufstieg einmal antreten – die Frage ist nur: wann? Aber auch das ist im Gesetz Gottes verankert – das hat Jesus deutlich verkündet.«[55]

»Ich bin das Gericht«

»Immer wieder hatte Jesus von dem kommenden Gericht gesprochen mit den Worten: "Ich bin das Gericht." Stets betonte er, der Vater habe ihm den Auftrag dazu erteilt.« (Vgl. Johannes 9, 39 und 5, 22.)[56]

Jesus nahm dabei vorausschauend auf jenes Gericht Bezug, das er nach seinem Erdentod als Geist in der Hölle hielt, nachdem er dort Luzifer besiegt hatte. Dieses Gericht brachte jene letzte, abschließende Gesetzgebung, durch die Luzifers Herrscherrechte eingeschränkt worden sind und welche die Rückkehr der Abgefallenen ordnet. »Damals, bei diesem Letzten Gericht [oder dem 'Jüngsten Gericht', wie es die Bibel auch nennt], wurde der geistige Aufstieg der Wesenheiten in allen Einzelheiten festgelegt. Bei diesem Gericht wurden geistige Gesetze in Kraft gesetzt, die unumstößlich sind.« Das geschah am sogenannten 'Jüngsten Tag', am Tag der Erlösung durch Christus. »Was aber haben die Menschen daraus gemacht? Sie *warten* noch immer auf diesen 'Jüngsten Tag' mit seinem Letzten Gericht! ...«[57]

»Ich bin bei euch alle Tage«

Mit den Worten "Ich bin bei euch alle Tage bis an das Ende der Welt", von denen in anderem Zusammenhang noch zu sprechen sein wird, wollte Jesus zum Ausdruck bringen, daß Engel Gottes immer und überall bei den Menschen in *seinem* Auftrag im Dienste stehen, daß sie in seinem Namen die Menschen führen, stützen, aber auch für die Einhaltung der von ihm gebrachten Gesetze besorgt sind. »Das Gesetz Gottes und die Ordnung Gottes bleiben in dieser Welt wirksam und gültig, bis diese Welt alle ihr zugedachten Aufgaben erfüllt hat. Das heißt: Die Gesetze, die ihr gegeben wurden, gegeben werden mußten, bleiben in Kraft, bis die Menschen dieser Welt ihre Aufgaben erfüllt haben. Man könnte auch sagen: bis diese Welt sich [wieder] *vergeistigt* hat – oder: bis der letzte von Gott Getrennte den Weg zurück gefunden hat ...«[58]

Zu diesem Herrenwort gibt es Auslegungen, die besagen, Christus sei zu gleicher Zeit überall. »Wohl throne er im Himmel, aber gleichzeitig sei er überall in dieser Welt zugegen – das wollte man den Menschen einreden. Allein, auch dem höchsten Geist, den es gibt, ist es unmöglich, zur gleichen Zeit überall anwesend zu sein. Es gibt Gesetze im Geistigen wie im Irdischen, und nach diesen Gesetzen muß alles vor sich gehen. Ob es sich um Christus handelt oder um Gott – jeder ist für sich eine *Persönlichkeit.* Niemals ist eine solche Persönlichkeit überall zugleich gegenwärtig. Entweder thront sie in den Himmeln, oder sie bewegt sich von ihrem Thron in einen andern Himmel. Aber von einer Allgegenwärtigkeit [der Person] kann nicht die Rede sein.«[59]

Jesu Bezugnahme auf Psalm 82, 6

»Als Jesus wieder einmal mit den Pharisäern und Schriftgelehrten in einem Streitgespräch begriffen war, weil sie ihn der Gotteslästerung bezichtigten, hielt er ihnen vor: "In eurem Gesetz steht geschrieben: 'Ich habe gesagt: Ihr seid Götter.' Das Gesetz aber kann nicht aufgehoben werden. Also seid ihr Götter. Götter erfüllen Gottes Wort. Ihr aber klagt mich an, ich lästere Gott. Dabei behauptet ihr doch von euch selbst, Götter zu sein!"«[60] Man vergleiche hierzu Johannes 10, 35. Die von Jesus angeführte Gesetzesstelle findet sich in Psalm 82, 6 und lautet: "Wohl habe ich gesprochen: Götter seid ihr, ihr alle seid Söhne des Höchsten."

»Was man in jener Zeit als 'Götter' bezeichnete, müßte man gemäß heutigem Sprachgebrauch mit dem Wort 'Geister' wiedergeben. Aber im eigentlichen Sinne waren mit diesen 'Göttern' Menschen mit besonderem Auftrag von oben gemeint, nämlich die *Propheten,* die Gottes Wort verkündeten.«[61] Darauf deutet auch die Stelle bei Johannes 10, 35f., wonach Jesus sagte: "Wenn es [das Gesetz] jene [Menschen] Götter genannt hat, *an die das Wort Gottes erging*, sagt ihr da von dem, welchen der Vater geheiligt und in die Welt gesandt hat: Du lästerst! weil ich gesagt habe: Ich bin Gottes Sohn?"

»Jesus hat zu den Pharisäern und Schriftgelehrten nicht nur die wenigen Sätze gesprochen, die in der Bibel festgehalten sind; vielmehr hat er sich des öftern mit ihnen darüber auseinandergesetzt, was unter diesen 'Göttern' zu verstehen sei, nämlich – wie erwähnt – Propheten, also reine Geister«, an die das Wort Gottes erging, um es ihren Mitmenschen zu verkünden.[62]

»Als aber [nach Maleachi] keine Propheten mehr zur Erde kamen, versuchten die Pharisäer und Schriftgelehrten, sich selbst zu solchen 'Göttern' zu machen, also zu Nachfolgern der Propheten. Sie verkündeten im Tempel und in den Betsälen Gottes Wort und behaupteten, sie täten dies in höherem Auftrag. Darum trat Jesus ihnen mit den Worten entgegen: "Wie könnt ihr euch herausnehmen, mich der Gotteslästerung zu bezichtigen, während ihr selbst doch Gott lästert! Denn ihr behauptet ja von euch, Götter zu sein. Ich aber *bin* Gottes Sohn, und ich lästere Gott nicht. Trotz der Werke, die ich tue, glaubt ihr mir nicht, weil ihr nicht glauben wollt!"« (Vgl. Johannes 10, 37f.)[63]

»Ihr werdet mit eurer Sünde sterben und mich suchen«

Einmal sprach Jesus zu den Schriftgelehrten, die ihn auf irgendwelche Art zu überführen suchten: »"Es kommt die Zeit, da werdet ihr mich suchen. Ich gehe hinweg. Ihr werdet mit eurer Sünde sterben und dann mich suchen." Dies verstanden sie nicht. Sie sollten mit der Sünde sterben und dann Jesus suchen? (Johannes 8, 21–24.) Seine Worte "Ich gehe hinweg" mißverstanden sie auf ihre Art, indem sie meinten, er wolle sich selbst töten. In dieser Auffassung wurden sie bestärkt durch seine Worte: "Wohin ich gehe, könnt ihr nicht hinkommen." Auch hielt Jesus ihnen vor: "Ihr seid von der 'Welt', ihr seid von der Sünde. Ich bin von oben, ihr aber kommt von unten. Weil ihr von unten kommt, ist die Sünde bei euch, und ihr sterbt mit der Sünde." Dies alles waren Worte, die Jesus diesen Menschen sagte; sie aber vermochten deren Sinn nicht zu erfassen.«[64]

Was bedeuteten die Worte: "Ihr werdet in der Sünde sterben, und ihr werdet mich suchen" (Johannes 8, 21)? »Nachdem Christus seinen Auftrag erfüllt, Gericht gehalten und den Weg der Heimkehr zu Gott frei gemacht hatte, starben ja immer wieder Menschen jener Zeit ohne Glauben an Christus, ohne Gottesglauben. Doch auch für sie war der Weg frei gemacht worden. Auch sie konnten den Weg nach oben hin antreten [wenn sie einsichtig wurden]. Aber sie starben, wie Jesus gesagt hatte, "in der Sünde".« Denn sie hatten sich in ihrem Unglauben und in ihrer Falschheit gegen Christus gestellt und dadurch versündigt. »All jene, die ins geistige Reich hinübertraten und der Auffassung waren, Jesus sei nicht Gottes Sohn gewesen, wurden zusammen in eine dafür geschaffene geistige Ebene hineingeführt. Diese hatte ihren Bewohnern keine Abwechslung zu bieten, keine Freude zu bereiten. Vielmehr war es eine Sphäre harter Läuterung. In dieser Läuterungssphäre mußten sie verweilen – die einen längere Zeit, die anderen, die einsichtig wurden, vermochten ihr schneller zu entfliehen. Christus hat ja *alle* befreit. Doch auch in der Geisteswelt muß dieser Glaube an ihn bejaht werden.«

»Wer also – auch in der Jenseitswelt – noch nicht bereit ist, an Christus zu glauben, *der muß warten* ... So dauert es eben für einen jeden seine Zeit, auch in der Geisteswelt, bis er zu dieser Erkenntnis kommt und Christus als König der gesamten Geisteswelt annimmt.« Darum konnte Jesus seinen Widersachern sagen, sie würden mit ihrer Sünde sterben und ihn dann suchen ...[65]

»Wohin ich gehe ...«

Es gibt zwei Äußerungen Jesu, die sich scheinbar widersprechen. Das eine Mal sagte Jesus: "Ich werde euch zu mir nehmen, damit auch ihr seid, wo ich bin." (Vgl. Johannes 14, 3.) Das andere Mal sprach er: "Wohin ich gehe, dahin könnt ihr nicht kommen." (Johannes 8, 21.)

Das erste Herrenwort besagt, daß wir alle wieder ins Reich Christi heimkehren dürfen, das wir einstmals, beim Abfall, verlassen mußten. »Alle, die einst Christus gehörten, sollen wieder zu ihm zurückkehren können. Sie sollen wieder glücklich werden in der Welt, in der Christus mit dem Vater lebt.«[66] Den Jüngern im besonderen wollte Jesus damit kundtun: »"Wenn ich in meinem Reiche, im Reiche meines Vaters bin, wird dort auch für euch ein Platz sein. Ich werde euch entgegengehen, und ihr dürft mit mir zusammenleben." Lebten sie doch auch damals, auf Erden, mit ihm zusammen. Sie teilten mit ihm Freud und Leid.«[67]

Wie aber sind Jesu Worte "Wohin ich gehe, dahin könnt ihr nicht kommen" aufzufassen? »Alles mögliche dachten sich die Pharisäer bei diesen Worten, aber die Wahrheit kannten sie nicht.« Auch die Jünger verstanden ihren Meister nicht. »Als sie mit Jesus allein waren, fragten sie ihn: "Was hast du gemeint, als du sagtest, wir könnten nicht dahin kommen, wohin du gehst? Wie sollen wir das verstehen?"«[68]

»Mit diesen Worten deutete Christus darauf hin, daß er *zur Hölle hinabsteigen* werde.« Dorthin konnten ihm Menschen nicht folgen, auch die Jünger nicht. »Dort wollte er sie nicht haben; war er doch gekommen, sie zu befreien! Er wollte ihnen damit sagen: "Den Kampf, den ich mit der Hölle ausfechten muß, den muß *ich* führen; dorthin könnt ihr nicht mit mir kommen." Christus wußte, daß er nach seinem Erdentode als *geistiges* Wesen, als Sohn Gottes, zu Luzifer hintreten und den Kampf mit ihm aufnehmen würde. Zwar mußte Christus nicht allein in die Hölle hinabsteigen; aber auf keinen Fall konnte er solche mitnehmen, die noch in ihrem Menschendasein standen. So war dieses Wort gemeint.«[69]

». . . über die Sünde, die Gerechtigkeit und das Gericht«

Am Vorabend seines Kreuzestodes hatte Jesus zu seinen Jüngern gesprochen: "So vieles noch hätte ich euch zu sagen, aber ihr könnt es noch nicht tragen." (Vgl. Johannes 16, 12.) »Was heißt das: "Ihr könnt es noch nicht tragen"? Jesus meinte damit: Würde er den Jüngern die ganze Wahrheit verkünden, wäre die Last für sie zu schwer. Deshalb gab er ihnen die Verheißung: "Ich werde euch den Geist der Wahrheit senden, und er wird euch darüber unterrichten, wird es euch erklären." (Vgl. Johannes 14, 16–17 und 26; Johannes 16, 13.)«[70]

Jesus fuhr fort: "Und wenn jener [der Geist der Wahrheit] kommt, wird er die Welt überführen in bezug auf die Sünde und in bezug auf das, was (für mich) recht ist, und in bezug auf das Gericht." So bei Johannes 16, 8 nach der Zürcher Bibel. Luther hatte dieses Herrenwort so übersetzt: "Und wenn derselbe kommt, wird er die Welt strafen um die Sünde und um die Gerechtigkeit und um das Gericht." In beiden

Wiedergaben des Herrenwortes ist die Übersetzung des griechischen Zeitwortes (*elenchein*) im Nachsatz unzulänglich. Es bedeutet zwar einerseits 'schmähen, strafen' (so Luther), andererseits 'überführen' (so Zwingli), aber darüber hinaus auch 'dartun, zeigen, beweisen', und das ist der hier geforderte Sinn. Der Satz lautet somit: "Und wenn er [der Geist der Wahrheit] kommt, wird er die Welt aufklären über die Sünde, über die Gerechtigkeit und über das Gericht." Aber was bedeuten hier 'Sünde', 'Gerechtigkeit' und 'Gericht'?

Mit der *'Sünde'* meinte Jesus hier das, was man später fälschlicherweise als 'Erbsünde' bezeichnete, nämlich die Sünde des Abfalls von einst. »Ihr Anstifter war kein anderer als eben der Fürst dieser Welt [Luzifer]. Darum hat Jesus verheißen: "Die Geister der Wahrheit werden euch unterrichten und die Welt über die Sünde [des Abfalls] belehren." Auf diese Weise soll der Christ von heute die Ursache erkennen können, weshalb er auf dieser Erde zu leben hat. Denn auch er wurde einst von dieser Sünde gezeichnet.«[71]

Was aber meinte Jesus in diesem Zusammenhang mit der *'Gerechtigkeit'*? »Er sagte zu den Aposteln, Gerechtigkeit sei, daß er zum Vater zurückkehren und dort wieder seine Stellung einnehmen werde, wie er sie vor seiner Menschwerdung innegehabt habe – er werde also wieder der sein, der er einst war, ehe er in dieses irdische Dasein trat; denn er sei ja gewesen, ehe diese Erde geschaffen wurde. Mit deutlichen Worten sprach Jesus zu den Jüngern: "Ich kehre zum Vater zurück und bin wieder der, der ich war. Ich habe dann wieder dieselben Rechte inne, wie ich sie vorher besaß." Damit wollte er zudem sagen: "Auch in meiner Abwesenheit, also während der Zeit meines Erdendaseins, gab es in den Himmeln niemanden, der meinen Platz hätte einnehmen können." Und er betonte: "*Das* ist Gerechtigkeit, daß ich wieder meinen früheren Platz einnehme, indem ich [nach Erfüllung des Erlösungsauftrages] zum Vater zurückkehre."«

Mit dem *'Gericht'* meinte Jesus jenes Gericht, das er nach seinem Sieg in der Hölle über Luzifer hielt und das den Abgefallenen von einst die Erlösung aus dem Totenreiche brachte. Davon war in diesem Kapitel schon mehrfach die Rede. Im besonderen handelt von diesem Letzten oder Jüngsten Gericht das zehnte Kapitel. Erst so wird Jesu Wort verständlich: "Der Geist der Wahrheit wird die Welt aufklären über die Sünde, über die Gerechtigkeit und über das Gericht."[72]

»Man hat mich gehaßt, ehe diese Welt war...«

Im Bericht des Johannes-Evangeliums (15, 18) über das letzte Zusammensein Jesu mit den Jüngern heißt es: "Wenn die Welt euch haßt, so erkennet, daß sie mich zuerst, vor euch, gehaßt hat." Es ist das aber nicht die richtige Überlieferung dieses Herrenwortes. »Jesus sprach zu seinen Jüngern: "Man hat mich gehaßt, ehe diese Welt war. Und weil sie mich hassen," so fügte er hinzu, "hassen sie auch euch." Das sind die richtigen Worte, die Jesus an sie gerichtet hatte.« Er nahm hierbei Bezug auf den Abfall von einst, der durch Luzifers Haß gegenüber Christus ausgelöst worden war. Dieser Haß besteht noch immer. »Der, welcher diese Welt beherrscht, haßt alle ihre Bewohner. Er hindert alle in ihrem nach oben gerichteten Denken; er behindert ihren Aufstieg. Er will nicht ihren Fortschritt, sondern ihren Rückschritt. Als Jesus zu den Jüngern gesagt hatte: "Mich haben sie gehaßt, ehe diese Welt war", baten sie ihn: "Erkläre uns dies doch, das verstehen wir nicht..." Und er mußte ihnen zubilligen: "Ja, freilich, ihr könnt es nicht begreifen."« Verstehen kann man diese Worte nur, wenn man um das Geschehen des Abfalls weiß.[73]

»Das Gesetz ging von den Propheten bis auf Johannes...«

»Zu den Herrenworten, die der Erklärung und Auslegung bedürfen, gehört auch das folgende: "Das Gesetz ging von den Propheten bis auf Johannes. Von Johannes an wurde das Reich Gottes verkündet. Das Reich Gottes kam und drang mit Gewalt hinein."« (Vgl. Matthäus 11, 12–13.)[74]

»Um Jesu Worte verstehen zu können, muß zuerst folgendes gesagt werden: Das Gesetz war den Menschen von damals durch *Mose* verkündet worden. Diese Gebote hatten seit ihrer Verkündung Gültigkeit; auf Grund von ihnen wurde gerichtet und bestraft. Nach Mose kamen weitere Propheten, und auch diese stützten sich auf das Gesetz. Die Menschen jedoch, welchen diese Gebote auferlegt worden waren, hatten sie so entstellt, daß sie ihren Vorteil dabei fanden; sie hatten sie so ausgelegt, wie sie es für gut hielten. Die Pharisäer und Schriftgelehrten hatten sich das Recht angemaßt, auf Grund eines Gesetzes zu richten und zu urteilen, das sie selber zu ihren Gunsten verdreht hatten. Darüber empörte sich Jesus, und er warf ihnen vor, sie hätten das Gesetz verfälscht. Diese Verfälschung geschah schon in den Anfängen nach der Gesetzgebung und war diesen Pharisäern und Schriftgelehrten zur Selbstverständlichkeit geworden.«

»Von dem *Gesetz* sagte Jesus, es sei seit der Zeit der Propheten bis auf Johannes den Täufer 'gegangen'; von da ab sei das *Reich Gottes* verkündet worden. Das geschah von dem Augenblicke an, da Jesus sich von Johannes taufen ließ und eine Stimme, die man hören konnte, verkündete: "Dies ist mein vielgeliebter Sohn. An ihm habe ich mein Wohlgefallen." [Siehe Kapitel V.] Zu betonen ist, daß mit Christus, als er in ein menschliches Dasein getreten war, das Reich Gottes auf die Erde gekommen war.« Von Jesu Taufe ab wurde es dann verkündet.[75]

Von diesem Reiche Gottes sagte Christus, es werde *mit Gewalt hineindringen.* Damit war gemeint, daß er nach Erfüllung seines Auftrages als Mensch den Kampf mit dem Widersacher von Geist zu Geist würde aufnehmen müssen. »Es ist doch selbstverständlich, daß Christus nicht daran denken konnte, behutsam und rücksichtsvoll die höllischen Bereiche zu betreten, sondern daß er dies mit der Macht und der Gewalt würde tun müssen, wie sie ihm dann zur Verfügung stand. Christus wußte, daß die Scharen seiner Getreuen auf ihn warteten. Er schaute sie als Mensch mit seinem geistigen Auge, und es war ihm bewußt, daß er nur mit Macht und Gewalt die Pforten der Hölle würde aufstoßen und in den Herrschaftsbereich Luzifers eindringen können. Durch seinen Sieg über den Widersacher sollte das *neue* Gesetz in Kraft treten, das auf alle Zeiten hinaus gültig sein würde. Als Jesus zu den Menschen von jenem Gesetz sprach, das von den Propheten bis auf Johannes gegangen sei, deutete er zugleich an: "Dann werde ich mit *meinem* Gesetz kommen und so das Reich Gottes mit Gewalt eindringen lassen." Dann würde Christus alle, die willens waren, mit ihm zu gehen, mit sich reißen; alle diese Wesen würde er in eine höhere Ebene hinein überführen, die man als eine Vorstufe des Himmels bezeichnen kann.«[76]

»Was ihr in meinem Namen erbitten werdet . . .«

»Jesus forderte [in seiner Abschiedsrede] die Jünger auf: "Ihr sollt meine Gebote halten, meine Lehre befolgen." Dann fügte er hinzu: "Was ihr vom Vater in meinem Namen erbitten werdet, werde ich euch geben. Oder ich werde den Vater bitten, daß er euch gibt, wonach ihr verlangt."« (Vgl. Johannes 14,13–15 und 21.)[77]

»Diese verheißungsvollen Worte muß man richtig verstehen, denn sie bilden eine Einheit mit der Aufforderung Jesu an seine Jünger, seine Lehre zu befolgen und seine Gebote zu halten. Diese Worte besagen: "Wenn ihr das Göttliche, das ich euch darbiete, erkennt, befolgt und nach ihm lebt, dann werde ich den Vater bitten, euch das zu geben, um was ihr fleht." Wie in so vielen Dingen bezogen sich auch diese Worte Jesu auf das *Geistige.* Was die Jünger geistig erbitten und erflehen würden, sollten sie erhalten.«[78]

Man soll also dieses Herrenwort ("Was ihr in meinem Namen erbitten werdet") in erster Linie auf den geistigen Beistand beziehen, den der einzelne in Christi Namen erbitten darf. »Man soll aber Gottes Gebote befolgen und nach Christi Lehre leben. Wenn hierin keine Ordnung waltet, kann es auch kein Entgegenkommen Gottes geben.«[79]

»Reiße dein rechtes Auge aus!...«

»Als Jesus einmal in eifrigem Gespräch mit den Umstehenden begriffen war, warf er ihnen ihr falsches Leben, ihre Sünden vor. Nach Meinung dieser Menschen waren seine Vorwürfe nicht mit der damaligen jüdischen Lehre in Einklang. Sie sahen in ihm einen Hetzer und Aufrührer, weil er mit vielem nicht einverstanden war. Zwar hatten die Propheten das Wort Gottes richtig geoffenbart – das sagte Jesus des öftern; doch die Juden hätten deren Aussagen so gewendet und gedreht, wie es ihnen paßte. Auch warf er ihnen vor, sie hätten sich nicht einmal gescheut, Propheten zu töten. (Vgl. Lukas 11, 47ff.) Bei dem erwähnten Gespräch sagte Jesus zu den Anwesenden: "Wenn dich das rechte Auge ärgert, reiß es aus, wirf es von dir! Es ist besser, du kommst mit nur einem Auge in den Himmel als mit beiden Augen in die Hölle."« (Vgl. Matthäus 5,29.)

»Dieses Wort könnte so aufgefaßt werden, als habe Jesus es als Richtender gesprochen. Dabei hatte er doch verkündet: "Ich bin nicht in die Welt gekommen, um zu richten, sondern um zu erretten." (Vgl. Johannes 3, 17.) Jenes Wort war von Jesus jedoch nicht als Richtspruch gemeint. Weiterhin hatte er gesagt: "Wenn dich der rechte Arm ärgert, so reiß ihn aus, wirf ihn von dir! Es ist besser, du kommst mit einem geschädigten Leib, mit nur einem Arm, ins Himmelreich als mit beiden Armen in die Hölle." (Vgl. Matthäus 5,30.) Wie sind diese Worte zu verstehen?«[80]

»Man kann sie nur verstehen, wenn man weiß, daß es unter den damaligen Juden eine Redewendung "Reiße dein rechtes Auge aus!" gab, die man gebrauchte, wenn man den andern auffordern wollte, die Wahrheit zu sagen. Der Sinn der Redewendung war: "Entweder sage die Wahrheit – oder reiße [zur Buße] dein rechtes Auge aus!" Also pflegten die Juden zur Zeit Jesu jeweils bei ihrem rechten Auge zu schwören. Eine weitere Redewendung war: "Sag die Wahrheit, schwöre mit der rechten Hand, daß du die Wahrheit sagst – oder, wenn du die Wahrheit nicht sagen kannst, reiße deinen rechten Arm aus!"«[81]

»Doch wer weiß heute noch, daß es damals solche Redewendungen gab? Ohne ihre Kenntnis kann man Jesu Worte nicht verstehen. Bis zum heutigen Tage haben sich gewisse Nachwirkungen forterhalten. Schwört man nicht noch heute, indem man die drei Schwurfinger der rechten Hand erhebt? Die rechte Hand wie auch das rechte Auge galten damals als etwas Heiliges. Weil man bei jeder Gelegenheit beim rechten Auge, bei der rechten Hand schwor, hatte Jesus gesagt: "Ihr sollt nicht schwören, weder beim Tempel noch bei diesem oder jenem, sondern eure Antwort sei ja oder nein!" (Vgl. Matthäus 23,16 sowie 5, 34–37.) Es war Sitte geworden, bei jedem Anlaß zu schwören, und darum hatte Jesus gesagt: "Reiße den rechten Arm aus!" Er wußte ja, daß sie leichtfertig die Hand zum falschen Schwur erhoben. Deshalb sprach er: "Überwinde dich lieber, tue keinen [falschen] Schwur, sondern sprich die Wahrheit, auch wenn du dadurch in deinem irdischen Leben zu Schaden kommst." Das hatte Jesus gemeint, als er gesagt hatte, es sei besser, mit nur einem Auge ins Himmelreich zu kommen als mit beiden Augen in die Hölle.«

»Wie aber konnte Jesus davon sprechen, ins Himmelreich zu kommen, da sich ja der Himmel den Gefallenen erst auftat, als er sein Erlösungswerk vollbracht hatte?« Hier war mit dem 'Himmel' das *Paradies* gemeint. »Es war in gewisser Weise ein Stück Himmelreich – jedoch keineswegs der eigentliche Himmel der Seligen. Mit diesem Paradies war jene Geistesebene gemeint, von der Jesus sprach, als er dem reuigen Schächer am Kreuz auf dessen Bitte "Gedenke meiner, Herr, wenn du im Himmelreiche bist" geantwortet hatte: "Noch heute wirst du mit mir im Paradiese sein." (Vgl. Lukas 23,42–43.) Damals hatte Christi Kampf mit Luzifer und sein Sieg über ihn noch nicht stattgefunden; aber ein Teil des Paradieses [das einst Adam und Eva und ihren Scharen zur Prüfung diente] war als 'Vorhimmel' vorhanden, bis zu welchem gefallene Geistwesen aufsteigen konnten.« Dorthin durfte, wie im dritten Kapitel erwähnt wurde, der fromme Simeon eingehen; dort wartete, wie im nächsten Kapitel berichtet wird, auch Abraham auf Christi Erlösungstat. »Doch standen sie trotzdem noch unter der Herrschaft Luzifers – so lange, bis Christus als Sieger wieder aus der Hölle aufgestiegen war. Zu jener Zeit gewann diese Geistessphäre eine andere Bedeutung. Jetzt machten sich Engel Gottes dort eifrig ans Werk, um die Aufgestiegenen, die sich bis dorthin emporgearbeitet hatten, für die Heimkehr ins Reich des Vaters bereitzumachen, ihren weiteren geistigen Aufstieg zu fördern.«[82]

»Das Leben ist wichtiger als die Nahrung und der Leib wichtiger als die Kleidung«

Auch dieses Herrenwort (vgl. Lukas 12, 23) hat über seinen unmittelbar verständlichen Sinn hinaus eine tiefe geistige Bedeutung. Jesus hatte zu seinen Jüngern gesagt: "Was nützt es, wenn ihr noch soviel Nahrung zu euch nehmen könnt? Eurem *wahren* Leib bringt dies keinen Gewinn." Mit dem 'wahren Leib' meinte er nicht den irdischen, sondern den geistigen Leib. »Damit wollte er hervorheben, daß die größte Bedeutung dem geistigen Leben zukommt. Indem er sprach: "Was nützt es dem Menschen, so er Nahrung im Überfluß hat?", wollte er nicht etwa ausdrücken, der Mensch brauchte sich um seine Nahrung überhaupt nicht zu kümmern; vielmehr wollte er damit deutlich machen, daß das Leben wichtiger ist als die Nahrung. Mit diesem Leben meinte Christus das *Ewige* im Menschen – das, was in die Ewigkeit zurückkehrt und allein Wert besitzt. Das Leben, in diesem geistigen Sinne verstanden, soll ihm mehr bedeuten als irdische Nahrung.«

»Entsprechend besitzt der Leib des Menschen höheren Wert als die Kleidung, die er trägt. Auch dieses Wort muß man richtig verstehen. Wohl bedarf der Mensch der Kleidung wie der Nahrung. Christus bezog sein Wort jedoch auf den geistigen Leib des Menschen. Der geistige Leib ist das Gewand der Seele. Dieser geistige Leib aber kann *verletzt* werden, wenn Menschen Äußerlichkeiten wichtiger nehmen als Geistiges«, wenn sie also ihre 'Kleidung' über ihren 'Leib' stellen. »Wie viele Menschen verfügen bedenkenlos über ihren irdischen Leib und ahnen nicht, daß sie durch ihr verwerfliches Leben, durch ihre *Süchte* ihrem geistigen Leib Wunden schlagen – Wunden, die in der Jenseitswelt fortbestehen ...« Jeder Mensch besitzt einen geistigen Leib, in den seine Seele eingebettet ist. »Der Mensch weiß aber nicht, daß er diesem geistigen Leib Wunden zufügen kann, die nicht so ohne weiteres zur Heilung gebracht werden können. Geistige Verletzungen können nur im Geistigen behoben, geheilt werden. Dazu bedarf es der Wiedergutmachung.«[83]

»Nichtsehende sehend zu machen und Sehende blind ...«

»Einmal sagte Jesus: "Durch das Gericht ist es mir möglich, Nichtsehende sehend zu machen und Sehende blind." (Vgl. Johannes 9, 39.) Was heißt das?«[84]

»Jesus nahm hier vorausschauend Bezug auf die Zeit, da er in der Hölle Gericht hielt. Dort waren die Wesen *geistig* blind.« Sie waren von Gott getrennt und deshalb von geistiger Dunkelheit umgeben. »Nun aber erblickten sie Christus und wurden dadurch geistig sehend. Hatte er nicht gesagt: "Ich bin das Licht der Welt" (Johannes 8, 12)? Und heißt es nicht: "Das Licht leuchtet in der Finsternis" (Johannes 1, 5)? Also mußte dieses Licht in der Finsternis doch gesehen worden sein.« Die Geistwesen im Reiche Luzifers vermochten den Erlöser wahrzunehmen. Die, welche sich ihm anschließen wollten, wurden aus der Dunkelheit herausgeführt. »Jetzt hofften sie und waren voller Zuversicht. Sie wollten mit Christus aus der Herrschaft Luzifers entfliehen. So wurden sie, die geistig blind waren, zu geistig Sehenden. Freilich wußten sie noch nicht, wohin der Weg sie führen werde – sie sahen nur das Licht, die Rettung ...«[85]

»Es war wohl eine große Schar dieser Geister, die sich Christus angeschlossen hatten, aber dabei waren es deren noch viel zu viele, die Luzifer treu ergeben blieben. Dies, obwohl sie den Besieger Luzifers *gesehen* hatten. Sie sind es – die [damals] sehend waren und blind wurden – die Jesus mit seinen Worten meinte: "Sehende werden blind."«[86]

Aber auch von den Pharisäern sagte Jesus solches, nämlich daß sie, die Sehenden, 'Blinde' seien. »Auf sie war Jesus nicht gut zu sprechen – sie hatten es ja auf ihn abgesehen. Darum gab er ihnen zur Antwort, was sie nicht begreifen konnten, nämlich: sie, die Sehenden, seien in Wahrheit blind. Jesus meinte damit ihre *geistige* Blindheit. Sie anerkannten ihn nicht als den Sohn Gottes; sie wollten ihn nicht als solchen anerkennen, und deshalb nannte er sie 'geistig Blinde'.«[87]

»Die Pharisäer, darüber erbost, machten hämische Bemerkungen zu Jesu Worten und Andeutungen. Sie lachten ihn aus und erwiderten, sie seien Sehende, was er auch sage. (Vgl. Johannes 9, 40.) So weit entfernt waren doch diese Menschen von einem wirklichen, geistigen Wissen um ihr Dasein, um die Schöpfung Gottes. Jesu Worte wollten sie keinesfalls gelten lassen. Mose, Abraham – denen, so sagten sie, schenkten sie Glauben, aber ihm nicht. Gerade ihm, dem Sohne Gottes, glaubten sie nicht.«[88]

»Wenn jemand bei Nacht umhergeht, stößt er an«

Als Jesus die Nachricht von der Erkrankung des Lazarus erhalten hatte, sagte er zu seinen Jüngern, er wolle wieder nach Judäa gehen. Diese warnten ihn davor, weil man ihn dort verfolgen und steinigen wolle. Nach Johannes 11, 9–10 gab Jesus ihnen zur Antwort: "Hat nicht der Tag zwölf Stunden? Wenn jemand bei Tage umhergeht, stößt er nicht an; denn er sieht das Licht dieser Welt. Wenn aber jemand bei Nacht umhergeht, stößt er an; denn das Licht ist nicht in ihm."

»Christus sagte so vieles, was schwer zu verstehen ist, weil er es symbolisch ausdrückte. Auch hatte er eine ganz andere Schau. Er sah, was sein Erdenleben betraf, daß die Zeit noch nicht gekommen war, und daher wußte er auch, daß das, was die Jünger für ihn befürchteten, nicht geschehen werde. Für ihn war es *Tag*, war es Licht. Bei den gegen ihn gerichteten Verfolgungen hatte doch die böse Geisterwelt ihre Hand im Spiel, und diese Gestalten waren dunkel, düster. Deshalb verglich Christus die Tätigkeit der bösen Geister mit der *Nacht*; er aber war das Licht. Da seine Zeit noch nicht gekommen war, konnten die bösen Geister nichts gegen ihn ausrichten; für ihn war also noch Tag, nicht Nacht.«[89]

»Bis Himmel und Erde vergehen ...«

Ein Herrenwort, das schon zu seiner Zeit tiefen Sinn hatte, das heute noch ebenso bedeutsam ist, aber kaum mehr verstanden wird, lautet: "Bis Himmel und Erde vergehen, wird kein Strich und kein

Punkt vom Gesetze vergehen, ehe alles geschieht." (Vgl. Matthäus 5, 18 und Lukas 16, 17.)

»Wenn es heißt: "Bis Himmel und Erde vergehen", ist dazu einschränkend zu bemerken: Es liegt nicht im Willen Gottes, etwas zu schaffen, um es wieder zunichte zu machen, es untergehen zu lassen. Denn nach dem heutigen Sprachgebrauch versteht man unter 'vergehen' soviel wie 'untergehen'. Einen Untergang der Erde könnte man ja noch hinnehmen, aber mit einem Untergang des Himmels fände man sich nicht zurecht. Tatsächlich aber ist hier mit 'vergehen' nicht der Untergang von Erde und Himmel gemeint [sondern ihre Verwandlung].«[90]

Als Himmel bezeichnete hier Jesus die geistigen Ebenen des *Aufstiegs.* Mit den Worten "ehe alles geschieht" wies er die Menschen auf diesen künftigen Aufstieg hin. Dieser werde geschehen, so versicherte Jesus, bis Himmel und Erde 'vergehen'. »Diese sind aber nicht dem Untergang geweiht, sondern es werde [bis zu deren Umwandlung] so lange gehen, bis auf dieser Erde und in jenen Himmeln der Aufstieg der Gefallenen seine Erfüllung gefunden habe; so lange werde sich am Gesetz nichts ändern.«[91]

»Mit dem 'Gesetz' deutete Jesus auf die *Gebote Gottes* hin, welche der Menschheit durch den Propheten [Mose] gebracht worden waren.« Doch zugleich hatte er vorausschauend jenes *neue* Gesetz gemeint, das nach seinem Sieg in der Hölle über Luzifer wirksam wurde und noch heute wirksam ist. »Durch das nun gehaltene Letzte Gericht wurde jenes Gesetz in Kraft gesetzt, das für alle Zeiten [des Aufstiegs] Gültigkeit behalten sollte.« Ist auch der letzte heimgekehrt, hat sich die Erde vergeistigt. Dann werden die Aufstiegsebenen der geistigen Welt umgewandelt, weil sie ihren Zweck erfüllt haben. Näheres dazu im letzten, dreizehnten Kapitel.[92]

»Wer hat, dem wird gegeben ...«

Ein Herrenwort lautet: "Wer viel hat, dem wir noch dazu gegeben, und wer wenig hat, dem wird vom wenigen noch genommen." (Vgl. Matthäus 13, 12.) Auch dieses Wort ist nur *geistig* zu verstehen.

»Wenn es heißt: "Wer viel hat, dem wird noch dazu gegeben", so meinte Jesus damit jene Menschen, die eine *reiche Seele* haben – Menschen mit geistigen Werten, mit Verdiensten in der Seele, weil sie ein gottgefälliges Leben geführt haben und führen, so daß sich ihre Seele veredelt hat und sie an geistigem Besitz reich geworden sind. Wenn ein solcher Mensch stirbt und sein Geist in das Reich Christi heimkehrt, wird er dort belohnt, und zu dem geistigen Reichtum, den er mitbringt, erhält er noch welchen dazu – ihm wird noch mehr gegeben. Womöglich kam er, als er ein menschliches Dasein antrat, schon aus einer höheren Welt. Nun aber hat er sich noch mehr geistige Werte errungen, und so kehrt er in eine noch schönere Welt ein. Es geht ja um das Höhersteigen; die Entwicklung geht aufwärts, und je mehr Verdienste sich ein Wesen erwirbt, um so schöner ist die Welt, die es aufnimmt und in die es hineingeführt wird.«[93]

Nun zu denen, von denen es heißt: "Wer wenig hat, dem wird vom wenigen noch genommen." Zwar gibt es in der Regel keinen Rückfall im Aufstieg des einzelnen, nur allenfalls einen Stillstand. »Die Ebenen der geistigen Welt haben aber jeweils ihre *Stufen,* auf denen man seinen Platz einnimmt – niedere und höhere Stufen. Wer belastet zurückkommt, nimmt [innerhalb der Ebene, von welcher er zur Menschwerdung ausgegangen ist] seinen Platz eben da ein, wo es nicht schön, wo die Umgebung karg, nüchtern ist. Hier muß er leben. Wenn es von ihm heißt, ihm werde noch von dem genommen, was er besitzt, so besagt dies, daß er die *Möglichkeit* gehabt hätte, in seiner Ebene einen schöneren Platz einzunehmen. Jetzt aber wird er [weil sein Erdenleben enttäuschend war] dieser Möglichkeit, dieses Rechtes beraubt. Nach unten aber muß er nicht gehen – es sei denn in besonders schwerwiegenden Fällen [furchtbarer Verbrechen]. Bei menschlichem Verfehlen bleibt der Zurückgekehrte in der Regel an dem Ort, von dem er ausgegangen ist. Dort wird ihm einfach sein Platz angewiesen.« Aber schade ist es doch für ein Wesen, das von einem schönen Ort einer solchen Umgebung in die Menschwerdung gegangen ist und nun, bei der Rückkehr, an einen kargen Ort verwiesen wird, wo zu wohnen es nicht angenehm ist. »Man hat ihm also das Recht [auf einen schönen Aufenthalt] verwehrt – man hat ihm von dem wenigen genommen, das er besaß. Ein belastet Zurückkehrender wird also nicht aus seiner geistigen Ebene ausgestoßen, aber es besteht ohne weiteres die Möglichkeit, ihm seinen Aufenthalt in der von ihm erreichten Ebene zum Gefängnis werden zu lassen. Einem solchen wird dann sein bisheriger Besitz vorübergehend genommen.«[94]

»Wer mein Fleisch nicht ißt und mein Blut nicht trinkt…«

Eines der schwerstverständlichen Herrenworte ist im Folgenden erläutert. »Es handelt sich um die Worte, die Jesus [in Kapernaum] zu seinen Jüngern und zu den Umstehenden sprach: "Wer mein Fleisch nicht ißt und mein Blut nicht trinkt, kann nicht ins Himmelreich eingehen."« (Vgl. Johannes 6,53.)[95]

»Über diese Worte entsetzten sich die Zuhörenden. Sie fingen an zu spotten: "Das geht zu weit! Jetzt meint er doch wahrhaftig, wir würden sein Blut trinken und sein Fleisch essen!…" Und sie verließen ihn, so daß nur noch wenige ihn umstanden. Selbst die Jünger murrten. Obwohl sie ihrem Meister treu ergeben waren, hatten sie doch das Gefühl, das hätte er nicht sagen dürfen. Wohl ahnten sie, daß diese Worte nicht wörtlich gemeint waren; trotzdem fanden sie, er sei zu weit gegangen – so etwas sage man nicht. Jesus hatte die Gedanken seiner Jünger erkannt, und so fragte er sie: "Wollt nicht auch ihr gehen?" Denn die Leute waren ja fortgegangen, und so lag diese Frage nahe. Aber sie blieben bei ihm; nur baten sie ihn: "Das mußt du uns genau erklären…"«[96]

»Der Meister ging mit den Jüngern in ein Haus hinein. Dort ließ man sich nieder und nahm Speise zu sich. Dann erklärte er ihnen: "Was ich gesagt habe, ist *Geist und Leben*." (Vgl. Johannes 6,63.) Es ging also nicht darum, sein persönliches Blut zu trinken und sein leibliches Fleisch zu essen – damit hatte es wahrhaftig nichts zu tun. Die Menschen jener Zeit erlebten später den Beweis, daß Jesu Leib aufgelöst worden war. Also konnte der Ausdruck 'Fleisch' niemals wörtlich verstanden werden.«[97]

Angelpunkt richtigen Verständnisses des Herrenwortes ist: Der irdische Leib, das 'Fleisch', ist Träger des *Geistes*; das Blut gilt als Zeichen des *Lebens*. Fleisch und Blut sind Voraussetzungen für die Entfaltung von Geist und Leben auf Erden, das heißt für den Aufstieg der gefallenen Wesen über die materiellen Entwicklungsstufen. Sinnbildlich gesprochen sind sie für den Geist wie eine Speise, die er zu sich nehmen muß, um über diese Aufstiegsstufen zum *wahren Leben* gelangen zu können.

Wieso aber sprach Jesus von *seinem* Fleisch und von *seinem* Blut?

»*Christus* ist es zu verdanken, daß der Mensch ins irdische Dasein treten durfte. Durch Christus ist alles geworden. Denn Gott hat ihm den Auftrag dazu gegeben. So soll man die Schöpfung bejahen, die durch ihn, Christus, geworden ist und die Geist und Leben [auf Erden] ermöglicht.«[98]

Mit seinen Worten an die Jünger deutete Jesus auch auf das *Wiedergeborenwerden* hin. »Er wollte ihnen sagen: "Dieser Leib, den ihr hier vor euch seht, dieser Leib wird euch von Leben zu Leben gegeben werden. Diesen Leib braucht ihr zum Leben ..."« Jesus benutzte dafür die Worte 'Fleisch' und 'Blut'. Ohne Fleisch und Blut gibt es kein Wiedergeborenwerden; doch sind sie nur Mittel zum Zweck. »Das Fleisch allein ist nichts; doch der Geist wirkt aus dem Fleische heraus.«[99]

Auch für die Nahrung, die der Mensch zum Leben auf Erden benötigt, hat das Herrenwort seine Gültigkeit. »Der Mensch nimmt von dem zu sich, was Christus der Menschheit zu ihrem Leben gegeben hat. Im übertragenen Sinne ist dieses durch *ihn* Geschaffene sein 'Fleisch', sein 'Blut'. Indem der Mensch Nahrung zu sich nimmt, ißt er Christi Fleisch und Blut – aber nicht sein leibliches Fleisch und Blut.«

»Wenn Jesus sagte, ohne dieses sein Fleisch und Blut zu sich zu nehmen, könne der Mensch nicht ins Himmelreich eingehen, so bedeutet dies letztlich folgendes: Wird einem Geist die Möglichkeit des Aufstiegs unterbunden, so kann er nicht zum Vater heimkehren, bleibt ihm der Himmel verschlossen. Das ist [zusammenfassend] mit dem erwähnten Herrenwort gemeint.«[100]

»Frieden gebe ich euch ...«

»Am Vorabend seines Leidensweges sprach Jesus zu den Seinen: "Frieden gebe ich euch. Frieden hinterlasse ich euch. Aber nicht wie ihn die Welt gibt, gebe ich euch Frieden ..." (Vgl. Johannes 14,27.) Diese seine Worte bezogen sich auf den Erlösungsauftrag.«[101]

»Doch wie steht es mit diesem Frieden? Wo ist dieser Friede zu finden? Jesus sagte ausdrücklich: "Ich hinterlasse euch den Frieden"! Aber damit meinte er nicht jenen Frieden, wie die Welt ihn kennt und gibt. Denn für manche Menschen bedeutet Frieden soviel wie gut leben, bedeutet ein gutes Einkommen, keine Sorgen und Probleme, keine Neider zu haben, in Ruhe dahinleben zu können. Doch dies ist lediglich ein weltlicher Friede, also der Vergänglichkeit geweiht. Es gibt aber einen anderen Frieden: *den Frieden der Seele*, und diesen meinte Jesus.«[102]

»Ehe Christus ins menschliche Dasein trat, hatte es für die Menschen noch keinen Frieden der Seele gegeben.« Sie waren ja von Gott getrennt und mußten nach dem irdischen Tode wieder ins Geisterreich Luzifers, ins Reich der Unseligen, zurückkehren. Doch mit der Erfüllung des Erlösungsauftrages brachte und hinterließ Christus der Menschheit diesen ersehnten Frieden. »Der Friede, den er hinterlassen, bedeutet: Die Himmel sind aufgetan! Diesen *Frieden der Ewigkeit* wollte Christus allen Menschen überlassen. Frieden der Ewigkeit heißt: nach dem irdischen Tod in die Seligkeit einzugehen.«[103]

Gleichnisse

Was in der Einleitung zum voraufgehenden Kapitel bezüglich der Herrenworte gesagt wurde, gilt ebenso, ja noch vermehrt, für die Gleichnisse Jesu. Stets hat er in seinen Gleichnissen etwas angesprochen, *was ihn* persönlich betraf. »Es konnte sich auf den Schöpfungsplan, auf den Heils- und Erlösungsplan beziehen, auf sein Zusammensein mit dem Vater, auf seine Stellung als höchster von Gott geschaffener Geist im Jenseits, auf sein Verhältnis zu den Menschen, auf sein Verhältnis zu Luzifer, zum Totenreich. Auf all dies hat Jesus in sinnbildlicher Weise immer wieder hingedeutet.«[1]

Das Gleichnis vom Sämann

Jesus erzählte der Volksmenge am Ufer des Sees von Genezareth das Gleichnis vom Sämann, dessen Saat teils auf den Weg, teils auf sandigen Boden, teils unter die Dornen, teils auf guten Boden fiel (Matthäus 13, 3ff.). »Als Jesus das Gleichnis beendet hatte, fragten ihn die Jünger, was es bedeutete; denn sie wollten näher darüber unterrichtet werden. "Ihr versteht aber gar nichts", sagte Jesus. "Wenn ihr schon dieses Gleichnis nicht begreift, versteht ihr meine anderen Gleichnisse erst recht nicht..." Aber er versuchte, ihnen den Sinn klarzumachen.«

»"Da, wo der Samen dem Weg entlang ausgestreut wird, bleibt er an der Oberfläche, so daß die Vögel kommen und ihn aufpicken können. Bei den Menschen ist es so: Bleibt ihr Glaube nur oberflächlich, dann kommt der Satan, und bald hat er ihre besseren Gedanken aus dem Herzen gerissen, und sie stehen in ihrem Glauben wieder vor dem Nichts... Wird Samen auf Sand ausgestreut, vermag er nicht wirklich Wurzel zu schlagen, und es gibt kein Gedeihen. Damit sind Menschen gemeint, die bei der ersten Gelegenheit, wo andere sich an sie heranmachen und sie von ihrem Glauben abzubringen versuchen, diesen ihren Glauben wieder preisgeben. Ihr Glaube ist nicht festgewurzelt, sondern oberflächlich, und so sind sie bereit, alles wieder zu verwerfen."«

»Dann kam Jesus auf den Samen zu sprechen, der unter Dornen fiel.

Auch hier kann es kein Gedeihen geben, weil die Dornen wachsen und alles überwuchern. "Seht", sprach Jesus, "so ist es in der Welt: Die Menschen lassen sich von den Äußerlichkeiten beeinflussen, die die Welt ihnen bietet, von Reichtum, von Besitz, von allem, was eben die 'Welt' zu geben hat. Das Wahre, das man versuchte mit Worten in ihre Seele zu pflanzen, erstickt in all dem, was die Welt den Menschen an Äußerem zu bieten hat. Mit diesen Äußerlichkeiten erobert sie den Menschen."«

»Ja, die Jünger hörten sich Jesu Gleichnisse mit an; aber auch sie verstanden sie nicht.« So mußten sie dann ihren Meister um nähere Erläuterungen bitten. »Es kam sogar vor, daß sie Jesus Vorwürfe machten: "Du sollst uns keine solchen Gleichnisse bringen; sie stehen ja in gar keinem Zusammenhang mit unserem Leben. Wir wissen mit diesen Gleichnissen nichts anzufangen..." So mußte Jesus manche seiner Jünger wegen solcher Äußerungen tadeln. Obwohl sie ihm so zugetan waren, hatte es Jesus nicht immer leicht mit ihnen.«[2]

Das Gleichnis vom Unkraut unter dem Weizen

»Die Menschen, die Jesus nachfolgten, wollten seine Gleichnisse erklärt bekommen. Selbst seine Jünger vermochten sie ja nicht zu verstehen. So betrat er einmal mit ihnen ein Haus, und er führte ein Gespräch mit ihnen. Sie hatten den Meister aufgefordert: "Komm und erkläre uns das Gleichnis vom Unkraut im Acker! Wie sollen wir dieses Gleichnis verstehen?" Und Jesus erklärte es ihnen: "Der Acker ist die Welt. Der die gute Saat ausstreut, ist der Menschensohn. Die gute Saat sind die Kinder des Reiches. Das Unkraut sind die Kinder des Teufels, denn der Teufel sät Unkraut. Die Schnitter sind die Engel Gottes."«

»Was weiter darüber in der Heiligen Schrift steht (Matthäus 13, 39–42), ist verkehrt. Danach wäre es so, daß diese Schnitter das Ende der Welt heraufführten. Jesus meinte mit der 'Ernte' das *Letzte Gericht*, das er [nach seinem Erdendasein] über Luzifer halten würde. Dieses Letzte Gericht gibt seither einem jeden die Möglichkeit, den Weg nach oben, den Weg der Heimkehr zu Gott, anzutreten.«

»Was aber steht heute in der Bibel? So, wie das Unkraut bei der Ernte gesammelt und verbrannt werde, würden die Bösen von den Engeln Gottes am Ende der Welt in die Hölle geworfen und wie Unkraut vernichtet werden. In Wahrheit ist es so: Christus war es gerade, der mit seinen Engeln damals in der Hölle kämpfte und versuchte, alle Wesen guten Willens mitzunehmen, auf daß sie ans Licht gelangen und ihren Aufstieg beginnen konnten. Es waren jedoch noch so viele in dieser Hölle, welche es mit dem Teufel hielten, seine Meinung teilten und in seiner Gesinnung lebten – Wesen voller Bosheit. Sie fanden sich nicht bereit, mit den Engeln, die sich um sie bemühten, mitzugehen. So blieb nichts anderes übrig, als sie in ihrer Hölle zu belassen, sie dorthinein zurückzustoßen.« Dies war die Trennung bei der 'Ernte', beim Letzten Gericht. »Aber sie wurden *nicht* ins Feuer geworfen. Auch sie, die in die Hölle zurückgestoßen wurden, haben laut göttlichem Gesetz die Möglichkeit, sich aus ihr herauszuschaffen, um ans Licht zu gelangen.«[3]

»Um auf das Gleichnis zurückzukommen, so bezeichnete sich Jesus darin als Urheber der guten Saat, die in den Kindern des Reiches aufgehe; denn *er* war ja derjenige, der die gute Saat schenkte, indem er den Menschen das Himmelreich zur Heimkehr öffnete. Jesus hat den Menschen auch gezeigt, welchen Weg sie einschlagen müssen. Er forderte sie auf, nach Gottes Gesetzen zu leben, von denen damals schon viele mißverstanden und verfälscht worden waren. Zwar hatten die Propheten diese Gesetze den Menschen richtig übermittelt; aber die Pharisäer und Schriftgelehrten hatten sich darauf verstanden, sie nach ihrem Sinne zu verdrehen und zu wenden. Darauf hat Jesus immer wieder hingewiesen.«[4]

»Vieles von dem, was Jesus in Form von Gleichnissen darlegte, wurde zwar aufgeschrieben«; aber oft verstand man den Sinn nicht, und so kam es in den späteren Übersetzungen und Abschriften zu Irrtümern. »Jesus soll gesagt haben: "Am Ende der Welt werden die Bösen von den Guten getrennt. Die Bösen werden ins höllische Feuer geworfen." (Vgl. Matthäus 13,40–42.) Der richtige Wortlaut ist vielmehr: "*Bis zum* Ende der Welt werden die Engel Gottes bereit sein, die Guten von den Bösen zu trennen" – und nicht *am* Ende der Welt.« Diese Trennung, wie sie schon beim Letzten Gericht stattgefunden hatte, ist auch heute noch notwendig. »In Wahrheit gibt es bis zum Ende der Welt diese Trennung durch die Engel Gottes – aber nicht, um die Bösen ins Feuer zu werfen. Wer böse ist, also seine Seele belastet, muß jeweils in einem neuen Erdendasein versuchen, das gutzumachen, was er gefehlt hat. Es genügen freilich nicht ein oder zwei Erdenleben, um dann nicht mehr einverleibt werden zu müssen. Denn lang, lang ist der Weg des Aufstiegs ... *Bis zum Ende der Welt* – und das ist eine lange Zeit – *müssen die Engel Gottes Gut und Böse voneinander trennen.*«[5]

»Zu einer solchen Trennung kann gehören, daß diejenigen, die sich schwer belastet haben, [als Geist] auf dieser Welt irgendwohin gebannt werden. Engel Gottes können solche [beispielsweise] an Abgründe bannen oder auch an Feuer ... Durch eine solche harte Läuterung wird ihnen die Möglichkeit der Sühne, der Wiedergutmachung, geboten. Zwar hat Christus auch jene, die sich in dieser Welt so furchtbar belastet haben, erlöst und ihnen den Weg ins Himmelreich frei gemacht; aber noch können sie wegen ihrer Belastung diesen Weg nicht antreten. So werden sie gebannt, und sie müssen leiden. Solches wird immer wieder geschehen, bis die glückliche Zeit des 'Endes der Welt' anbricht, das heißt: des Endes der Herrschaft Luzifers. Dann wird es nicht mehr nötig sein, geistige Wesen in dieser Weise zu bannen, weil sie ihren Aufstieg inzwischen angetreten haben und sich so verbessern können. Jedem einzelnen ist es überlassen, seinen Aufstieg zu beschleunigen und so die Welt des Glückes und der Seligkeit rascher zu erreichen.«[6]

Das Gleichnis vom Schatz im Acker

In einem seiner Gleichnisse verglich Jesus das Himmelreich mit einem im Acker verborgenen Schatz (Matthäus 13,44). »Forscht man nach dem wahren Sinn dieses Gleichnisses, führt dieses auf Christus selbst hin. Den im Acker verborgenen Schatz bezog Christus nämlich auf sich selbst.« Heißt es doch auch, daß mit dem Erscheinen Christi auf Erden das Himmelreich genaht ist (Matthäus 3,2). Doch warum *mußte* dieser 'Schatz' vorerst noch verborgen sein?

»Der Vater hatte ja mit seinem Sohn besprochen, auf welche Weise es möglich werden könne, der Menschheit Befreiung und Erlösung zu bringen. Doch sollte das, was Gott und Christus darüber besprachen, Luzifer verborgen bleiben; denn Luzifer besaß noch immer in sich [mediale] Fähigkeiten, die ihm eine Schau auch in die geistige Welt hinein ermöglichten. Vor allem sollte er nicht in Erfahrung bringen dürfen, daß Christus sich bereit erklärt hatte, die Aufgabe der Erlösung der Abgefallenen *selbst* zu übernehmen.«

»Christus war bereit, die Seinen zurückzuholen, um sie wieder in die Glückseligkeit zu führen. Aber *wie* dies zwischen dem Vater und ihm einst ausgedacht worden war, das sollte ein verborgenes Geheimnis bleiben, und zwar so lange, bis man diesen 'Schatz' fand, also bis man Christus als den Mensch gewordenen Erlöser erkannte und man wußte, daß er gekommen war, um die ihm Verlorengegangenen wieder zurückzuholen.«[7]

Das Gleichnis von den Arbeitern im Weinberg

»In einem seiner Gleichnisse verglich Jesus das Himmelreich mit einem Hausvater. "Das Reich der Himmel ist gleich einem Hausherrn, der am Morgen früh ausging, um Arbeiter in seinen Weinberg zu dingen", so beginnt dieses Gleichnis (Matthäus 20, 1ff.). Er vereinbarte mit ihnen – um es in eurer Sprache auszudrücken – einen bestimmten Geldbetrag als Lohn. Der Hausherr ging also frühmorgens aus, setzte ihren Tagelohn fest und schickte sie in seinen Weinberg. Die Arbeiter gingen hin. Im Laufe des Tages ging der Hausherr noch mehrfach aus und stellte weitere Arbeiter für seinen Weinberg an, alle zum selben Lohn. Sogar noch eine Stunde vor dem Abend hatte er, wie es im Gleichnis heißt, Arbeiter gedungen. Auch sie bekamen den gleichen Lohn wie jene, die den ganzen Tag über in der großen Hitze hatten arbeiten müssen.«

»Da fingen diese, die den ganzen Tag über gearbeitet hatten, an zu murren: es sei nicht recht, daß sie den gleichen Lohn bekämen wie jene, die nur eine Stunde gearbeitet hätten. In dem Gleichnis heißt es dann, der Hausvater habe diesen Lohn ja mit ihnen abgemacht; es könne ihnen doch gleich sein, welchen Lohn die anderen erhielten. Er habe sein Wort gehalten und ihnen das Vereinbarte ausbezahlen lassen. Sie hätten nicht das Recht, an seiner Güte Anstoß zu nehmen, wenn er denen, die weniger gearbeitet hätten, den gleichen Lohn bewilligte wie ihnen. Das Gleichnis schließt mit den Worten: "Es ist so: Erste werden Letzte sein, und Letzte werden Erste sein." (Vgl. Matthäus 20, 16.) Wie ist das zu verstehen?«[8]

»Die Menschen, die sich als Erstlinge auf den Weg zurück zu Gott gemacht hatten, mußten lange warten, bis Christus kam und ihnen das Tor zum Himmel öffnete. Sie waren als erste in ein menschliches Dasein getreten und hatten lange, lange Wege [von Inkarnation zu Inkarnation seit den Anfängen der Menschheit] zu durchschreiten gehabt. Lange mußten sie warten, bis sie ins Himmelreich eintreten konnten. Zwar waren sie im irdischen Dasein die ersten gewesen; sie mußten aber länger ausharren, bis ihr Streben nach himmlischer Seligkeit in Erfüllung gehen konnte. Andererseits vermochten jene, die als letzte [vor Christi Erlösungstat] in ein menschliches Dasein traten, schneller in die Herrlichkeit einzugehen. Insofern gehörten sie zwar zu den letzten, jedoch mit zu den ersten, die wieder ins Himmelreich zurückkehren durften; ihre Wegzeit war kürzer bemessen.« Sie mußten also – um auf das Gleichnis zurückzukommen – für den selben Lohn weniger Arbeit leisten.

Freilich begann ja die Menschwerdung und damit ein gewisser Aufstieg der Gefallenen lange vor der Zeit, da der Erlöser auf Erden lebte. »Diese Erstlinge kamen jedoch geistig nur langsam oder auch gar nicht vorwärts. Man darf nicht vergessen, daß die Welt ja noch uneingeschränkt Luzifer gehörte, und so haben sich gerade die frühen Menschen sehr belastet. Es gab unter ihnen Mord und Totschlag, und dadurch blieben sie in ihrem Aufstieg im Rückstand. Sie kamen in ihrer geistigen Entwicklung zumeist nicht voran.«[9]

»Wie alle öffentlichen Äußerungen Jesu stand auch dieses Gleichnis in Beziehung zu seiner eigenen Menschwerdung und zu seinem Erlösungsauftrag. Daher konnte er sagen, daß jene, die zuerst Mensch geworden waren, [in der Regel] nicht auch die ersten sein würden, welche die Brücke würden überschreiten können, sobald einmal das Himmelreich durch ihn geöffnet sein werde. Vielmehr würden Erste jene sein, die das Reich Gottes bereits erlebten, also jene Menschen, die an Jesus geglaubt hatten und in ihrer Gesinnung ihm gefolgt waren.«[10]

»Zu bedenken ist, daß zur Zeit, da Christus auf Erden lebte, Wesenheiten aus den oberen Bereichen der Hölle ins irdische Dasein traten – Wesenheiten, die sich durch wiederholte Erdenleben gebessert und eine geistig etwas fortgeschrittene Stufe erreicht hatten. Viele jedoch kamen von unten herauf – sie hatten durch ihre Erdenleben eben keine Fortschritte erzielt, sondern sich, obwohl sie schon so lange auf dem Wege waren, immer erneut belastet. Als Christus dann von dieser Erde abgeschieden und ins Himmelreich zurückgekehrt war, ging für die *fortgeschrittenen* Wesen der Himmel auf. Sie konnten einen großen

Schritt ins göttliche Reich tun. Dort wurden sie hineingeführt, die [zumeist] später in die Menschwerdung getreten, aber in ihrer geistigen Entwicklung weiter vorangeschritten waren und sich weniger belastet hatten. Dadurch fanden sie in die himmlische Welt Einlaß.«[11]

»In dieser Weise ist das Herrenwort aufzufassen. Denn alles, was Jesus lehrte, stand doch in Bezug zu seinem *Erlösungswerk*. Die Lösung liegt also, wie für viele andere Worte Jesu, eben in dem Wissen, *warum* Christus in ein menschliches Dasein trat. Sein Ziel war die Befreiung und Erlösung der Abgefallenen. Was er lehrte, bezog sich immer darauf.«[12]

Das Gleichnis von den bösen Weingärtnern

»Als Jesus wieder einmal von Volk umgeben war, gab er, der augenblicklichen Lage entsprechend, folgendes Gleichnis (vgl. Lukas 20, 9–16): "Jemand hatte einen Weinberg zu verpachten. Er selbst war außer Landes. So verpachtete er diesen Weinberg an Weingärtner. Nach einer gewissen Zeit entsandte er einen Knecht zu diesen Weingärtnern, damit er von ihnen einen Teil des Ertrages einfordere. Doch was taten sie dem ersten Knecht an, der da kam? Sie schlugen ihn und jagten ihn fort. Der Herr schickte einen zweiten Knecht. Auch er forderte einen Teil des Ertrages des Weinberges. Auch er wurde geschlagen, verletzt, davongejagt. So sandte der Herr einen dritten Knecht. Auch diesem dritten Knecht gaben die Weingärtner nichts. Sie verspotteten ihn, sie schlugen ihn, sie verwundeten ihn und jagten ihn davon. Auch er ging, wie seine beiden Vorgänger, leer aus."«

»"Der Herr dachte: 'Ja, ich sende meinen Sohn. Meinen Sohn werden sie anerkennen und ihm einen Teil des Ertrages aushändigen.' Und der Sohn ging hin. Die Weingärtner überlegten: 'Da kommt der Erbe. Der Sohn ist Erbe. Der nimmt uns alles weg, und dann haben wir überhaupt nichts mehr. Darum wollen wir ihn töten.' Und sie töteten ihn."«

»Solches sprach Jesus zu seinen Zuhörern. Sie hörten ihm teils erstaunt, teils beschämt zu, und sie gingen von dannen. Sie ahnten etwas vom Inhalt dieses Gleichnisses, auch wenn sie es in seinen Einzelheiten nicht zu begreifen und aufzunehmen vermochten. Indem Jesus davon sprach, jemand, der selber außer Landes war, habe einen Weinberg verpachtet, so bedeutet dies: Mit dem Weinberg ist die *Erde* gemeint, auf der die Menschen leben, und mit dem, der ihn verpachtet, *Gott*. Er ist 'außer Landes', das heißt: Er ist nicht auf der Erde.«[13]

»Es stand in Gottes Güte, aus *seinem* Reich heraus Wesenheiten zu den Menschen zu entsenden, um in ihnen den Gottesglauben zu wekken. Das waren die Propheten. Sie versuchten, die Menschen an Gott heranzuführen.« In dem Gleichnis ist von drei solchen Knechten die Rede. »Der erste Knecht, der zu den Weingärtnern kam, wurde von ihnen geschlagen und davongejagt. Jesus meinte mit diesem Knecht *Abraham*.«[14] Abraham war ein von Christus entsandter Führer des Volkes Israel. Er konnte erst nach Christi Erlösungstat in die Gotteswelt heimkehren.

»Abraham hatte einst schwere Zeiten durchzustehen. Er zog von einem Ort zum andern. Ein Führer des Volkes war nicht lediglich dafür da, zu verkünden, was Gott ihm geoffenbart hatte; vielmehr mußte er das Volk führen, ihm voranziehen. Abraham mußte den Kampf aufnehmen mit jenen Mächten, die sich ihm entgegenstellten. Er hatte sich zu wehren gegen jene, die ihm Schaden zufügten. Er vermochte Menschen um sich zu scharen, die er [dann] 'sein Volk' nannte und für die er kämpfte. Doch wurde er mit seinem Gottesglauben nicht von allen angenommen.«[15]

Das Leben der Menschen jener Zeit war hart, und sie hatten schwer um das tägliche Brot zu kämpfen. »Dann beklagte sich das Volk, weil es nichts zu essen hatte, und die Propheten mußten ihm entsprechende Weisungen geben und es von Ort zu Ort führen, damit es überleben konnte. Gott hatte 'sein Volk', wie es dazumal hieß, nicht im Stich gelassen, sondern durch Propheten führen lassen. Trotzdem wurden die Propheten oft genug geschlagen und vertrieben. Dies widerfuhr ihnen in 'Gottes Weinberg', wie die Erde in Jesu Gleichnis heißt.«

»Der zweite Knecht war *Elia*. Auch ihn hatten sie geschlagen und davongejagt. Auch er mußte fliehen. Doch er wurde in den Himmel aufgenommen [als ein reiner Geist, der am Abfall nicht teilgenommen hatte]. Elia war ein Vorläufer Christi. Aber wie übel haben die Menschen ihm mitgespielt!«

»Der dritte Knecht im Gleichnis war *Johannes der Täufer*, der wiedergeborene Elia. Elia war im Himmelreich mit Christus besonders eng verbunden gewesen; denn gemeinsam mit anderen hohen Geistern und Fürsten des Himmels hatte er eng mit Christus zusammengearbeitet.« Von ihm wurde er dann als Johannes der Täufer ins menschliche Dasein entsandt. »So hatte man auch diesen dritten Knecht geschlagen, verwundet – in Wirklichkeit getötet.«[16]

»Das sind die drei Knechte, von denen Jesus in seinem Gleichnis sprach.« Damit wollte er zum Ausdruck bringen, wie man auf Erden mit den Gesandten des Himmels umging. »Dabei lag ihm besonders am Herzen, von jenen Wesenheiten zu reden, mit denen er einstmals [im Himmelreich] in enger Verbindung stand. Christus hatte ihnen Auftrag erteilt, zu den Menschen zu gehen und ihnen den Glauben an Gott zu bringen. Diese Propheten waren ja alle *Vorläufer* für das große Erlösungswerk, das er zu vollbringen hatte. Sie standen in Hinsicht auf den allgemeinen Heils- und Erlösungsplan mit ihm in engster Verbindung.«[17]

In dem Gleichnis sagt Jesus von sich selbst: "Der Sohn ging hin, und sie töteten ihn." »Die Weingärtner hatten miteinander beredet: "Ja, wenn der Erbe kommt, dann nimmt er uns alles weg, und wir haben nichts mehr..." Was dachte wohl Luzifer, als ihm klargeworden war, daß Christus ins menschliche Dasein getreten war? Jetzt wußte er, daß er das Äußerste aufbieten müsse, weil man ihm sonst womöglich sein Reich wegnähme und er nichts mehr zu sagen hätte...«[18]

Das Gleichnis vom reichen Prasser und vom armen Lazarus

Das Gleichnis findet sich bei Lukas 16, 19–31. »Ein armer Mann namens Lazarus lag vor dem Hause eines Reichen und wartete auf die Brosamen, die von seinem Tische fielen. Er war krank und leidend. Hunde kamen und leckten seine Geschwüre. Doch der Reiche gab ihm nichts, sondern verlachte ihn nur, der da krank vor seiner Tür lag und Hunger litt. Dann starb der arme Lazarus und wurde von Engeln in Abrahams Schoß getragen. Auch der reiche Prasser starb. Er kam in die Hölle. Dort litt er Qualen. Der einst Reiche und nun so Geplagte bat in seinen Qualen Abraham, er möchte doch Lazarus zu ihm senden, auf daß er die Fingerspitzen benetze und ihm damit die Zunge kühle. Abraham gab ihm zur Antwort: "Mein Sohn, du hast in deinem Leben viel Gutes empfangen, dieser Lazarus aber nur Übles, und es ist nicht möglich, daß von unserer Seite jemand zu dir hinüberkommen kann; aber auch von deiner Seite aus ist es nicht möglich, zu uns herüberzukommen. Eine tiefe, trennende Kluft ist dazwischen, und es gibt keine Zusammenführung." Dies mußte der einst so reiche Mann vernehmen.«[19]

»Da bat der einstige Prasser, Lazarus möchte doch wenigstens zu seinen Söhnen gehen: er habe fünf Söhne [in der Bibel ist entgegen dieser ursprünglichen Fassung von Brüdern die Rede] und Lazarus könne als Verstorbener ihnen erscheinen, um sie aufzufordern, ihr Leben zu ändern; sonst würden sie dasselbe Schicksal erleiden wie er. Darauf erwiderte Abraham: "Ja meinst du denn, sie würden einem von den Toten Auferstandenen glauben, wenn sie nicht einmal den Propheten geglaubt haben? Da sie deren Gesetze nicht befolgen, werden sie auch nicht umkehren, wenn einer zu ihnen kommt, der von den Toten auferstanden ist.«[20]

»Indem Jesus dieses Gleichnis gab, deutete er auf zweierlei hin: auf eine *Trennung* und auf einen *Aufstieg*.«[21]

»Als der reiche Prasser starb, wurde er von Knechten des Totenreiches abgeholt und in die Hölle verbracht. Dort mußte er an seinem geistigen Leibe leiden. An seinem Odleib verspürte er nun jene Schmerzen, die er sich in seinem irdischen Dasein durch seine Lebensführung selbst verursacht hatte. Seine Ungerechtigkeit, seine Raffgier, sein Geiz hatten seinen geistigen Leib verunstaltet und bereiteten ihm jetzt diese Schmerzen. Zudem war er ja in die Hölle verbracht worden, hatte also deren Plagen zu erleiden.«[22]

»Wenn Jesus von der Hölle sprach, so war damit die Stätte gemeint, wo die *Unseligen* zu leben hatten. Zugleich wollte er mit dem Gleichnis zum Ausdruck bringen, daß Wesen voller Bosheit und Schlechtigkeit, die auf Erden dementsprechend gelebt hatten, eben in dieser [tieferen] Hölle ihre Heimat hatten und ihr [auf längere Zeit] nicht entfliehen konnten. Dort hatten sie mehr zu leiden als jene Wesen, die schon auf den höheren Aufstiegsstufen der Hölle standen.«[23]

»Zu diesen [Aufgestiegenen] gehörte jener Lazarus, von dem Jesus in seinem Gleichnis sprach. Er konnte noch nicht in den Himmel eingehen, sondern er befand sich noch in einer Vorstufe dazu. Noch war ja der Himmel nicht offen.« Noch hatte ja Christus sein Erlösungswerk nicht vollbracht. »Gleichwohl sonderte sich die Welt des Lazarus ab von der jener Wesen, die sich so belastet hatten und deren Inwendiges noch ganz von niederem Denken durchdrungen war – jener Wesen, die als Menschen voller Bosheit, voller Egoismus, Geiz, Herrschsucht und ohne Gottesglauben gelebt hatten. Zwischen ihrer Welt und der des Lazarus war ein Abstand – eine *Kluft.*« Diese Kluft, von der Jesus in seinem Gleichnis sprach, bezeichnete somit nicht die Kluft zwischen Himmel und Hölle, sondern jene zwischen der damals höchsten Aufstiegsstufe für die Gefallenen und der eigentlichen Hölle. »Diese Kluft trennte jene, die so tief gefallen waren und sich in ihrem Erdenleben nicht gebessert hatten, von jenen, die aufgestiegen waren.«

»Der einstige Reiche habe nun in diese andere Welt zu schauen und dort Lazarus 'im Schoße Abrahams' zu erblicken vermocht. Dies geschah aber nur im *Gleichnis.*« Ein in die Finsternis der Hölle Verbannter hat in Wirklichkeit keine Schau in eine vorhimmlische Ebene.

»Wenn es heißt, Lazarus habe sich in Abrahams Schoß befunden, so ist das *sinnbildlich* zu verstehen. Die Juden jener Zeit pflegten von einem Verstorbenen zu sagen, er sei in Abrahams Schoß aufgenommen worden. Damit meinten sie auf Grund ihres Glaubens an die Propheten, der Betreffende sei in die Seligkeit eingegangen. In Wahrheit befand sich Abraham damals in einem Vorhimmel [in einem Bereich des einstigen Paradieses, wie in Kapitel VII unter dem Herrenwort "Ehe Abraham war, war ich" bereits ausgeführt wurde]. Dort hatte er auf Christi Erlösungstat zu warten.«[24]

Das Gleichnis vom Gastmahl

Das gespannte Verhältnis Jesu zu den Pharisäern und Schriftgelehrten ist schon mehrfach erwähnt worden. Es gab unter ihnen aber auch welche, die – wie Nikodemus – Jesus nachts aufsuchten, um sich bei ihm Belehrung und Rat zu holen. »Nicht selten verweilten sie im Gespräch mit Jesus bis in die tiefe Nacht hinein. Sie gingen auch in der Dunkelheit wieder fort; man sollte nicht sehen, daß sie bei Jesus gewesen waren.«

»In jenem Land und bei den Menschen dort galt als Sitte, daß man dem, der einem eine Gefälligkeit erwiesen hatte, einen Dienst zu leisten bemüht war. Allein, wie hätten diese Besucher Jesus einen Dienst erweisen können? Es war ihnen vom menschlichen Standpunkt aus nicht möglich, ihm in aller Öffentlichkeit einen Gegendienst zu leisten; auch waren sie, gleichviel ob Pharisäer oder Schriftgelehrte, eben nicht mit allem einverstanden, was Jesus verkündete.«

»Einmal geschah es, daß einer dieser hochangesehenen Pharisäer, der Jesus heimlich aufgesucht hatte, ihn danach zu sich einlud. Dabei ging er folgendermaßen vor: Er veranstaltete für Freunde und Bekannte seinesgleichen ein Abendmahl, wie man das damals nannte, zu dem er sie einlud. Dies hatte er Jesus mitgeteilt und dazu bemerkt, er würde sich freuen, wenn Jesus zu diesem Zeitpunkt wie zufällig an seinem Haus vorbeikäme. Er werde ja die Gäste schon außerhalb des Hauses empfangen, und wenn er dann Jesus, sobald er in die Nähe des Hauses komme, erblicke, könnte er ihn auch zur Teilnahme an diesem Abendmahl einladen.«

»Tatsächlich hatte sich Jesus entschlossen, dort vorbeizugehen. Wann immer er sich auf den Weg machte, folgten ihm gleich Leute; denn die meisten wollten doch etwas von ihm. Natürlich waren sie auch neugierig auf das, was er ihnen zu verkünden hatte, obwohl sie davon nur wenig verstanden. Vor allem aber lag ihnen daran, von ihm geheilt zu werden. Als Jesus aufgebrochen war, begleitete ihn schon wieder eine ganze Schar von Menschen. In der Nähe des Hauses jenes Pharisäers machte er einen kurzen Aufenthalt und sprach zu den dort Anwesenden. Dabei bemerkte er einen Menschen, der die Wassersucht hatte. Auch sah Jesus, als er sich dem Hause näherte, daß geladene Gäste sich schon eingefunden hatten und das Haus betraten. Der Gastgeber stand davor, und als er Jesus erblickte, bat er ihn, er möge doch auch eintreten.«[25]

»Jesus aber wollte zuerst diesen Wassersüchtigen heilen. Nun war jedoch Sabbat, und am Sabbat durfte man ja nicht arbeiten. Jesus erkannte wohl die Gedanken der Umstehenden, die sich fragten, ob er sich getrauen werde, den Kranken zu heilen, was man am Sabbat eigentlich nicht durfte. "Ja, wie ist es?" fragte Jesus. "Darf man am Sabbat einen Kranken heilen? Denn wenn ein Esel oder ein Ochse in einen Brunnen oder in eine Grube fällt, wird sein Besitzer ihn auch am Sabbat herausziehen, um ihn zu retten. Um so mehr muß es daher gestattet sein, einen Kranken am Sabbat zu heilen." Die Leute wußten ihm darauf nicht zu antworten; doch im stillen mußten sie ihm recht geben. Und Jesus hat den Wassersüchtigen geheilt. (Vgl. Lukas 14, 1–6.)«[26]

»Dann trat Jesus in das Haus, in das man ihn gebeten hatte. Viele Menschen waren eingeladen, und nun beobachtete er, wie die geladenen Gäste auf die besten Plätze zuströmten. Jeder wollte sich einen schönen Platz verschaffen. Dies mißfiel Jesus, und er sprach zu den Anwesenden: "Es ziemt sich nicht, den besten Platz für sich zu beanspruchen. Denn es könnte doch geschehen, daß man, wenn man zu einem besonderen Fest geladen ist, vielleicht zu einer Hochzeit, sich auf dem besten Platz niedergelassen hat und dann der Hausherr an einen herantritt mit den Worten: 'Nein, dieser Platz ist nicht für dich bestimmt. Du mußt weiter nach hinten rücken; dieser Platz gehört einem anderen.' Es wäre aber doch beschämend, wenn man dann seinen Platz räumen müßte, um ihn einem anderen zu überlassen, während man selber nach hinten rücken müßte." Solches hielt Jesus den geladenen Gästen vor und fügte hinzu: "Solches tut man nicht. Man belegt nicht den besten Platz mit Beschlag, sondern läßt sich vom Gastgeber *bitten*, den einem bestimmten Platz einzunehmen." (Vgl. Lukas 14, 7–11.)«[27]

»Im anschließenden Gespräch wandte sich Jesus auch an den Gastgeber: "Weißt du, wenn du ein Frühmahl oder ein Abendmahl gibst" – in jenem Land war es damals nämlich auch üblich, morgens Leute einzuladen, und das nannte man dann ein Frühmahl –, "dann würdest du dir ein besonderes Verdienst, einen besonderen Lohn erringen, wenn du zu diesem Mahl Behinderte oder Gebrechliche einlüdest – wenn du also Weisung gäbest, Blinde, Gelähmte oder sonstwie Kranke in dein Haus zu führen, um sie dort bewirten zu lassen. Dafür würdest du [von Gott] belohnt werden. Denn diese Ärmsten könnten es dir nicht vergelten; sie vermöchten keine Gegeneinladung an dich ergehen zu lassen. Diejenigen jedoch, die du zum Mahle lädst, werden ihrerseits dich wieder einladen oder werden dir auf sonst eine Weise einen Dienst erweisen. Auf diese Weise erringt sich niemand ein Verdienst: Du gibst ihnen etwas, und die anderen geben dir dafür etwas zurück. Also erweisest du damit niemandem einen höheren Dienst." Diese Worte richtete Jesus an den Gastgeber; doch hörten auch die Anwesenden sie mit. (Vgl. Lukas 14, 12–14.)«

»Im Anschluß daran gab Jesus ein Gleichnis. "Es war ein Hausherr", so sprach er, "der veranstaltete ein großes Mahl. Sein Knecht mußte, als es dafür Zeit war, zu den Geladenen hingehen und sie einladen: 'Das Mahl ist bereitet. Kommt und nehmt euren Platz ein!' Die Geladenen wußten jedoch darüber Bescheid, daß dieser Gastgeber auch

Bettler, Gelähmte, Blinde, Kranke und allgemein Behinderte eingeladen hatte. Als daher jetzt der Knecht kam und den einzelnen aufforderte: 'Es ist Zeit, daß du kommst, denn es ist alles bereit', brachten sie Entschuldigungen vor. Der eine sagte, er habe ein Landgut gekauft, das er besichtigen müsse. Ein anderer entschuldigte sich damit, daß er fünf Joch Rinder gekauft habe; er müsse hingehen, um sie in Augenschein zu nehmen, und daher tue es ihm leid, nicht kommen zu können. Der dritte sagte, er könne nicht kommen, weil er eine Frau genommen habe. Der Knecht ging hin und berichtete dies seinem Herrn. Darauf sagte der Herr: 'Geh auf die Straßen und fordere die Bettler, die Blinden, die Gebrechlichen und welche du nur findest auf, zu kommen! Lade sie alle ein!' Der Knecht gab zur Antwort: 'Das habe ich schon getan, und doch ist noch immer soviel Platz übrig.' Da wies der Hausherr ihn an: 'Gehe noch einmal, suche alle Straßenecken auf, schaue dich um und dränge sie, zu diesem Mahl zu kommen!'" (Vgl. Lukas 14,16–23.)«[28]

»Dieses Gleichnis gab Jesus jenen Menschen. Man muß sich dabei vor Augen halten, wie bescheiden das Leben zur Zeit Jesu allgemein war und wie die sogenannten Behinderten, also die Blinden, die Gelähmten, die Kranken und die Gebrechlichen, von ihren Mitmenschen *gemieden* wurden, ja sogar Verachtung erfuhren, besonders von denen, die sich zu den Vornehmen zählten. Sie – also gerade auch die Schriftgelehrten – schauten auf diese kranken Menschen herab. Denn dazumal herrschte die Meinung: Wer eine solche Krankheit hat, ist vom Schicksal gezeichnet; er muß in seinem früheren Leben ein Verbrechen begangen haben, für das er in seinem jetzigen Leben bestraft wird. Das war für jene Menschen Grund und Anlaß, diese Ärmsten zu verachten. Wer sich zu den Vornehmen zählte, wollte doch mit solchen Menschen nichts zu schaffen haben.«

Wiederholt wurde darauf hingewiesen, daß alles, was Christus in Form von Sinnbildern und Gleichnissen verkündete, einen geistigen Hintergrund hatte. »Immer hatte es mit dem Geistigen zu tun. So war in diesem Gleichnis der Hausherr *Gott*, und der Knecht war *Christus*. Nur mit diesem geistigen Hintergrund vermag man das Ganze zu verstehen. Gott war also derjenige, der zu Gaste geladen hatte, und Christus war in diesem Gleichnis der Knecht, der ausging und die Leute zum Gastmahl holte.«[29]

Jesus hatte sich solche Mühe gegeben, die 'Gäste' zu holen ... »Er war zu den Menschen hingetreten und hatte in den Synagogen versucht, die Pharisäer und Schriftgelehrten zu gewinnen und zu überzeugen. Um sich als Sohn Gottes zu beglaubigen, vollbrachte er wahrhafte Wunder. Immer wieder betonte er: "Mein Vater will, daß ich es so tue. Was mein Vater will, was ich vom Vater höre, das sage ich euch." (Vgl. Johannes 8, 28.) Aber sie glaubten ihm nicht – sie verhielten sich wie die Geladenen in dem Gleichnis, die sich mit Ausreden entschuldigten. Sie alle waren Menschen, die seine 'Einladung' ausschlugen, weil sie mehr Wert auf das Irdische legten. Die irdischen Geschäfte, das Weltliche, ihre Besitztümer waren ihnen das Wichtigste.«[30]

So konnte Jesus sich nur der anderen annehmen: der Ärmsten, der Kranken, der Lahmen, der Blinden. Sie nahmen seine Einladung an. Hierin ist das Gleichnis nicht nur auf die Menschen zu beziehen, die an Jesus glaubten und die er heilte und betreute. Jesus dachte mehr noch an jene Ärmsten, die sich im Geisterreich Luzifers befanden. »Er hatte ja die Schau, daß es ihm möglich sein würde, in die Hölle hinabzusteigen und mit dem Fürsten der 'Welt' abzurechnen. Jesus *hoffte*, daß er seinen Auftrag erfüllen werde – er rechnete fest damit. Er wußte aber auch, wie groß die Legionen derer waren, die sich in der Hölle befanden und Luzifer, dem Fürsten dieser Welt, unterstanden. *Das waren die Ärmsten.* Jesus wußte, daß die ihn in die Hölle begleitenden Engel auf sein Geheiß hin diese Ärmsten aufrufen würden: "Kommt, macht euch auf – mit Christus auf den Weg zurück!" Das war die Schau, die Jesus hatte. All jene in den höllischen Bereichen wurden aufgerufen, ihre Welt zu verlassen und den Weg mit Christus und seiner Engelschar anzutreten.«[31]

Nachdem Jesus das Gleichnis vom Gastmahl erzählt hatte, fügte er hinzu: "Keiner jener Männer, die eingeladen waren, wird *mein* Gastmahl zu kosten bekommen." (Lukas 14, 24.) In dieser Aussage übernahm Jesus also die Stelle des Gastgebers. »Unter diesem Gastmahl ist nicht eine Mahlzeit zu verstehen, sondern Jesus meinte damit eine andere Dienstleistung. Er meinte damit eine Hilfsbereitschaft, die von *ihm* ausging, eine Dienstleistung, welche die Engel Gottes in *seinem* Auftrag ausführen würden.« Diese Belohnung sollte jenen zuteil werden, die an ihn glaubten. »So manchem hat Jesus verheißen: "Bei der Auferstehung wirst du deine Belohnung erhalten." Wenn Jesus so von der Auferstehung sprach, meinte er damit die Zeit nach seiner Einkehr beim Vater [nach Erfüllung seines Erlösungsauftrages]. Erst von da an vermochte er, ihnen wirklichen Beistand leisten zu lassen. Dieser Beistand, diese Vergeltung, war mit seinem Gastmahl gemeint, das der eine zu kosten bekommen werde, während ein anderer dessen [noch] nicht teilhaftig werde.«[32]

Mit den ursprünglich Geladenen, die dieses Gastmahl nicht zu kosten bekommen würden, meinte Jesus also jene, die nicht an ihn glauben wollten, die ihm nicht gut gesinnt waren. »Jene Pharisäer und Schriftgelehrten, die Jesus mit verurteilt hatten, mußten diese Welt ja auch verlassen. Als sie gestorben waren, stand nicht Christus vor ihnen, sondern in seinem Auftrag erfüllten Engel Gottes an ihnen, was Christus sie geheißen hatte. Denn sie sollten für ihre Untat, für das Böse, das sie getan hatten, *verurteilt* werden. Sie sollten nicht sogleich Anteil an dem Erlösungswerk erhalten, das Christus vollbracht hatte. Jesus hatte dies symbolisch ausgedrückt mit den Worten: "Jene Männer werden an meinem Mahle nicht teilhaben." Sie besagen: Sie werden nicht gleich den Weg betreten dürfen, der ins Himmelreich heimführt, sondern sie werden verurteilt werden. Gleichwohl soll der Himmel auch für sie offen sein; nur wird eben der Weg, der sie dahin führt, lang und schwierig sein. Denn am 'Mahle des Herrn' teilzuhaben bedeutet einen Vorzug – bedeutet den *schnelleren* Aufstieg heim zum Vater.«[33]

Das Gleichnis vom verlorenen Schaf

Die Pharisäer und Schriftgelehrten warfen Jesus vor, er pflege mit Zöllnern und Sündern Umgang. »Man erwartete von ihm, daß er bestimmte Menschen meide und sich nur mit Angehörigen einer gewissen Schicht einlasse, nicht mit Zöllnern und sogenannten Sündern. Jesus hat sich aber gerade mit diesen abgegeben. Ihnen wollte er vom Reiche Gottes künden, und so erzählte er seine Gleichnisse auch diesen sogenannten Sündern. Denn die Pharisäer und Schriftgelehrten waren sowieso wenig geneigt, Jesu Lehren anzunehmen.«[34]

»Einmal war Jesus mit einer Schar Menschen zusammen, als man ihm wiederum vorwarf: "Wie kannst du dich nur mit diesen Leuten befassen? Diese sind doch allesamt Sünder! . . ."«

»Da gab Jesus ihnen folgendes zur Antwort: "Ein Mann hatte hundert Schafe. Ein Schaf ging ihm verloren, und nun machte er sich auf die Suche nach ihm. Er ließ die neunundneunzig in der Wüste zurück, nur um dieses eine verlorene Schaf zu suchen. Als er es tatsächlich gefunden hatte, ging er zu seinen Freunden und Bekannten und berichtete ihnen voller Freude: 'Ich habe das Verlorene wiedergefunden, freut euch mit mir!'" Dann fügte Jesus hinzu: "So ist es auch im Himmelreich: Der Himmel freut sich über einen einzigen Sünder, der Buße tut, mehr als über neunundneunzig Gerechte." (Vgl. Lukas 15,4–7.)«[35]

Dieses Gleichnis wird im allgemeinen so ausgelegt, der Himmel freue sich eben, wenn ein Sünder den Weg zurück finde. Nach der göttlichen Ordnung wird jedoch eine jede Menschenseele, die sich auf Erden belastet hat, nach ihrem Abscheiden in die Läuterung geführt. Heißt es doch (Matthäus 5,26), bis zum letzten Heller müsse alles zurückbezahlt werden, ehe man in die Herrlichkeit eingehen könne... Nun solle sich der Himmel über einen Sünder, der da zurückkehrt, mehr freuen, als wenn eine größere Schar Gerechter einkehrt? Solches kann nicht stimmen. »Hier liegt doch ein Widerspruch vor. Denn der Himmel freut sich über einen jeden, der zurückkehrt und dem man Worte des Lobes schenken darf – über einen jeden, über den man sich wirklich freuen darf und dem man daher einen freudigen Empfang bereitet – während man doch einem Sünder nicht viele Worte oder überhaupt keine gönnt, sondern ihn schweigend in die Läuterung überführt, bis er reuig wird.«[36]

In Wahrheit steht das verlorene Schaf in dem Gleichnis für Luzifer. Der Himmel wird sich freuen, wenn dereinst der *größte Sünder*, den es gibt, ins Himmelreich zurückkehrt. Man muß also Jesu Wort so verstehen, daß er den Fürsten dieser Welt meint. Wenn dieser dereinst zurückgekehrt ist, herrscht im Himmel besondere Freude; denn dann ist die Seligkeit *allen* wieder zuteil geworden.[37]

»So wollte Jesus mit diesem Gleichnis sagen, *einer* habe große Schuld auf sich geladen und sei verlorengegangen; doch sei man nach ihm auf die Suche gegangen und man habe den Verlorenen gefunden. Dies alles hat klaren Bezug auf das, was Jesus tiefinnerlich beschäftigte. Denn er war ja einst mit dem Verlorenen zusammengewesen, und er wußte, daß dieser Verlorene dereinst wieder zurückkehren werde. Wann dies geschehen wird, kann nicht gesagt werden.« Man bedenke doch, welche Herrscherrechte Luzifer noch immer ausübt, wie viele ihm anhangen, ihm dienen. »Noch lange ist er nicht bereit, noch lange denkt er nicht daran, sich auf den Weg der Heimkehr zu machen. Kehrte er – wie ein Sünder üblicher Art – in nächster Zeit zurück, dann wäre ja das Ende seiner Weltherrschaft angebrochen, und die Zeit der Seligkeit, des Friedens wäre gekommen. Aber solches liegt in weiter zeitlicher Ferne... Jesus hat dies im Gleichnis freilich so geschildert, als wäre der Verlorene bereits gefunden worden. Denn dieses Wiederfinden der Abgefallenen war ja der Sinn seiner Menschwerdung.«[38]

Das Gleichnis vom verlorenen Silberstück

Als Jesus das Gleichnis vom verlorenen Schaf erzählt hatte, fügte er ein weiteres, sinnverwandtes an. »Darin sprach er von einer Frau, die zehn Silberstücke besaß; eines davon hatte sie im Hause verloren. "Da ging sie hin", sprach Jesus, "zündete sich ein Licht an und machte sich auf die Suche nach dem verlorenen Silberstück. Obwohl sie ja noch neun Münzen besaß, wollte sie eben auch die verlorene wiederfinden. Als sie das Silberstück gefunden hatte, ging sie zu ihren Freundinnen und Bekannten hin und sagte zu ihnen: 'Freut euch! Ich habe das, was ich verloren hatte, wiedergefunden. Ich bin so froh darüber! Seid auch ihr mit mir froh, daß ich das Verlorene wiedergefunden habe!'" Und abermals fügte Jesus hinzu: "Die Engel im Himmel freuen sich über einen jeden, der Buße tut. Die Freude aber ist groß, wenn *einer* zurückkommt und Buße tut." (Vgl. Lukas 15, 8–10.)«

»Auch bei diesem Gleichnis nahm Jesus Bezug auf seinen Auftrag und auf das einstige Geschehen, als *jener* verlorengegangen war. Er sprach von dem Licht, das man genommen habe, um das Verlorene zu suchen, und daß man es durch dieses Licht auch gefunden habe. Mit diesem Licht meinte Christus *sich selbst.* Er legte den Zuhörern den Sachverhalt auf diese Weise dar, weil er ihn anders ihnen nicht klarmachen konnte. Sie hätten ihn ja nicht verstanden, wenn er zu ihnen gesprochen hätte: "Mit dem, was verlorenging, ist ein hoher Geist des Himmels gemeint, und ich bin das Licht – ich bringe das Licht, damit man das Verlorene wiederfindet."«[39]

Das Gleichnis vom verlorenen Sohn

Ein drittes Gleichnis vom Verlorengegangenen findet sich bei Lukas 15, 11–32: »Jesus erzählte, es seien zwei Brüder gewesen; der jüngere Bruder habe vom Vater sein Erbteil verlangt und auch erhalten. "Nun ging dieser Sohn und verpraßte alles. Sein ganzes Vermögen brachte er durch." Jesus fuhr in seinem Gleichnis fort: "Die Zeit kam, da er nichts mehr besaß. Er war bettelarm geworden; er hatte Hunger und nichts zu essen. Er wäre froh gewesen, er hätte die Schoten essen dürfen, mit denen man die Schweine fütterte. Da ging er in sich und dachte: 'Wie gut haben es doch die Tagelöhner bei meinem Vater! Sie haben genug zu essen. Sie brauchen nicht zu hungern. Ich wäre froh, wenn ich nur ein Tagelöhner wäre ...' Er besann sich und machte sich auf den Weg zu seinem Vater. Er wollte beim Vater Abbitte leisten, wollte ihm sagen, er habe gegen ihn und gegen den Himmel gesündigt; dafür wolle er Buße tun, und er wäre es zufrieden, wenn er nur als Tagelöhner bei ihm arbeiten dürfte. Der Vater aber, als er ihn von weitem kommen sah, ging ihm entgegen. Er umarmte und küßte ihn, und seinen Knechten und Mägden befahl er, ein Festmahl zu bereiten; denn der verlorene Sohn sei zurückgekehrt – er sei tot gewesen, doch jetzt sei er wieder lebendig. Sie alle wollten sich über seine Rückkehr freuen und ein Fest veranstalten."«

»Jesus fuhr fort: "Man bereitete also eine große Mahlzeit und ein Fest vor, an dem gegessen und getrunken, gefestet und gefeiert werden sollte. Der ältere Bruder hörte, daß da [schon] Musik gespielt und Reigen getanzt wurde. Er fragte einen der Knechte: 'Was ist denn los im Hause meines Vaters?' – 'Dein Bruder ist zurückgekommen', gab der Knecht zur Antwort; 'der Vater hat befohlen, eine Mahlzeit zu bereiten, damit ein großes Fest gefeiert werden könne aus Freude über den verlorenen Sohn, der zurückgekommen ist. Große Freude herrscht im Hause deines Vaters.' So sprach der Knecht. Da ging der ältere Bruder zum Vater und sagte: 'Ich habe dir so viele Jahre, so lange Zeit hindurch treu gedient. Nie habe ich etwas von dir verlangt.' Damit meinte er, er habe nie vom Vater verlangt, mit seinen Freunden auch eine solche Mahlzeit veranstalten und ein Fest feiern zu dürfen. Nichts der Art habe er vom Vater begehrt, sondern ihm nur treu gedient. Da sagte der Vater zu ihm: 'Was willst du denn? Was verlangst du denn von mir? Was mein ist, ist ja auch dein. Alles, was mir gehört, soll auch dein sein ...'" Jesus schloß sein Gleichnis mit den Worten: "Groß war die Freude über jenen Heimgekehrten; der Totgeglaubte war wieder lebendig geworden."«

»Auch mit dem Gleichnis vom verlorenen Sohn hat Jesus auf das

Geschehen von einst hingedeutet. Sein ganzes Denken und Wollen war eben aufs engste mit dieser Vergangenheit und zugleich mit der Zukunft verknüpft. *Mit dem verlorenen Sohn war Luzifer gemeint.* Noch immer ist er verloren, noch immer ist er 'tot', nämlich von Gott getrennt. In seinem Gleichnis hat Jesus jedoch – wie in den beiden voraufgehenden Gleichnissen – in die ferne, ferne Zukunft vorausgegriffen. Die Heimkehr des verlorenen Sohnes im Gleichnis deutet an, daß es einstmals zu dieser Heimkehr kommen wird – einstmals ...«[40]

»In dem Gleichnis läßt Jesus den jüngeren Bruder vom Vater sein Erbteil verlangen. Christus meinte damit, daß Luzifer in der Gotteswelt das Recht für sich in Anspruch genommen hatte, über die ganzen Scharen des Himmelreiches zu herrschen. In seinem Gleichnis hat Jesus diesen Sachverhalt in die Form eines Erbanspruches gekleidet.«

»Nun könnte man einwenden, es könne doch in diesem Gleichnis mit dem älteren Bruder unmöglich Christus gemeint sein, der dem Vater vorgehalten habe, immer habe er ihm treu gedient, nie aber verlangt, ein solches Fest feiern zu dürfen. Dies bedarf wirklich näherer Erklärung.«

»Mit dem älteren Sohn wird in diesem Gleichnis zunächst das weltliche Verständnis des Menschen angesprochen. Dieses lehnt sich dagegen auf, daß man dem 'verlorenen Sohn', der sich so tief verschuldet hatte, ein solches Entgegenkommen bezeigte, indem man Feste für ihn feierte. So ist eben die Gesinnung des [weltlichen] Menschen.«

»Doch enthält dieser Teil des Gleichnisses *auch* einen Hinweis aus der Sicht *Christi* als dem älteren Bruder, und zwar bezogen auf die Zeit vor dem Abfall. Er hatte dem Vater wahrhaftig treu gedient. Damals hatte Christus eine schwere Zeit durchmachen müssen. Dieses schmerzliche Erlebnis hat er in seinem Gleichnis so dargestellt, als habe der ältere der beiden Brüder – also er – sich beim Vater beklagt. Dies war ein bildlicher Vergleich für das Verständnis des Menschen. In Wahrheit beklagte sich Christus nicht beim Vater, sondern er sah nur das unsägliche Leid und die furchtbare Not voraus, welche auf die ungehorsamen Wesen zukam. Dies besprach Christus begreiflicherweise mit dem Vater.«

»Luzifer hatte alles darangesetzt, um so viele Geister des Himmels wie nur möglich auf seine Seite zu ziehen. Christus, der dies alles beobachtete, ging zum Vater und besprach sich mit ihm. Er wäre bereit gewesen, seine Stellung als König an Luzifer abzutreten, wenn der Vater es so gewollt hätte. Aber es war eben nicht der Wille des Vaters, den von ihm Gesalbten zurückzusetzen. Bereits während der Zeit, da Luzifer für sich warb, wußte Gott, daß er *alle* Ungehorsamen aus den Himmeln stürzen werde. Seinen Sohn aber tröstete er. Stets hat Gott ihn aufgemuntert, indem er zu ihm sprach: "Siehe, alles, was mein ist, gehört auch dir. Du hast an allem Anteil, was mein ist, auch wenn sich jetzt dieses Treiben abspielt." Diese Worte hatte der Vater zu seinem Sohne gesprochen, und sie flocht dann Jesus in sein Gleichnis ein, indem er den Vater zum älteren der beiden Söhne sagen ließ: "Was mein ist, ist ja auch dein."«[41]

Das Gleichnis vom Fischnetz

Immer wieder wurde Jesus von den Seinen gefragt: "Sage uns doch, wie müssen wir uns denn den Himmel vorstellen?" Er gab ihnen als Antwort verschiedene Bildreden und unter anderem auch folgendes Gleichnis (vgl. Matthäus 13,47–50).

»"Das Himmelreich ist einem Netz zu vergleichen, das man ins Wasser wirft. In diesem Netz sammeln sich Fische und allerlei Getier. Dies alles nimmt man heraus und sondert es. Das Gute tut man in Gefäße; das Schlechte und Unbrauchbare wirft man fort. So wird es am Ende der Welt sein. Die Engel verfahren am Ende der Welt so: Sie sammeln die Guten und führen sie zusammen; die Bösen jedoch werfen sie ins Feuer."«

Gäbe es am Ende der Welt immer noch böse Geschöpfe, die man ins Feuer werfen müßte – wo bliebe da die Erlösung? »In Wahrheit meinte Christus in *diesem* Zusammenhang mit dem 'Ende der Welt' das Ende der *uneingeschränkten* Weltherrschaft Luzifers. Dieses Ende sollte dadurch herbeigeführt werden, daß Christus nach seinem irdischen Tod in die Hölle hinabdrang und Luzifer besiegte. Das war ein *erstes* 'Ende der Welt' – die Einschränkung der Herrscherrechte des Widersachers.«

»Nachdem Christus den Sieg errungen hatte, kamen die Engel und sammelten diejenigen Wesen in der Hölle, die schon auf deren Aufstiegsstufen standen, wie auch alle anderen, die willig waren, mit Christus zu gehen. Sie alle wurden von den Engeln mitgenommen. Die Bösen jedoch – und deren gab es wahrhaftig noch genug – wurden in der Hölle in ihrer Bedrängnis belassen. Die Worte "die Bösen jedoch werfen sie ins Feuer" dürfen nicht wörtlich genommen werden. Gemeint war damit: Die Bösen verblieben in der Hölle.«[42]

Dieses erste 'Ende der Welt' am Tage des Jüngsten Gerichts ist zu unterscheiden vom *endgültigen* Weltende, wenn dereinst alle Abgefallenen ins Reich Gottes heimgekehrt sein werden und so Luzifers Herrschaft zu bestehen aufgehört hat.

Das Gleichnis vom Hochzeitsmahl des Königssohns

»Jesus gab seine Gleichnisse je nach den Umständen und nach der besonderen Lage, in der er sich gerade befand. Das einemal mochte es genügen, wenn er seinen Zuhörern offenbarte: "Ich bin das Brot des Lebens." (Johannes 6, 35.) So häufig sprach er diese wenigen Worte; aber sie begriffen sie trotzdem nicht ... Bei anderen Anlässen wählte er für seine Verkündigung die ausführlichere Form sinnbildlicher Erklärungen.«

»In einem solchen Gleichnis (vgl. Matthäus 22, 2–14) sprach Jesus: "Es war ein König, der hatte einen Sohn. Für diesen Sohn ließ er das Hochzeitsfest bereiten."« Wer aber war der König, und wer war sein Sohn? »Im Gleichnis ist *Gott* der König; der Sohn, der Hochzeit feiern sollte, war *Christus selbst.*«

»"Der König sandte seine Knechte aus; sie sollten die Menschen zum Hochzeitsmahl des Königssohnes laden. Die Knechte machten sich auf; allein, die Geladenen kamen nicht. Der eine sagte, er habe keine Zeit. Ein anderer schützte Geschäfte vor. Ein dritter hatte eine andere Ausrede. Sie alle könnten, so sagten sie, an diesem Hochzeitsmahl nicht teilnehmen."«

»Wer waren diese 'Knechte', die ausgingen und die Botschaft verkündeten: "Kommt, das Mahl ist bereitet! Ihr seid eingeladen!"? Einst wurde die Botschaft verkündet: "Friede den Menschen! Euch ist der Heiland geboren! ..." Aber die Menschen hörten nicht auf diese Botschaft – sie *wollten* sie nicht vernehmen! Also kehrten die 'Knechte' zurück und mußten berichten: "Niemand kommt ..."«

»Daraufhin sandte der König, wie es im Gleichnis heißt, andere Knechte aus. Sie sollten die Straßen aufsuchen, sich an alle Ecken stellen und die Leute drängen, zum Hochzeitsmahl zu kommen. Einige kamen denn auch; andere aber, die die Einladung gehört hatten, gingen auf die Knechte los und brachten sie um.«

»Mit *diesen* Knechten sind nicht mehr Engel gemeint, sondern jene Menschen, die in der Frühzeit des Christentums das Evangelium verkündeten und den Märtyrertod starben ... Christus konnte in seinem Gleichnis dies andeuten, weil ihm die Schau gegeben war und er so ein Wissen um die nahe bevorstehende Zukunft besaß. Er stand ja in ständigem Zwiegespräch mit hohen Engeln, die ihrerseits mit Gott in Verbindung waren. So bestand eine enge Verbundenheit zwischen Christus und dem Vater.«

Nun wieder zum Gleichnis: »Das Hochzeitsmahl fand statt. Der Saal hatte sich gefüllt; Menschen hatten dazu gedrängt werden können, am Festmahl teilzunehmen. Was bedeutet das? Betrachtet man die Welt von heute, dann stellt man fest: *Der christliche Glaube hat Verbreitung gefunden.*« Die Wendung mit dem Hochzeitsmahl, das der König – also Gott – für seinen Sohn bereiten ließ, deutet somit auf die Rückkehr der Abgefallenen zum Glauben an Christus hin – auf die Wiedervereinigung im Geiste mit *ihm*.

»Dann heißt es im Gleichnis: "Der König selbst ging hin, um Nachschau zu halten, ob auch alle Gäste festlich gekleidet waren. Da bemerkte er, daß einer darunter war, der kein Hochzeitsgewand trug, der nicht festlich gewandet war. Als der König sah, daß dieser weder geschmückt noch festlich gekleidet war, ließ er ihn herausholen, binden und befahl: 'Werft ihn ins Feuer! Werft ihn dahin, wohin er gehört!'"«

»Wer aber war der nicht festlich Gewandete? Mit ihm ist der *Teufel* gemeint – der Widersacher, der die Welt regiert und überall [auf ihr] Zutritt hat. Das Feuer veranschaulicht die Hölle als einen Ort der Qual. In ihr hat der Teufel seinen Platz.«

Jesus hatte seinem Gleichnis hinzugefügt: "Viele sind berufen, doch wenige sind auserwählt." (Matthäus 22, 14.) Man könnte dies auch so wiedergeben: "Viele sind gerufen, doch sie hören nicht darauf! ..." »Nur wenige sind auserwählt – nämlich jene, die die *Botschaft der Wahrheit* aufnehmen.«

»Auch in diesem Gleichnis kleidete Jesus in sinnbildliche Worte, was ihn so sehr beschäftigte. Schon damals wußte er aber, daß seine Gleichnisse in späteren Zeiten gemäß ihrer *eigentlichen* Bedeutung ausgelegt werden würden; sagte er doch am Vorabend seines Kreuzestodes: "Der Geist der Wahrheit wird kommen und euch über all jene Dinge aufklären, die ihr wissen müßt." (Vgl. Johannes 16, 13.)«[43]

Das Gleichnis von der Sonderung der Schafe und Böcke

In seinen Verkündigungen sprach Jesus oft von sich als dem *Menschensohn* – so auch in der Bildrede von der Sonderung der Schafe und Böcke:

»"Wenn der Menschensohn in seiner Herrlichkeit mit seinen Engeln in ihrer Macht und Pracht kommen wird, dann wird er vor seinen Völkern stehen und diese sondern, wie ein Hirt Schafe von den Bökken sondert." (Vgl. Matthäus 25, 31–32.) Darüber, daß Jesus vom Menschensohn sprach, machten sich seine Zuhörer weiter keine Gedanken.« Sie begriffen nicht, daß Jesus von sich selber sprach. »Indem er aber sagte, dieser werde in seiner Herrlichkeit mit den Engeln kommen und die Völker sondern, ahnten sie, daß Jesus von einem künftigen *Erlöser* sprach, der kommen und sie aus ihrem Leben voller Drangsale befreien werde; hatten doch schon die Propheten solches verkündet.«

Mit den Worten von der Sonderung der Völker deutete Jesus bereits auf eine *künftige Ordnung* hin. Als Vergleich für diese Sonderung wählte er einen Hirten, der abends die Schafe seiner Herde von den Ziegen – sie meint die Bibel mit den 'Böcken' (vgl. die Anmerkung zu Matthäus 25, 32 in der Zürcher Bibel) – trennt, um sie gesondert übernachten zu lassen. Jesus wählte dieses Beispiel wegen des Gegensatzes zwischen den friedlichen Schafen und den eigensinnigen, ungebärdigen Ziegen. »Wie ein Hirt die Schafe nach rechts hin absondert, wolle der Menschensohn die Seinen an seine rechte Seite nehmen. Zu ihnen werde er sprechen: "Kommt, ihr Gesegneten des Herrn! Seit Urbeginn der Welt ist euch das Paradies bereitet worden. In dieses Paradies sollt ihr wieder zurückkehren dürfen; denn ihr zu meiner Rechten seid die Meinen! (Vgl. Matthäus 25, 33–34.) Ihr gabt mir zu essen, als ich hungrig war. Ihr gabt mir zu trinken, als ich durstig war. Ihr besuchtet mich im Gefängnis, als ich eingekerkert war. Ihr gabt mir Kleider, als ich nackt war."«

»Dann würden die Seinen ihn erstaunt fragen: "Wann haben wir dir denn zu essen und zu trinken gegeben, als du hungrig und durstig warst? Wann haben wir dich je im Gefängnis besucht? Wann haben wir dich gekleidet, weil du nackt warst? Dies alles haben wir doch gar nicht getan!..." Ihnen werde der Menschensohn antworten: "Wer einem der Geringsten etwas zuliebe getan hat, hat es *mir* getan. Was ihr einem Menschen Gutes erwiesen habt, das habt ihr *mir* erwiesen, und ich werde es euch lohnen. Denn ihr gehört zu den Lebendigen, und so werdet ihr in das lebendige Reich einkehren dürfen."« Mit diesen Worten hatte Jesus die Menschen angesprochen, die willens waren und sind, an ihn zu glauben und seine Lehre zu befolgen. »Damit wollte er ihnen sagen: "Ihr seid doch die Meinen! Ihr gehört zu mir! Ich bin in die Welt gekommen, um euch zu erretten. Ich bringe euch eine Lehre, die euch, so ihr sie befolgt, ins Reich Gottes zurückführt."«

»Im Gleichnis wandte sich der Menschensohn dann an jene zu seiner Linken. Dort standen, wie Jesus es bildhaft ausdrückte, die 'Böcke'. Nun wiederholte er dieselben Worte, nur in der Verneinung: "Ich war hungrig, und ihr gabt mir nichts zu essen. Ich war durstig, und ihr gabt mir nichts zu trinken. Ich war im Gefängnis, doch ihr habt mich nicht besucht. Ich war nackt, aber ihr habt mich nicht bekleidet." Ganz betroffen erwiderten jene, auf die diese Worte sich bezogen: "Aber, Herr, wir haben solches doch nie erlebt! Du warst doch nie nackt!..." Wiederum sprach der Menschensohn zu ihnen: "Wer einem der Geringsten etwas zuliebe getan hat, hat es *mir* getan. Wer also einen Hungrigen gespeist hat, hat das, was er seinem Nächsten gegeben hat, in Wahrheit *mir* gegeben."«

»Durch diese bildlichen Vergleiche versuchte Christus einerseits, den Menschen beizubringen, was zu tun sie verpflichtet sind; andererseits enthielten sie eine *Vorschau auf das Letzte Gericht*. Seine Worte bezogen sich auf sein in naher Zukunft bevorstehendes Eindringen in die Hölle. Dort wollte er mit den Scharen seiner Engel, die ihn begleiteten, vor die Wesen hintreten und sie auffordern, an ihn zu glauben und mit ihm zusammen der Hölle zu entfliehen. Vor seinem *geistigen* Auge erblickte Christus dieses Geschehen; denn noch stand dies alles ja erst bevor. Noch war seine Abrechnung mit Luzifer nicht erfolgt. Er aber wußte um diese Abrechnung, und er wußte um jene Wesen, die er mitnehmen konnte, wenn er mit den Engeln zusammen wieder aus der Hölle emporsteigen würde« – um jene Wesen, die er in seinem Gleichnis als 'Schafe zu seiner Rechten' und 'Böcke zur Linken' versinnbildlichte. Darauf wird in Kapitel X noch näher eingegangen.[44]

Das Gleichnis von den anvertrauten Talenten

»Wenn Jesus hinauszog in Dörfer oder Städte, um seine Glaubenslehre zu verbreiten, suchte er seine Zuhörer mit immer wieder anderen Gleichnissen zu belehren.«

»So sprach er einmal von einem Manne, der außer Landes reisen wollte. (Vgl. Matthäus 25, 14–30.) Ehe dieser in die *Fremde* ging, hatte er seinen Besitz seinen Knechten ausgehändigt. Mit diesem Besitz waren in Wirklichkeit *Tugenden* gemeint; Jesus bezeichnete sie jedoch als Talente im Sinne von Geldwerten.« Im Altertum war ein Talent gleich 60 Pfund Silber. »Dem einen Knecht vertraute er fünf Talente an, für die er besorgt sein solle, einem andern vier, wieder einem andern drei, und einem Knecht gab er nur ein Talent. Von ihnen allen erwartete er bei seiner Rückkehr Gewinne, die sie mit diesen Werten erzielen sollten.«

»Als der Herr aus der Fremde zurückkehrte, rief er seine Knechte herbei und erkundigte sich nach den ihnen anvertrauten Talenten. Jene, die ihre Werte sinnvoll angelegt und dadurch verdoppelt hatten, belobigte und belohnte er. Der aber, dem er nur ein Talent übergeben hatte, hatte dieses sogar noch vergraben. Zur Entschuldigung sagte er zum Herrn: "Ich kenne dich als strengen Meister. Ich hatte Angst um dieses Talent, und um kein Risiko einzugehen, vergrub ich es gleich. Hier bringe ich es dir so wieder, wie du es mir gegeben hast." Da schalt der Herr ihn aus und sprach: "Du bist ein fauler Knecht! Du hast nichts getan! Du hättest mit diesem Talent arbeiten sollen, um es zu mehren!"«

»Mit diesem Knecht ist der *Satan* gemeint. Jesus kennzeichnete ihn im Gleichnis als den einzigen, dem nur *ein* Talent anvertraut worden war.« Dieser Knecht wollte nicht für den Meister wirken und dessen Werte mehren. So vergrub er sein Talent … Mit diesem Bild wollte Jesus zum Ausdruck bringen, daß Luzifer in keiner Weise bereit war, für *ihn*, Christus, tätig zu sein. »Daß Luzifer nicht beabsichtigte, sein 'Talent' zu mehren, war offensichtlich. Er hatte ja nicht im Sinn, Christus zu dienen und dadurch Tugenden zu entfalten – gerade das Gegenteil tat er doch! Darum hatte Jesus am Schluß des Gleichnisses den, der nur ein Talent erhalten hatte, andeutungsweise als den Satan gekennzeichnet, indem er ihn in die Finsternis werfen ließ.«

Mit seiner Bildrede von den Knechten, die die ihnen anvertrauten Talente zu mehren vermochten, deutete Jesus auf die Entfaltung der Tugenden beim Menschen hin. »Jedem Menschen, der ins Dasein tritt, werden Tugenden mitgegeben – dem einen mehr, dem andern weniger [je nach seinem geistigen Entwicklungsstand]. Zu diesen Tugenden gehören die Hilfsbereitschaft, die Friedfertigkeit, die Güte, die Liebe – sie sind im Gleichnis mit den Talenten gemeint. Sie alle sollen vom Menschen gemehrt werden. Wer es vermag, wird im Himmelreich seine Belohnung dafür erhalten.«[45]

Das Gleichnis vom ungetreuen Haushalter

Dies ist eines der schwerstverständlichen Gleichnisse Jesu. Bei Lukas heißt es dazu in Kapitel 16: "Es war ein reicher Mann, der hatte einen Haushalter, und dieser wurde bei ihm verklagt, daß er ihm den Besitz verschleudere." Der reiche Mann in diesem Gleichnis ist Gott, der Haushalter ist Luzifer. »Mit den Worten, der Teufel habe den Besitz seines Herrn verschleudert, ist sein ungerechtes Handeln gemeint. Dieses Verschleudern des Besitzes Gottes besagt, daß er das ihm [nach dem Abfall] zugestandene Reich nicht so verwaltete, wie es ihm von Gott vorgeschrieben war.« "Und er ließ ihn rufen und sagte zu ihm: 'Was höre ich da über dich? Lege Rechenschaft ab über deine Verwaltung! Denn du kannst [so] nicht mehr Haushalter sein.'" »Gott hatte den Teufel wegen seiner Ungerechtigkeit verwarnt und ihm gedroht, er habe Gehorsam zu leisten, sonst werde er ihn von seinem Platz als Herrscher des Reiches entfernen, das ihm damals zugesprochen worden war.«

"Da sagte der Haushalter bei sich selbst: 'Was soll ich tun, da mein Herr mir die Verwaltung nimmt? Graben kann ich nicht; zu betteln schäme ich mich.'" »Der Teufel hatte nämlich Kenntnis davon, daß er nach dem Willen Gottes – falls er abgesetzt würde – in ein menschliches Dasein würde treten müssen ... Das also sah der Teufel voraus. Er wollte aber für sich keine Menschwerdung, denn er sagte sich: "Graben kann ich nicht." Das heißt: Er wollte nicht arbeiten! Aber betteln wollte er auch nicht.« Er wollte also nicht in ein solches menschliches Dasein treten, wo er entweder arbeiten oder betteln müßte. Deshalb traf er nun auf seine Weise Vorsorge für den Fall, daß er einer Menschwerdung nicht entgehen könnte.

"Ich weiß, was ich tun will, damit sie, wenn ich von der Verwaltung abgesetzt bin, mich in ihre Häuser aufnehmen." Das 'sie' bezieht sich auf die Schuldner seines Herrn. Mit ihnen sind hier die Menschen angesprochen. Der ungetreue Haushalter ließ nun die einzelnen Schuldner kommen und erließ ihnen eigenmächtig einen Teil ihrer Schulden, um sie sich für die Zeit seiner Absetzung zu Dank zu verpflichten. »Sinnbildlich hat hier Jesus angedeutet, daß der ungetreue Haushalter – eben der Teufel – an die Menschen herandrang, sie in Versuchung führte und sie zum Betrug inspirierte [um ihnen so zu Besitz und Reichtum zu verhelfen].« Weiter heißt es in der Bibel: "Und der Herr lobte den ungerechten Haushalter, daß er klug gehandelt habe." Dies ist eine mißverständliche Überlieferung. »Nur sein schlaues Vorgehen wurde anerkannt, nicht die Tat als solche gebilligt. Um dies besser verständlich zu machen, braucht es noch den nächsten Satz: "Denn die Söhne dieser Welt sind ihrem Geschlecht gegenüber klüger als die Söhne des Lichts."«

In dem Gleichnis wird also die Schlauheit des Vorgehens herausgestellt, nicht aber die begangene Tat. Es kommt auch zum Ausdruck, daß die 'Söhne dieser Welt', das heißt die weltlich gesinnten Menschen, schlau genug sind, um sich zu wehren, während die 'Söhne des Lichts', die geistig ausgerichteten Menschen, nicht in dieser Weise vorgehen. »Sie haben in sich nicht den Drang, so [berechnend] zu wirken, wie es jene tun, die nur auf ihren Besitz und ihr eigenes Wohl aus sind. Die 'Kinder des Lichts' sind bei den guten Taten, die sie vollbringen, zurückhaltender, bescheidener. Es sei wiederholt: Anerkannt wird die *Schlauheit*, wie die 'Kinder der Welt' es verstehen, zu ihrem Vorteil zu gelangen – nicht ihre Tat wird gebilligt. Diese 'Geschicklichkeit' haben die 'Kinder des Lichts' nicht.«[46]

Der Schluß des Gleichnisses lautet in der heutigen Fassung: "Machet euch Freunde mit dem ungerechten Mammon, damit sie, wenn er euch ausgeht, euch aufnehmen in die ewigen Hütten." Dies ist nicht der ursprüngliche Sinn – mit dem ungerechten Mammon kann man doch nicht den Himmel verdienen! Gemeint ist folgendes: Die 'Kinder des Lichts' sollten sich bereitfinden, des andern Schuld zu vergeben, damit der andere, der Schuldner, zum Freund wird. Man soll dem andern im Guten begegnen, ihm verzeihen, nichts nachtragen. »Der gute Mensch soll imstande sein, seinem Mitmenschen, der sich ihm gegenüber verschuldet hat, zu vergeben. Es braucht nicht unbedingt eine Schuld mit Bezug auf den 'Mammon' zu sein, sondern es kann auch ein persönliches Verschulden sein. Die 'Kinder des Lichts' sollen diesen belasteten Menschen vergeben und sie sich so zu Freunden machen. Weil sie nicht über sie gerichtet, sondern ihnen ihre Schuld vergeben haben, vermögen sie dann in die 'ewigen Hütten' einzugehen. Das heißt: Ihnen wird die himmlische Welt offenstehen, eben weil sie anderen ihre Schuld vergeben haben.«[47]

Um noch einmal auf das eigentliche Gleichnis zurückzukommen: Der reiche Hausherr ist, wie gesagt, Gott; der ungetreue Verwalter ist Luzifer. Auch sein Reich wird von Geistern Gottes bewacht. »Dieses Reich mußte schon vor der Erlösungstat Christi bewacht werden. Des öftern wurde dabei der Teufel zur Rechenschaft gezogen. Das Gleichnis läßt sich dahin deuten, daß Gott ihm androhte: "Du wirst deiner Stellung beraubt und es werden dir deine Rechte als oberster Teufel genommen, wenn du dich nicht an das hältst, was dir vorgeschrieben ist." Luzifer aber weiß, welcher Weg ihm bevorstünde, würden ihm seine Rechte genommen.«[48]

Das Gleichnis vom Weinstock und den Reben

»Dieses Gleichnis lautet: "Ich bin der Weinstock. Mein Vater ist der Weingärtner. Jeden Rebzweig an mir, der nicht Frucht trägt, nimmt er weg. Diejenigen Zweige, die Frucht tragen, werden gereinigt, auf daß sie noch mehr Frucht tragen. Ein Rebzweig kann nicht von sich aus Frucht tragen, wenn er nicht am Weinstock bleibt. Ich bin der Weinstock; ihr seid die Reben. Ich bin in euch, und ihr müßt in mir sein. Wer in mir bleibt und ich in ihm, der trägt viel Frucht. Wer aber nicht in mir ist, bei dem ist es wie bei dem Rebzweig, der keine Frucht trägt: Er wird vom Weinstock weggenommen und fortgeworfen. Wie der abgeschnittene Rebzweig verdorrt er und wird später eingesammelt und verbrannt. Doch ihr seid in mir und ich bin in euch; so werdet ihr Frucht tragen. Dadurch wird der Vater verherrlicht." (Vgl. Johannes 15, 1–8.)«

»Stets hatte Christus in seinen Belehrungen in großer Ehrfurcht von seinem Vater gesprochen. Immer wieder redete er zu seinen Zuhörern von Gott. So geschah es auch in diesem Gleichnis. Beginnt es doch mit den Worten: "Ich bin der Weinstock, aber mein Vater ist der Weingärtner." Dies erläuterte er: "Gott ist der, welcher über diese ganze Schöpfung ein wachsames Auge hält. Er ist der, welcher regiert und befiehlt. Sein – des Vaters – Wort ist heilig."«

Was meinte Christus damit, daß er sich als den Weinstock im Weinberg seines Vaters bezeichnete? »Sinnbildlich brachte er damit zum Ausdruck: "Durch mich ist alles geworden; durch mich gibt es ein Wachsen und Gedeihen. Ich bin es, der euch den Weg zu den Himmeln ebnet. Ohne mich kommt niemand zum Vater; ohne mich wird keiner himmlisches Glück erleben. Nur an mir vorbei führt der Weg dorthin."«

In seinem Gleichnis unterschied Christus zwischen Zweigen, die Frucht tragen, aber gereinigt werden müssen, auf daß sie noch mehr Frucht tragen, und Zweigen, die keine Frucht bringen. Eine dritte Gruppe bilden die Jünger, zu denen das Gleichnis gesprochen wurde. Von ihnen sagte Jesus: "Ihr seid schon rein um des Wortes willen, das ich zu euch geredet habe." (Johannes 15, 3.)

»Mit den fruchttragenden Zweigen meinte Christus jene, *die an ihn glauben.*« Was aber bedeuten seine Worte: "Diejenigen Rebzweige, die Frucht tragen, werden *gereinigt*, auf daß sie noch mehr Frucht tragen"? »Der Glaube allein genügt eben nicht, um das zurückzugewinnen, was einst [beim Abfall] verlorengegangen ist, sondern es braucht dazu eine 'Reinigung' der verschiedensten Art, je nach der Verschuldung des einzelnen Wesens.« Damit ist auf das Wiedergeborenwerden hingewiesen. »Diese mehrfachen Erdenleben werden den Aufsteigenden die Möglichkeit bieten, 'gereinigt' zu werden, um so dereinst ihren Platz in der Gotteswelt wieder einnehmen zu können. Aber nicht jeder bedarf derselben 'Reinigung'. Doch ohne Reinigung wird keiner seinen Platz zurückgewinnen.«

»In diese Reinigung ist die ganze Schöpfung, die im Aufstieg begriffen ist, mit einbezogen; auch sie ist in diesem Gleichnis angesprochen. Denn wie viele Umwandlungen und immer neue 'Einkleidungen' braucht es zu dieser Reinigung für alle jene, die bereit waren und bereit sind, den Weg zurück ins Himmelreich anzutreten!«

Mit den Rebzweigen, die keine Frucht bringen, daher abgeschnitten und später verbrannt werden, sind im Gleichnis jene gemeint, die sich durch ihren Unglauben belasten und so ihren Aufstieg verhindern. »Für sie rückt ihr geistiger Aufstieg in weite Ferne. Sie werden lange Zeit draußen stehen müssen.« Sie führt man zur Läuterung ihrer Seele in ein Dasein voller Bedrängnisse. Das ist mit der sinnbildlichen Wendung vom 'Verbrennen' angedeutet.

»Mit den Zweigen, die keine Frucht tragen, wies Christus aber auch vorausschauend auf jene Wesenheiten in der Hölle hin, die nach seinem Sieg über Luzifer nicht willens waren, an ihn zu glauben und mit ihm zu ziehen. Sie, die nicht glauben wollten, *blieben* in der Hölle. Sie hatten sich nicht bereit gefunden, der Aufforderung zu folgen, die Christus selbst sowie die mit ihm gemeinsam kämpfenden Engel Gottes an die Wesenheiten im Totenreiche richteten: "Macht euch auf und geht den Weg heim zum Vater, damit euch zurückgegeben werden kann, was euch einst genommen ward!" Viele sind damals zurückgeblieben.« Christus erkannte dies in der ihm eigenen Zukunftsschau; denn zur Zeit, als er dieses Gleichnis darlegte, stand sein Eindringen in die Hölle ja erst bevor. Viele jener Wesenheiten sind auch heute noch nicht bereit, sich aufzumachen. »Noch sind sie Knechte des Fürsten der Finsternis; noch sind sie Luzifers Diener.« Aber schließlich wird auch für sie der Aufstieg beginnen – über die verschiedensten Stufen innerhalb der drei Naturreiche bis in die Menschwerdung.

Zu seinen Jüngern hatte Christus jedoch gesagt: "Ihr seid schon rein um des Wortes willen, das ich zu euch geredet habe." »Ihre 'Fruchtzweige' bedurften nicht künftiger Reinigung, wie Christus im Gleichnis es von den anderen gesagt und womit er auf die Wiedergeburt angespielt hatte. Zugleich verhieß er ihnen, daß sie als seine Jünger im Himmelreich *ihm* – Christus – begegnen würden. Wenn es für sie so weit sei, daß sie nach ihrem Abscheiden ins Himmelreich zurückkehren dürften, werde *er* ihnen entgegengehen ...«[49]

Jesu letzte Tage

Worte Jesu über den Tag des Menschensohnes

»Je mehr sich die Zeit der Erfüllung seines Erlösungsauftrages näherte, um so schwerer hatte es Jesus in der Auseinandersetzung mit den Pharisäern. Einmal hatten sie ihn gefragt: "Wann kommt denn das Reich Gottes?" Jesus gab ihnen zur Antwort: "Das Reich Gottes kommt ohne Aufsehen. Es ist mitten unter euch." (Vgl. hierzu und zum folgenden Lukas 17,20–25.) Denn viele jener Zeit glaubten auf Grund der Prophezeiungen, ein Erlöser werde kommen, daß es sich bei diesem um eine Persönlichkeit handle, die womöglich [mit großem Aufsehen] unmittelbar vom Himmel zur Erde komme, so daß man einander sagen könne: "Geh hierhin!" oder "Gehe dorthin!" Deshalb erwiderte Jesus ausdrücklich: "Das Reich Gottes kommt ohne Aufsehen. Es ist nicht so, daß man sagen könnte: 'Gehe hierhin oder dorthin; da findest du das Reich Gottes!'" Zu seinen Jüngern gewandt, fügte Jesus hinzu: "Es kommt aber eine Zeit, da ihr froh wäret, wieder einen Tag zusammen mit dem Menschensohn erleben zu dürfen. Höret nicht auf die, welche sagen: 'Gehe hierhin oder dorthin; dort findest du das Reich Gottes!' Glaubt es nicht! Doch vorher hat der Menschensohn noch viel zu erleiden ..."«

»In gleichnishafter Form sprach Jesus weiter zu ihnen: "Wie der Blitz aufleuchtet und von einer Gegend zur andern alles unter dem Himmel erhellt, so wird es einen Tag geben – den Tag des Menschensohnes, wo er in seinem Glanz und seinem Lichte ist." Mit diesen Worten wußten jene Menschen nicht viel anzufangen.« Es war ihnen nicht klar, was es mit diesem *Blitz*, mit diesem *Licht*, das an jenem Tag alles erhellen werde, auf sich hatte. »Mit diesen Worten gab er zu verstehen, daß er an diesem Tag in das Reich der Finsternis eindringen werde und daß *mit seinem Eintreten die ganze Finsternis aufgehellt würde.* Alles in der Hölle würde von einem Ende zum andern in diesem Glanz und in dieser Herrlichkeit von *ihm* erleuchtet – das sei *sein* Tag! ...« Denn dieser Tag brachte die Erfüllung seines Erlösungsauftrages durch das sogenannte 'Letzte Gericht'.[1]

In diesen Zusammenhang gehören auch Jesu Worte nach Johannes 5, 27ff., Gott habe ihm Vollmacht gegeben, Gericht zu halten, und: "Verwundert euch nicht darüber, denn die Stunde kommt, in welcher alle, die in den Gräbern sind, seine Stimme hören und hervorgehen werden – die das Gute getan haben, zur Auferstehung für das Leben, die das Böse verübt haben, zur Auferstehung für das Gericht." Hier liegt jedoch in der Bibel ein sinnentstellender Fehler vor: »Nicht Gräber der irdischen Welt sind gemeint, sondern die *Höhlen im Reiche Luzifers.* Man hat dies falsch übersetzt, weil man nicht begriff, was damit gemeint war. Damit ist also gemeint: Jene abgefallenen Geister, die die Worte Christi vernehmen und an ihn glauben, werden aus ihren Höhlen hervorkommen – eben aus den Höhlen der Hölle, nicht aus den Gräbern der Erde. Man muß wissen, daß es in dieser Hölle viele Orte gibt – darunter furchtbare Orte und auch Höhlen, in die sich die Unseligen verkriechen. Gerade auch jene 'Toten' in diesen Höhlen würden die Stimme des Gottessohnes hören, die Botschaft von der Erlösung, von der Rückkehr ins Vaterhaus.« Doch nicht alle Abgefallenen in der Hölle hielten sich in Höhlen auf. »Jene, die sich nicht allzusehr verschuldet hatten, mußten sich nicht in diese Höhlen verkriechen, sondern für sie gab es einen besonderen Ort, wo sie warten mußten.« Aber alle, die sich dazu bereit fänden, »würden ihm, Christus, entgegenkommen – ihm, der im Reich Luzifers kämpfen und sie aufrufen würde, mit ihm zu kommen«. So geschah es auch. »Wer Christus hörte und *an ihn glaubte,* konnte mit ihm aus diesen luziferischen Bereichen herauskommen, *konnte aus dem Reiche der 'Toten' auferstehen.*« Während die einen in die verschiedenen neu geschaffenen Aufstiegsebenen der geistigen Welt hineingeführt werden durften, mußte über andere ihrer Verfehlungen und niederen Gesinnung wegen zuerst gerichtet werden. Sie wurden zu einem entsprechend schweren Weg des Aufstiegs verurteilt.[2]

Jesus befasste sich um so mehr mit seinem Erlösungsauftrag, je näher die Zeit für dessen Erfüllung rückte. Er wußte auch, daß Luzifer ihn zuvor noch bis zum Äußersten gehend versuchen werde. »Da er in allem den Menschen gleich geworden war, hatte er auch Angst – Angst vor jenem Zeitpunkt.« Er ahnte, daß ihm Schweres bevorstand. »Deutete Jesus doch darauf hin, indem er sagte: "Der Menschensohn hat noch viel zu erleiden; aber es wird *sein* Tag werden!" Denn er wußte ja, daß Heerscharen des Himmels bereitstanden, um gemeinsam mit ihm den Kampf aufzunehmen und in die Hölle einzudringen, damit er dort Gericht über Luzifer halten konnte [um die Seinen zu erlösen].«

Jesus klärte seine Jünger vermehrt über diese bevorstehenden Geschehnisse auf. »So hatte er zu ihnen auch gesagt: "Es kommt der Tag, da es besser ist, wenn der, der auf dem Dache arbeitet, nicht heruntersteigt, keine weiteren Geräte holt, sondern dort verbleibt." (Vgl. Lukas 17,31.) Das ist in diesem Falle wörtlich aufzufassen.« Denn wer sich an jenem Tag zu der Zeit, als die Erde bebte, auf dem flachen Dach aufhielt, konnte nicht durch herabstürzendes Mauerwerk umkommen. »Jesus gab den Jüngern jedoch noch weitere Worte: "Es kommt der Tag oder die Nacht, da wird, wenn zwei auf dem Lager liegen, der eine angenommen; der andere jedoch wird gelassen. Wenn zwei Frauen gemeinsam Getreide mahlen, wird die eine angenommen, die andere gelassen. Wenn zwei auf dem Acker arbeiten, wird einer von ihnen angenommen; der andere jedoch wird gelassen." (Vgl. Lukas 17,34ff. und Matthäus 24,40f.) Jesus hatte mit allen diesen Worten vorschauend auf den Zeitpunkt hingewiesen, da er am Kreuze würde sterben müssen.«[3]

»Jesus hatte die erwähnten Worte gesprochen, weil er wußte, wie jener Tag – der Tag des Menschensohnes – verlaufen würde. Tatsächlich *verfinsterte sich damals die Sonne*, und bis zur neunten Stunde blieb es dunkel. Während dieser Zeit *bebte die Erde* in gewissen Abständen, und Furcht überkam die Menschen. Es gab solche, die sich eingestanden: "Ja, dieser war doch wahrhaftig Gottes Sohn!" Sie waren voller Angst. Sie rückten zusammen. Sie suchten Zuflucht beieinander.«

»Die Hohenpriester und Schriftgelehrten, die Jesus verurteilt und seinen Kreuzestod veranlaßt hatten, ängstigten sich ebenfalls; aber sie ließen es sich nicht anmerken. Auch sie fingen an zu zweifeln; doch mußten sie daran festhalten, daß diese Verurteilung Rechtens gewesen sei. Trotz ihrer inneren Unsicherheit beharrten sie anderen gegenüber darauf, alles sei gerecht zugegangen.«

»Das geschah an jenem Tag, von dem Jesus auch gesprochen hatte, als er den Jüngern gegenüber äußerte, für sie komme die Zeit, da sie sich danach zurücksehnen würden, auch nur einen Tag zusammen mit ihm – dem Menschensohn, wie er selbst sich nannte – verbringen zu dürfen. (Vgl. Lukas 17,22.) Auch die Jünger waren in großen Ängsten und in Unsicherheit. Die Hohenpriester jedoch sprachen [in Anbetracht der Zeichen, die geschahen] zu den Menschen: "Geht hierhin oder dorthin! Dort wird das Reich Gottes sein. Ihr werdet es finden. Das ist das Zeichen dafür!" Auf diese Weise versuchten sie, die Menschen von den Geschehnissen abzulenken und sie wieder für sich zu gewinnen. Sie verkehrten diese Zeichen also in ihr Gegenteil, und darum hatte Jesus den Jüngern vorausgesagt: "Man wird sagen: 'Geht hierhin und dorthin!' Aber glaubt es nicht! Es ist nicht wahr."«[4]

Was aber meinte Jesus damit, als er sagte, der eine werde angenommen, der andere aber gelassen? »Der eine von zweien gab innerlich zu und war davon überzeugt, daß Jesus der Sohn Gottes war. Er sagte sich: "Gott hat durch seinen Sohn zu uns gesprochen. Ich glaube an Jesus. Ich glaube, daß er der Sohn Gottes ist." Dieser wird um seines Glaubens willen von den Engeln Gottes angenommen. Er wird für seinen Glauben *gezeichnet* und für seine Zukunft *geführt*. Der Plan für die Aufwärtsentwicklung der Menschheit war doch längst schon ausgearbeitet und vorbereitet. Nicht alle Menschen standen ja auf ein und derselben Geistesstufe.« Wer noch in Unglauben verharrte, stellte sich damit auf eine tiefe Stufe. »Freilich, auch diese erschloß ihm den allmählichen Aufstieg; denn durch die Erlösungstat Christi wurde – wie schon oft betont – der Himmel ja für alle geöffnet, für Gläubige und Ungläubige. Doch machte es einen großen Unterschied aus, welche Örtlichkeit einen Abgeschiedenen aufnahm, in der er zu leben hatte.«[5]

»Wenn es also heißt: "Der eine wird angenommen", so besagt dies, er werde in das Reich Gottes der Herrlichkeit [das heißt in eine erhöhte Aufstiegsebene der Jenseitswelt] aufgenommen, weil er Glauben besaß und *dazu stand.*« Jene aber, von denen Jesus gesagt hatte, sie werden 'gelassen', waren Menschen, die infolge ihres Unglaubens auf einer unteren Geistesstufe stehen blieben. Nach ihrem Tode sollten auch sie nicht mehr in die Hölle zurückkehren müssen, doch würden sie in eine untere Aufstiegsebene der geistigen Welt hineingeführt. »Die anderen hingegen, die 'angenommen' wurden, durften nach ihrem Abscheiden gleich einen schöneren Teil des Himmels erleben.«[6]

Jesus beschließt, nach Jerusalem hinaufzuziehen

»In dem Maße, wie Jesus selbst immer mehr Belehrungen von der Geisterwelt Gottes erhielt, wurde ihm auch klar, was ihm bevorstand. Zwar hoffte er immer wieder, sein Vater werde schließlich alles noch abwenden und andere Wege für ihn bestimmen können. Die Gottesboten ihrerseits sprachen zu ihm von der unbedingten Notwendigkeit der Erfüllung seiner Aufgabe. Niemals dürfe er den Versuchungen der niederen Geistesmächte nachgeben. Sie machten ihn im voraus darauf aufmerksam: "Wenn wir von dir gehen, sind die anderen schon da, und sie werden alles ableugnen und abstreiten, was wir dir gesagt haben. Glaube ihnen nicht! Denn die da kommen, sind Knechte Luzifers – glaube ihnen nicht!" So ermahnten die Geister Gottes ihn, damit er in der Versuchung nicht falle. Zeitweilig kam sogar Luzifer selbst; doch meist sandte er seine Helfershelfer, die auf Jesus eindrangen – gewiegte, erfahrene Helfershelfer …«[7]

Luzifer war auch am Werk, als Jesus gegen Ende seines dritten Lehrjahres beschlossen hatte, nach Jerusalem hinaufzuziehen. »Diese drei Jahre seines Wirkens waren nicht zufällig gewesen, sondern sie waren im Plane Gottes vorgesehen. Sie sollten eine Zeitspanne bilden, die genügen würde, um die Menschen davon zu überzeugen, daß Jesus der Erlöser und Sohn Gottes war. Sie sollten ja Beweise dafür erhalten, um an ihn glauben zu können, und dafür sollte eine Zeitspanne von drei Jahren zur Verfügung stehen.«[8]

Seinen Entschluß, nach Jerusalem zu ziehen, kündete Jesus mit den Worten an: »"Ich will vor die Schriftgelehrten und Pharisäer hintreten; denn die Zeit ist gekommen, da sie mich zum Tode verurteilen werden." (Vgl. Matthäus 16, 21–23.) Über diese Worte entrüstete sich Petrus: Er, der Meister, der immer von seinem Reich zu ihnen gesprochen hatte, sollte zum Tod verurteilt werden?! Er nahm Jesus beiseite und machte ihm Vorhaltungen: "Wie kannst du nur vor der Menge sagen, du würdest zum Tode verurteilt? Das darf doch nicht geschehen! Wir werden dafür kämpfen, daß es nicht dazu kommt." So sprach Petrus zu Jesus. Dieser aber kehrte sich zu ihm hin, faßte ihn bei den Schultern und rief über diese hinweg: "Weiche, Satan! Ich habe mit dir nichts zu schaffen!"«[9]

Damals war die Zeit angebrochen, da Luzifer alles aufbot. »Die niederen Geister hatten auch vor Petrus nicht haltgemacht. Vielmehr nutzten sie die Gefühle des Mitleids, des Kummers und der Sorge um Jesus in Petrus aus und legten ihm die erwähnten Worte in den Mund. Vielleicht konnten sie dadurch Jesus davon abhalten, nach Jerusalem zu gehen und seinen Auftrag zu erfüllen.«

»Es war vorher schon mehrmals vorgekommen, daß man versucht hatte, Jesus gefangenzunehmen. Jesus wußte dies, und jedesmal sagte er dann zu seinen Jüngern: "Kommt! Wir gehen fort, denn man sucht mich." Er verließ dann Jerusalem und dessen Umgebung, um sich zu verbergen. Er hatte es getan, weil *damals* seine Stunde noch nicht gekommen war. So hatte er jeweils ausdrücklich erwähnt, er halte sich verborgen, weil seine Stunde eben noch nicht gekommen sei.« Jetzt aber war seine Stunde gekommen.[10]

Die Auferweckung des Lazarus

Als Jesus nach Jerusalem unterwegs war, hatte man ihn benachrichtigt, Lazarus in Bethanien sei schwer krank und er möge doch vorbeikommen, um ihn zu heilen. Denn Jesus verband eine besondere Liebe mit Lazarus und dessen beiden Schwestern Martha und Maria Magdalena. Schon im zweiten Kapitel wurde dargelegt, daß das menschliche Dasein Christi und auch seine Mitwelt im Geistigen vorausgeplant und vorbereitet worden waren. »Alles war in großen Zügen vorbereitet worden, im besonderen aber alle bedeutsamen Geschehnisse. Auch die Menschen, die mit Jesus zu tun haben sollten, waren im Plane vorgesehen, und sie wurden in die Zeit hineingeboren, da Jesus seine Aufgabe auf Erden erfüllen sollte. Es geschah nicht zufällig.«

»Als nun Lazarus schwer krank darniederlag, kam eine seiner Schwestern zu Jesus und teilte es ihm mit in der Hoffnung, er werde kommen und den Kranken heilen. Denn Jesus hatte ja auch andere Kranke geheilt, sogar Blinde sehend gemacht. So hofften nun die beiden Schwestern, Jesus, der so oft in ihrem Hause weilte, werde zeitig genug dort eintreffen, um Lazarus genesen zu lassen.«

»Allein, Jesus ließ sich Zeit. Er *verweilte* an dem Ort, wo er sich aufhielt« [nach Johannes 10,40 war es beim Jordan, da, wo Johannes der Täufer getauft hatte], und er fuhr in seiner Lehrtätigkeit fort. »Da kam erneut eine Schwester zu ihm und klagte ihm ihre Sorge. Jesus sprach: "Ja, ich komme. Lazarus schläft, und ich will ihn auferwecken." Da meinten die Umstehenden: "Wenn er schläft, dann wird er ja wieder gesund werden, und du brauchst gar nicht hinzugehen." Jesus aber erwiderte: "Doch, ich muß hingehen; ich muß zu Lazarus gehen." Gleichwohl beeilte er sich nicht, den kranken Lazarus aufzusuchen und ihn zu heilen. Lazarus war jedoch, und Jesus wußte dies, scheinbar bereits gestorben.«

»Als dann gemeldet wurde, Lazarus sei gestorben, entgegnete Jesus: "Nein, er schläft nur." Nun ging er hin in das Haus des Lazarus und dessen beiden Schwestern. Den Verstorbenen hatte man aber bereits in die Gruft gelegt. In dem Hause, in dem sich die beiden Schwestern befanden, hatten sich noch andere Juden eingefunden, um der Sitte gemäß die beiden Leidtragenden zu trösten. Diese weinten bitterlich um ihren Bruder Lazarus. Jesus betrat nun das Haus. Er sah die vielen Menschen, und er war ergriffen von dem Mitleid, das diese zum Ausdruck brachten. Denn Lazarus war unter seinesgleichen sehr beliebt.«

»"Wohin habt ihr ihn gelegt?" fragte Jesus. Eine der Schwestern sagte: "Komm, wir gehen hin!" – "Ich will ihn auferwecken", sprach da Jesus. "Ja, ich weiß", erwiderte die Schwester [Martha], "ich weiß, er wird am Jüngsten Tage auferstehen, und ich weiß, daß du alles tun wirst, was Gott dir möglich macht." Als sie die Worte sprach, sie wisse, daß Lazarus am Jüngsten Tage auferstehen werde, entgegnete ihr Jesus: "*Ich* bin die Auferstehung und das Leben!" Die Anwesenden verstanden nicht, was Jesus mit diesen Worten meinte; aber sie gingen gemeinsam zur Gruft.«

»Als er nun Weisung gab, den Stein wegzuwälzen, wandte man ein: "Das ist doch sinnlos – dazu ist es schon zu spät. Man riecht es ja schon. Wozu soll man da den Stein wieder wegwälzen?" Jesus aber beharrte darauf, und so wälzte man den Stein von der Gruftöffnung weg. Nun rief er mit lauter Stimme: "Lazarus, komm heraus!" Und er kam heraus ... Lazarus war in Binden eingehüllt; denn es war bei den Juden Sitte, die Toten mit Binden zu umwickeln. Darum sprach Jesus jetzt: "Löst ihm die Binden!"«[11]

»Dann wandte sich Jesus zu Gott: "Vater, ich danke dir, daß du es ermöglicht hast, daß ich ihn auferwecken konnte. Dadurch hast du mich verherrlicht. Es ist möglich geworden, weil ich *dein* Sohn bin und es vorgesehen war als Zeichen dessen, daß ich der Sohn Gottes bin und daß du mir Macht und Gewalt verliehen hast. Sie sollen es wissen: Ich bin in dir, du bist in mir. Ich bin eins mit dir." Mit diesen Worten dankte Jesus dem Vater. Die Umstehenden waren darüber erstaunt. Aber sie schenkten ihre Aufmerksamkeit mehr dem wieder ins Leben zurückgekehrten Lazarus und lauschten weniger dem Dankgebet, das Jesus an den Vater richtete. Sie wußten ja nicht, was diese Worte bedeuteten – sie ahnten es nicht einmal . . .«

»Das Sterben des Lazarus war [von der Gotteswelt] *vorausgeplant* gewesen. Allein, Lazarus war in Wirklichkeit nicht tot gewesen, weil das geistige Band, die sogenannte silbrige Schnur (Prediger 12, 6), noch fortbestand. Erst wenn dieses Band durchtrennt wird, löst sich der Geist endgültig vom Körper. Dieses Band war aber bei Lazarus aufrechterhalten geblieben.«[12]

»Als man Jesus gemeldet hatte, Lazarus sei auf den Tod krank, war er nicht gleich aufgebrochen, weil er wußte, daß er ihn aus diesem Tode auferwecken würde – eben weil es im Geistigen vorgesehen und vorausgeplant war. Im Geiste vernahm Jesus, wie man zu ihm sagte: "Zögere noch mit dem Aufbruch. Du brauchst noch nicht hinzugehen – laß sie ruhig machen. Du wirst Lazarus vom Tode erwecken, und die Menschen sollen es sehen und erleben." Dies *hörte* Jesus. Als es dann so geschah, dankte er dem Vater. Er fand so erneut und in überwältigender Weise die Bestätigung für dieses Eins-Sein mit dem Vater, für die Macht, die Gott ihm verliehen hatte, und dafür, daß er wahrhaftig Gottes Sohn war.«

Martha hatte davon gesprochen, ihr Bruder werde am Jüngsten Tag auferstehen. »Von einer solchen Auferstehung am Jüngsten Tag redete man nämlich schon lange Zeit, ehe Christus die Menschwerdung auf sich nahm. Propheten hatten verkündet, es werde einen Jüngsten Tag und ein Letztes Gericht geben, bei dem die Auferstehung erfolge. Menschen haben diese prophetischen Worte auf ihre Weise [gedeutet und] in die Welt hinausgetragen. Darum lebt dieser 'Jüngste Tag' samt Auferstehung und Gericht noch heute unter den Menschen fort. Dabei ist dieser Jüngste Tag und das damit verbundene Letzte Gericht [als ein geistiges Geschehen] schon längst vorbei. Hatte doch Jesus immer wieder betont und verkündet: "*Ich* bin das Gericht. *Ich* bin gekommen, um zu retten. *Ich* bin die Auferstehung. Durch *mich* werdet ihr den Weg zurück zum Vater finden!"«

Die Auferweckung des Lazarus war wie erwähnt vorausgeplant – genauso wie vieles andere, das sich in den Jahren von Jesu Lehrtätigkeit abspielte. Als zum Beispiel Jesus den Blindgeborenen geheilt hatte, fragten doch die Jünger: "Meister, wer hat hier gesündigt – er oder seine Eltern?" »Jesus erwiderte ihnen: "Weder er noch seine Eltern, sondern dies ist geschehen, damit der Menschensohn verherrlicht werde." Genauso war es auch bei der Auferweckung des Lazarus. Beide Geschehnisse waren in der Geisteswelt *zur Verherrlichung des Menschensohnes* vorherbestimmt gewesen.«[13]

Einzug in Jerusalem

Am Palmsonntag zog Jesus, auf einer Eselin reitend, in Jerusalem ein, hoffend, daß die Menschen ihn als König seines geistigen Reiches anerkennen und auf seine Seite treten würden. »Plötzlich hieß es: "Jesus der Wundertäter kommt auf einer Eselin!" Die ihm entgegengingen und zujubelten, waren dieselben Menschen, die ihm zugehört hatten, wenn er auf Straßen und Plätzen lehrte, und die ihm nachfolgten. Als die Kunde von seinem Kommen erscholl, hatten sich die Leute aufgemacht. Zahlreiche Menschen gab es, die glauben wollten oder ihm wenigstens für kurze Zeit Glauben und Sympathie entgegenbrachten; hatten sie doch so viel von seinen Wundertaten vernommen und selber Angenehmes erleben dürfen – denn da und dort war ein Familienmitglied von ihm geheilt worden. Als nun Jesus auf einer Eselin reitend daherkam, zogen sie in Freude und Begeisterung ihm entgegen. Nun kam er also wieder, der Wundertäter! Mit Palmzweigen ging man ihm entgegen und warf sie ihm zu. Da und dort zogen welche ein Kleidungsstück aus und legten es auf den Weg, damit er darüber reite.«

»Nachher aber gingen die Leute wieder in ihre Häuser zurück, und als Jesus dann in der Stadt war, geschah nichts Weiteres. Es war alles vorbei! Jesus erlebte eine bittere Enttäuschung. Als Sohn Gottes hatte er im Geiste gehofft, von jenen, denen er soviel Gutes getan hatte, als König seines geistigen Reiches angenommen zu werden. Doch die Leute verliefen sich wieder, ausgenommen seine getreuen Jünger. Aus dem Empfang, wie er ihn sich vorgestellt hatte, wurde nichts. So mußte Jesus erkennen, daß seine Aufgabe nicht leicht sein würde.«[14]

»Zwar wurde Jesus zeit seines Erdenlebens von hohen Geistern himmlischer Beistand zuteil – doch immer nur gerade so viel, wie es unerläßlich war, und genau in dem Maße, wie Gott es erlaubt hatte.« Jesus war doch, wie es heißt und schon mehrfach betont wurde, den Menschen in allem gleich. »So überkamen ihn auch Angstgefühle. Er empfand ebenso Trauer, wie jeder Mensch traurig sein kann, fühlte er doch wie andere Menschen auch. So konnte er sich aber auch wie andere freuen! Doch in der Zeit, da es um die Erlösung der Menschheit ging, waren ihm keine Freuden mehr beschieden ... Er bangte jeweils auch, wenn neue Engel Gottes zu ihm kamen. Engel wohnten eine Zeitlang bei ihm – dann verabschiedeten sie sich, und sie wurden durch Engel mit anderen Aufgaben abgelöst.«[15]

»Wenn auf solche Weise jeweils neue Engel in seine Nähe kamen, um ihm wieder andere Botschaft vom Vater zu bringen, empfand Jesus Angst vor dem, was er tun sollte und was sich ereignen würde – welchen Weg er zu gehen hätte. Immer sprach man ihm vom Erlösungswerk und von dem großen Opfer, das er zu bringen habe. Jesus wußte doch um die Grausamkeit der Menschen jener Zeit – wie grausam sie miteinander umgehen konnten. Er wußte, daß mit ihm keine Ausnahme gemacht würde, wenn er einmal in Gefangenschaft geraten sein würde.«[16]

Also überkamen eben auch ihn, den Gottessohn, als Menschen Empfindungen der Angst. »Doch bemühte er sich, seine Jünger dies nicht merken zu lassen, um sie nicht unsicher und verzagt zu machen. Aber in seine Worte flocht er Andeutungen darüber ein, wie schmerzensreich der ihm bevorstehende Weg sein werde, indem er immer wieder auf die 'Welt' hinwies, also auf die Erde als den Machtbereich des Widersachers.«[17]

Als in Jesus wieder einmal die bange Frage aufstieg, ob er seinen Erlösungsauftrag auch erfüllen könne, sprach er die Worte: "Wir müssen die Werke dessen, der mich gesandt hat, wirken, solange es Tag ist; es kommt die Nacht, da niemand wirken kann." (Johannes 9, 4.) Jesus hatte nicht eigentliche Zweifel, aber manchmal überkamen ihn eben Bedenken, ob er seine Aufgabe wirklich werde erfüllen können. Er sorgte sich, er könnte dabei versagen. *»Dieses Versagen wäre für die Menschheit zur Nacht geworden.«* Das meinte Jesus mit seinen Worten von der Nacht, da niemand wirken könne. »Dann wäre eine furchtbare Nacht über die Menschheit hereingebrochen, weil das Licht erloschen wäre. Es ist nicht auszudenken, was dann geschehen wäre. Die Erde hätte wahrhaftig gebebt. Man male sich aus, welchen Triumph der Satan dann gefeiert, wie er sich als Herrscher gefühlt, wie er seine Macht ausgetobt hätte! Eine nicht auszudenkende tiefe Nacht wäre über die Menschheit hereingebrochen. Dann hätte ein anderer Geist Gottes ins menschliche Dasein treten müssen; aber es hätte möglicherweise Hunderte von Jahren gedauert, bis Gott sein Wort zu einer solchen zweiten Entsendung gegeben hätte. Es hätte so lange immer wieder einer entsandt werden müssen, bis es zur Erlösung, zur Befreiung gekommen wäre.«[18]

Das Passamahl

»Als die Zeit seiner Verurteilung und seines Leidens heranrückte, verlangte es den Herrn danach, noch einmal mit seinen Jüngern zusammenzusein. Es war ja Sitte bei den Juden, dieses Ostermahl zu feiern, und so fragten seine Jünger: "Meister, wo sollen wir dieses Mahl mit dir feiern?" Und der Meister nannte ihnen den Ort, wo sich das Gemach befand, in dem er mit ihnen das Ostermahl einnehmen konnte. Sie fanden das Gemach, wie er ihnen gesagt hatte, und dort versammelten sie sich dann zu diesem letzten Abendmahle. Sie ahnten nicht, daß dieses Liebesmahl für sie das letzte sein würde! – Doch für die Christenheit bedeutete es einen Anfang . . .«[19]

Zur damaligen Zeit war es ja üblich, daß man sich die Füße wusch, bevor man den Raum betrat, wo man das Mahl hielt. Dafür waren Bekken mit Wasser aufgestellt. »Üblicherweise mußte man [zuerst] einen Gang durchschreiten. Ehe man diesen betrat, konnte man sich die staubig gewordenen Füße waschen. Dies war für die Menschen damals eine Wohltat; zugleich aber war es Sitte der Glaubensgemeinschaft der Juden. Allerdings wurden auf der kurzen Strecke bis zum eigentlichen Raum die Füße doch wieder etwas beschmutzt, wenn auch nur wenig.« Deswegen hatte man im Raum selbst oder davor weitere Becken mit Wasser aufgestellt, in das man die Füße kurz eintauchen konnte, um so ganz rein zu sein. »Dies hatten auch die Jünger getan. Sie hatten, ehe sie den Raum betraten, um dieses Mahl gemeinsam mit Jesus einzunehmen, noch einmal ihre Füße gewaschen.«[20]

In den künstlerischen Darstellungen des letzten Mahles ist die Wirklichkeit etwas verfälscht worden. »Da werden Jesus und die Seinen an einem Tisch gezeigt. Doch das ist nicht das wahrheitsgetreue Bild von dazumal. Denn damals pflegte man im Orient nicht in der Weise das Mahl einzunehmen. Es mag sogar heute noch vielfach Sitte sein, daß man wie damals einen Teppich oder ein großes Tuch auf den Boden ausbreitet und sich auf den Boden setzt. Reichere, vornehmere Leute hatten dafür ihre Liegestätten und einen niederen Tisch, doch nicht solcher Art, wie es heute dargestellt wird. Niedere Tische und niedere Sitzgelegenheiten waren es, längliche Bänke. Auf eine solche längliche Bank hatte sich Jesus ausgestreckt, so wie die anderen es taten. Neben ihm lag sein Lieblingsjünger Johannes und lehnte seinen Kopf an seine Brust. So ruhten sie halb sitzend, halb liegend auf diesen niederen Bänken. Davor war ein niederer Tisch, worauf man das Mahl und das Geschirr, die Tücher zum Reinigen und Trocknen der Hände bereitgelegt hatte. Da waren auch Schüsseln mit Wasser, in die jeder seine Hand tauchen konnte. So waren sie eng um die Tafel herum versammelt, und jeder konnte sich bedienen.«[21]

Die Fußwaschung

Gegen Ende des Passamahls stand Jesus plötzlich auf. »Da wollten auch die Jünger aufbrechen. Er aber bat sie: "Bleibet noch eine Weile!" Was der Meister sagte, wurde stets befolgt, und die Jünger verfolgten auch immer alles, was er tat. Er legte sein Obergewand ab, gürtete sich und verließ den Saal. Der Meister holte sich ein vor dem Eingang des Saales stehendes Becken, in dem sich noch etwas Wasser befand. Die Jünger waren jetzt erstaunt, als sie das Tun ihres Meisters beobachteten. Allein, sie waren daran gewöhnt, daß er Dinge tat oder sprach, die sie nicht sogleich verstehen konnten. Jesus nahm das Becken auf und goß noch Wasser dazu. Dann fing er an, seinen Jüngern die Füße zu waschen, indem er den einzelnen bat: "Tauche deine Füße in das Becken!" Danach trocknete er diese mit einem Leinentuch ab.«[22]

»Jesus war doch so oft bei Vornehmen eingeladen gewesen, und dabei wurden ihm stets von Dienern, die Sklaven waren, die Füße gewaschen. Jesus hatte es sich jeweils gefallen lassen, jedoch mit Wehmut in der Seele.« Nun tat er dieses seinen Jüngern. »Er wusch ihnen die Füße nicht gründlich – es war eine *symbolische* Handlung. Die meisten Jünger – sie waren doch arm – trugen kein Schuhwerk. So war es für sie eine Wohltat, die Füße in kühlendes Wasser zu tauchen und sie vom Meister trocknen zu lassen.«[23]

»Der erste dachte bei sich sogar voller Stolz: "Der Meister wäscht *mir* die Füße!..." Er begriff ja nicht, worum es ging. Jesus wusch auch anderen die Füße, als Petrus sich entrüstet an die übrigen Jünger wandte: "Schämt euch, daß ihr euch vom Meister die Füße waschen lasset! Mir soll er die Füße nicht waschen!..." Er empfand dies als eine Erniedrigung für den Meister, und dies gab er auch kund: "Wie könnt ihr den Meister sich so vor uns erniedrigen lassen, uns die Füße zu waschen! ..." Daraufhin gab es unter den Jüngern ein Murren und längeres Hinundhergerede, wie es zu jener Zeit üblich war, bis Jesus eingriff und zu Petrus sagte, der so energisch gesprochen hatte: "Wenn du dir die Füße nicht von mir waschen lässest, wirst du keinen Anteil an mir haben." (Vgl. Johannes 13, 6ff.) Erst jetzt ging Petrus auf, daß der Herr damit offenbar etwas ganz Besonderes im Sinne hatte. Er vermochte es mit seinem menschlichen Verstand zwar nicht zu erfassen; aber von innen heraus, aus seinem Geiste, fühlte er sich gedrängt zu sagen: "Wenn dem so ist, sollst du mir nicht nur die Füße waschen ..." Allein, der Herr antwortete ihm: "Solches genügt."«[24]

»Daß Jesus seinen Jüngern die Füße wusch, war eine sinnbildliche Handlung, die immer wieder verkündet werden sollte. Jesus meinte damit nämlich, daß der Mensch sich sollte erniedrigen können. Christi Tun hatte einen hohen Sinn. Es lehrte und sollte bedeuten: Man muß sich beugen können und sich erniedrigen lassen können. Auf diese Weise zeigte Jesus seinen Jüngern dies sinnfällig. Er war doch der Gottessohn! Er kam aus den höchsten Himmeln, ihm war in den Himmeln Lobpreis und alle Ehre erwiesen worden. Allein, in seinem menschlichen Dasein beugte er sich und wusch diesen Menschen die Füße – *er*, der Gottessohn ...«[25]

»Einer von euch wird mich verraten ...«

»Wohl weilte Jesus noch mitten unter seinen Jüngern, aber die Stimmung war nicht wie sonst, wenn er mit ihnen Mahl hielt. Alle waren niedergedrückt und ziemlich schweigsam; denn ihr Meister, das merkten die Jünger, war traurig. Sie sahen, daß er innerlich litt. Jesus wußte: "Dies ist das letzte Mal, daß ich unter meinen Jüngern bin, die mich in der Zeit meines Auftrages begleitet haben – heute bin ich zum letztenmal so mit ihnen zusammen ..." Doch nicht nur dies stimmte Jesus traurig. Ihn betrübte auch, daß, wie er wußte, unter seinen Jüngern einer war, der ihn verraten würde. In seinem großen Leid und Kummer sprach er zu ihnen darüber: "Einer ist unter euch, der mich verraten wird ..." (Matthäus 26, 21.)« Wenn Jesus zum voraus erkannt hätte, dass Judas ihn verraten würde, hätte er ihn nicht zum Jünger ausgewählt. »Judas mußte Jesus nicht verraten; es hätte andere Möglichkeiten gegeben. Sie haben doch Jesus gekannt! Es mußte also nicht unbedingt ein Mensch kommen, ihn zu verraten. Jesus selbst hatte, als ihm seine Sendung geoffenbart wurde, nicht gewußt, auf welche Weise diese Sendung ihren Abschluß finden würde. Da die geistigen Wesen ihre Willensfreiheit haben, konnte selbst die Geisteswelt Gottes das Verhalten Luzifers nicht in allen Teilen zum voraus erkennen. Hätten die Menschen Jesus als Sohn Gottes bejaht, hätte er nicht seinen Leidensweg gehen müssen. Doch die niedere Geisterwelt setzte alles daran, Jesus seine Aufgabe zu erschweren, und sie hatte die Menschen dahin inspiriert, daß sie den Entschluß faßten, Jesus zum Kreuzestod zu verurteilen. Fest stand im Plane Gottes jedoch, daß Christus, was auch geschehen mochte und welche Entscheidung die Menschen kraft ihres freien Willens auch treffen würden, um seiner Aufgabe als Erlöser der Menschheit willen *alles* auf sich nehmen sollte.«[26]

Als Jesus gesagt hatte: "Einer von euch wird mich verraten", entstand große Unruhe unter den Jüngern. »Sie erschraken über diese Worte. Jeder wollte ihn fragen: "Meister, bin ich es? . . ." Da nahm Jesus etwas Brot, tauchte es in eine Schale mit einer Flüssigkeit, die auf dem Tische stand, und gab diesen Bissen dem Judas.« Der Inhalt der Schale war bei den Menschen von damals sehr beliebt; er war aus Wein, Honig und Gewürzen bereitet. »Das Brot, das man in diese Flüssigkeit tauchte, erhielt durch sie einen köstlichen Geschmack. Es war für einen Jünger stets eine große Freude, wenn der Meister etwas Brot nahm, es in die Schüssel tauchte und es ihm darreichte.«[27]

Als die Jünger noch immer aufgeregt fragten, wer der Verräter sei, antwortete Jesus: »"Dem ich diesen Bissen gereicht habe, der ist es, der mich verrät." (Vgl. Matthäus 26,23.) Da stand Judas auf und ging fort.« Die Jünger hatten jedoch Jesu Antwort nicht verstanden. »Die Unruhe im Saale war zu groß, ihre Gespräche hatten die Worte des Meisters übertönt. Als Judas fortging, vermuteten sie, der Meister habe ihn beauftragt, für das Fest noch etwas einzukaufen oder vielleicht Geld an Arme zu verteilen. Doch Johannes, der sich in allernächster Nähe Jesu befand, verstand seine Worte, und er sagte dann den Aposteln weiter, Judas werde den Meister verraten. Da kam große Trauer über alle, und nun mußte Jesus selbst versuchen, seine Jünger zu trösten.«[28]

Das Abendmahl

Als sie alle das Passamahl zu sich genommen hatten, »stand Jesus auf, nahm von dem Brot, das noch da war, hob es gen Himmel und segnete es.« Das Brot jener Zeit war – wie im Orient vielfach noch heute – flach und ließ sich gut brechen, um Stücke davon auszuteilen. »Jesus brach es, gab seinen Jüngern davon und sprach zu ihnen: "Dieses Brot ist Sinnbild meines Leibes." Denn dieses Brot, das er gebrochen hatte, sollte bedeuten, daß sein Leib 'gebrochen' werde.« Die Jünger sollten erfassen, daß er sterben müsse. »Jesus brach weiteres Brot und legte die Stücke in eine Schale. Aus dieser Schale konnten die Jünger zusätzliches Brot nehmen.«[29]

»Wie jeder Apostel, so hatte auch Jesus ein Trinkgefäß.« Nun ließ er dieses mit Wein nachfüllen, hob es empor, »betete und segnete diesen Wein. Dieser Wein sollte Sinnbild seines Blutes sein. Jesus trank aus dem Kelch und reichte ihn dann seinen Jüngern weiter. Betrübt, mit trauriger Stimme, sprach er zu ihnen: "Vergleichet diesen Wein mit meinem Blute, das fließen wird, und trinket jetzt davon!" Jeder Jünger sollte aus dem Gefäß trinken, aus dem auch Jesus getrunken hatte, und er machte ihnen deutlich: wer davon nehme und trinke, der sei wahrhaftig mit ihm verbunden.«[30]

»Nach der feierlichen Handlung sprach Jesus: "Tuet dies so zu meinem Gedenken!"« (Vgl. Lukas 22, 19.) Er forderte also die Seinen auf, in dieser Weise das Gedenken an ihn zu bewahren. »Damit meinte Christus nicht, daß nur die Apostel, die sich zu diesem Abendmahl zusammengefunden hatten, das Gedenken an ihn auf diese Art stets bewahren sollten. Vielmehr sollten dies *alle* tun, die sich zum christlichen Glauben bekannten und künftig bekennen würden. Im Geiste sollten sie sich in jene Zeit zurückversetzen, da Jesus zum letztenmal mit seinen Jüngern zusammen war und ihm so schwere Stunden bevorstanden.«[31]

»Jesus hatte das Brot, das er unter die Jünger verteilte, von *einem* Stück gebrochen. Das sollte bedeuten, daß Christus das Haupt der ganzen Menschheit ist, die vielen Teile aber die Glieder sind – eben die Menschen, die zu ihm gehören. Mit dem Wein, den Jesus seinen Jüngern reichte, wollte er auch sagen, daß so, wie dieser Wein vorher in seinem Becher eine Einheit bildete, die Menschen, die sein Gedenken bewahrten, wieder eine Einheit bilden in Christus. Der Sinn war, daß alle Menschen zusammen in Christus *eine* Familie bilden.«[32]

»Vater, verherrliche du mich!...«

Die Menschen wissen nicht, wie es im Innern des Erlösers während der Tage ausgesehen hat, ehe er diesen schweren Weg gehen mußte. »Er wußte um das Furchtbare dieses Weges, um das Leiden, das ihm bevorstand, um die Rücksichtslosigkeit und Grausamkeit jener Menschen, die dem Bösen als Werkzeug dienten. Schon in den Tagen davor wurde Jesus von Ängsten geplagt. In seiner Angst und Not flehte er zum Vater. In seiner seelischen Qual suchte er die Einsamkeit auf, um mit dem Vater zu reden, um zu beten, ihn anzurufen. Es geschah nicht nur ein einziges Mal im Garten Gethsemane, daß er die Nacht hindurch betete und zu Gott flehte.«[33]

Auch während seines letzten Zusammenseins mit den Jüngern flehte Jesus den Vater um Trost und Beistand an. »Er bat: "Vater, die Stunde ist gekommen. Verherrliche nun deinen Sohn, wie dein Sohn dich verherrlicht hat!" (Vgl. Johannes 17, 1–4.) In diese Worte hüllte sich Christi sehnlicher Wunsch, der Vater möge sich ihm nicht entziehen, sondern die Verbundenheit wahren, in der der Sohn mit dem Vater stand. So wie Christus vom Vater Zeugnis gegeben habe, möge auch der Vater *bis zuletzt* davon Zeugnis geben, daß er wahrhaftig sein Sohn war und ist.«[34]

Doch beschränkte sich Jesu innige Bitte, der Vater möge ihn verherrlichen, nicht auf eine Verherrlichung auf Erden. Jesus flehte auch zum Vater: »"Ich bitte dich, verherrliche mich *bei dir*, in *deiner* Herrlichkeit, so wie du mich stets verherrlicht hast, als ich bei dir weilte und diese Welt noch nicht war!" (Vgl. Johannes 17, 5.)«[35]

»In der Zeit, da Christus vom Vater verherrlicht wurde, ehe diese Welt war, herrschte in der himmlischen Welt nur Glückseligkeit. Mannigfache geistige Völker lebten in den verschiedensten Himmeln.« Zu ihrer Freude erhielten sie regelmäßig den Besuch ihres Königs. »So erschien Christus bald in diesem, bald in jenem Himmel. Wenn Christus ein geistiges Volk besuchte, zogen Herolde voran und verkündeten sein Kommen.« Er, der Gesalbte Gottes, der König aller geistigen Völker, erschien dann in unbeschreiblichem Glanz und

Licht unter den Seinen... Menschen vermögen sich solche Pracht nicht vorzustellen. Sie ahnen nicht, wie groß der Jubel dieser geistigen Völker war, wenn sie ihren König aus der Nähe erleben, ihn in seiner Herrlichkeit erblicken durften. »Da sie von seinem Erscheinen Kunde erhalten hatten, trafen sie auch dementsprechende Vorbereitungen. Voller Freude waren sie alle, und sie boten auf, was sie an überraschenden Darbietungen zu leisten vermochten. Dies geschah auf wunderbare Art und Weise, und so bot man Christus vom einen zum andern Mal neue Überraschungen; denn in diesen Wesenheiten war ja jener Funke [von Gott], der die Kraft für diese Entfaltungsmöglichkeiten gab, zur Freude des Königs und zur Freude aller in den Himmeln.« Auf solche Weise wurde jeweils Christus verherrlicht, ehe diese Welt war.[36]

Was aber meinte Jesus mit seiner Bitte, der Vater möge ihn so verherrlichen wie einst? »Eine solche Verherrlichung konnte nur *im Reiche des Geistes* erfolgen – in dem Reiche, aus dem Christus kam. Gewaltig sind doch die Himmel, gewaltig die geistigen Völker dort. Darum ging es. Jesus bat seinen Vater: "Tritt du jetzt auf! Geh du jetzt zu den Meinen in deinem Reich und verkünde ihnen, daß ich meiner schweren Stunde entgegengehe! Erkläre ihnen, daß ich dir treu ergeben bin! Erkläre ihnen, daß ich durchhalten werde! Sage ihnen, daß ich die Gefallenen erretten und dir zuführen werde – sage es ihnen, denn meine Stunde ist gekommen!"«[37]

»Also bat Jesus seinen Vater, er möge aus seiner Herrlichkeit, aus seinem göttlichen Hause heraustreten und in den verschiedenen Himmeln den Treugebliebenen offenbaren: "Die schwere Stunde für den König naht – für den, den ich gesalbt." Sie alle, die vom Vater solche Worte vernehmen sollten, würden davon ergriffen sein. Denn sie wußten ja um das schwere Leid, das ihrem König bevorstand. Sie wußten um den Auftrag, den der Vater ihm erteilt hatte. Bis zum Letzten sollten alle Treugebliebenen in den Himmeln Kenntnis erhalten, daß die schwere Stunde der Entscheidung für Christus nun bevorstand. Sie sollten im Gebet verharren und in der Hoffnung auf Erfüllung seines Auftrages stark bleiben. So ging die Verherrlichung Christi von Himmel zu Himmel – der Vater hatte den Wunsch seines Sohnes erfüllt!«[38]

Verheißung an die Jünger

An jenem Abend hatte Jesus zu seinen Jüngern auch gesagt: "Im Hause meines Vaters sind viele Wohnungen. Wenn nicht – würde ich euch dann gesagt haben, daß ich hingehe, um euch eine Stätte zu bereiten?" Denn Jesus hatte ihnen auch gesagt: »"Ich gehe hin, um euch eine Stätte zu bereiten, und wenn ich die Stätte bereitet habe, komme ich wieder. Dann nehme ich euch mit; denn ihr sollt auch da sein, wo ich bin."« (Vgl. Johannes 14,2–3.)[39]

Als Jesus gesagt hatte, er gehe hin, den Jüngern eine Stätte zu bereiten, bat Thomas: »"Zeige uns doch den Weg, wo du hingehst!" (Johannes 14, 5.) Jesus aber sagte ihnen: "*Ich* bin doch der Weg! Ich bin der Weg, die Wahrheit und das Leben." Wenn Jesus sagte "Ich gehe hin, um euch eine Stätte zu bereiten", so ist das so aufzufassen: "Ich – Christus – gehe hinein in den Herrschaftsbereich Luzifers, in die Hölle. Dort werde ich seine Rechte schmälern. Ich werde ihm die neuen, die *letzten* Gesetze auferlegen, und ich werde mir [mit diesen Gesetzen] das Recht nehmen, euch zurückzuführen."« Durch dieses *Letzte Gericht* hat Christus für alle den Weg zu den Stätten des Aufstiegs, zu den 'Wohnungen' in der Geisteswelt Gottes, frei gemacht.

Dann sprach Jesus auch: »"Wenn ich euch die Stätte bereitet habe, *komme ich wieder ...*" Christus kehrte aus dem Totenreich zurück, aber nicht als Mensch, sondern als Geist. Wenn es notwendig war, daß er sich den Seinen zeigte, mußte er sich ihnen freilich in Menschengestalt zeigen.«[40]

Als Jesus zu seinen Jüngern sagte, wenn er zurückgekommen sei, nehme er sie mit, so meinte er damit nicht, daß er nach jenem Geschehen, nach seinem Aufstieg aus dem Totenreich, sie alle *leiblich* hätte mitnehmen wollen. »Diese Wendung ist geistig zu verstehen: Sie sollten den Weg der Heimkehr frei vor sich haben und ihn auch gehen können. Darum sprach er: "*Ich* bin der Weg." Er hat den Weg der Heimkehr frei gemacht. Er stieg ja in die Hölle hinab, um es zu ermöglichen, daß die Seinen den Weg wieder zu ihm zurückfinden. Sie sollten wieder zurückkehren können. Sie sollten, wenn die Zeit ihres menschlichen Daseins erfüllt war, diesen Weg beschreiten und in *seine* Nähe kommen.«[41]

»Sagte er doch auch zu seinen Jüngern: "Ihr werdet den Tod nicht kosten, ehe alles erfüllt ist." (Vgl. Matthäus 16, 28.) Freilich, die Jünger verstanden nicht, was er meinte, als er sagte, sie würden den Tod nicht kosten.« Jesus meinte damit, sie müßten nicht mehr ins Totenreich, ins Geisterreich Luzifers, zurückkehren, »sie würden nicht von dieser Welt abscheiden, ehe er für sie – so wie für alle – den Weg ins Himmelreich gebahnt habe. Erst wenn *er* seinen Auftrag erfüllt habe, sollten auch *sie* den Weg in die andere Welt antreten, doch dann über die Brücke, die er für ihre Heimkehr zu Gott gebaut haben würde. Als erster ging Christus selbst über diese Brücke. Nach der Erfüllung seines Erlösungsauftrages sollten aber alle, die von der Erdenwelt Abschied nahmen, über diese Brücke gehen können. Für sie alle würde dann der Weg zurück ins Himmelreich wieder frei sein.«[42]

Mit dieser Verheißung hängt ein weiteres Wort zusammen, das Jesus am Vorabend seines Kreuzestodes zu den Jüngern sprach: »"Eine kleine Weile, so seht ihr mich nicht mehr, und wiederum eine kleine Weile, so werdet ihr mich sehen. Danach gehe ich hin zum Vater." (Vgl. Johannes 16, 16–17.) Diese Worte vermochten die Jünger nicht zu begreifen. Sie fingen an darüber zu murren, und sie fragten einander: "Was meint er bloß mit dieser kleinen Weile? . . ." Jesus sah wohl, daß sie ihn nicht verstanden.«[43]

»Die 'kleine Weile', da die Jünger ihn nicht sehen würden, war die Zeit, da er [nach seinem irdischen Tode] als Geist mit den Heerscharen des Himmels in die Hölle eindringen würde. Während jener Zeit sollten sie ihn nicht erblicken können. Die andere 'kleine Weile' meinte die Zeit, da er aus der Hölle wieder auferstanden sein würde. Zu jener Zeit sollten sie ihn als Auferstandenen erneut sehen dürfen, und sie sollten zugleich wissen, daß damit die Zeit bevorstand, da er zum Vater heimkehren würde.«[44]

»In diesem Zusammenhang sprach Jesus die folgenden Worte zu den Jüngern: "Ihr werdet weinen und wehklagen, aber die Welt wird sich freuen." (Johannes 16, 20.) Die Jünger würden weinen und wehklagen, wenn er dann zum Vater aufgefahren und nicht mehr unter ihnen sein würde – und sie weinten, als der Meister nicht mehr unter ihnen weilte. Sie fühlten sich verlassen. Sie hatten Angst vor den Verfolgungen der Juden und sperrten sich ein.« Die Welt aber würde sich freuen, sprach Jesus zu ihnen. »Wer ist hier mit der 'Welt' gemeint? Gemeint waren die Menschen, die auf dieser Welt leben. Die Menschen, die damals in Unseligkeit auf ihr leben mußten, würden sich freuen dürfen; denn sie sollten nach ihrem Erdentod nicht mehr jene unglückseligen Zeiten erleben müssen wie vor ihrer Menschwerdung. Sie sollten nicht mehr ins Totenreich zurückkehren müssen, wo ihnen kein Trost, keine Freude zuteil geworden war. Jesus meinte mit seinem Wort die Menschen dieser Welt *zu seiner Zeit* wie auch *heute* – dieser Welt, die der Herrschaft Luzifers untersteht. Menschen mit Glauben an die Erlösungstat Christi dürfen sich freuen; denn ihnen ist der Weg nach oben, der Weg der Heimkehr ins Reich Gottes, gebahnt.«[45]

»Bei seinen Abschiedsworten hatte Jesus zu den Jüngern auch gesagt: "Ich werde nicht mehr vieles mit euch reden; denn es kommt der *Fürst der Welt.* Doch an mir findet er nichts." (Johannes 14,30.) Denn damals, als Jesus diese Worte sprach, wußte er: "Jetzt kommt er, der Fürst dieser Welt! Jetzt bringt er die Menschen dahin, daß sie mich verurteilen und ans Kreuz schlagen ... Doch meine Treue zum Vater ist unerschütterlich, und so vermag der Widersacher mich nicht zu bezwingen!"«[46]

Gethsemane

»Luzifer war sich mit seinem Anhang nicht so recht im klaren darüber, wie der Erlösungsplan verwirklicht werden sollte – nicht alles war ihm offenbar.« Das wurde schon früher, im dritten Kapitel, erläutert. »Wohl konnte er jetzt den Weg erkennen, den Jesus gehen sollte; denn alle Vorbereitungen dazu waren getroffen worden. Doch meinte Luzifer, wenn Jesus dann als Mensch gestorben sei, würde er zum Vater heimkehren, und alles wäre dann wieder wie vorher. Er ging nämlich von folgender Überlegung aus: "Einem gekreuzigten Christus wird niemand mehr Beachtung schenken. Niemand wird seinen Glauben annehmen!" Weiter dachte er nicht, obwohl er so eine leise Ahnung hatte, es könnte danach vielleicht doch irgendein Eingreifen geben. Aber er hatte noch keine Vorstellung von dem, was ihm in Wahrheit bevorstand – davon sollte und durfte er keine Ahnung haben ...« So setzte Luzifer nun alles daran, die Menschen dahin zu bringen, daß Jesus gekreuzigt würde. »Es gab keinen Platz in Jerusalem, wo nicht ein solcher teuflischer Herrscher stand, um sie alle zu beeinflussen. Denn es ging für Luzifer und seine Helfershelfer ums Ganze. So setzte er alles für sich in Bewegung.«[47]

»Als Jesus sich zum Garten Gethsemane aufmachte, zitterte er und war voller Angst. Seine Jünger folgten ihm in einiger Entfernung, denn er wollte sie nicht in allernächster Nähe haben; sie sollten ihn aber im Gebet unterstützen. Er pflegte öfters des Abends, wenn es etwas kühl geworden war, mit seinen Jüngern in diesem Garten zu beten. Diesmal aber bat er sie, etwas Abstand von ihm zu halten, aber nicht einzuschlafen, sondern ihn im Gebet zu unterstützen.«

»Sie schliefen aber trotzdem ein, während er einen schweren Kampf auszufechten hatte. Die Geister der Bosheit drangen in großen Scharen auf ihn ein, und er sah und hörte, wie sie ihn verhöhnten: "Du wirst den Kreuzestod erleiden, es sei denn, du fliehst. Noch hast du die Möglichkeit dazu, und wir zeigen dir sogar den Fluchtweg. Schwöre ab, daß du der Gottessohn bist – dann kannst du ihnen entrinnen! Glaube doch nicht, du seiest Gottes Sohn! Ein Gottessohn braucht sich doch von den Menschen keine solche Schmach gefallen zu lassen! Sie werden dich verhöhnen und auslachen. Sie werden dich anspeien, dich schlagen und geißeln. Du wirst eine Krone aus Dornen erhalten, und sie werden auf dich einschlagen, bis dein Körper blutet. Was willst du für diese Menschen soviel Leid ertragen? Sie lachen dich nur aus! Ein Gottessohn kann doch nicht ans Kreuz geschlagen werden! Erkenne es doch und sprich diesem Gott ab! Was ist das schon für ein Gott, der seinen Sohn ans Kreuz schlagen läßt!"«[48]

Dem angstvoll zitternden Jesus wurden diese Worte von allen Seiten her eingehämmert. Hellsehend, hellfühlend, hellhörend gewahrte er jene gewaltigen Mächte, die bereit waren, über ihn herzufallen durch diese Menschen, die sie als willige Werkzeuge benutzten. Nun sah er sich diesen düsteren Mächten gegenüber. Stundenlang drangen sie auf ihn ein. Sie führten ihm all die entsetzlichen Qualen vor Augen, die ihm bevorstanden. »Er wollte sie fortschicken. "Geht weg!" flehte er. Schweißgebadet schaute er sich selbst, wie er von den Menschen verhöhnt, ausgelacht, geschlagen wurde . . .« Luzifers Helfershelfer forderten Jesus auf, seinen Glauben an Gott preiszugeben, denn er sei doch gar nicht Gottes Sohn. »Wenn er das tue, würde er von allem befreit. Sie würden die Schriftgelehrten, die Männer des Hohen Rates so beeinflussen, daß ihm nichts geschähe. Gar nichts würde ihm geschehen – es sei jetzt gerade noch Zeit, höchste Zeit . . .«[49]

»So redeten sie im Garten Gethsemane auf Jesus ein. Er sah in Bildern vor sich, wie alles kommen würde. Er sah seine Geißelung... Sie zeigten ihm vor seinem geistigen Auge, wie er gequält und gemartert werden würde... Und Jesus war doch ein Mensch – seine Angst war genauso groß wie die irgendeines Menschen. Er sah das Furchtbare, das auf ihn zukam; *denn er sah sich selbst am Kreuz*... Diese Bilder hatten die düsteren Mächte des Bösen ihm vor sein geistiges Auge geführt, immer noch in der Erwartung, es werde ihnen so gelingen, Jesus vom Glauben an Gott abzubringen.«[50]

Jesus erschauerte bei dem Gedanken an den qualvollen Tod, »und so betete er unter Tränen zu Gott: "Wenn es möglich ist, Vater, so laß diesen Kelch an mir vorübergehen; aber nicht nach meinem Willen, sondern nach deinem heiligsten Willen soll es geschehen." Jesus blieb seinem Vater treu und wandte sich nicht von ihm ab. Weil er so betete, mußten die Mächte der Finsternis das Feld wieder räumen. Engel des Himmels kamen herbei und stärkten und erquickten ihn mit geistigem Trank und geistiger Speise. Ein Kelch wurde ihm an die Lippen geführt. Was er daraus trank, kam von Gottes Tische. Der ihm dargebotene Kelch war in Gottes eigener Hand...«[51]

Dieser geistige Trank wurde Jesus gegeben, damit er für die ihm bevorstehenden schweren Stunden gekräftigt würde. »So vermochte er sich voller Mut wieder zu erheben. Er ging zu den Jüngern hin und sah, daß sie schliefen; da wurde er von Wehmut erfüllt. Aber er wußte ja, daß sich die Geister der Dunkelheit an sie herangeschlichen, sie ihrer Kraft beraubt und müde gemacht hatten, so daß sie ihn nicht mehr zu unterstützen vermochten.«[52]

»Er weckte sie und forderte sie auf, ihn nach der Stadt zu begleiten. Wie sie auf dem Weg dahin gingen, standen nicht weit vom Garten Gethsemane Soldaten und Männer aus dem Volk in Scharen zusammen und warteten auf Jesus; denn sie hatten ihn gesucht. Er ging hin unter die Menge und fragte sie: "Wen sucht ihr?" Weil sie schweigend zurückschreckten, fragte er ein zweites und schließlich ein drittes Mal: "Wen sucht ihr?" Da antworteten sie: "Jesus von Nazareth." Er sprach: "Ich bin es." Und schon kam Judas herbei und gab ihm den Kuß des Verrats. Darauf banden sie ihn und schleppten ihn fort. Die Menge aber spottete hinter ihm her und schrie ihm nach: "Wärest du Gottes Sohn, wie du behauptet hast, so könntest du dich ja frei machen! Warum tust du es nicht? Du hast uns irregeführt!" So führten sie ihn vor die Obrigkeit zu seiner Verurteilung. Auf dem Weg von einer Instanz zur andern hetzten die Pharisäer das Volk gegen ihn auf.«[53]

Jesu Verurteilung

»Zuletzt führte man ihn vor Pilatus. Dieser verhörte ihn, und als er an Jesus nichts fand, wodurch er sich des Todes schuldig gemacht hätte, verlangte er ein Becken mit Wasser.« Dann wusch er seine Hände darin zum Zeichen, daß er an einer Verurteilung Jesu zum Tode keine Schuld tragen wolle. »Die Menge indes tobte und stieß Drohungen gegen ihn aus, wenn er diesen Jesus nicht der Gotteslästerung bezichtige und verurteile. Da sagte er in der Hoffnung, damit der aufgepeitschten Menge Genüge zu tun: "Nehmt ihn und geißelt ihn!" Nun band man ihn an einen Pfahl und geißelte ihn. Aber die Menge war damit nicht zufrieden; sie forderte seinen Tod.«[54]

»Darauf wurde Jesus abgeführt und in ein Verlies gebracht. Dort wurde er erneut von Luzifer heimgesucht, der auf ihn eindrang und alles aufbot, ihn zu Fall zu bringen. Von den Soldaten aber, die im Hofe versammelt waren, flocht einer eine Krone aus dem Dornengestrüpp, das man zum Feuermachen verwendete. Es war in jenen Nächten noch kalt, und die Soldaten hatten auch im Freien zu übernachten. Eine solche Krone flocht man also für den König, der furchtbare Stunden in diesem feuchten Keller zubringen mußte. Die Soldaten waren so grausam und gewalttätig! Sie ließen ihm keine Ruhe. Als Werkzeuge der teuflischen Mächte rieben sie seine Wunden mit Salz ein und spien ihm ins Gesicht. Doch er erduldete alles. Nur anfangs fragte er: "Was habe ich dir getan, daß du mich schlägst? Hast du nicht gesehen, wieviel Gutes ich den Menschen erwiesen habe?" Später sprach er nicht mehr. Er mußte diese schweren Stunden durchleiden, und er ertrug alles in Geduld.«

»Die erhabenen Geschwister des Himmels hatten sich [vorübergehend] zurückgezogen. Nun umstanden ihn die teuflischen Mächte und versuchten immer noch, ihn zu Fall zu bringen: "Sage doch, du habest gelogen und seist nicht Gottes Sohn, dann werden wir dir einen Platz in unserer Mitte geben. *Wir* werden dich dann zum König machen, und du kannst über uns befehlen! Denn du bist nicht Gottes Sohn. Du hast dich getäuscht!" Aber Jesus, in Fieber und Schmerzen, würdigte sie keiner Antwort.«

Von diesen *inneren* Kämpfen und Qualen, die Jesus durchzustehen hatte, berichten die Evangelien nichts. Sie berichten nur von der Geißelung und der Dornenkrönung. »Jesus litt nicht nur furchtbare körperliche Schmerzen, sondern ebenso schmerzhaft und leidvoll wie die körperlichen Qualen war für ihn die geistige Schau dieser scheußlichen Gestalten. Er betete zum Vater: "Steh mir bei und gib mir Kraft!" Und für die Menschen, die ihn peinigten, bat er: "Vergib ihnen! Sie wissen nicht, was sie tun."«[55]

Doch dann mußten die höllischen Mächte sich von Jesus etwas zurückziehen. Er durfte wieder die Geister Gottes erblicken, die ihn stärkten und ihm erneut Mut zusprachen. Auch hatte er wieder die geistige Schau in den Himmel hinein. »Er war ja als Sohn Gottes von so hoher geistiger Schwingung, wie sie kein Wesen auf der Welt besaß. Dadurch war es ihm möglich, in die Himmel hinein zu schauen, den Vater zu sehen und sein Reich.« So erblickte er auch sein eigenes Haus. »Doch er bemerkte, daß das große Tor zu seinem Hause verschlossen war... Nur ihm treu gebliebene göttliche Wesen sah er vor seinem Palast Wache halten. Und nun war er als Mensch weit, weit weg von dieser einstigen Herrlichkeit, verlassen und in großem Leid. Er hatte einen Kampf auszufechten. Doch dieser Kampf galt nicht Menschen – diese Menschen waren ja nur Werkzeuge. Die antreibenden *Geister* dieser Menschen waren es, die hinter ihm her waren...« Ihnen und ihrem Herrscher gegenüber mußte er standhaft bleiben![56]

Jesus erblickte auch Ausschnitte aus seiner eigenen himmlischen Schöpfung – »Ausschnitte aus jener Schöpfung, die *durch ihn* geworden war... Er aber stand in der großen Prüfung. Er flehte zum Vater: "Hilf mir doch, damit ich standhaft bleibe!" Innig bat er den Vater um seinen Beistand. Dabei schaute er den Vater in seiner Herrlichkeit, und dies erfüllte Jesus erneut mit Mut und Kraft, das Furchtbare durchzustehen. Das gab ihm Trost, und so vermochte er sein Leiden zu tragen.«[57]

Trost und Zuspruch erhielt Jesus auch von seinen himmlischen Geschwistern. »Sie erklärten ihm: "Siehe, der Himmel ist für dein Kommen gerüstet, und welch ein Jubel wird es sein! Alle Himmel werden in ein Halleluja einstimmen, wenn du wieder zurückkehrst. Nie mehr wird der Himmel in solchem Glanze sein, in solcher Herrlichkeit leuchten wie in dem Augenblick, da du wieder in dein Reich einziehst ...” Sie erzählten ihm von all den Vorbereitungen, die getroffen würden, und sie drangen mit ihren Worten in ihn: ”Während deiner Lehrtätigkeit hast du immer vom Vater geredet, und immer sprachst du davon, du würdest sie von den Toten auferwecken. Du sollst wissen: Michael steht bereit, zusammen mit dir samt seinem großen Heer in das Totenreich einzudringen, um alle dort mitzunehmen, die willens sind, mit dir zu gehen. Du hast doch vom Letzten Gericht gesprochen und davon, daß du sie am Jüngsten Tag auferwecken würdest. Das wird für dich der schönste Tag sein!”«[58]

»So redeten die Engel auf Jesus ein und gaben ihm dadurch wahrhaft tröstende Worte. Und indem sie ihm geistige Speise und geistigen Trank verabreichten, stärkten sie ihn an Leib und Seele.« Sie führten ihm körperliche und geistige Kraft zu, »damit er seine Aufgabe durchstehen und bis zu ihrem Ende erfüllen konnte. Sonst wäre er nämlich aus körperlicher Schwäche schon vorher gestorben. Die Engel kräftigten also seinen Leib nur, auf daß er alles durchstehen konnte. Vor allem aber sprachen sie ihm Mut zu.«[59]

»So kamen die hohen Fürsten des Himmels in ihrer Pracht und Herrlichkeit. Sie standen vor dem leidenden, gequälten Jesus und stärkten seinen Leib. Sie trösteten ihn und machten ihm Mut. Doch nicht ununterbrochen durften diese hohen Fürsten des Himmels Jesus zur Seite stehen. Auch die *anderen* [die Knechte Luzifers] hatten Zeit und Möglichkeit, die sie nutzen durften. Auch sie versuchten, das Ihrige zu leisten ...«[60]

»Doch auch die schmerzvollen Stunden in diesem Verlies gingen vorüber, und man führte ihn zur Richtstätte. Die Menge hatte im Vorhof gewartet; darunter befanden sich auch einige von seinen Jüngern, wie etwa Petrus, der erkannt worden war und ihn verleugnet hatte. Viele hatten gewartet, weil sie mit ihm den Weg zur Richtstätte machen wollten. Und nun schleppte man ihn dorthin.« Ein Mann mußte ihm das Kreuz tragen helfen; denn Jesus hätte nach den qualvollen Stunden, die voraufgegangen waren, die Kraft nicht mehr aufgebracht, es allein zu tragen – er wäre zusammengebrochen. »Wenige nur standen am Weg, weinten still und verhielten sich ruhig, denn die [dem Zug folgende] Menge war aufgebracht, ja sie tobte, und man fürchtete auch die Peitschenschläge der Soldaten.«[61]

Jesus am Kreuz

»So kam man zur Richtstätte, wo das Kreuz niedergelegt wurde. Man entledigte Jesus seiner Kleider, und die Soldaten würfelten darüber und stritten sich sogar darum. Dann schlug man ihn mit spitzen Nägeln ans Kreuz und richtete es auf, und zur selben Zeit band man auch noch zwei andere an ihre Kreuze. Die beiden Schächer zu seiner Rechten und Linken sollten mit ihm sterben. Pilatus hatte nämlich versucht, die Menge zu beschwichtigen, indem er sprach: "Ich gebe euch diese Schwerverbrecher; sie sollen sterben. Was wollt ihr denn Jesus auch noch dazu?" Aber sie gaben sich nicht zufrieden: Jesus sollte mit den beiden anderen sterben.«[62]

Am Kreuz erduldete Jesus unsägliche Schmerzen. Auch litt er furchtbaren Durst. Doch noch sah er die Engel in seiner Nähe. »Er blickte in ihre lieblichen Gesichter. Sie spendeten ihm Trost. Ganz nahe drangen sie an ihn heran. Die Engel des Himmels gaben ihm geistige Speise. Mit kühlendem Öl bestrichen sie ihm Stirn, Wangen und Brust. Dann aber mußte Jesus plötzlich erkennen, wie sie sich langsam von ihm zurückzogen. Auf einmal war er allein und verlassen. Da, wo er vorher noch seine lieblichen Geschwister erblickt hatte, stand *jener*, der ihn schon früher versucht hatte ...«[63]

»Er war wieder gekommen und trieb seinen Spott mit ihm: "Siehst du denn nicht ein, daß du nicht Gottes Sohn bist? Wie könnte ein Gottessohn ans Kreuz geschlagen werden? Sprich ihn ab, deinen Gott, und ich befreie dich sofort von deinen Qualen!" Infolge seiner Schwäche vermochte Jesus den Widersacher nicht mehr zurechtzuweisen, ja er konnte nicht einmal mit ihm sprechen. Hellsichtig erblickte Jesus nicht nur Luzifer, sondern ganze Scharen aus dem Reiche der Finsternis, die sich um ihn geschart hatten und ihm zuriefen: "Schwöre deinem Gott ab, und wir befreien dich von deinen Schmerzen!" Stundenlang ging dieses Treiben der düsteren Mächte ...« Sogar durch Zuruf aus der Gruppe der umstehenden Menschen wurde Jesus aufgefordert, seine Gottessohnschaft abzuschwören. »Kein Mensch hätte dies von sich aus tun können, sondern nur als Werkzeug eines bösen Geistes vermochte er solches laut auszurufen. Dieser böse Geist benutzte den betreffenden Menschen dazu, Jesus zum Widerruf auffordern zu lassen.«[64]

»Luzifer glaubte immer noch, Jesus werde, ehe er den letzten Atemzug tat, doch noch an seiner Sendung verzweifeln angesichts all der Qualen, die er ihn hatte vorhersehen lassen. Immer erneut drangen die teuflischen Mächte auf Jesus ein: "Ein Vater verläßt doch sein Kind nicht! ... Der Vater aber, von dem du redest, läßt dich im Stich! ... Da mußt du doch einsehen, daß da etwas nicht stimmt ..."«[65]

»Während der ganzen Leidenszeit Jesu waren die Himmel mit all ihren Seligen in Trauer verstummt ... Die himmlische Welt hatte ihre Fröhlichkeit eingebüßt. Die Geister des Gesanges und des Frohsinns waren in Schweigen versunken und hatten besorgte Gesichter.« Eine Stille war im Himmel eingezogen. Man bangte, bangte ...

»Gott hatte die Fürsten des Himmels auch von diesem Teil des Erlösungsplanes unterrichtet, und so wußten alle Heiligen, alle Treugebliebenen, daß Christus nun [am Kreuz] Luzifer gegenübertreten mußte – daß für ihn alles darauf ankam, trotz der furchtbaren Qualen in diesem geistigen Kampfe standhaft zu bleiben. Jetzt bangten sie um den Menschen Jesus. Sie waren sich ihrer Sache nicht sicher. Sie fürchteten, er könnte unterliegen ...«[66]

»So kamen sie bittend zum Vater: "Laß uns doch in seine Nähe gehen! Laß uns ihn behüten und beschützen! Er ist unser König! Laß uns, unsichtbar für die Menschen, in diese Welt hinein ziehen!" So baten sie den Vater. Immer wieder gingen sie zu ihm. Doch der Vater sagte nein. Denn Christus sollte *als Mensch* mit der Kraft seines freien Willens die Entscheidung herbeiführen. Luzifer sollte nicht behaupten können, es sei für Christus keine Kunst gewesen, die Seinen zurückzugewinnen, weil er von der Himmelswelt soviel Beistand und Macht zugeführt erhalten habe, dass er sie leicht für sich zurückerobern konnte – das sei doch keine Gerechtigkeit! Darum wollte Gott, daß Christus, sein geliebter Sohn – aus *ihm* geboren –, aus *eigener* Kraft entscheiden mußte. Er sollte als Mensch unter den furchtbarsten Qualen, von aller Hilfe verlassen, beweisen, ob er auch jetzt noch seinem Vater treu ergeben blieb – oder ob er sich in letzter Minute noch von ihm abwenden würde.«[67]

»Eine lange Zeit verging, da kein Engel sich Jesus näherte – sich ihm nähern durfte ... Bittere Qualen standen mit ihm jene Geschwister aus, die so eng mit ihm verbunden waren; denn sie fühlten ja mit Christus. Und der Vater selbst, der ihnen in seinem unwiderruflichen Ratschluß eröffnet hatte, daß es so kommen werde, ja auch der himmlische Vater war betrübt, daß sein Sohn solches Leid erdulden mußte ... Doch unumstößlich ist das Gesetz: Aus dem *freien Entscheid* des Menschen heraus muß seine Haltung zum Ausdruck kommen. Aus seinem eigenen Entschluß durch Worte und Taten muß der Mensch beweisen, auf welcher Seite er steht. Dies verlangte der Vater auch von seinem Sohne. Denn *gerecht* sollte es sein.«

Bevor seine himmlischen Geschwister sich von Jesus zurückziehen mußten, hatten sie ihm am Kreuz ein letztes Mal geistigen Trank und geistige Speise gereicht. »Und wie wenig war es, was sie ihm darreichen durften! Nur gerade so viel, daß sein gemarterter Leib noch standhalten konnte ...«[68]

So waren die Stunden am Kreuz für Jesus eine unsäglich harte Prüfung. Dabei litt er nicht nur körperliche Qualen. »Tatsächlich war für Christus das Furchtbarste nicht das körperliche Leiden, sondern die *seelische* Qual. Er erlebte den Hohn und Spott der Geistwesen, die ständig versuchten, ihn mutlos zu machen.« Die luziferischen Geister versuchten es mit allen Mitteln, ihn unsicher zu machen – gerade jetzt, da er scheinbar von seinen Getreuen im Stich gelassen worden war ...[69]

Vor Jesu geistigen Augen war es dunkel geworden. »In seiner Not rief er zum Vater: "Mein Gott, mein Gott, warum hast du mich verlassen? ..."« (Diese Worte finden sich hebräisch in Psalm 22, Vers 2; aber Jesus, der auf aramäisch diese Klage gen Himmel rief, rezitierte dabei nicht den Psalmvers, sondern dieser Vers hat prophetisch das Geschehen auf Golgatha vorweggenommen.) Sein Aufschrei war weder Vorwurf noch Ausdruck der Verzweiflung. »Vielmehr wollte Jesus damit sagen: "Wo sind die Meinen geblieben? Wo seid ihr? Ich bin so allein ..." Er wollte die Engelwesen wieder zu sich rufen, sie sollten wieder zu ihm kommen – er könne alles leichter ertragen, wenn er seine Geistgeschwister um sich haben, wenn er sie sehen könnte. Denn solange sie ihm noch Trost gespendet hatten, war alles leichter für ihn gewesen. Nun aber war er ganz allein und verlassen. Darum seine Worte an Gott: "Warum hast du mich verlassen?"« Damit wollte Jesus auch zum Ausdruck bringen: »"Warum hast du sie mir in der letzten Stunde meines Lebens genommen?"«[70]

Wohl hatte Jesus schon Tage zuvor gewußt, was ihm bevorstand.

»Aber daß er während einer Zeitspanne [während der schwersten Stunden seines Lebens] allein gelassen werden sollte, das wurde ihm nicht offenbart...« Jesus aber ertrug standhaft diese qualvolle Zeit und blieb dabei seinem Vater ergeben. So konnte Christus dann Luzifer entgegenhalten, als er nach dem Kampf in der Hölle als Sieger ihm gegenüberstand: »"Als ich allein und von den Engeln verlassen war, habe ich meine Treue zu Gott bewiesen. Nie habe ich daran gezweifelt, daß ich Gottes Sohn bin. Keinen Augenblick habe ich an meiner Sendung gezweifelt, selbst nicht unter den größten Schmerzen."«[71]

»Es ist vollbracht!...«

»Je mehr das Ringen Jesu seinem Höhepunkt zuging, desto sehnlicher warteten die Geister Gottes in den Himmeln und Vorhimmeln auf Botschaft von der Erde. Als man ihnen eröffnete, jetzt kämpfe er am Kreuz mit dem Tode, wußten alle in den Himmeln: Bald wird es sich entscheiden... Immer stiller wurde es in allen Sphären, immer stiller« – bis Jesus ausrief: "Es ist vollbracht!..."[72]

Denn Jesus durfte plötzlich erleben, daß sich die Scharen des Himmels ihm wieder näherten. »Er durfte erleben, wie sie ihm zudienten, indem sie seine Stirn, seinen Leib salbten. Jetzt waren sie wieder bei ihm, und er sah: Immer größere Scharen strömten auf ihn zu und zwar anders gewandet als sonst. Denn nun waren sie zum Kampf [gegen Luzifer] gerüstet. Zu Tausenden und Abertausenden kamen sie herbei mit Jubelgesang. Engel Gottes brachten ihm jenes kostbare Gewand, das er im Himmelreich zuletzt getragen hatte, ehe er als Mensch auf dieser Welt geboren wurde. Diese mit herrlichen Gewändern angetanen Himmelsboten brachten auch seine Krone.« Da wußte er, daß er seinen Auftrag als Mensch vollendet hatte. »Was der König der Geisterwelt Gottes einst mit seinem Vater besprochen hatte, war nun vollbracht worden. Nun war der Augenblick gekommen, da er die Worte sprechen durfte: "Es ist vollbracht!..." Er neigte sein Haupt und verschied.« Jesus hatte seine unaussprechlich schwere Prüfung bestanden.[73]

»Wie ein Blitzstrahl durchzuckte diese Nachricht alle Himmel bis zu den höchsten hinauf...« Ob dieses Wortes 'Es ist vollbracht!' durchbebte ein überwältigender Jubel, ein Tosen und Brausen der Freude alle Himmel. »Dieses Brausen und Tosen der jubelnden Engel war so stark, so gewaltig, daß es auf Erden einen *Widerhall* fand ... Die Erde fing an sich zu bewegen. Sie erzitterte und erbebte; Felsen sprangen entzwei, und der Vorhang im Tempel zerriß von oben bis unten ...« Es war das Zeichen dafür, daß die von Jesus verkündete Zeit der neuen Gesetzgebung herangerückt war. »Der Tempel stand ja für das Heiligtum Gottes, für seine Gesetzgebung. Nun war eine neue Zeit angebrochen. Christus hatte sie heraufgeführt. Die alte Zeit war abgeschlossen, der Vorhang zerrissen.«[74]

Christus wurde von seinen himmlischen Geschwistern, die gekommen waren, in eine Ebene jenes Paradieses geleitet, das seinerzeit für Adam und Eva und ihre Scharen aufgebaut worden war. Dort hatten sich auch die Legionen eingefunden, die bereit waren, mit ihm in die Hölle hinabzustoßen. »Sie standen bereit, um gemeinsam mit ihm jenen Kampf auszufechten, auf den der Himmel schon so lange gewartet hatte. Noch ehe Jesus am Kreuze verschied, wartete schon *Michael* mit seinen Streitern in diesem Paradies. Sie hatten sich auf diesen Kampf längst vorbereitet, denn sie hofften, ihr König werde seinen Auftrag [als Mensch] erfüllen. So ging es jetzt zur *Hölle* ...«[75]

Die Grablegung

Nach Jesu Tod am Kreuz waren seine irdischen Getreuen zusammengekommen, um ihn zu beweinen. »Sie hatten sich zuerst voller Ängste zurückgezogen. Schließlich hatten sich welche aufgemacht und darum gebeten, den Leichnam abnehmen und begraben zu dürfen. Sie salbten den Leib und banden ihn nach jüdischer Sitte ein. Als man ihn der Gruft übergab, wurden auch gleich Soldaten aufgeboten, damit sie vor der Grabkammer Wache halten sollten. Zur Sicherheit wälzte man einen gewaltigen Stein davor.«[76]

Warum erlaubte Pilatus den Freunden Jesu so ohne weiteres, den Leichnam abzunehmen und zu bestatten? »Es hätten ja die Juden oder die Pharisäer oder wer es sonst sein mochte, Anspruch auf den Leichnam Jesu erheben können. Daß dies nicht geschehen ist, war das Werk der Geisterwelt Gottes. Sie hatte ihre Vorkehrungen getroffen, weil sie vorausgesehen hatte, was sonst alles daraus hätte entstehen können. Im Auftrage Gottes hatte sie die Menschen so inspiriert, daß die Machthaber ihre Zusage gaben und daß niemand willens und fähig war, Anspruch auf den Leichnam zu erheben.«[77]

»Die Juden gaben sich nämlich nicht einfach damit zufrieden, daß Jesus jetzt tot war. Sie ahnten, es könnten sich trotzdem Anhänger regen – aber sie waren in ihrem Denken gehemmt... Die gute Geisterwelt kam ihren Plänen zuvor. So wurde der Leichnam in diese Grabkammer [des Josef von Arimathia] gelegt. Engel Gottes waren *schon vorher* dort anwesend: Sie warteten nur darauf, daß man ihn brachte. Sie nahmen doch begreiflicherweise großen Anteil an diesem Leichnam Jesu! Sie waren auch dabei, als man ihn salbte und einband. Wohl war dieser Leib jetzt nur tote Materie, aber es war eben kein gewöhnlicher Leichnam – hatte doch aus diesem Leib *Gottes Sohn* gewirkt! In ihm hatte Gottes Sohn gewohnt... Man wollte nicht, daß dieser Leichnam in Verwesung überginge, und man wollte ferner nicht, daß sich irgend jemand dieses entseelten Körpers sollte bemächtigen können. Man sorgte also dafür, daß dieser Leichnam nicht gestohlen werden konnte...«[78]

»Aber nicht nur die Geister Gottes sorgten dafür, daß der Leichnam Jesu nicht gestohlen werden konnte, sondern auch die jüdischen Behörden... Man hatte Angst, die Christen könnten sich des Leichnams bemächtigen. Das war der erste Gedanke der Juden – aber bald fanden sich auch unter ihnen welche, die mit dem Gedanken spielten, den Leichnam gelegentlich selbst in ihre Gewalt zu bringen.« So ließen sie Jesu Freunde den Leichnam vom Kreuz abnehmen und in eine Grabkammer legen, wo er ihnen vor unerwünschtem Zugriff gesichert erschien.[79]

Das Letzte Gericht

»Niedergefahren zur Hölle...«

Ehe Christus mit den Streiterengeln Michaels den Weg zur Hölle antrat, wurden sie alle noch gestärkt. »Sie nahmen geistige Speise und geistigen Trank zu sich. Auch tranken die Seinen zu Ehren ihres Königs. Man hatte Christus [für den bevorstehenden Kampf] eingekleidet und ihm einen Mantel umgelegt. Nun gab man ihm ein flammendes Schwert in die Hand. Denn jetzt war der Zeitpunkt gekommen, da Christus von Geist zu Geist Luzifer gegenübertreten konnte. Die Engel, die mit ihm in den Kampf zogen, waren mit feurigglühenden Schwertern und mit feurigen Fackeln ausgerüstet. Sie besaßen also ihre Waffen.«[1]

Luzifer ahnte, daß es zu einem Eindringen in sein Reich, zu einem Kampf kommen könnte. »Daher versuchte er, sein Reich so auszubauen und zu befestigen, daß es uneinnehmbar werden sollte.« Unter Drohungen trieb er die ihm Hörigen dazu an. »Alle, die in Luzifers engsten Diensten standen, fürchteten sich vor ihm und seiner Grausamkeit. Also gehorchten sie seinen Befehlen.«[2]

Nun brachen die Streiterengel mit Christus voran ins Reich der Hölle auf. »Mit diesen feurigglühenden Schwertern [und den brennenden Fackeln] zogen sie los, eine große Schar aus der Legion Michaels. Dieser selbst war ebenfalls gerüstet und zog mit voran in den Kampf. Die teuflischen Mächte meinten, ihnen den Zugang zu ihrem Reich verwehren zu können; doch es gelang ihnen nicht. Christus stieß die Pforte zur Hölle auf. Da wurde das Reich der Finsternis vom Lichte Christi erhellt. Hierauf bezieht sich das Wort: "Das Licht leuchtete in der Finsternis." (Vgl. Johannes 1,5.) Aus Christus leuchtete das Licht. Auch alle seine Mitkämpfer strahlten ein Licht aus, und so ward die Hölle hell erleuchtet. Dann nahm der Kampf seinen Anfang...«[3]

»Als man in die Hölle eindrang, warf man als erstes diese feurigen Fackeln auf den Gegner. Doch kaum hatte ein Engel eine solche Fackel geworfen, lag eine andere wieder in seiner Hand...« Und so schleuderten sie diese feurigen Fackeln auf ihre Widersacher und drangen dann mit ihren glühenden Schwertern auf sie ein ... »Feuer ist etwas, das in der Geisteswelt gefürchtet wird. Denn geistiges Feuer schlägt Wunden, und es vernichtet ...«[4]

»Wohl hatte auch Luzifer schöpferische Kräfte, und damit konnte er seine Kampfmittel entfalten und vermehren. So versuchte jetzt auch er, das zu vollbringen, was einstens in den Himmeln [beim Abfall] geschehen war: nämlich feurige Säulen, feurige Wände zu erstellen. Mit diesem Feuer glaubte er Christus einschließen zu können. Aber mit einer bloßen Handbewegung machte Christus dies zunichte. Luzifer und seine Anhänger hatten auch ihr Aussehen verwandelt: Sie trugen jetzt die Fratzen von furcht- und ekelerregenden Tieren. Sie hofften, auf diese Weise die Angreifer zurückdrängen zu können. Doch was taten die Engel Michaels? Mit ihren glühenden Schwertern schlugen sie auf diese Teufel ein, so daß sie ohnmächtig zu Boden sanken.«[5]

»Hart wurde gekämpft! Es gab einen im wahrsten Sinne des Wortes *schweren Kampf.* Alle seine Mittel, alle seine Kräfte setzte Luzifer ein. Er war ja noch mit überaus großen Geisteskräften ausgestattet, die er anzuwenden vermochte. Allein, Christus war ihm überlegen, und ebenso waren jene, die mit Christus kamen, den anderen überlegen.« Diese Überlegenheit nutzten manche Geister der Hölle, um ihrem Peiniger Luzifer zu entfliehen. »Es gab Geister, die bei diesem Kampf sich anfänglich zur Wehr setzten, dann aber, als sie ihre Ohnmacht erkannten, zu den Heerscharen Michaels übertraten und gemeinsam mit ihnen gegen ihren Unterdrücker vorgingen.«[6]

Die Höllengeister vermochten dem Heer Michaels nicht standzuhalten. »Luzifer versuchte zu fliehen – in seiner eigenen Festung, in der Hölle. Aber Geister aus der Legion Michaels bezogen überall Stellung, und so gab es für Luzifer kein Entrinnen – er wurde hinausgetrieben, hervorgeholt ... Doch Luzifer gab nicht so ohne weiteres auf. Er war bereit, *selbst* mit Christus zu kämpfen. So gab es abermals [zwischen dem König und dem Widersacher – wie beim Abfall –] einen Kampf von Geist zu Geist. Doch diesmal wurde der Kampf im Herrschaftsbereich Luzifers ausgefochten.«[7]

»Luzifer suchte sich durch immer neue Verwandlungen zu tarnen – doch es half ihm nichts. Christus hatte ja ein flammendes Schwert, und er machte furchtbar Gebrauch davon.« Vor diesem Feuer hatte Luzifer ganz besonders Angst. »Er wußte nämlich, daß Gott ihn [durch geistiges Feuer] *vernichten* könnte ... Wenn Gott wollte, könnte er durch solch geistiges Feuer geistiges Leben auslöschen! Nie ist jedoch solches geschehen. Aber dieses Feuer in seiner Gewalt *ist da* ... Dieses geistige Feuer ist das einzige, was einem Wesen an seinem geistigen Leibe Schmerzen verursachen kann, und daher wird es von allen gefürchtet.«[8]

»Nun vermochte sich Luzifer nicht mehr zur Wehr zu setzen. Er mußte seine Niederlage eingestehen. Er fiel vor Christus auf die Knie und bat zitternd, ihn doch zu schonen. Er tat es in erster Linie, um sein Leben zu retten.« Denn die Möglichkeit seiner Vernichtung war ihm bewußt. »So kniete er nieder und gab sich geschlagen. Christus hatte erreicht, was er wollte.«[9]

Von diesem furchtbaren Kampf, der sich damals in der Hölle abspielte, weiß die Christenheit, ja die Menschheit heute nichts mehr. »Von einem Kampf in der geistigen Welt haben die Menschen keine Vorstellung ... Christus selbst war durch diesen Kampf an seinem geistigen Gewand gezeichnet. Doch nicht verletzt wurde er an seinem Geistesleib – er konnte gar nicht verletzt werden ...« Auch seine Getreuen, die mit ihm in die Hölle hinabzogen, »auch diese zeigten die Merkmale des Kampfes an ihren geistigen Gewändern. Doch auch sie wurden an ihrem Geistesleib nicht verwundet; wohl aber konnte der grobstoffliche Geistesleib der Abgefallenen verwundet werden. Die Widersacher konnten also die geistigen Leiber jener feinststofflichen Geistwesen nicht verletzen. Das ist durch Gottes Wort und Willen so geschehen.«[10]

Die neue Gesetzgebung

Am dritten Tag stieg Christus mit seinen Heerscharen wieder aus den höllischen Sphären empor. »Doch vorher hatte er dem Besiegten seine Bedingungen auferlegt. Diese Bedingungen waren das *Letzte Gericht*, das damals abgehalten wurde und von dem schon die Propheten gekündet hatten. Die Menschen aber begriffen nicht, was mit diesem 'Letzten Gericht' gemeint war.« Sie brachten es irrtümlich mit einem 'Jüngsten Tag' am Ende der Welt, mit einem Weltuntergang in Zusammenhang. In Wahrheit bewirkte es damals eine neue und zugleich *letzte Gesetzgebung für die Heimführung der Abgefallenen.* »In der Zeit nach diesem Letzten Gericht sollte sich mit den Gefallenen alles genau so vollziehen und erfüllen, wie es in diesen Bedingungen enthalten war. Niemand würde später etwas daran ändern können. Denn diese letzte Gesetzgebung wurde durch Gott in seiner Weisheit zusammen mit Christus in allen Einzelheiten für die Rückkehr der Gefallenen festgelegt.« So fand dieses Gericht statt – nach wissenschaftlichen Berechnungen zwischen dem 5. und 7. April des Jahres 30 nach dem Gregorianischen Kalender, also nach unserer heutigen Zeitrechnung.[11]

Jesus wies kurz vor Beginn seiner Leidenszeit auf dieses Geschehen hin, indem er sprach: »"*Jetzt* wird Gericht gehalten über diese Welt."« (Vgl. Johannes 12,31.) Er sagte dies, da er in einer Schau erkannte, daß das neue Gesetz mit seinen Bedingungen, die er Luzifer auferlegen würde, nun vollendet vorlag. »Zu der Zeit nämlich, da Jesus sagte: "*Jetzt* wird Gericht gehalten ...", hatte der Vater im Himmel jene Gesetzgebung *festgelegt*, jene Bestimmungen, die für alles aufsteigende Leben bis in die fernste Zukunft von Bedeutung sein sollten.« Diese Bestimmungen waren jedoch schon vorher aufgestellt und durchdacht worden, und zwar schon in der Zeit, bevor Christus seine Sendung auf Erden antrat. »Christus hatte den allergrößten Teil dieser Gesetze selbst aufgestellt gemäß den Impulsen, die er vom Vater erhalten hatte. Einzelheiten wurden aber noch ausgearbeitet während der Zeit, da er seinen Auftrag auf Erden erfüllte – die letzten Einzelheiten.« Nun war alles bis ins letzte ausgearbeitet und abgeschlossen. »Denn Jesus hörte den Vater sagen: "Das Gesetz ist jetzt vollendet." So wußte er im selben Augenblick: "Jetzt ist das Gesetz vollendet. Jetzt ist es unabänderlich. Ich werde also Gericht halten gemäß diesem Gesetz, das der Vater mir mitgeben wird."«[12]

»So ist es geschehen. Christus trug seine und des Vaters Gesetze mit sich hinab in das Totenreich, und dort hielt er von Geist zu Geist mit Luzifer Abrechnung.« Dann wurden nach Christi Sieg über seinen Widersacher diese Bestimmungen in Kraft gesetzt. »Diese Gesetze bleiben in Kraft, bis sich alles so erfüllt hat, wie es geplant ist – bis zum Ende der Welt«, das heißt, bis sich der Aufstieg aller Gefallenen vollzogen hat.[13]

Auf Grund dieser Gesetze forderte nun Christus von Luzifer, er müsse alle Wesenheiten freigeben, die aus seiner Macht in die Herrschaft Gottes und Christi übertreten wollten. »Christus eröffnete ihm: "Alle nehme ich mit aus deinem Reich, die willens sind, mir zu folgen.

Jeder kann zurückkehren, der danach Verlangen trägt und den Willen des Vaters erfüllt. Den Weg dazu mache ich frei." Es nützte Luzifer nichts, daß er sich weigern und Bedingungen daran knüpfen wollte.« Die Bedingungen stellte *Christus* nach dem neuen Gesetz, und er hielt fest: »"Alle sollst du haben, die nach dir verlangen. Aber all jene, die es nach dem Lichte verlangt, sollen zurückkehren dürfen." So ist es vorgesehen worden, und so wird es sich vollziehen, bis sich alles erfüllt hat.«[14]

»Im einzelnen wurde Luzifer davon unterrichtet, daß seine Macht eingeschränkt werde.« So wurde ihm auch klargemacht, auf welche Rechte er bei den Menschen nun verzichten müsse. »Auf vieles mußte er verzichten, auf vieles damals sehr Schwerwiegendes, vor allem auf jene Grausamkeiten, die er bislang begangen hatte. Denn in den Zeiten, ehe Christus die Menschwerdung auf sich nahm, lebte die Menschheit in großer Not und Pein. Luzifer hatte, wie es ihm gefiel, die Menschen mit Krankheiten heimgesucht, ihre Tiere geschädigt und noch so vieles Böse verübt, das den Menschen von heute unverständlich ist. Allein, diese Zeiten sind vorüber. In dieser Hinsicht wurde Luzifer seine Macht genommen.« Freilich erleben die Menschen auch heute noch viel Grausamkeit in ihrer Welt. »Aber das, was heute geschieht, beruht auf der freien Willensentscheidung der Menschen selbst. Das Böse, das Menschen heute verüben, tun sie *von sich aus*.« Sie werden dabei jedoch von bösen Geistern unterstützt, weil sie sich willig von ihnen führen lassen.[15]

So sind Luzifer mit seinen Helfershelfern noch genügend Rechte auf dieser Welt belassen worden ... »Er sollte die Möglichkeit behalten dürfen, die Menschen zu beeinflussen; denn dies sollte ihnen zur Prüfung dienen. Sie würden sich entscheiden müssen, auf welche Seite sie sich stellen wollten – auf die Seite Christi oder auf die Seite Luzifers. Sie sollten ihre Gesinnung kundtun. So sind also dem Herrscher des Bösen noch Möglichkeiten geblieben, den Aufstieg derer zu behindern, die ins menschliche Dasein getreten sind, und er darf seine Macht an denen ausüben, die seinen Versuchungen nachgeben und seinen Einflüsterungen Gehör schenken. Doch sein Eigentum sind sie nicht mehr. Sie sind vielmehr Christi Eigentum geworden. Rückwanderer sind sie jetzt, und für einen jeden von ihnen ist der Weg gebahnt.«[16]

»Es wurde Luzifer aber erklärt, daß auch die göttlichen Mächte sich an die Menschen heranmachen würden, um sie zu inspirieren und gleichermaßen zu versuchen, sie für sich zu gewinnen.« Auch ist dem Menschen ja die Möglichkeit geboten, sich in seinem Innersten zur Herrschaft Christi zu bekennen. »Denn Gottes Wort und die christliche Lehre werden der Menschheit verkündet. Also können die Menschen selber wählen.« So liegt es bei jedem einzelnen, diesen Weg einzuschlagen und seine Heimkehr zu beschleunigen.[17]

Nach diesen neuen Gesetzen wird sich der Aufstieg *aller* vollziehen. »Christus wollte für alle Gefallenen Wege bereiten, damit sie durch eigene Anstrengung wieder zum Vater zurückkehren könnten. Dafür mußten auch Aufstiegsstufen [in der geistigen Welt] geschaffen werden.« Von der Schaffung und dem Aufbau dieser Aufstiegsstufen handelt das letzte, das dreizehnte Kapitel. »In dieser Gesetzgebung sind für die Läuterung und den Aufstieg so viele Möglichkeiten vorgesehen – auf das wunderbarste ist alles in ihr geregelt.« Sie behält ihre Gültigkeit bis zu dem Zeitpunkt, »da alles zur Erfüllung gelangt und auch der letzte Abgefallene [also auch Luzifer] zu Gott zurückgekehrt ist. Das ist freilich ein weiter Weg, und die Zeit ist nicht abzusehen, wann dies geschehen wird.«[18]

»Auferweckung der Toten«

Im ersten Korintherbrief des Paulus (15,52) ist zu lesen: "Denn die Posaune wird erschallen, und die Toten werden auferweckt werden unverweslich, und wir werden verwandelt werden." Dieses Wort des Paulus ist dahin mißverstanden worden, als würden dereinst, am Ende der Welt, am sogenannten 'Jüngsten Tag', die Posaunen ertönen und die Toten aus ihren Gräbern hervorgehen. Doch ist mit diesen 'Klängen der Posaunen' etwas ganz anderes gemeint: »Als nämlich der letzte Ton dieser Posaunen *im Reiche Luzifers* verklang, war damit der Sieg Christi verkündet. Die Posaunen zeigten an, daß jetzt Luzifers Rechte geschmälert waren und es damit den Bewohnern seines Totenreiches ermöglicht ward, aufzuerstehen. Zugleich würden sie dann verwandelt werden.« Dies besagt: Sie würden je nach ihrer Verschuldung beim Abfall für eine entsprechende Einverleibung auf Erden umgewandelt werden.[19]

»Christus hatte von der *Auferstehung von den Toten* gesprochen, und dies tat auch Paulus. Paulus hatte einen Geist der Wahrheit, und so wurde er inspiriert. Gleichwohl hat er die Dinge nicht so klar erkennen können. Die Wünsche, die er und seine christlichen Zeitgenossen hegten, machten sich geltend. Man hoffte und glaubte, Christus kehre [als Mensch] zurück. Unter der Toten-Auferstehung verstand man also, die Verstorbenen würden wieder *als Menschen* erscheinen.« In Wahrheit war jedoch wie erwähnt gemeint, daß die 'Toten' der Hölle, die von Gott Abgefallenen, zum *lebendigen Leben* auferstehen würden. »Diese aber müßten die verschiedensten Entwicklungsstufen durchschreiten, damit es bei ihnen zu einer Wiederauferstehung [im Reiche des Vaters] kommen konnte. Diese Auferstehung aber konnte nur ganz allmählich geschehen, nämlich eben durch das Durchlaufen der verschiedenen Entwicklungsstufen und der damit verbundenen Verwandlungen.«[20]

»Die Heerscharen, die Christus begleiteten, drangen bis in die tiefsten Stätten der Hölle vor und brachten Licht dorthin. Das Licht leuchtete in der Finsternis. Durch Christus wurde die Hölle bis in ihre dunkelsten Winkel erhellt. Die Engelschar, die ihn begleitet hatte, verteilte sich in die unendlichen Weiten.« Überall verkündeten sie laut: »"Wer willens ist, heimzukehren, der mache sich auf!" Da kamen sie aus den Tiefen in Scharen, befreit aus den Klauen der teuflischen Mächte. Ihnen wurde von Christus verkündet: "Ihr seid von nun an nicht mehr Knechte, sondern Kinder Gottes, und ich führe euch wieder zurück zum himmlischen Vater." So zog Christus Scharen von Wesen mit sich hinauf. Sie wurden in die obersten Stufen der Hölle eingereiht. Dort sollten sie so lange verbleiben, bis die weitere Bestimmung über ihren Aufstieg getroffen werden würde. Aber jene Ebenen« – sie waren mit der Zeit gewissermaßen zu Vorhimmeln geworden – »waren [nun] für Luzifer *geschlossen* worden. Nichts mehr hatte er zu sagen über jene, die sich bereit erklärten, zurückzukehren.«[21]

Doch schon lange vor der Erlösung durch Christus »brachten Engel Gottes jenen Gefallenen, die willens waren, ihre Gesinnung zu ändern, und die sich Gott zugewandt hatten, Trost, indem sie ihnen von ihrer Befreiung sprachen, zu der es einmal kommen werde. Doch wußten sie weder Tag noch Stunde, wann sie befreit werden würden.« Lange haben sie auf Erlösung gewartet. »Jene, die ins menschliche Dasein traten, vernahmen zum Teil auch da, wohin sie kamen, von Propheten die Botschaft, es werde einmal eine Rettung geben. Diese Botschaft nahmen sie in ihrer Seele mit und verkündeten sie nach ihrer Rückkehr in den Aufstiegsstufen der Hölle.«[22]

Zur Zeit von Jesu Lehrtätigkeit brachten Engel Gottes besonders jenen Geistwesen in der Hölle Kunde davon, »die sich in ihrem Glauben gefestigt hatten und darauf vertrauten, daß sie befreit würden. Engel verkündeten ihnen, was Jesus den Menschen offenbarte, und berichteten alles, was mit ihm und durch ihn geschah – jetzt werde die Erlösung nicht mehr lange auf sich warten lassen... Ihnen wurde verkündet: "Er wird zu euch kommen und euch mitnehmen, euch alle, die ihr voll Glaubens seid." Jene geistigen Wesen waren willens, achtsam den Worten der Engel zu folgen, und sie sehnten die Zeit ihrer Erlösung herbei. Für sie galt das Wort Jesu: "Wer in der Wahrheit lebt, hört meine Stimme." (Vgl. Johannes 18,37.)« Als den Wartenden in den obersten Stufen der Hölle die Kunde überbracht wurde, jetzt sei Jesus zum Tode verurteilt worden, bangten sie. »Denn es ging ja um ihre Befreiung.«[23]

Dann war es soweit, daß Christus ins Totenreich hinabstieg und gegen Luzifer um sein neues Recht kämpfte. »So begann [für die auf Erlösung Wartenden] eine neue Zeit des Bangens... Doch Geister Gottes brachten stets Nachricht, und so schlug endlich die Stunde, da man ihnen verkünden durfte: "Die Tore des Himmels werden weit aufgetan! Der Erlöser hat seinen Kampf durchgefochten und ist zu seinem Recht gekommen." Denn noch immer hatten die Wartenden in diesen Vorhimmeln gewissermaßen auf verlorenem Posten gestanden. Als aber die Botschaft verkündet worden war, strömten ungezählte unselige Geistgeschwister aus den Tiefen empor in diese Vorhimmel – übervoll wurden sie, diese oberen Stufen der Hölle...«[24]

Nach seinem Sieg über Luzifer und nach Inkraftsetzung der neuen Rechtsprechung zog Christus mit den Heerscharen, die ihn begleitet hatten, aus der Hölle fort. Befreit hatte er nicht nur die bis zu den Vorhimmeln aufgestiegenen Geister, die dort auf die Erlösung gewartet hatten, sondern auch all jene Wesen, die aus den Tiefen gekommen und willens waren, den Weg des Aufstiegs anzutreten. Das Tor zum Himmel wurde ihnen allen geöffnet. »Freilich soll dies nicht heißen, diese Wesenheiten hätten nun [alle] sogleich in einen schönen Himmel einkehren können – nein.« Für sie waren die verschiedensten geistigen Aufstiegsebenen vorgesehen. Über jene Wesen von unten mußte zuerst noch gerichtet werden. »Längst hatten die Engel die dafür nötigen Vorkehrungen getroffen, und nun nahmen sie sich Zeit, über einen jeden so zu richten, wie er es verdiente, damit jeder in die Ebene hineingeführt werden konnte, wohin er gehörte. Der eine durfte dann rascher ins menschliche Dasein treten, während es für einen anderen längere Zeit dauerte.« Sein Weg des Aufstiegs führte ihn infolge seiner Verschuldung beim Abfall zuerst durch die irdischen Naturreiche.[25]

»Christus ließ Engel Gottes als himmlische Wächter in der Hölle zurück; denn Luzifer durfte von nun an nicht mehr schalten und walten, wie es ihm beliebte. Seine Herrscherrechte wurden damals auf immer eingeschränkt. So ist es bis zum heutigen Tage geblieben: Engel wachen im höllischen Reich darüber, daß Gottes Gesetz eingehalten wird und sich alles auf das genaueste so vollzieht, wie es in der Rechtsprechung des Letzten Gerichtes festgelegt worden war. Diese Wesenheiten, die in der Hölle für Ordnung sorgen und die verbürgen, daß nichts geschieht, was gegen den Willen Gottes ist, brauchen von den Bewohnern dort nicht gesehen zu werden. Sie haben die Möglichkeit, eine Erscheinungsform zu wählen, daß sie nicht gesehen werden. Luzifer aber weiß darüber genau Bescheid. Er kennt die Grenzen seiner Machtbefugnisse.«[26]

»Die Schafe zur Rechten ...«

Zur Auferstehung von den 'Toten' gehört das bereits im Kapitel VIII aufgeführte Gleichnis von der Sonderung der Schafe und [Ziegen-]Böcke (Matthäus 25,32–33). Irrigerweise wird es auf die Endzeit bezogen. In Wahrheit bezieht es sich auf die Sonderung der heimkehrwilligen gefallenen Geister, die Christus der Hölle entriß und die vorübergehend in den Vorhimmeln untergebracht worden waren. »Diese Neuankömmlinge waren zum Teil schwer verschuldet und noch voller Haß, zum Teil hingegen waren sie weniger belastet und hegten in ihrer Seele weniger oder gar keine Haßgefühle mehr. Also mußte man sie sondern. Die einen kamen zur Rechten, die anderen zur Linken.«[27]

»Die Geister, die an Christi rechte Seite geführt wurden, waren solche, die eine gehobene Gesinnung hatten – solche, deren Gesinnung zugunsten von Christus wirkte, weil sie einsichtig geworden waren und die Reue sich tief in ihrer Seele verankert hatte. Es waren solche Geister, die längst auf Christus gewartet hatten und für die es daher überhaupt kein Problem war, mit ihm zu gehen. Diese kamen an seine rechte Seite, ganz gleich, ob sie schon zahlreiche Erdenleben hinter sich hatten oder nur wenige. Alles kam dabei auf ihr inneres Verhältnis, auf die Läuterung der eigenen Seele an. Wenn diese ihre Seele durch ihr Wirken und Denken an Leuchtkraft gewonnen hatte, kamen sie zur Rechten Christi – von dort aus würden sie schneller den Weg nach oben finden.«[28]

Die Geistwesen, die zur Rechten Christi kamen, weil sie weniger belastet waren, waren einstmals – beim Abfall – nur mitgezogen worden. »Sie wußten nicht, ob sie ja oder nein sagen sollten, als man sie einst fragte, ob sie es für richtig hielten, daß alle Rechte in der Himmelswelt nur einem einzigen Geiste – Christus – überlassen sein sollten. Auf diese Frage hatten sie keine klare Stellung zu beziehen vermocht, und so bestand ihr ganzes Verschulden in ihrer Wankelmütigkeit. Diese Wankelmütigen, deren Seele nicht wie bei den anderen von Haß und Neid erfüllt war, sollten daher auch nicht so bestraft werden wie jene. Sie sollten vielmehr als 'Vorläufer' in das Himmelreich zurückkehren dürfen. Zwar mußten sie auch als solche 'Vorläufer' durch die verschiedensten Aufstiegsstufen gehen; doch war ihnen ein schnellerer Weg beschieden.«[29]

Nun gab es ja so viele, die sich schwer verschuldet hatten. »Die Gesinnung dieser Wesen war noch vielfach durch tief in ihrer Seele verwurzelte Bosheit gekennzeichnet. Der in ihnen herrschende Unfriede konnte nicht einfach dadurch aufgelöst werden, daß sie ihren Wunsch bekundeten, der Herrschaft des Höllengewaltigen zu entfliehen. Weil sie wußten, daß ihnen eine bessere Zeit bevorstand, waren sie willig geworden, mit dem Erlöser zu gehen, und so nahm Christus sie mit. Sie kamen dann an seine linke Seite. Aber auch für die Geistwesen zur Linken war der Weg des Aufstiegs gebahnt. Nur ging dieser Aufstieg eben viel langsamer vor sich.«

So mußten sie von jenen zur Rechten abgesondert werden. »Denn es wäre doch unmöglich gewesen, alle diese Mitgeführten, die ihrer Gesinnung nach so verschieden waren, zusammenzuführen, um alle miteinander in ein und derselben Ebene leben und auf ihren weiteren geistigen Aufstieg warten zu lassen. Dies wäre eben wegen ihrer so verschiedenen geistigen Entwicklung unmöglich gewesen.«

Die niedere Gesinnung dieser belasteten Wesenheiten hatte ihren Ursprung in deren Ungehorsam, als sie im Himmel zusammen mit Luzifer den Aufstand gegen Christus vorbereiteten und ausführten. Es handelte sich bei vielen um Wortführer des Abfalls. »Sie hatten andere betört und mitgezogen, und dadurch haben sie ihrer Seele eine entsprechende Schuld aufgeladen. Ihre Seele verlor ihr Licht – Dunkel umhüllte sie. Doch durch Christi Erlösungswerk sollte auch ihnen der Weg der Heimkehr frei gemacht werden. Freilich würde es für sie ein langer Weg sein – länger als der Weg der Leichtverschuldeten.«[30]

»Für ein jedes, das im Kommen ist, wird der Aufstieg auf das genaueste überdacht. Keines ist dem Zufall überlassen. Schon dazumal, als sie – am 'Jüngsten Tag' – gesondert wurden und die einen auf die rechte Seite, die anderen auf die linke Seite kamen, wurde alles [gemäß der neuen Gesetzgebung] bestimmt.« Diese Scheidung bekundet sich auch in dem schon im vorigen Kapitel angeführten Herrenwort bei Johannes 5,28–29: "Denn die Stunde kommt, in welcher alle, die in den Höhlen [der Hölle] sind, seine Stimme hören und hervorgehen werden – die das Gute getan haben, zur Auferstehung für das Leben, die das Böse verübt haben, zur Auferstehung für das Gericht." Durch dieses Gericht wurden die Geistwesen zur Linken zu einem entsprechend langen und schweren Aufstieg verurteilt. Für jene, die nicht schon die Stufe der Menschwerdung erreicht hatten, führte dieser Weg zumeist durch die irdischen Naturreiche. Die Wesen zur Rechten hingegen konnten gleich in höhere Aufstiegsstufen hineingeführt werden. »Sie wurden nicht 'verurteilt', sondern es wurde ihnen ermöglicht, den schnelleren Weg nach oben anzutreten.«[31]

Auf die Herausführung aus dem Totenreich und die Sonderung der rückkehrwilligen Geister bezieht sich auch die Stelle bei Jesaja 40,26: "Er, der ihr Heer herausführt nach der Zahl, sie alle mit Namen ruft." Denn damals, bei dieser Sonderung, wurden sie erstmals seit dem Abfall wieder bei ihrem geistigen Namen gerufen, »bei jenem Namen, den sie einst trugen, als sie noch in Frieden und Glückseligkeit im Himmelreich lebten«. Im Totenreich trugen sie keine Namen. »In diesem Totenreich waren sie unglückliche, namenlose Wesenheiten« – bis Christus sie erlöste ...[32]

»Tod, wo ist dein Sieg? Tod, wo ist dein Stachel?«

Der Sieg Christi über Luzifer spiegelt sich wider in einer Stelle des ersten Briefes des Paulus an die Korinther (15,54–56); sie zeigt aber zugleich, daß Paulus diesen Sieg irrigerweise erst künftig erwartete. Die Stelle lautet: " ... dann wird eintreffen das Wort, das geschrieben steht: 'Der Tod ist verschlungen in Sieg. Tod, wo ist dein Sieg? Tod, wo ist dein Stachel?' Der Stachel des Todes aber ist die Sünde."

Das "Wort, das geschrieben steht" und auf das Paulus Bezug nimmt, ist in dieser Form in der Bibel nicht enthalten, seine Herkunft also unbekannt.

"Der Tod ist verschlungen in Sieg. Tod, wo ist dein Sieg? Tod, wo ist dein Stachel?" »Viele vernehmen diese Worte – aber sie wissen nichts damit anzufangen.« Diese Worte zeigen auf: *»Der 'Tod' ist durch Christus besiegt worden.* Damit ist nicht der Sieg über das Sterben des Menschen gemeint, sondern der Sieg über das Totenreich. Luzifers Macht ist geschmälert worden. Seinem Totenreich sind durch Christi Erlösungstat Bedingungen auferlegt worden, die bis in fernste Zukunft von großer Bedeutung sein werden.«[33]

»Im allgemeinen verstehen die Menschen unter 'Tod' lediglich das Abscheiden eines Nächsten: Es hat eine Trennung stattgefunden; der Betreffende ist nicht mehr da, und über seinen Verbleib weiß man nichts Näheres. Dabei hat das Wort 'Tod' im Geistigen eine so tiefe Bedeutung: In Wahrheit bedeutet hier 'Tod' die *Trennung von Gott.* Sie erfolgte durch den Abfall der Ungehorsamen.« Der gläubige Christ soll jedoch wissen, »daß dieser Tod besiegt wurde, also die Trennung der Abgefallenen von Gott durch Christus aufgehoben worden ist«.[34]

»Des weiteren ist von einem 'Stachel' die Rede: "Tod, wo ist dein Stachel?" Dieser Stachel war *Luzifer* gewesen, der einstens nicht nachgelassen hatte, Engel auf seine Seite zu ziehen [und zur Untreue gegenüber Christus aufzustacheln], und der sie so mit sich in den geistigen Tod gerissen hatte. Die Wesenheiten in der geistigen Welt sind scharenweise von diesem 'Stachel des Todes' getroffen worden. Dieser 'Stachel' hat in der geistigen Welt Wunden geschlagen.«[35]

Zwischen Ostern und Auffahrt

»Am dritten Tag wieder auferstanden...«

Als Christus am dritten Tag aus der Hölle wieder auferstanden war, verabschiedete er sich von vielen seiner himmlischen Getreuen, die ihn begleitet hatten: »"Seht", sprach er zu ihnen, "all diejenigen, die willens geworden sind, mir nachzufolgen, habe ich mitgenommen. Euch aber, meine Getreuen, steht eine große Aufgabe bevor. Ihr müßt ihnen Stützen und Führer sein hin zu den himmlischen Höhen. Ihr müßt ihnen während ihres Aufstieges Helfer und Begleiter sein. Zieht nun wieder hinauf zum Vater! Noch ist es für mich nicht an der Zeit, daß ich zu euch komme und beim Vater einkehre. Nur noch eine kleine Weile... Bald werde ich wieder unter euch sein."« In der Zwischenzeit wurden jedoch in den Himmeln Vorbereitungen für die Heimkehr des Königs getroffen.[1]

»Christi Wohnung nach seinem Wiederaufstieg aus der Hölle und vor der Heimkehr zum Vater war eben jene Paradiesessphäre in Erdnähe, von der bereits die Rede war und wo sich die Heerscharen Michaels aufgehalten [und für den Kampf gegen Luzifer gerüstet] hatten. Aus besonderen Gründen war diese Sphäre von der Geisterwelt Gottes für die Aufnahme Christi bestimmt und in verhältnismäßig kurzer Zeit für ihn aufs wunderbarste geschmückt worden. Man hatte die Landschaft des Paradieses mit Bächen, Bäumen und Sträuchern gepflegt und verschönt. Während Christus seinen Kampf ausfocht, legten Geister Gottes in dieser Sphäre die herrlichsten Gärten mit prachtvoll blühenden Beeten an. Da diese erdnahe Paradiesessphäre zwischendurch auch sonst Geistern [Gottes] als Aufenthaltsort diente, gab es in ihr bereits verschiedene Gebäude. Jetzt aber wurde eigens für Christus während dieser Vorbereitungen auch ein Tempel oder eine Halle errichtet.«[2]

Es leuchtet doch ein, daß, wenn der höchste Geist Gottes in dieser Sphäre – und sei es auch nur vorübergehend – Wohnung nahm, alles getan wurde, um sie würdig auszugestalten. »Sein geistiges Auge sollte sich dort erfreuen können, und er sollte merken und spüren, daß der

Himmel sich mit ihm befaßte – daß alle Himmel von ihm beglückt waren... Schon als er zum erstenmal wieder die geistige Welt betrat, gab es doch in den Himmeln ein Brausen und Tosen vor Jubel – damals, nachdem man sein Wort "Es ist vollbracht!..." vernommen hatte.«

Engel aus den höchsten Himmeln fanden sich in dieser Paradiesessphäre ein, um Christus zu empfangen. »Auch sie waren überrascht von all dem, was für den König dort geschaffen worden war, und überrascht waren auch jene Engel, die das Paradies mit Flammenschwertern bewachen. (Vgl. 1.Mose 3,24.) Warum sind diese Wächter noch immer dort? Eben weil diese Sphäre so nahe bei der Erde ist, aber keine sonstigen Abgrenzungen im Paradiese vorhanden sind. Diese Engel haben dafür zu sorgen, daß kein Unberechtigter es betritt. Doch als Christus sich dieser Sphäre näherte, senkten diese Engel aus Ehrfurcht ihr Haupt und ihr Schwert...«[3]

Bevor jedoch Christus beim Paradies anlangte, überreichten ihm Engel Gottes himmlische Gewänder. »Er mußte [für den Empfang] anders gewandet werden. Und wie er den Fuß über die Schwelle setzte, war es, als ginge ein glühender, farbenreicher Regen nieder... Gott spendete die dazu nötigen Kräfte – es war ein *Gruß aus dem Himmel.* Was sich da herabsenkte, waren winzige Kügelchen in allen nur erdenklichen Farben, die wie ein wunderschöner Regen niederträufelten, immer wieder... Christus selbst war davon überrascht! Dann führte man ihn in die Halle hinein, die man in der Vorbereitungszeit auf das kostbarste errichtet hatte.« Darin stand ein prachtvoll geschmückter Thron, der aus einem hohen Himmel gebracht worden war. »Dieses herrliche Kunstwerk sollte vorübergehend der Thron des Gottessohnes sein.«[4]

»So hielt Christus seinen Einzug unter dem Jubel jener Kämpfer, die mit ihm in die Hölle gezogen waren, aber auch der Streiter, die in dieser Sphäre geblieben waren und auf ihn gewartet hatten. Hohe Fürsten des Himmels waren zu seinem Empfang in diese erdnahe Sphäre herabgestiegen. Sie umstanden jetzt seinen Thron, und so gab es abermals ein Jauchzen und Jubeln«, als Christus sich ihnen näherte. »Man bat ihn, Platz zu nehmen, und alle waren gespannt, was er zu den versammelten Engeln sprechen werde. Voller Ehrfurcht und Dankbarkeit lauschten sie seinen Worten, denn ihr König hatte ihnen vieles zu sagen. Welche Verehrung erfüllte sie alle! Sie alle hatten doch in größter Bangigkeit seinen ganzen Kampf verfolgt...«[5]

»Christus redete dann zu den ihn umgebenden Engeln schon über die *Zukunft.* Er besprach mit den Seinen in großen Zügen die weitere Entfaltung des Erlösungsplans. Dadurch gab es jetzt ungeheuer viel zu tun. So viele Sphären mußten verändert, umgewandelt werden, damit sie ihrem Zwecke dienen konnten, nämlich dem Aufstieg der Geistwesen. Pläne wurden dafür entworfen – ja, Pläne! Denn auch hier würden die Menschen irren, wenn sie meinten, für Gott und diese hohen Heiligen wäre das alles schon getan gewesen: sie könnten doch auf Jahrtausende hinaus vorhersehen, wie sich alles entwickeln würde.« Dem ist wegen der Willensfreiheit der Geschöpfe Gottes *nicht* so. »Wüßte Gott von allem Anfang an, wie alles herauskommen würde oder gar müßte, dann wären ja die ganzen Prüfungen überflüssig.«[6]

»Christus blieb eine bestimmte Zeit in dieser Paradiesessphäre. Er wußte, wie lange er in ihr zu verweilen hatte. Geister Gottes hatten ihn darüber unterrichtet, wann der Himmel mit seinen Vorbereitungen für seinen Empfang fertig sein werde. Wohl noch nie ist in den Himmeln so emsig gearbeitet worden wie in dieser Zeit, da man auf den Einzug des Königs wartete und währenddessen bemüht war, die Pracht der himmlischen Sphären zu noch größerer Vollendung zu steigern. Obwohl doch noch Legionen von Geistern in diesen Welten zurückgeblieben waren, gab es für sie alle viel, viel zu tun... Kein Fürst des Himmels mit seiner Schar wollte zurückstehen: Alle wollten sich Christus dankbar erweisen. Freilich, Geschenke im eigentlichen Sinne konnte man ihm nicht machen – das größte Geschenk bestand vielmehr darin, daß man sich bereit erklärte, das zu erfüllen, was Christus einem auftrug. Das war für ihn das größte Geschenk...«[7]

Das leere Grab

Es wurde bereits erwähnt, daß Juden mit dem Gedanken gespielt hatten, den Leichnam Jesu gelegentlich selbst in ihre Gewalt zu bringen. »All dies hatte Gott durchschaut, und er setzte dementsprechend seine Boten ein, die dafür sorgten, daß von diesem Leichnam nichts, aber rein gar nichts übrigblieb. Geister Gottes hatten schon gewartet, und mit ihrer göttlichen Kraft lösten sie den Erdenleib Christi auf. Bestimmte geistige Kräfte ermöglichten solches.«[8]

»Dieses Werk übernahmen nicht einfach Geister, die zufällig zugegen waren, sondern es geschah durch *Fürsten des Himmels* ... Sie hatten die nötigen Vorkehrungen schon im voraus getroffen für den Fall, daß alles so verliefe, wie man erhoffte. Engel mit dieser besonderen Befähigung waren von Gott damit beauftragt worden, und was Gott befiehlt, das geschieht. Für keinen Menschen sollte auch nur die geringste Spur vom Leibe Jesu Christi übrigbleiben ...« Wäre dies nicht geschehen, so mag man sich selber ausmalen, wie viele Leichname Jesu es dann im Laufe der Jahrhunderte gegeben hätte ... »Dem wurde vorgebeugt ... Gott hatte es so befohlen.« Es geschah also nicht allein deshalb, weil Jesu Leichnam nicht der Verwesung anheimfallen sollte, sondern auch aus dem eben angeführten Grunde.[9]

»Als man Jesu Leichnam in die Grabeshöhle gelegt hatte, wurden vor dem Grab zwei Wächter aufgestellt.« Weitere Wächter befanden sich im Umkreis der Gruft. »Man rollte noch einen großen, schweren Stein vor die Grabeshöhle. Man konnte also die Gruft nicht betreten, ohne vorher diesen Stein wegzuwälzen. Als nun Maria Magdalena frühmorgens zum Grabe kam, stellte sie fest, daß der Stein verschoben und daß etwas geschehen war. Sie beobachtete dies zuerst aus einiger Entfernung. Dann schritt sie näher. Sie wußte um die Wächter – doch diese waren nicht mehr da ...«[10]

»Denn ehe Maria Magdalena und danach die Jünger zum Grabe kamen, hatte sich in dieser Gruft etwas abgespielt ... Dabei ging es eben um die Auflösung des irdischen Leibes Christi. Diese aber vollzog sich nicht geräuschlos. Vielmehr gab es ein Donnern, ein Beben ... Den Wächtern wurde es unheimlich, denn dieses Rollen und Donnern kam aus dem Innern der Grabeshöhle. Sie ängstigten sich und gingen eilends fort – voller Furcht, denn sie bürgten mit ihrem Leben für die Sicherheit des Leichnams Jesu. Sie meldeten, ein unheimliches Grollen und Donnern sei aus dem Innern des Grabes gedrungen, der Stein habe sich gehoben und sei zur Seite gerollt. "Wir standen die ganze Zeit Wache; kein Auge haben wir zugetan – und fort war, weggewälzt war der Stein ..." Die Juden versuchten, sie zu bestechen. Sie boten ihnen Geld, wenn sie falsches Zeugnis geben würden, nämlich, der Leichnam sei entwendet worden, als sie eingeschlafen waren. Es kam aber nicht so weit. Die Juden erkannten, daß sie wahrhaftig einen Propheten gekreuzigt hatten, obwohl sie es nicht zugeben wollten und auch nicht zugaben – hatte doch die Erde so sehr gebebt und war der Vorhang im Tempel entzweigerissen.« Schon verbreitete sich die Kunde, der Herr sei von den Toten auferstanden. »Doch blieben die Pharisäer und die priesterliche Obrigkeit nicht untätig und beeinflußten das Volk im Sinne ihrer Auffassung, Jesus sei nicht Gottes Sohn gewesen, sondern habe Gott gelästert.«[11]

Der Stein *mußte* weggewälzt, das Grab *mußte* offen sein, damit alle sehen konnten: Christus ist auferstanden! Für die Menschen von damals und insbesondere Jesu Anhänger war dies eben ein Beweis. »Jesus hatte ja vorausgesagt, er werde auferstehen. Dieser Beweis [für seine Auferstehung] konnte aber nur dadurch offenkundig werden, daß der Stein weggewälzt und das Grab offen war, so daß jeder sehen konnte, daß niemand in diesem Grabe war. Aber nur durch die Einwirkung entsprechender geistiger Kraft war es möglich gewesen, den Stein wegzuwälzen. Für die Schriftgelehrten und Pharisäer, die Jesus verurteilt hatten, war dies wahrhaftig ein *Wunder*. Es waren ja Soldaten da, die das Grab bewachen sollten und die dafür verantwortlich waren, daß niemand den Stein wegwälzen und den Leichnam stehlen konnte. Nun sahen sie, daß der Stein weggewälzt war. Sie konnten das Grab betreten. Die Linnen lagen noch genauso da, wie sie um den Leib gehüllt gewesen waren; aber der Leib selbst hatte sich aufgelöst.«[12]

»Diese Tatsache muß in der Geisteslehre festgehalten bleiben. Dem Geistesmenschen muß klargemacht werden, daß der fleischliche Leib Christi doch etwas so Kostbares war, daß er aufgelöst werden mußte … Man sollte dem Christen sagen können: "Als Jesus am Kreuz gestorben war, wurde er von den Scharen seiner Getreuen in die Hölle begleitet (vgl. Epheser 4,9 und erster Brief des Petrus 3,19), um dort den Kampf [gegen Luzifer] aufzunehmen. Sein irdischer Leib aber, der im Grabe lag, wurde [bei der Auferstehung] aufgelöst." Dies sollte Bestandteil der christlichen Lehre sein!«[13]

Die Begegnung mit Maria Magdalena

»Maria Magdalena war also in aller Frühe zur Grabeshöhle gegangen. Als sie die Veränderung bemerkt hatte, trat sie näher an das Grab heran. Um in die Gruft hineinschauen zu können, mußte sie sich bükken. Maria Magdalena weinte. Sie sah die Linnen noch genauso liegen; sie waren nicht verschoben, nur das Schweißtuch lag eingerollt daneben. Während sie einen Blick in das Grabesinnere warf, sah sie zwei Engel, weiß gekleidet. Sie fühlte sich geblendet und blickte wieder hinaus in die Umgebung. Nun sah sie eine Gestalt. Sie konnte nicht erkennen, wer es war. Sie meinte, es sei einer der Ordnungshüter; denn die Juden hatten nicht nur die beiden Wächter vor das Grab befohlen, sondern sie wollten auch, daß die nähere Umgebung unter Beobachtung stand. Maria Magdalena, einerseits vom Anblick der Engel geblendet, andererseits tränenüberströmt, vermochte nicht klar zu sehen. Nun sprach sie diese unbekannte Gestalt an: "Herr, hast du gesehen, wohin sie meinen Herrn getragen haben?" Dies fragte sie weinend. Da vernahm sie ihren Namen, und nun erkannte sie Christus.«[14]

»Als Christus ihren Namen gerufen hatte, eilte Maria Magdalena auf ihn zu. Sie wollte vor ihm niederknien und seine Füße umfassen. Er aber mußte ihr sagen: "Halt, du darfst mich nicht berühren – es ist noch nicht soweit!" Das sind die Worte, die er in Wahrheit sprach. Überliefert wird, Christus habe gesagt: "Berühre mich nicht! Ich bin noch nicht aufgefahren zum Vater." (Johannes 20,17.) Christus ist nachher den Jüngern doch auch wieder erschienen, obwohl er noch nicht zum Vater aufgefahren war!« In seinem Gespräch mit Maria Magdalena hat Christus wohl auch erklärend erwähnt, er sei noch nicht zum Vater heimgekehrt; aber diese Äußerung stand in keinem ursächlichen Zusammenhang mit seinen ersten Worten.[15]

Warum aber durfte Maria Magdalena den auferstandenen Meister vorerst noch nicht berühren?

Da Christus sich Maria Magdalena so zeigen wollte, daß sie ihn – wenn auch nicht beim ersten Anblick – als ihren früheren Herrn und Meister erkennen konnte, mußte für ihn ein entsprechender irdischer Leib aufgebaut werden. Dazu waren geistige Kräfte erforderlich. »Genau wie vorher zur Auflösung dieses Leibes gewaltige [Od-]Ströme erforderlich waren, waren solche Ströme auch für den neuen Aufbau notwendig. Indem Christus zu Maria Magdalena sagen mußte: "Rühre mich nicht an – es ist noch nicht soweit!", bedeutete dies, daß die Einwirkung der Kräfte zum Aufbau des irdischen Leibes noch nicht abgeschlossen war. Solange dieser Aufbau jedoch nicht vollendet war, sondern diese Kräfte sich auswirkten, hätte Maria Magdalena bei einer Berührung den Tod gefunden.«[16]

»In dieser Weise also erlebte Maria Magdalena ihren Meister. Sie eilte zu den Jüngern, und diese kamen. Sie sahen: Das Grab war leer; nur die Linnen lagen noch drin. So gingen sie wieder in eine Wohnung der Jünger. Obwohl sie an Christus glaubten, waren sie doch Menschen, und so hatten sie Angst vor den Juden. Es ist ja verständlich, daß die Jünger, nachdem ihr Herr und Meister gekreuzigt worden war, auch um ihr Leben fürchteten.«[17]

Christus erscheint den Jüngern

Als Christus nach seinem Sieg über Luzifer aus dem Totenreich wieder emporgestiegen war, verweilte er, wie berichtet, in der für ihn vorbereiteten Ebene des Paradieses. »Von dort aus besuchte er dann und wann seine Jünger. Wenn er ihnen erschien, kam er durch die geschlossenen Türen. Aus Furcht vor den Pharisäern hatten sich die Jünger eingeschlossen.« Als Christus zum erstenmal durch die verschlossenen Türen vor sie hintrat, waren sie erschrocken und verängstigt. Christus bemerkte es wohl, »und so sprach er: "Warum erschreckt ihr? Ich bin es. Friede sei mit euch – ich bin es!" Denn die Jünger meinten, sie sähen einen Geist. Darum sagte er zu ihnen: "Ein Geist hat nicht Fleisch und Bein, wie ich es habe. Kommt und betastet mich, damit ihr erkennen könnt, daß ich es bin."« Das taten sie, und er reichte ihnen die Hände.[18]

Christus sprach zu ihnen über das, was er ihnen vor seiner Leidenszeit verkündet hatte und das sich erfüllen würde. »Doch ehe er in ein näheres Gespräch mit ihnen kam, hatte er noch gesagt: "Habt ihr nichts zu essen? Gebt mir doch davon!" Die Jünger reichten ihm einen Fisch. Christus nahm ein wenig davon; den Rest teilte er auf und gab ihn seinen Jüngern. Sie sollten so an jenes Liebesmahl erinnert werden, als er das Brot geteilt und ihnen gereicht und als er den Wein unter sie verteilt hatte. Daran sollten sie erkennen, daß er es wirklich war.«[19]

Wie Maria Magdalena erkannten also auch die Jünger ihren auferstandenen Herrn und Meister nicht sogleich. Sie konnten ihn jedoch gefahrlos berühren, da zu diesem Zeitpunkt der Aufbau seines irdischen Leibes soweit abgeschlossen war.

»Christus konnte so zu den Jüngern sprechen, ja sogar vor ihren Augen Speisen zu sich nehmen. Durch die Geisterwelt Gottes wurde alles so gefügt und geformt, daß Christus mit einem materialisierten Leib für die Seinen schaubar wurde – das hatte er ihnen versprochen. Damit wollte er nicht nur den Seinen den Beweis für die Auferstehung und das ewige Leben erbringen, sondern der ganzen Christenheit. Durch seine Auferstehung aus dem Totenreich wollte er allen Menschen beweisen, daß er Sieger geblieben war und daß es ein ewiges Leben gibt.«[20]

»Die Materie des Erdenleibes Christi aufzulösen war Engeln Gottes ohne weiteres möglich gewesen. Geistern Gottes war es jedoch ebenso möglich, dem Geistesleib Christi wieder eine 'Hülle' zu verleihen, die wie sein früherer Menschenleib aussah – samt seinen Wundmalen . . .« Sie bauten also diesen materiellen Leib wieder auf, wenn auch nur für kurze Zeit. Dies geschah hauptsächlich mit den Odstoffen seines früheren Erdenleibes. »Diese waren ja durch bestimmte Kräfte lediglich aufgelöst, aber keineswegs vernichtet worden. Also war es möglich, diese Odstoffe wieder aufzubauen und zu verdichten.«[21]

Anders verhält es sich bei vorübergehenden »Materialisationen, die sich *nur* aus Fluiden zusammensetzen. Bei einer solchen Erscheinung liegt also kein eigentlicher menschlicher Leib vor«, wie ihn Christus damals besaß, als er den Seinen wieder erschien. Darum konnte er den verängstigten Jüngern auch sagen, daß ein sichtbar gewordener Geist ja nicht Fleisch und Blut hätte, wie er es habe.[22]

Warum aber hatten alle, denen sich der auferstandene Herr materialisiert zeigte, Schwierigkeiten, ihn zu erkennen? Dies galt ja auch für die beiden Jünger von Emmaus: Christus ging mit ihnen ein Stück Weges. »Sie luden ihn ein; aber sie erkannten ihn erst beim Brotbrechen. Dabei hatten sie doch vorher mit ihm geredet und ihn nicht erkannt. Warum war Christus nicht erkannt worden?«[23]

Hierzu ist folgendes zu sagen: Wie bereits erwähnt, wurde der Leib Jesu im Grabe von Engeln Gottes in odische Substanz aufgelöst, also nicht vernichtet. »Ein Teil der dadurch frei gewordenen odischen Substanz ging in den Geistleib Christi über – nur ein Teil. Doch der größte Teil blieb aufgelöst.« Als es darum ging, die irdische Materie wieder aufzubauen, mußte dazu diese odische Substanz herangezogen werden. Den einen Teil »stellte der Geistleib für die Verdichtung wieder zur Verfügung«; doch wurde dafür auch von jenem Od benötigt, das bis dahin aufgelöst blieb. »Die verschiedenen aufgelösten Substanzen waren jedoch nicht [alle] sogleich wieder vollständig aufbaubar gewesen – einiges davon blieb eine gewisse Zeit hindurch im Aufbau zurück. Erst nach einer bestimmten Zeit konnte sich dann auch dieses wieder mit der [bereits aufgebauten] Materie vermengen.«[24]

Als Christus nun in seiner Erscheinung vor den Seinen stand, zeigten sich somit gewisse Veränderungen gegenüber seinem früheren menschlichen Aussehen. »Er war schon ganz vergeistigt, und einiges von der Verdichtung menschlicher Materie war nun entschwunden. Infolgedessen war das Aussehen Christi, wenn er sich seinen Jüngern wieder zeigte, eben verfeinert. Wäre er *länger* bei ihnen geblieben, dann hätte wohl die Möglichkeit bestanden, daß von den aufgelösten Stoffen immer mehr wieder in seinen Erscheinungsleib eingegangen, in ihn zurückgekehrt wären. Sie wären von diesem Leib gewissermaßen angesogen worden. Allein, Christus zeigte sich seinen Jüngern jeweils nur während einer begrenzten Zeitspanne, und so kam es, daß sie ihn beim ersten Anblick nicht wiedererkannten.«[25]

Gespräche mit den Jüngern

Als Christus jeweils den Jüngern erschien und für kurze Zeit unter ihnen weilen durfte, waren sie doch über all das ins Gespräch gekommen, was ihr Meister hatte durchstehen und erfüllen müssen und worüber er zu Lebzeiten als Mensch so viel gekündet hatte. »Jetzt hatten sie die Möglichkeit, sich mit ihm darüber zu unterhalten. Als sie ihre Scheu abgelegt hatten, fragten sie ihn: "Ja, wo warst du denn? Erzähle es uns doch! . . ." Und Christus erzählte es ihnen.«[26]

»Er schilderte ihnen, wie er von Engeln empfangen worden war. Jetzt sei sein Aufenthalt das Paradies. Die Jünger wußten ja um das Paradies von Adam und Eva. "Dort habe ich mich aufgehalten", sprach Christus zu ihnen, "und dort halte ich mich auf, bis der Zeitpunkt gekommen ist, da ich endgültig von dieser Welt weggehe und zum Vater heimkehre." So vieles wollten die Jünger wissen, und Christus gab ihnen Bescheid. Auch konnten sie aus seinem Munde vernehmen, was er in der Hölle getan hatte. Allein, trotz all den Erklärungen, die er ihnen gab, und obwohl er ihnen sagte, daß er dort Gericht gehalten habe, vermochten sie eben nicht alles zu verstehen; denn so vieles war für sie neu und unbegreiflich.«[27]

Christus gab den Jüngern auch die Verheißung, »auch für sie werde die Zeit kommen, da sie ins Himmelreich eingehen dürften. Dies freilich hatte Christus ihnen nicht erst damals gesagt, als er vom Totenreich auferstanden war, sondern er hatte den Jüngern schon früher angedeutet, er werde dafür besorgt sein, daß sie im Himmelreich einen schönen Platz einnehmen dürften.[27] Jetzt versprach er ihnen auch, er werde, wenn er im Himmelreich beim Vater sein und dereinst die Zeit der Einkehr der Apostel in die Jenseitswelt kommen würde, Auftrag geben, daß man sie – die Jünger – zu ihm führe. Engel Gottes stünden bereit, sie zu *ihm* zu geleiten. Er werde dem Vater dann Nachricht von ihrer Heimkehr geben. Auch werde er ihnen ihren geistigen Besitz und die Belohnung für ihr Wirken aushändigen. Sie dürften die Herrlichkeit des Himmels erleben – er selbst werde ihnen die Schönheit der Gotteswelt zeigen. Einem jeden werde er eine geistige Ebene übertragen, in welcher sie als führende Geister wirken könnten; auch werde er ihnen dienende Geistwesen zuteilen. In dieser Weise sprach Christus zu den Jüngern vom himmlischen Reich.«[28]

So gerne wollten die Jünger erfahren, wie es im Himmelreich aussehe, und auch in diesem Paradies, und Christus gab ihnen Bescheid. Er eröffnete ihnen, »in diesem Paradies befänden sich ständig Scharen geistiger Wesen. Stets hielten sich Engel dort auf, um in der Nähe der Menschen zu sein. Sie fänden raschestens den Weg zu ihnen, und diese Gelegenheit sei notwendig... In diesem Paradies in Erdnähe befinden sich jene Geistwesen, die plötzlich in Not geratenen Menschen beizustehen haben. Andere Wesen holen den Geist plötzlich Verstorbener von dieser Erde ab. Wieder andere sind den Menschen Führer in ihrem Leben. Sie greifen, wenn eine besondere Lage gegeben ist, mit unerwarteter Plötzlichkeit in das Leben des Menschen ein... Daher sei es erforderlich, daß sich in *Erdnähe* ein Paradies befinde, von dem aus göttliche Wesen zu den Menschen gehen können«, erklärte Christus den Seinen.[29]

»Danach sprach Christus zu den Jüngern: "Das, was ich euch verkündigte, hat sich nun erfüllt. Es steht im Gesetz Mosis wie in den Schriften der Propheten und in den Psalmen – alles deutet auf mich hin: Am dritten Tage bin ich aus der Hölle auferstanden."« (In Lukas 24,46 heißt es: "Es steht geschrieben, daß der Christus auf diese Weise leiden und am dritten Tag von den Toten auferstehen werde." Eine solche Schriftstelle ist jedoch in unserem Alten Testament nicht mehr enthalten.) »Im weiteren bekräftigte Christus seine Verkündigung von der Erlösung, von der Buße und von der Vergebung.« Christus bestätigte damit, daß er durch sein Werk nicht nur die Erlösung vom 'Tode', von der Trennung von Gott, gebracht, »sondern auch die Möglichkeit der *Buße* und der daraus folgenden *Vergebung* [der Sünde, die zum 'Tode' führte] geschaffen habe«. Durch die Erlösung hat Christus den Weg der Rückkehr ins Himmelreich für uns frei gemacht. Doch die persönliche Belastung, die den einzelnen wegen seines Verschuldens beim Abfall zeichnet, muß im Laufe des geistigen Aufstiegs durch Wiedergutmachung abgetragen werden. So verkündete Christus den Jüngern, »daß in *seinem Namen* jetzt allen Völkern die Möglichkeit der Buße und damit die Vergebung der Sünden [des Abfalls] gegeben sei. "Allen Völkern der Welt muß dies allezeit verkündet werden"«, sprach er dann zu ihnen und machte sie darauf aufmerksam: »Immer habe er davon gekündet [was der Vater ihm aufgetragen], und nun sei es erfüllt und so geschehen, wie es in den Schriften stand.«[30]

Mit seinen Gesprächen wollte Christus den Jüngern zugleich Gewißheit vermitteln, daß er wirklich ihr früherer Meister war. »Er tat dies, indem er dem einen oder andern Jünger besondere Erlebnisse in Erinnerung rief, die sie *persönlich* miteinander gehabt hatten. Darüber freuten sie sich, und der Jünger dachte beglückt an diese Zeit zurück. So vieles war doch geschehen, was nicht in der Bibel steht, weil man es nicht für nötig gehalten hatte, es aufzuzeichnen.«[31]

So war Jesus eines Abends zu einem Jünger gekommen. »Dieser lud den Herrn ein, mit ihm zu essen. Es war ein kärgliches Mahl. "Ich habe keinen Wein", sagte der Jünger zum Meister. "Siehst du, hier ist nur ein Krug Wasser. Wein habe ich nicht. Trinken wir eben von diesem Wasser!" Der Jünger machte sich keine weiteren Gedanken darüber. Man holte Trinkgefäße und schenkte aus dem Krug ein – *und es war Wein*... "Weißt du noch", sprach Christus jetzt zu diesem Jünger, "wie du damals zu mir sagtest: 'Ich habe nur Wasser'? Ich habe dieses Wasser gesegnet, und so wurde es zu Wein. Der Vater hat es mir ermöglicht."«[32]

Es war auch vorgekommen, daß die Jünger untereinander nicht einig waren. »Sie hatten verschiedene Meinungen, und sie stritten sich sogar, so daß Jesus klären und schlichten mußte. Jetzt erinnerte er sie daran, daß sie einstmals so viele Worte gemacht hatten, als es darum ging, ob man ein Beförderungsmittel erwerben solle oder nicht. Die einen meinten, man könne das, um was es ging, aus eigenen Kräften befördern, während ein anderer zu diesem Zweck einen Esel anschaffen wollte. Über solche Dinge hatte man sich gestritten, und Christus erinnerte sie jetzt wieder daran. Da hatten sie nur zu staunen. "Ja, es ist wahr", mußten sie zugeben. "So war es!..." Also war es wirklich ihr Meister.«[33]

Groß war die Freude der Jünger über diese Begegnungen. »Denn im Grunde genommen waren sie verängstigt. Darum hatten sie sich auch eingeschlossen. Jetzt aber war ihnen eine Zeitspanne vergönnt, während welcher sie sich mit *ihrem Meister* unterhalten und darüber ihre Sorgen vergessen konnten. In Gedanken versetzten sie sich in die Zeit zurück, die sie mit ihm gemeinsam erlebt hatten, und sie waren von Freude erfüllt. Freilich, während ihre Herzen so des Glücks voll waren, entschwand ihr Meister wieder, und sie waren erneut allein... Doch sie wußten: Er ist Christus, der Sohn Gottes – *er ist es*! Geängstigt hatten sie sich vornehmlich in der ersten Zeit. Später warteten sie dann darauf, daß der Herr ihnen wieder erschien. Sie kamen zusammen und beteten zu Gott: "Sende uns den Meister!" So durften sie wunderbare Stunden mit ihm verleben. Sie konnten ihn fragen, und er gab ihnen Antwort. Daß sie nicht alles verstanden hatten, kam später dann in ihren Aussagen und Handlungen zum Ausdruck. Was sie erleben durften, war ja so neu, so sonderbar...«[34]

Die dritte Erscheinung des Auferstandenen

»Als Christus den Jüngern zum drittenmal erschien, geschah dies am Ufer des Meeres [von Tiberias oder des Sees Genezareth]. Sie waren auf Fischfang, denn sie mußten wieder um ihr tägliches Brot besorgt sein. Der Meister war nicht mehr bei ihnen. Sie kamen sich verlassen vor. Der Meister bedeutete ihnen alles. Der Meister hatte für sie gesorgt. Jetzt waren sie allein gelassen und verwaist.«[35]

»Petrus machte sich als erster auf mit den Worten: "Ich gehe fischen." Die anderen folgten ihm nach. Doch sie fingen nichts. Gegen Morgen näherten sie sich dem Ufer. Da erblickten sie einen Mann. Einer der Jünger sagte: "Ich glaube, es ist der Herr, der dort steht!" Sie wollten landen, aber der Herr rief ihnen zu: "Werft das Netz auf der rechten Seite des Schiffes aus!" Denn vorher hatten sie ihm zugerufen: "Wir haben nichts gefangen!" Jetzt folgten sie seiner Aufforderung, in ihren Herzen jubelnd; denn sie sagten sich: "Es ist der Herr! Er wartet auf uns! Es ist unser Meister!" Sie warfen das Netz aus und zogen es übervoll ins Schiff, ganz verwundert darüber, daß es ob der Fülle der gefangenen Fische nicht zerriß. Jetzt sprach der Herr zu ihnen: "Habt ihr zu essen? Kommt!" Als er ihnen das erstemal zugerufen hatte, war ihr Netz ja leer gewesen ... Nun forderte er sie auf: "Bringt von den Fischen!" Aber da war schon ein Kohlenfeuer da mit einem Fisch darauf, und ein Brot lag daneben ...«[36]

»Diesmal war der Herr ihr *Gastgeber.* Bei den beiden früheren Begegnungen – als Christus durch die geschlossene Tür und durch die Wände hindurch den Raum der Jünger betreten hatte – bat er sie, ihm zu essen zu geben. Diesmal hingegen lud *er* sie zum Essen und gab ihnen vom Fisch und vom Brot. Die Jünger legten weitere Fische auf das Feuer. Sie aßen und redeten miteinander. Der Herr versprach ihnen, er werde ihnen beistehen, und er forderte sie auf, nicht aus Jerusalem fortzugehen; denn der heilige Geist müsse über sie kommen, und dazu sollten sie in Jerusalem bleiben.«[37]

Bei diesem Zusammensein deutete Christus Petrus gegenüber auf dessen Sterben hin, indem er sagte, er werde, wenn er alt geworden sei, seine Hände ausstrecken und ein anderer werde ihn gürten ... (Vgl. Johannes 21,18.) Auch den anderen gab Christus entsprechende Hinweise. »Nur bei einem Jünger machte er keine Bemerkung – bei Johannes. Da fragte Petrus: "Was geschieht mit ihm?" Christus antwortete: "Ich will, daß er so bleibt, bis ich komme und ihn hole." Es sollte ihm also [während seines Erdenlebens] nichts geschehen. Zu den anderen Jüngern hatte er auch gesagt: "Engel Gottes werden euch abholen und euch zu mir führen."« Bei Johannes jedoch – so hatte Christus erklärt – »werde *er selbst* kommen, um ihn [von der Erde] abzuholen«.[38]

Christi Antwort an Petrus auf dessen Frage "Was geschieht mit ihm?" wird bei Johannes 21,22 so überliefert: "Wenn ich will, daß er bleibt, bis ich komme – was geht es dich an?" »Dieser Satz ist später irrig ausgelegt worden. Man meinte nämlich, wenn Christus komme, gehe die Welt unter. Selbst die Jünger verstanden die Worte des Herrn nicht. Sie faßten sie so auf, als werde Johannes überhaupt nicht sterben. Sie begriffen nicht, was dieser Satz bedeutete.«[39]

Daß die Jünger wieder mit ihrem früheren Meister zusammensein durften, erfüllte sie mit großer Freude. »Auch waren sie ja jetzt *Gäste* des Herrn – und zudem hatten sie einen so großen Fischzug getan ...

Aber dann war es wie bei den früheren Malen: Plötzlich war der Herr ihnen entschwunden... Und doch blieben sie beglückt und froh zurück. Sie sprachen bereits vom nächsten Mal, da der Herr ihnen erscheinen würde. Auch fühlten sie sich schon etwas sicherer – war der Meister doch zu ihnen gekommen. Freilich: Erst als dann der heilige Geist über sie kam, wich alle Angst von ihnen; erst von jenem Augenblick an traten sie furchtlos hinaus zu den Menschen.«[40]

Christi Heimkehr zum Vater

Christi Auffahrt

»Als die Vorbereitungen für Christi Heimkehr zum Vater abgeschlossen waren, erreichte ihn im Paradies die Botschaft: "Mache dich auf, Herr, der Himmel ist bereit, dich zu empfangen! Sammle deine Jünger um dich, und verabschiede dich von ihnen und allen den Deinen!" Die Engel, von denen er ins Paradies hineingeführt worden war, erklärten ihm dies genauso, wie sie während seines Erdenlebens mit ihm gesprochen und ihm jeweils kundgetan hatten, was geschehen werde, was er zu tun habe und welche Vorbereitungen er treffen solle. Auch jetzt noch waren diese Engel um ihn.«[1]

»Bei seinem letzten Erscheinen [am Morgen vor der Auffahrt in Jerusalem] bat Christus die Jünger, mit ihm zu kommen. Er trat mit ihnen ins Freie [auf den Ölberg]. Er hatte den Ort bestimmt, wo die Seinen sich einfinden sollten – die Jünger, seine Mutter, seine Brüder und all jene, die in engster Verbundenheit zu ihm gestanden hatten, also auch seine Verwandten. So versammelte sich eine große Schar um ihn. Besonders eng scharten sich die Apostel um ihn. Er segnete sie, indem er seine Hände über sie ausbreitete, und er segnete alle, die anwesend waren.«[2]

»Dann sprach Christus laut und vernehmlich zu ihnen allen: "Jetzt gehe ich zum Vater! Jetzt kehre ich heim! So, wie ihr mich nun gehen seht, werdet ihr mich kommen sehen, wenn ich euch dereinst empfange. In gleicher Weise, wie ihr mich jetzt gehen sehen werdet, komme ich euch dann entgegen." Diese Worte richtete Christus an seine Jünger und an all jene, die innig mit ihm verbunden waren. Er wiederholte: "So, wie ihr mich von dannen gehen seht, komme ich euch entgegen. Dann werdet ihr Freude haben. Dann werdet ihr mich nichts mehr fragen und werdet mich um nichts mehr bitten." (Vgl. Johannes 16,23.)«[3]

Als Christus seine letzte Ansprache beendet hatte, erhob er segnend sich vor ihren Augen von der Erde, himmelwärts. »Staunend standen die Jünger und blickten ihm nach – traurig darüber, daß sie ihren Meister nicht mehr hatten. So fest hatten sie doch darauf gehofft, daß er ein irdisches Königreich errichten werde. Freilich, mit der Zeit hatten sie dann begriffen, welches Reich *er* gemeint hatte; denn er hatte es ihnen verständlich gemacht, indem er ihnen den wahren Sinn der Schriften erklärte.«[4]

In der Apostelgeschichte (1,10–11) wird geschildert, daß nach Christi Auffahrt "zwei Männer in weißen Kleidern", also zwei sichtbar gewordene Engel, zu den Zurückgebliebenen sprachen: "Dieser Jesus, der von euch weg in den Himmel emporgehoben worden ist, wird so kommen, wie ihr ihn habt in den Himmel fahren sehen." Dies wird irrig auf eine künftige Wiederkunft Christi bezogen. »Es war nicht so gemeint, daß Christus in gleicher Weise wieder vom Himmel herabsteigen würde, sondern gemeint war, daß Christus den Jüngern in der Himmelswelt entgegengehen werde. Sie würden ihn so erblicken, wie sie ihn jetzt von dannen gehen sahen. So werde er ihnen entgegengehen, aber eben nicht auf Erden, sondern wenn sie selber in die Jenseitswelt kämen.«[5]

»Als dann Christus seine Getreuen nach deren Abscheiden von der Erde zu sich holte, erblickten sie ihren Herrn und Meister und erkannten wahrhaftig, wer *er* im Himmel war. So hatten sie keine Fragen mehr an ihn. Als sie noch auf Erden weilten, hatte er ihnen verheißen: "Ihr dürft [an jenem Tage] den Vater in meinem Namen bitten, und er wird es euch geben. Große Freude wird euch erfüllen." (Vgl. Johannes 16,23–24 und 26.) Aber wie hätten die Jünger damals, als Jesus diese Worte zu ihnen sprach, verstehen können, was sie wirklich bedeuteten? Wohl hatten sie eine Ahnung von einer wunderbaren Welt mit ihrer Herrlichkeit, ihrem Frieden, ihrer Seligkeit – aber eine wirkliche Vorstellung davon besaßen sie nicht.«[6]

Christus hat der Welt ein Ganzes an himmlischen Bekundungen hinterlassen. »Es begann mit jener Botschaft aus dem Himmel, als der Menschheit die Geburt des Heilands verkündet und ihr Frieden verheißen wurde. Einfache Hirten vernahmen die Botschaft. Sie wußten: Diese Botschaft kommt *von oben.* Engel hatten sie ihnen kundgetan. Freilich, damals glaubten die Menschen im allgemeinen noch an Engel… Damals also durften Menschen erleben, wie der Himmel sich öffnete. Als dann Jesus sich von Johannes im Jordan taufen ließ, erscholl eine Stimme vom Himmel: "Dies ist mein geliebter Sohn. An ihm habe ich mein Wohlgefallen."« Abermals hatte der Himmel sich aufgetan. »Die Umstehenden vernahmen diese Worte. Sie kamen *von oben.* Wie es in der Schrift steht, hatte sich eine Form in der Gestalt einer Taube gebildet. Sie bestand aus einer kleinen Odwolke mit odischer, göttlicher Kraft. Diese Kraft machte es möglich, die Stimme ertönen zu lassen.« Ein weiteres Mal öffnete sich der Himmel, als Jesus mit dreien seiner Jünger auf den Berg Tabor gestiegen war. »Dort verklärte sich Jesus. Die drei Jünger hörten ihren Meister mit Mose und Elia reden. Sie waren Augenzeugen dieses Geschehens, das sie zunächst in große Angst versetzte. Sie sahen, wie ihr Meister sich verklärte, wie alles an ihm hell und licht wurde, wie er in Glanz erstrahlte. Den Jüngern hatte sich der Himmel aufgetan! Nimmt man die Botschaft von der Auferstehung des Herrn und von seiner Heimkehr zum Vater hinzu, so erscheint dies alles als ein wunderbar abgerundetes Bild, als ein geschlossenes Ganzes. Behält man all die Geschehnisse im Blick, die sich im Leben Jesu ereigneten, erkennt man auch die wahre Bedeutung der Himmelfahrt Christi. Der Gottessohn kehrte, *für Menschenaugen sichtbar*, dahin zurück, von wo er ausgegangen war.« Eine leuchtende Odwolke entzog ihn schließlich den Blicken der Zurückgebliebenen.[7]

»Als Christus auf diese Weise von der Erde aufgestiegen, ihr entflohen war, kehrte er noch einmal zurück in das Paradies, wo die Seinen auf ihn warteten. Hier hatten sich die hohen Fürsten des Himmels zu seinem Empfang versammelt. Sie brachten ihrem König würdige Gewandung, die er bei der Einkehr in sein Reich tragen sollte. So fand also in diesem Paradiese die Vorbereitung [für seine Rückkehr] statt. Zusammen mit denen, die gemeinsam mit ihm gekämpft hatten, hielt er dann seinen Einzug im Himmel – ja mit all denen, die sich in dieser Sphäre aufhielten, ausgenommen die Wächter.«[8]

Heimkehr durch alle Himmel

»Wenn man sich vergegenwärtigt, welchen Kampf der Gottessohn hatte austragen müssen und welche gewaltige, bedeutungsschwere Aufgabe er als Mensch vollbracht hatte, muß man sich darüber im klaren sein, daß ihm als König des Reiches Gottes bei seiner Heimkehr auch ein würdiger Empfang bereitet wurde. Man ist vielleicht der Auffassung, Christus habe als erstes den Weg zum Vater beschritten. Diesen Weg konnte er aber nur beschreiten, indem er durch alle anderen Himmel zog; denn der Himmel des Vaters ist der Thron – das Höchste aller Himmel, das Schönste, was es überhaupt geben kann. Gott hat dort seine 'Wohnung', und in der Nähe des Vaters ist auch die Wohnung Christi. Also mußte Christus durch die anderen Himmel hindurchgehen. In jenen Himmeln besaßen Fürsten, die Gott treu geblieben waren, ihre Reiche. Sie waren es auch, die Christus in seinem menschlichen Dasein gestützt hatten, und ihre Reiche wollte er nun durchziehen.«[9]

»Die Himmel sind groß und weit – sie sind unendlich ... Entsprechend zahlreich sind die göttlichen Engel ... Sie sind stufenweise in ihre Chöre eingereiht. So gab es auch Gottesgeister, die von den höchsten Himmeln weiter entfernt waren. Sie hegten aber weder Eifersucht noch Mißgunst, weil ihr Platz nicht in allernächster Nähe des Vaters war. Sie hatten mitgewirkt an den Vorbereitungen für den Empfang des Erlösers, und so kamen auch sie in den Genuß höchster Freuden; denn auch sie waren zusammengeströmt, um *ihn* zu sehen ... So besuchte Christus diese verschiedenen Himmel mit ihren geistigen Völkern – mit jenen Engelschaften, die dort im Glauben treu und fest geblieben waren.«[10]

In der Paradiesessphäre, in der die hohen Fürsten des Himmels zu seinem Empfang sich versammelt hatten, »war ein Gespann mit dreizehn weißen Pferden bereitgestellt worden. Diesem Gespann voran ritten Tausende von Engeln Gottes auf den schönsten Rossen. Man darf sich aber nicht vorstellen, daß beim Aufstieg zu diesen Höhen diese geistigen Tiere den geistigen Boden berührt hätten. Vielmehr ging es im Fluge dahin – sie schwebten ... Sie bewegten sich im Fluge in der [geistigen] Atmosphäre, und das alles in einer so unsäglichen Pracht, daß es nicht zu beschreiben ist. Voran stürmten diese Reiter, zuvorderst jene, die die Klänge der Posaunen erschallen ließen: "Unser König kehrt zurück!" Denn alle erwarteten ihren König – alle wollten ihn sehen ...«[11]

So zog Christus den himmlischen Höhen entgegen. »Abgeholt hatte man ihn in dem erwähnten Gespann mit weißen Rossen. Der Wagen selbst bestand aus purem [geistigem] Gold, überreich mit [geistigen] Edelsteinen verziert. In den hohen Himmeln ist solches eine Selbstverständlichkeit.« Wohl haben auch Menschen gewisse Feinheiten in der irdischen Materie, »aber das alles hält gar keinen Vergleich aus mit der geistigen Atmosphäre und mit den geistigen Stoffen der Jenseitswelt«. Nach dem Gesagten vermögen Menschen vielleicht, sich ahnend ein Bild von der Pracht und Herrlichkeit des Vorganges zu machen.

»Als man in einen Himmel hineingeritten war, ließ man den König aussteigen. Die Engelwesen dort – Legionen sind es doch, die treu geblieben waren und von denen Jesus selbst gesagt hatte, sie stünden ihm zur Verfügung, wenn der Vater es gewollt hätte (Matthäus 26, 53) –, diese Legionen begrüßten ihn, und so wurde er in diesem einen Himmel gefeiert. Man hatte seinen Weg festgelegt, und an diesem Weg standen sie, zu beiden Seiten dieser breiten Straße. Christus sollte durch die Städte und Dörfer in diesem geistigen Bereich an seinen Getreuen vorüberziehen. Getragen wurde er in diesem Himmel; es wurde gejubelt, und er verweilte dort. Christus versprach diesen Engeln, er werde sie später zu sich laden und sich näher mit ihnen abgeben; doch jetzt führe ihn sein Weg [durch die Himmel] erst zum Vater. Das verstanden alle, und sie waren glückselig über seine Heimkehr. So wurde jetzt Christi Lieblingspferd in das Reich hineingeführt, wo er zuerst haltgemacht hatte. In der Mitte all dieser Legionen sollte er nun reitend-schwebend in einen anderen Himmel ziehen, um auch dort empfangen und begrüßt und umjubelt zu werden von all denen, die treu geblieben waren.«[12]

»So zog Christus von diesem Himmel in einen andern. Für den einziehenden König gab es immerfort neue Überraschungen. Wieder betrat er ein Reich, das einem Fürsten zugeteilt war – nicht um darüber zu herrschen, sondern um die Verantwortung für es zu tragen. Göttliche Wesen zogen ihre kostbaren Mäntel und Umhänge aus und breiteten sie aus, indem sie den König baten, er möge darüberschreiten. Dieses Mal waren es Engel, die ihre Gewänder auszogen und auf den geistigen Boden ausbreiteten, damit Christus darüberschritte. Er erinnerte sich wohl an die Zeit, da Menschen ihre einfachen Gewänder ausgebreitet hatten und er darübergeschritten war. In den Himmeln tat er es nun auch – aber eben auf eine des Himmels würdige Weise ...«[13]

»Jubel über Jubel wurde Christus entgegengebracht, und er freute sich darüber. Nun war er ja wieder König in seinem Reich. So zog er von einem Himmel zum andern, und dadurch hatten die Treugebliebenen die Möglichkeit, ihren König zu schauen. Durch alle Himmel schritt er, bis zu seinem Palast. Jetzt wurden die Brücken herabgelassen. Der Weg zu seinem Hause war frei, und als erster überschritt er die Brücke wieder. Sein Haus erstrahlte im Lichte Gottes... Es leuchtete in den wunderbarsten Farben – in einer Pracht wie nie zuvor.«[14]

Einkehr im Hause Gottes

»Dann ging es zum Vater. Die höchste Himmelswelt war für diesen Anlaß in einer Pracht und Herrlichkeit ausgestaltet worden, die sich Menschenworten und Menschenverständnis entzieht. Als Christus in die Nähe des Vaters kam, war auch hier alles in ein Lichtermeer getaucht – alles erstrahlte in unendlichem Glanz von unaussprechlicher Farbenpracht, so fein und schön. Es war, als stürze dieses Farbenmeer wie ein loderndes Feuer auf den Himmel hernieder, ständig seine Farben wechselnd – so etwas hatte die Gotteswelt noch nie erlebt... Die Streiterengel, welche Christus das Geleit gaben, bemerkten, daß sich dadurch ihr eigenes Aussehen veränderte. Das weiße Gewand eines Geistes Gottes schimmerte plötzlich in allen Farben und leuchtete... Es sei wiederholt: So etwas hatte der Himmel noch nie erlebt... Dies sollte die Begrüßung für Christus sein, der Ausdruck der Freude über seine Heimkehr.«[15]

»Und dazu erscholl ein nicht enden wollendes Halleluja. So viele Sprachen man auch im Himmel sprechen mag – hier erklang nur ein Wort, nur eine Begrüßung als Ausdruck der Freude, als Willkommensgruß an den König... Es erscholl nur ein Ruf: "Christus, Christus, Christus!..." Und dazu: "König, König!..." Der ganze Himmel jubelte ihm zu...« Gleichwohl hatte Christus nur *ein* Verlangen, nämlich mit dem Vater allein zu sein, sei es auch nur für kurze Zeit. »Denn das, was er *ihm* zu sagen hatte, wollte er ihm allein sagen... Die Engelswelt weiß um die Innigkeit, die zwischen Vater und Sohn besteht. Alle begriffen, daß Christus eine Zeitlang in den Armen des Vaters verweilen wollte...«[16]

»Das Haus oder der Palast des Vaters liegt auf einer Bergeshöhe. Nicht ein jedes hat die Möglichkeit, dort hinzukommen. Flüsse umgrenzen die Wohnstätte Gottes, und dort halten Engel Gottes Wache. Über diese Flüsse sind Brücken gebaut. Wenn göttliche Wesen zum Vater berufen werden, muß ihnen der Weg über die Flüsse ermöglicht werden, indem man die Brücken öffnet. Nicht nach Belieben gelangt man zum Vater . . .«

»Die Wohnstätte Gottes ist ein einziges Licht oder Feuer. Gott selbst ist in seiner Pracht, in seinem Licht so gewaltig, als stünde ein Wesen mitten von Feuer umgeben. Allein, dieses Wesen bleibt mitten in diesem Feuer lebendig. Die Schönheit seiner Gestalt entzückt ein jedes, das die Möglichkeit hat, *ihn* zu schauen. Darum bedarf es insbesondere für Wesenheiten, die noch im Aufstieg begriffen sind, der Vorbereitung, um ihr geistiges Auge diesem Glanz, diesem Licht anzupassen.«[17]

»Als nun Christus den Weg zum Vater beschritt, wurden für ihn unter den Klängen der Posaunen alle Brücken geöffnet. Die Wohnstätte des Vaters erstrahlte in noch weit hellerem Licht. Es war wie ein Feuerwerk zu erleben, das seine Funken herauswarf aus diesem glühenden Berg, wo Gottes Wohnstätte sich befindet und alles in Bewegung ist. Der Vater ging ihm, seinem geliebten Sohn, entgegen. Gott schritt von seiner Wohnstätte zur Brücke hinab, und Christus ging ihm entgegen. Dann kniete Christus vor dem Vater nieder, und unter dem Jubel der himmlischen Heerscharen küßte er den Saum seines Gewandes. Der Vater hob seinen Sohn auf und führte ihn in das Vaterhaus, wo sie zusammen gelebt und so viele bedeutsame Gespräche geführt hatten, ehe Christus die Menschwerdung auf sich nahm.«[18]

»Sie beide betraten nun allein das Haus des Vaters; denn der Sohn hatte dem Vater viel zu berichten, und der Vater war beglückt, daß sein Sohn zurückgekommen war. Christus hatte die Türen für die Rückkehr der Gefallenen geöffnet. Für einen jeden von ihnen hatte er die Erlösung gebracht.« Ein jeder kann nun zurückkehren, so er willens ist, den für ihn festgelegten Weg des Aufstiegs und der Wiedergutmachung zu beschreiten. »So konnte Christus vor den Vater hintreten und zu ihm sprechen: "Alle habe ich erlöst. Sie alle können nun zurückkehren. Du hast sie mir gegeben, und alle bringe ich sie dir wieder zurück. Denn alles, was du mir gegeben hast, ist ja auch dein."«[19]

»Christus dankte Gott für den Beistand, für die ihm gespendete Kraft, für seine Liebe. "Du warst mir Vater durch alle Zeiten hindurch . . ."« Diese Worte sprach Christus voller Dankbarkeit; war er doch während seines Erdenlebens mit seinem Vater stets verbunden. »Immer hat doch Jesus betont: "Alles, was ich rede und tue, tue und rede ich nicht aus mir, sondern der Vater belehrt mich; der Vater sagt mir, was ich zu tun habe." (Vgl. Johannes 12,49 und 14,10.)«[20]

»Während Christus mit dem Vater allein sein durfte, ungestört mit *ihm* allein, zu seiner Rechten, waren seine königlichen Geschwister hingegangen und schmückten sein Haus mit all den Kostbarkeiten, die man bereitgestellt, aber nicht hatte hinschaffen können. Der Weg war ja nicht frei gewesen – Christus sollte doch als erster sein Haus betreten! Jetzt waren seine himmlischen Geschwister bemüht, das Haus auf das schönste zu schmücken, zu seiner Freude und zur Freude des Vaters. Dann kam er wieder mit seinem Vater und zog mit seinen Geschwistern [die ihm bei der Erfüllung seines Auftrags gedient hatten] ein in sein Haus. Welche Wonne erlebte er da, welchen Jubel! ...« Menschen können sich die Herrlichkeit jener Musik, dieses Jubilierens in den höchsten Sphären nicht vorstellen ...[21]

»Dann traten beide heraus, und wieder stieg grenzenloser Jubel auf. Christus forderte die Engel auf, stille zu werden – hatte er ihnen doch so vieles zu sagen. "Jetzt beginnt eine neue Zeit", erklärte er ihnen. "Ein neuer Anfang ist geschaffen. Die vielen Leidenden in der Tiefe müssen alle den Weg zu uns herauf finden. Dazu braucht es die Mithilfe eines jeden, der in den Himmeln ist; ein jedes muß auf seine Weise dabei mitwirken." Christus beauftragte die Fürsten des Himmels, den Plan, den Gott [mit ihm zuvor] schon entworfen hatte, jetzt weiterzuleiten; denn gleich wollte man sich an die Arbeit machen.« Galt es jetzt doch, die für die Heimkehr der Gefallenen erforderlichen Aufstiegssphären zu schaffen. »Gleichwohl verweilte man noch eine Zeitlang in Freude und Glückseligkeit beisammen. Es blieb ja nicht bei den Begrüßungsworten, sondern es waren herrliche Tafeln gedeckt worden, und nun wurden diese Engel [die als Mithelfer bei der Erfüllung seines Auftrags beteiligt gewesen waren] von Christus zum Mahle geladen. Nach so langer Zeit durften sie endlich wieder mit ihrem König zusammensein ...«[22]

»Zu all jenen aber, die an seinem Einzug mitgewirkt hatten, ging Christus zu einem späteren Zeitpunkt. Auch für sie ließ er [an ihren Orten] eine Tafel aufstellen, um mit ihnen zu feiern, und dann durchwanderte Christus die verschiedensten Himmelssphären. Einmal nahm er da Platz, ein andermal dort. So hat er sein Wort gehalten: Alle durften *ihn* sehen, *ihn* vernehmen, und alle forderte er auf, im Heilsplan mitzuwirken. "Ich habe Mitleid mit denen, die nicht unter uns sein können", sprach er zu ihnen. "Ich habe viel Leid für sie erduldet, und ich bin für sie [als Mensch] gestorben. Ich will sie wieder bei mir haben; sie sollen wieder zu uns kommen, zum Vater, zu euch, zu mir... So müßt ihr das Eurige dazu leisten, um sie zu heben. Von Zeit wollen wir nicht reden", fügte Christus hinzu; "es braucht viel Zeit, und es braucht viel Mühe und Anstrengung, und sie werden uns manche Sorgen bereiten. Doch der Kampf muß weitergehen!" Christus meinte damit den Kampf mit der niederen Geisterwelt, denn die Menschen werden so leicht zu ihren Werkzeugen! Sie sollen jedoch zu Werkzeugen der *guten* Geister werden. Deshalb muß der Himmel offen bleiben, damit die guten Geister ihre Tätigkeit im Erdenreich ausüben können.«[23]

Pfingsten

»Fünfzig Tage nach Ostern hatten die Juden jeweils das Fest der Vollendung [das 'Wochenfest'] gefeiert, und so waren auch die Apostel in ihrem Abendmahlssaale zusammengekommen. Dort pflegten sie Erinnerungen an Jesus auszutauschen, und sie sangen und beteten.« Da sandte Christus den Seinen, wie er ihnen verheißen hatte, den Geist der Wahrheit (vgl. Johannes 14,16f. und 26). »Er wollte sie nicht verwaist zurücklassen. Christus gab den Geistern Gottes Auftrag: "Gehet hin und erfüllet sie mit Kraft und Weisheit!" Da ging ein Donnern und Rauschen über das Haus, und die Apostel erkannten viele kleine feurige Zungen, die sich verteilten und über das Haupt eines jeden kamen. So wurden die Apostel, ein jeder, von einem heiligen Geist erfüllt.«[24]

Geistige Kräfte können bestimmte Odformen bilden. »So wurden auch diese Formen, diese feurigen Zungen, gebildet. In gewissem Sinne war es ein Symbol, ein Zeichen. Die Menschen sollten erkennen, daß auf jeden der Apostel ein heiliger Geist gekommen war und ihnen so viel Wissen vermittelt hatte, daß nun ihre Zunge durch dieses heilige Feuer, diese heilige Kraft redete. Denn jedem Apostel wurde ein heiliger Geist zuteil – *ein* heiliger Geist.«[25]

Nun traten die Apostel ohne Furcht hinaus und verkündeten die Lehre ihres Meisters. »Verschwunden war jetzt alle Angst. Sie fühlten sich innerlich gestärkt. Sie waren nicht mehr die ängstlichen Jünger von einst. Der Meister hatte ihnen den Geist Gottes der Kraft gesandt, auf daß sie voller Mut in die Welt hinaustreten konnten, um ihre Aufgaben zu erfüllen und *seine Lehre* zu verbreiten, *sein Wort* zu verkünden. Sie wußten, daß sie diese Kraft brauchten; denn sie sahen die Anfechtungen voraus, die auf sie zukommen würden. Sie wußten, daß sie Mut brauchten in der Auseinandersetzung mit den Pharisäern und Schriftgelehrten – mußten sie doch befürchten, daß auch sie verurteilt werden würden. Nun aber hatten sie keine Angst davor. Die von Christus beauftragten Geister des Mutes und der Kraft erfüllten die Jünger so, daß sie furchtlos hinauszutreten vermochten, um die christliche Lehre zu verkünden.«[26]

Die Verkündigung im Urchristentum

»In den Anfangszeiten war diese Verkündigung sehr bescheiden, sehr einfach, obgleich die Jünger von einem heiligen Geist erfüllt waren. Sie verkündeten die Gebote, die Christus ihnen so sehr ans Herz gelegt hatte: Liebe, Güte, Barmherzigkeit. Darin bestand in der ersten Zeit ihre Verkündigung.« Die Gottesdienste fanden in den Familien statt. »Man versammelte sich im Hause einer Familie, wohin man Gleichgesinnte geladen hatte. Dann betete man – in der ersten Zeit hauptsächlich um Christi baldige Wiederkehr... Die frühen Christen hatten eben nicht alles verstanden, was der Herr gesagt hatte, und so warteten sie ständig auf seine Wiederkunft.«[27]

»Doch fingen sie auch an, untereinander die Gleichnisse und Aussprüche des Herrn zu wiederholen, die sie vernommen hatten. Schließlich machte man sich auch daran, all das niederzuschreiben, was Christus gesprochen hatte, und diese Niederschriften zusammenzutragen. In der Anfangszeit galt für die Überlieferung dasselbe, was man vom Wasser sagen kann: Am Ursprung der Quelle ist es am reinsten.« So war auch die Verkündigung im Urchristentum der Lehre Christi noch nah. »Die Jünger, die Christi Lehre verkündeten, waren ja mit dem Meister zusammen gewesen. An so viele Begebenheiten aus dieser Zeit erinnerten sie sich noch, und davon berichteten sie ihren Zuhörern.«[28]

»Mit der Zeit freilich vergrößerte sich die Gemeinschaft, obwohl die frühen Christen schon von den Behörden verfolgt wurden und nicht wenige von ihnen ihres Glaubens wegen sterben mußten. Die ersten Christen hatten es wahrhaftig nicht leicht. Sie starben für ihren Glauben an den Herrn, in ihrem Innersten überzeugt durch all das, was er ihnen während seines Erdenlebens gegeben hatte. Sie erinnerten sich der Wunder, die er vollbracht hatte. Sie erinnerten sich an das, was er ihnen vom Reich Gottes verkündet hatte – so herrlich sei es, und sie würden dort mit *ihm* zusammenleben.«[29]

»Gleichwohl brachten die Jünger und die ersten Christen so manches durcheinander, weil sie Christi Worte oft nicht wahrhaft verstanden hatten. Dadurch kam es an den einzelnen Orten zu Abweichungen von der Verkündigung: Hier wurde das, dort jenes gepredigt. Mit der Zeit fanden aber gerade die Abweichungen immer größere, machtbedingte Verbreitung. In den Anfangszeiten war es ja noch möglich gewesen, daß ein Geist Gottes durch einen [medialen] Menschen zu den Gemeinden sprach. Was diese Geister Gottes verkündeten, gefiel jedoch den Zuhörern durchaus nicht immer...«[30]

»Die Herrschaft über die Welt war ja Luzifer zugesprochen worden. Er hatte das Recht behalten, die Menschen in Versuchung zu führen. Mit allen Mitteln ging Luzifer darauf aus, unter den Menschen Werkzeuge zu finden. In der Anfangszeit des Christentums hatte er dieses dadurch bekämpft, daß er durch seine Werkzeuge die Christen verfolgen ließ. Als er dann aber merkte, daß er damit sein Ziel nicht erreichte, sondern daß gerade durch diese Verfolgungen immer mehr Menschen zu Christen wurden, versuchte er es auf andere Weise – und auch dafür fand er seine Werkzeuge...«

»So machten die Menschen aus dem christlichen Glauben etwas, was Christus nie gewollt hatte. Es wurde etwas aufgebaut und mit Macht ausgestattet, wobei sich diese immer mehr ausweitete. Übel hat Luzifer den Menschen mitgespielt! Man denke nur an die Inquisition... Wie schrecklich waren die Zeiten, als man Menschen im Namen Gottes verbrannte!... All das kann nicht abgeleugnet werden. Die Überlieferung davon kann nicht vernichtet werden – man kann nur versuchen, die Dinge zu beschönigen.« Aber das hilft nichts.[31]

Die Entstehung der Evangelien

»Den Jüngern ging es nun darum, das ganze Geschehen zusammenzufassen, das Leben und Wirken, Leiden und Sterben Jesu festzuhalten. Zunächst hatten sie ja noch die Möglichkeit, mit gesprochenen Worten zu wiederholen, was geschehen war. In der Anfangszeit gab es noch viele Menschen, die Jesus selbst erlebt hatten. Sie hatten Jesus gesehen und gehört; sie hatten Heilungen durch ihn erfahren dürfen. Sie waren ihm nachgefolgt, und so kannten sie ihn. Also wußten die damals lebenden Menschen in der ersten Zeit noch selber viel von Jesus und den mit ihm verbundenen Geschehnissen. Nun aber ging es den Jüngern darum, alles, was geschehen war, zu sammeln und festzuhalten. Daher suchten sie auch jene Menschen auf, die mit Jesus Erlebnisse gehabt hatten.«[32]

»Natürlich hatten die Jünger ja selbst ihre Erlebnisse gehabt, und diese eigenen Erlebnisse wurden zunächst aufgezeichnet, aufgeschrieben. Besonders galt dies für Johannes; er war ja von ihnen allen der jüngste. Er erinnerte sich dieser Geschehnisse, und er zeichnete sie auf. Auch Petrus und andere Apostel, sie alle haben, jeder auf seine Weise, ihre Erlebnisse festgehalten.« Petrus beispielsweise brauchte nur etwas zu schildern, »dann war jemand zur Hand, der seine Aussagen aufzeichnen konnte. Aber es waren ja nicht bei jeder Handlung Jesu immer alle Apostel beisammen gewesen. Das eine Mal ging Jesus vielleicht mit drei Jüngern; ein anderes Mal war eine größere Anzahl von ihnen dabei. Jene aber, die es erlebten, mußten nun auch für die Aufzeichnung sorgen.«[33]

»So trugen also die Jünger Berichte über die Geschehnisse zusammen. Dies alles blieb jedoch noch unvollständig. Auch gingen sie wie erwähnt zu den Leuten hin und fragten sie über ihre Erlebnisse mit Jesus aus, zur Bestätigung dessen, was sie selber festgehalten hatten. Es geschah dies in der landesüblichen Sprache, die Jesus und die Jünger mit den Menschen von damals gesprochen hatten. Diese Sprache war das *Aramäische.* Es sei jedoch wiederholt, daß dieses Zusammentragen von Notizen und Erlebnisberichten immer noch etwas Unvollständiges ergab.«[34]

»Hier ist auf folgendes hinzuweisen: Jene Juden von damals, die den gehobenen Schichten angehörten, fanden genügend Zeit, neben ihrer aramäischen Landessprache die vornehme Sprache zu erlernen, die es im Lande gab, nämlich das *Griechische.* Die vornehmen Juden lernten also die griechische Sprache; in ihr ließen sie sich unterrichten. Es war eine besondere Schicht, die als gebildet gelten wollte. Wenn Juden der gehobenen Schichten zusammenkamen, sprachen sie miteinander griechisch. Daher wurde es notwendig, die zusammengetragenen Aufzeichnungen nicht in der Landessprache zu belassen. Die damals gesprochene aramäische Umgangssprache ließe sich mit einem Dialekt vergleichen. Sie war die Sprache, die jeder einfache Mensch sprach – keine gehobene Sprache. Man wollte aber das ganze Geschehen um Jesus und sein Wirken der Menschheit in einer gehobenen Sprache weitergeben, und so wurden dann die aramäischen Aufzeichnungen zuerst ins Griechische übersetzt.«[35]

»Es ging also darum, geeignete Menschen zu finden, welche jene Geschehnisse in griechischer Sprache festzuhalten vermochten. Die dazu ausgewählten Evangelisten besaßen bereits ein gewisses Material. Ihnen stand vor allem das Material zur Verfügung, das die Jünger zusammengetragen hatten, das aber – es sei erneut betont – unvollständig war. *Vollständig* niedergeschrieben wurde es jetzt *unter dem Einfluß von Geistern Gottes*. Die betreffenden Menschen besaßen die erforderliche Begabung, die notwendigen Fähigkeiten, und sie erfüllten auch die Bedingungen, die einen Einfluß auf diese Menschen ermöglichten. Die Geisterwelt Gottes hatte aber zuerst diese Menschen suchen müssen.«

»Ursprünglich war das Geschehen ja stückweise zusammengetragen worden. Jetzt wurde ein Ganzes daraus verfaßt. Bei jedem, der eine Niederschrift unternahm, war ein Geist Gottes mit seinem Einfluß zugegen«, damit die Fassungen bei den Evangelisten mit den Geschehnissen übereinstimmten. »Wer die Evangelien aufmerksam liest, erkennt, daß sie sich jedoch im einzelnen unterscheiden. Der eine Evangelist hebt ein bestimmtes Geschehen heraus und beleuchtet es, während ein anderer wieder etwas anderes besonders schildert. Das ist auch ganz in Ordnung; denn zusammen wurde es damals ja doch ein vollständiges Werk.«

»Später wurden diese Evangelien in andere Sprachen übersetzt. Die erste nach dem Griechischen war das Lateinische, das heißt, nach der griechischen Fassung entstand zuerst eine lateinische Übersetzung. Bei diesen weiteren Übersetzungen hielten nicht überall Geister Gottes ihren Einfluß aufrecht – es wurde *Menschenwerk*. Menschen saßen vor diesen Schriften. Sie verstanden so manches Wort nicht mehr richtig! Sie legten den Sinn nach *ihrem* Verständnis hinein, und so wurden die Evangelien abgeschrieben und ausgelegt, wobei eben so vieles einen ganz anderen Sinn bekam. Deshalb ist es für die Menschen von heute notwendig, daß sie die Wahrheit der Heiligen Schrift wieder erfahren.«[36]

»Zu der Zeit, da Johannes alt geworden war, hatte auch er Jünger, und auch diese machten sich daran, das Geschehen um Jesus zu übersetzen und niederzuschreiben. Johannes als der letzte überlebende Jünger Jesu hat bei diesen Niederschriften richtiggestellt, was ihm möglich war.« Sie haben sich nicht erhalten oder sind uns noch immer nicht zugänglich. »Es ist also nicht falsch, wenn es heißt, nicht nur Johannes habe [nach Matthäus, Markus und Lukas] ein Evangelium verfaßt. Das Evangelium des Johannes aber hat sich verbreitet, weil es sich durch Klarheit und Deutlichkeit auszeichnet. Johannes hat darin auf seine besondere Weise ausgedrückt, wie *er* Jesus erlebt hatte, und darin unterscheidet er sich von den anderen Evangelisten.«[37]

»Was nun die *Offenbarung* anbelangt, so hat Johannes sie in der Verbannung [auf der Insel Patmos] geschrieben. Johannes war zur Zeit seiner Verbannung ein alter Mann. Während dieser Zeit, also gegen die Jahrhundertwende hin, wie auch danach, als Johannes schon gestorben war, erlebten die Menschen schwere Schicksale. Dazumal wurden die Christen so gepeinigt! Für ihren Glauben wurden sie geschlagen und zu Tode gemartert. Die Menschen erblickten darin eine Strafe Gottes – auch die ersten Christen, ja Johannes selbst. Johannes hat sich gedrungen gefühlt, diese Offenbarungen niederzuschreiben; doch nicht nur, weil damals schwere Zeiten hereingebrochen waren, sondern auch, weil damals, gegen Ende seines Lebens, ganz besonders schwerwiegende Irrlehren verbreitet wurden. Aber manches von der Schau, die Johannes wirklich erlebte, ist nicht richtig niedergeschrieben, und manches ist auch nicht richtig ausgelegt worden.« Dazu ist zu bemerken, »daß Johannes [wegen seines hohen Alters] nicht mehr jene Rüstigkeit besaß, um diese Eingebungen und geistigen Führungen [ungetrübt] wiedergeben zu können. Man darf dabei auch nicht vergessen: Jesus hat doch so viel vom Letzten Gericht gesprochen! Seine Jünger und überhaupt die gläubigen Christen erwarteten sozusagen jederzeit den Weltuntergang, weil sie unter diesem Letzten Gericht eben das Ende der Welt verstanden. Als nun Johannes diese Schau hatte, war er dabei als Mensch auch von dem Gedanken an das Letzte Gericht beeinflußt, das er [ebenfalls] in weltlichem Sinne verstand. Er fühlte doch wie ein Mensch, und wenn die Jünger dazumal ihre Vermutungen über dieses Letzte Gericht hatten, über diesen 'Weltuntergang', so war dies eben auch bei Johannes der Fall. Dazu kommt noch, daß die heutigen Begriffe [zum Teil] ganz anders sind als die damaligen und daß durch die verschiedenen Übersetzungen zusätzlich so vieles verwirrt wurde. Johannes hatte diese Botschaften zum Troste der Menschen von *dazumal* gegeben. Sie galten für jene Zeit; sie gelten nicht mehr für die Zeit von heute.«[38]

Der Aufstieg der Gefallenen

Planung des Aufstiegs

Nach der Heimkehr Christi zum Vater wurde – wie schon im Kapitel XII erwähnt – mit der Verwirklichung der Pläne für den weiteren Aufstieg der Gefallenen begonnen. »Dieses Planen wird ständig fortgesetzt. Geistige Ebenen müssen abgeändert, niedere Sphären können allmählich zu höheren Sphären umgestaltet werden. Auch im Aufstieg der Wesen selbst kommt es ständig zu neuen Entwicklungen. Immer erneut muß eingegriffen werden; denn nichts davon entgeht Christus und seinen Helfern.«[1]

»In den verschiedenen Stufen der Himmel gibt es jeweils ein Gebäude, dessen Wände mit den Plänen für den Aufstieg der Menschheit und der von unten kommenden Wesen vollgezeichnet sind. Bestimmte Engel Gottes haben dies alles zu überwachen. Jede Rückkehr eines verstorbenen Menschen in die Jenseitswelt halten sie im entsprechenden Plane fest, und auch seine Entwicklung. Ob er in seiner Entwicklung stehengeblieben ist oder wie weit er sich aufzuschwingen vermocht hat, all das wird bei jeder Rückkehr jedes einzelnen Wesens genau vermerkt. Daraus ergibt sich eine umfassende Übersicht über die gesamte Entwicklung allen Lebens ... *Alles* wird beobachtet ... Gottesgeister interessieren sich für alles, nicht nur für den Menschen – gibt es doch noch soviel Leben, das schlummert und das für den Aufstieg geweckt werden muß. Noch sind so viele in den Tiefen ... Wieviel gibt es da für die Engelswelt zu tun! Denn alles muß aufwärtsströmen – alles muß den Himmeln zugehen.«[2]

»Doch im Geistigen übereilt man die Dinge nicht. Sorgfältig wird alles geordnet – alles wird wohl überlegt. So geschah es nun unter der Führung des Königs. Die Aufgaben wurden an seine himmlischen Geschwister verteilt. Die Sphären des geistigen Reiches wurden umgewandelt und für jene eingerichtet, die da kommen sollten. Man sorgt für ihren weiteren Aufstieg. Auch wurde Vorsorge getroffen, jenen in der Dunkelheit den Weg zu sperren, damit sie nichts Unerlaubtes verüben können. Viel gab es zu tun, zu ordnen ...«

Vielleicht meint man, das hätte man in der geistigen Welt doch schon vorher vorbereiten können. »Nein, man wartete erst die Erfüllung der großen Aufgabe durch Christus ab. Man wartete auf die Heimkehr des Königs. Erst wenn er wieder ins Himmelreich eingekehrt sei – so hatte der Vater es angeordnet –, dürften die weiteren Vorbereitungen getroffen werden.«[3]

Zuvor schon hatte Christus mit den Fürsten des Himmels die Aufstiegssphären der geistigen Welt entworfen. »Als erster hatte *er* vom Vater die Kenntnis [von diesem Teil des Heimführungsplanes] erhalten – gemeinsam hatten sie es durchberaten.« Dann wurden die Pläne »bis in die kleinsten Einzelheiten mit Hilfe der Getreuen Gottes ausgearbeitet«. Nun gab der Vater seinem geliebten Sohn den Auftrag für die Verwirklichung. »Unter Mithilfe der Fürsten des Himmelreiches sind die [geistigen] Aufstiegsstufen von Christus geschaffen worden. *Er* ist deren Schöpfer – wie auch der Schöpfer des Erdenreiches.«

Bis der Aufstieg aller Menschen vollendet ist, »nimmt der König des Himmelreiches Anteil an seinen Geschwistern auf Erden; denn für sie alle ist er gestorben. Für sie alle hat er den Weg frei gemacht. Sie alle sollen zum Vater heimkehren, und dazu will er ihnen seinen Beistand, seine Unterstützung leihen.«[4]

Aufstieg aus der Hölle

Als Christus damals, nach dem Letzten Gericht, aus der Hölle fortzog, ließ er Scharen seiner Streiter dort unten zurück. »Diese Kämpfer haben dafür zu sorgen, daß die Abmachungen, die getroffen worden waren, genau eingehalten werden; denn diesen Wesenheiten der Tiefe kann man nicht trauen – sie müssen überwacht werden. Gottes Macht muß *sichtbar* bei ihnen gegenwärtig sein. Ebendeshalb hat Christus solche Streiterengel dort zurückgelassen. Sie werden von Zeit zu Zeit ausgewechselt; denn es wäre ja für diese Engel unbillig und nicht erbaulich, müßten sie ständig dort leben... Allein, ihre Anwesenheit gehört zum Heilsplane Gottes, und so ist es Pflicht jener Geister Gottes, diese Aufgabe zu erfüllen – und sie tun es gerne.«[5]

Teil der Abmachungen, die Christus mit Luzifer getroffen hat, ist, daß all jene Geister, die nicht länger in Luzifers Reich bleiben wollen und sich bemühen, den Aufstieg anzutreten, von ihm nicht gewaltsam zurückgehalten werden dürfen. »Geistwesen, die der Hölle zu entrinnen suchen, müssen sich bei ebendiesen geistigen Wächtern melden. Oft suchen sie auch Schutz bei ihnen, denn die Teuflischen sind ja so schlau – sie ahnen und merken das Vorhaben jener, die entfliehen möchten, und daran wollen sie sie mit allen Mitteln hindern. Deswegen suchen die Fluchtwilligen den Schutz der Engelwächter auf; in ihrer Nähe fühlen sie sich sicher. Sobald sie bei ihnen angelangt sind und ihren Wunsch vorbringen, wird diesem Wunsche stattgegeben.«[6]

»Man muß sich jedoch klarmachen, daß diese von unten aufsteigenden Wesen noch immer von Unzufriedenheit und Haß erfüllt sind. So steht ihnen ein langer Weg bevor, denn dies alles muß doch im Laufe der Zeit überwunden werden. Man hilft ihnen dabei und bereitet ihnen den Weg nach oben.« Zunächst müssen sie sich innerhalb der Besserungsstufen der Hölle nach oben schaffen. »Aufgabe höherer göttlicher Wesen ist es, diejenigen zu überprüfen, die da im Kommen sind. Sie müssen entscheiden, in welche geistige Stufe man sie überführen will, wenn sie es einmal so weit geschafft haben, dem höllischen Bereich ganz zu entfliehen. Solche führt man in ein Zwischenreich hinein, wo jedes einzelne Wesen von Engeln Gottes beobachtet wird. Man schaut ihnen in die Tiefe der Seele und prüft die Möglichkeiten, die sich bei jedem einzelnen [für seinen weiteren Aufstieg] bieten.« Dann werden sie an einen besonderen Ort übergeführt. »Dort trifft man Vorkehrungen für ihre *Umwandlung* [für die Einverleibung im Erdenreich]. Diese Umwandlung wird von höheren Geistwesen vollzogen. Für die Umgewandelten beginnt damit ein neuer Aufstieg.«[7]

Zu den tiefsten Aufstiegsstufen auf Erden gehören das Mineralreich und die Pflanzenwelt. »Auch im Stein ist Leben. Der Stein ist nicht tot! Viele Menschen vermögen es nicht zu fassen, daß in den Gesteinsmassen wahrhaftig Leben ist – aber hat nicht Christus gesagt, die Steine würden schreien ...? (Vgl. Lukas 19,40.) Solche Geister werden für diese unterste geistige Entwicklungsstufe vorgesehen, von denen man weiß, daß ihnen noch nicht zu trauen ist. Man geht bei ihnen auf Sicherheit und wählt daher für ihren Aufstieg lieber einen langsamen Weg« – nämlich durch das Mineralreich, die Pflanzen- und die Tierwelt. »Doch gibt es auch Geistwesen, die nicht nur Bereitschaft zur Umwandlung und zu anderem Denken zeigen, sondern die auch willens sind, eine Aufgabe auf sich zu nehmen. Solche haben die Prüfungen in den Besserungsstufen der Hölle bestanden, und man mutet ihnen daher nicht mehr zu, in die tiefsten Stufen des Aufstiegs eingereiht zu werden. Vielleicht besteht für sie sogar die Möglichkeit, unmittelbar in ein *menschliches Leben* eingeführt zu werden.«[8]

Alle diese Wesen durchschreiten nach dem Verlassen der Hölle dieselben verschiedenen Entwicklungsstufen wie jene Wesenheiten, die sich seinerzeit aus der Tiefe der Hölle heraus Christus anschlossen, als der Sieg über Luzifer errungen war. Haben dann diejenigen unter ihnen, deren Entwicklungswege durch die irdischen Naturreiche führen, die oberste Stufe des Tierlebens hinter sich gebracht, werden auch sie in ein menschliches Leben gesandt. »Damit stehen sie auf der untersten Sprosse der Aufstiegsleiter, die über das *menschliche* Leben zum höheren geistigen Leben führt. So werden auch sie [als Menschen] zur Erde kommen und wieder in die Geisteswelt zurückkehren, immer und immer wieder – die einen mit ganz wenigen Verdiensten, geringen Fortschritten oder gar ganz ohne Verbesserungen, andere dagegen in raschem Aufstieg dank ihrer Einsicht.« So lange werden die Aufsteigenden immer wieder in ein menschliches Dasein gesandt, bis sie die ihnen auferlegten Prüfungen bestanden haben.[9]

»Wenn es heute in der christlichen Lehre heißt, es gebe kein Wiedergeborenwerden, so stammt diese Auffassung nicht zuletzt von Inspirationen von Wesenheiten, die jene tiefen Ebenen der [geistigen] Läuterungsstufen bevölkern und daher nichts wissen« – die ohne Fortschritte aus ihrem Erdenleben in die Geisteswelt zurückkehrten.[10]

Tritt ein aufsteigendes Wesen zum erstenmal in ein menschliches Leben, so hat es zumeist ein Erdendasein voller Mühsale zu ertragen. Oftmals sind jedoch solche Wesen noch mit so viel Unzufriedenheit oder gar Bosheit erfüllt, daß die Mitmenschen mit ihnen ihre liebe Not haben. »Ihnen kann man zureden, soviel man will – es nützt nichts, denn sie sind ja noch nicht geistig gereift; es fehlt ihnen noch an geistiger Erkenntnis; ihre Seele ist ja noch so verdunkelt . . .«[11]

Kehren die Aufsteigenden nach einem menschlichen Leben wieder in die geistigen Läuterungs- und Aufstiegsebenen zurück, sind sie dem Einflußbereich Luzifers entzogen. Auch gibt es grundsätzlich kein Zurückfallen in eine niedere geistige Welt. Nur Geistwesen, die sich als Menschen auf das furchtbarste belastet haben, werden aus den Aufstiegsstufen des göttlichen Reiches ausgestoßen und wieder in die Hölle zurückgeführt.

»Nach dem letzten Weltkrieg (1939–1945) ist eine nicht geringe Anzahl von Menschenseelen in die höllischen Bereiche zurückgeführt worden ... *Es sind Ausnahmen.* Jene sind es, die die Menschheit in tiefstes Unglück gestürzt haben. Jene sind es, die ihren Mitmenschen aufs grausamste begegnet sind und sich auf so teuflische Art belastet haben, daß sie wieder zum Teufel gehören ... Die hohe Geisteswelt entscheidet darüber, wie lange sie in der Hölle verweilen müssen. Auch für sie werden wieder Wege des Aufstiegs geschaffen. Auch sie haben doch die Möglichkeit, einzusehen, was sie falsch gemacht haben. Allein, die Belastung, die sie sich auferlegt haben, wird sie auf manches Erdenleben hinaus zeichnen ... Ein sehr schweres Schicksal wartet auf sie in der Zukunft.«[12]

Wiedergeburt

»Wenn ein Mensch stirbt, dessen Seele nicht so geläutert ist, wie es [für den weiteren Aufstieg in der göttlichen Welt] erforderlich wäre – wenn er also seine Aufgaben auf Erden noch nicht voll erfüllt hat –, muß er wiedergeboren werden, das heißt, es steht ihm dazu ein neues Erdenleben zur Verfügung. Ehe solche Geistwesen in die Einverleibung geführt werden, versetzt man sie in einen Schlaf.« Nun bedarf es bestimmter geistiger Ströme, odischer Kräfte, um den Geistleib des Einzuverleibenden auf eine Größe zurückzuführen, wie sie dem irdischen Kindeskörper entspricht. »Durch odische Kräfte muß der Leib des Geistwesens so verkleinert werden, daß es von einem irdischen Kindesleib Besitz ergreifen und dann gemeinsam mit ihm aufwachsen kann; denn der Geist, der in ein solches irdisches Körperchen eintritt, muß *gemeinsam* mit ihm heranwachsen können.«[13]

Ein Geistwesen, das in der Jenseitswelt für ein Erdenleben vorbereitet wird, trägt in seiner Seele einen Plan, der nicht nur seine geistige Entwicklung bis zu diesem Zeitpunkt enthält, »sondern auch alles, was von Gott für ihn bestimmt ist, also sein *unabänderliches* Schicksal, und ferner solches Schicksal, das nur *bedingt* gezeichnet, also abänderbar ist. Das ist der *geistige Plan*, mit dem jedes Wesen ins menschliche Dasein tritt.«[14]

»Einen *zweiten Plan* bringt dieses Geistwesen dann als Mensch während seines Erdenlebens zum Ausdruck.« Er besteht vorerst noch aus leeren Feldern, »die man für den Ablauf seines Erdenlebens vorgesehen hat. Im Laufe der Jahre beobachtet man, was aus dem Menschen geworden ist, und man beginnt, die Felder vollzuzeichnen. Das bezieht sich auf die wichtigsten Prüfungen, die ein Mensch zu bestehen hat.«[15]

Nun hat aber jeder Mensch auch einen Schutzgeist. »Dieser Schutzgeist ist dafür verantwortlich und besorgt, daß auch der zweite Plan dieses Menschen fortlaufend gezeichnet wird. Dieser zweite Plan bezieht sich vornehmlich auf sein [gegenwärtiges] *irdisches* Leben, das heißt auf seine Fähigkeiten und seine Willenskraft.« Man berücksichtigt dabei alle Eigenschaften, die sich bei diesem Menschen im Laufe seines Lebens entwickeln, seien es gute oder böse. »Dieser Plan konnte *nicht vor* seinem Eintritt ins menschliche Dasein entworfen werden, weil auch die Erbanlagen und dazu alle sonstigen Einflüsse berücksichtigt werden müssen. Zu diesen Einflüssen gehört die Erziehung des Kindes im Elternhaus und durch seine Lehrer und Erzieher – sie beeinflußt den heranwachsenden Menschen innerlich und äußerlich. All das muß berücksichtigt werden und wird nun auch in diesem zweiten Plan festgehalten.«[16]

»Auf Grund der Angaben dieses zweiten Planes kann die Geisteswelt einen Menschen jederzeit entsprechend einstufen. So kann es vorkommen, daß sie einem Menschen das Leben kürzt, weil man sieht: es ist für diesen Menschen besser so, damit er sich nicht noch weiter belastet. Einem andern kann man das Leben verlängern, weil man darin einen Nutzen für die Gotteswelt erkennt.«[17]

Daß jeder Mensch seinen *Schutzgeist* hat, ist Teil der Abmachungen Christi mit Luzifer. Schon während seines Erdendaseins kündete er vorausschauend davon. »Geraume Zeit vor seinem Erdentod sprach Christus zu den Seinen: "Der Menschensohn wird die Engel und Auserwählten von allen Seiten der Erde und des Himmels herbeirufen, wenn die schwere Zeit der Trübsal vorüber ist, und sie wieder aussenden." (Vgl. Matthäus 24,31.) Mit den Worten "Wenn die schwere Zeit der Trübsal vorüber ist" meinte Jesus, wenn sein Geist vom irdischen Leib gelöst und befreit sein werde – dann werde er die Seinen aus allen Himmelsrichtungen herbeirufen. Sie sollten als seine Getreuen und Auserwählten in seine Dienste treten und sich der Menschen auf dieser Erde annehmen, sie durchs Leben begleiten und ihnen Schutzgeist sein.«[18]

»So hat seither jeder Mensch seinen Schutzgeist, ob er gläubig ist oder nicht. Es kommt aber darauf an, welches Verhältnis zwischen ihnen besteht. Ist das Verhältnis eng, weil der Mensch gläubig ist, dann wird der Schutzgeist seinem Schützling mehr entgegenkommen; er wird sich mehr um sein Leben bemühen und um alles, was damit zusammenhängt. Doch auch der Ungläubige hat einen Schutzgeist, denn auch der Ungläubige steht unter der Herrschaft Gottes. Auch er hat die Schwelle aus der Gebanntheit [im Reiche Luzifers] hin zum Aufstieg überschritten. Auch für ihn sind die Wege des Aufstiegs gebahnt – es ist nur eine Frage der Zeit, wie lange er braucht, die Höhen des Lichts zu erreichen. Man hat Geduld mit ihm. Es werden ihm ja viele Erdenleben gegeben, in denen er die Möglichkeit erhält, sich dem Glauben zuzuwenden.«[19]

Für den Geist des Menschen ist entscheidend: Mit jedem Erdenleben wird ihm ein neuer Anfang ermöglicht. »Mit einem neuen Auftrag geht er in diese Welt hinein. Ganz frei kann er von neuem beginnen, ohne zu wissen, welche Verschuldung er trägt, und ohne zu wissen, welche Stufe des Lichts er erreicht hat – damit er nicht übermütig und überheblich werde. Kein Mensch weiß es. Der eine oder andere mag zwar etwas von seiner geistigen Stufe erfühlen, erahnen; aber man läßt ihn darüber letztlich doch in Ungewißheit – und das hat seinen Grund ...«[20]

»Das Wiedermenschwerden bietet die Möglichkeit, auch schwere Sünden zu sühnen; denn jeder wird in seinem neuen irdischen Dasein das Schicksal erleben, das er verdient hat. Damit wird allen die Möglichkeit gegeben, die Gesinnung zu bessern und das Verhalten zu bereinigen. Daher ist die Geisterwelt Gottes so sehr an den Menschen interessiert, die in ein Erdenleben getreten sind.«[21]

Das Wiedergeborenwerden ermöglicht für das aufsteigende Wesen eine schnellere Aufwärtsentwicklung; denn das menschliche Leben mit seinen Prüfungen fordert den einzelnen heraus, an sich selbst zur Überwindung seiner Schwächen zu arbeiten. »Viele Schicksale greifen in das Leben eines Menschen ein, die dazu bestimmt sind, den Aufstieg zu beschleunigen. Es sind Prüfungen, aus denen man gestärkt hervorgehen soll. Also gibt Gott dem Menschen das, was seinem [geistigen] Fortschritt dient.«[22]

»Wer in der Jenseitswelt [infolge seiner erzielten Fortschritte] geistig gehoben ist und für ein neues Erdenleben bestimmt wird, dem wird auch ein gesundes Denken, ein heller Verstand gegeben sein, und die Frömmigkeit seiner Seele, seines Herzens kann gefördert werden. Alles wird dann in seinem Erdenleben so gefügt, daß die Bedingungen erfüllt werden, die aus ihm ein gutes Werkzeug machen – vorbestimmt ist es schon in der geistigen Welt. Wer mit einer solchen Berufung ins Leben tritt, den geleiten und behüten Engel Gottes während seines ganzen Erdendaseins. Ihre Pflicht ist es, alles in Erfüllung zu bringen, was von oben bestimmt worden ist.«[23]

»Solche Menschen gehobenen Geistes tragen den Ruf des Herrn in sich. Ungeachtet aller Hindernisse finden sie den Weg im Leben, und sie erfüllen ihr Werk. Dafür sorgen die Engel – es ist ihre Aufgabe –, und Gottes Wille ist es, daß es so geschehe, denn dieser Mensch muß geführt und gestärkt werden. Durch viele Leben hindurch hat er sich bewährt. Jetzt soll er nicht durch das Unrecht anderer Menschen beiseite geschoben werden können. Mag es auch zu vielen inneren und äußeren Kämpfen kommen – Sieger bleiben doch jene, die im Auftrage Gottes stehen.«[24]

Rückkehr von der Erde

Des Menschen Handeln und Denken, kurz, alles, was in seinem Leben auf ihn zukommt und ihn beschäftigt, hinterläßt unauslöschbare Spuren in seiner Seele. »In ihr sind alle Empfindungen, Erlebnisse, Erinnerungen des Wesens festgehalten. Hat ein Mensch seinen irdischen Leib abgelegt, so ist alles, was er getan, in der Tiefe dieses Ewigen seines Wesens aufbewahrt.« Die Seele, dieses Ewige, gewandet mit ihrer Ausstrahlung den Geistleib des Wesens. »Daran erkennt die Gotteswelt, welche Wege das betreffende Wesen durchlaufen hat, welches seine Schuld war, wie seine Leistungen gewesen sind. So kann ein jedes bei seiner Heimkehr in der Geisteswelt beurteilt werden. Nichts bleibt verborgen, verschwiegen ...«[25]

Wesenheiten aus den unteren Entwicklungsstufen finden, wenn sie vom Erdenleben in ihre geistige Ebene zurückkehren und sich zuvor als Mensch nicht schwer belastet haben, dort ein Leben vor, an das sie sich sehr schnell gewöhnen und an dem sie oft nichts Außerordentliches bemerken; denn die neue Umgebung und vieles, das nun auf den einzelnen zukommt, weist mit dem in seinem vergangenen irdischen

Dasein Erlebten eine große Ähnlichkeit auf. »Auch hier muß er *arbeiten*, so wie er als Mensch hatte arbeiten müssen. Er stellt fest, daß er in eine bestimmte Ordnung eingereiht ist. Er wohnt in einem geistigen Hause. Auch gibt es eine *geistige Natur*. Das alles merkt er wohl; aber da es soviel Ähnlichkeit aufweist mit seinem früheren Dasein auf der Erdenwelt, macht er sich keine weiteren Gedanken darüber. Er ist auch gar nicht fähig, sich solche Gedanken zu machen. Er nimmt die Anweisungen [der Engel Gottes] entgegen und weiß, daß er unter einer Herrschaft steht, der er Gehorsam schuldet.«[26]

Schwer haben es hingegen jene heimkehrenden Menschenseelen, die große Schuld auf sich geladen und die vom Weiterleben, von der Ewigkeit keine Kenntnis besitzen. »Sie fühlen sich nun tief unglücklich und haben oft nur ein Verlangen: Fort aus dieser unbekannten Welt! Manche von ihnen meinen, da, wo sie sind, sei wohl das Fegefeuer. Andere sind sich zwar klargeworden über die Veränderung, die sich an ihnen vollzogen hat, doch sie wollen sie nicht wahrhaben – hatten sie doch als Menschen eine ganz falsche Vorstellung gehabt und gemeint, nach dem Tode wäre nichts mehr von einem da oder höchstens vielleicht irgendein Wölkchen von Kraft oder dergleichen ... Alles bildeten sie sich ein, nur nicht das, wie es wirklich ist, in seiner so einfachen Wahrheit. Gerade solche Seelen haben dann das Verlangen, zur Erde zurückzukehren.« Damit hemmen sie jedoch ihren weiteren Aufstieg.[27]

Je höher man in seinem geistigen Aufstieg gelangt, um so herrlicher, lichter ist die Geisteswelt, in die man nach dem Abscheiden von der Erde einkehren darf, und um so feiner, edler wird auch der eigene Geistleib. »Beglückt stellt man fest, daß er *feinstofflich* geworden ist; daß die Hände nicht mehr so grob, die Haare feiner geworden sind und das Gesicht sich verändert hat ... Man erkennt das Licht, das von innen heraus leuchtet und sein ganzes Wesen durchstrahlt.« Auch in diesen Höhen gibt es Formen und Gegenstände, gibt es geistige Häuser und eine geistige Natur; doch ist alles viel schöner, reiner, leuchtender ...[28]

»Wenn verstorbene Menschen, die ein *wertvolles Erdenleben* hinter sich gebracht und *an Gott und Christus geglaubt* haben, in die Jenseitswelt kommen, freut sich der Himmel über die Leistungen, die vollbracht worden sind.« Man will solche Heimkehrenden besonders erfreuen. Man öffnet ihnen die Tore zu einem schönen Himmel. »Allein, die meisten sind, wenn sie ihren irdischen Leib abgelegt haben, noch etwas ermattet. Das Geschehen, die Veränderung, die mit dem neuen Leben verbunden ist, hat sie ermüdet, und so haben sie noch nicht die Möglichkeit, die sich ihnen auftuenden Herrlichkeiten zu durchwandern. Also bedürfen sie der Stärkung.«[29]

»Diese Stärkung verbindet man für solche Zurückkehrenden mit einer besonderen Freude. Man führt sie zum Beispiel in eine lichte Halle hinein, die von allen Seiten mit den verschiedensten Farben durchleuchtet ist. Der Eintretende hat dadurch zunächst Mühe, um sich zu schauen – er kann das Licht noch nicht ertragen. Aber bald gelingt es ihm, und nun bittet man ihn, der zusammen mit einer Schar ihm noch unbekannter Geistwesen diesen Raum betritt, an einem Tisch Platz zu nehmen. Auf diesem Tisch steht ein Kelch und liegt ein Brot – es ist ein flaches Brot auf einem kostbaren Teller. Ein Gottesgeist ist der Gastgeber. Der Gastgeber ergreift den Kelch, der gefüllt ist mit dem Erzeugnis des Weinstocks, von dem Christus gesprochen hat (Matthäus 26,29). Er hebt das kostbare Gefäß empor und begrüßt in Christi Namen den Heimkehrenden, indem er ihn einlädt, aus diesem Gefäß zu trinken. Wenn er davon genommen hat, reicht er den Kelch den anderen weiter, die auch als Gäste geladen wurden.«[30]

»Der Gastgeber ist jener führende Geist, der seit jeher mit dem Leben dieses in die Geisteswelt eingetretenen verstorbenen Menschen befaßt war. Er nimmt jetzt das Brot, teilt es in so viele Stücke, als Anwesende zugegen sind, und teilt es aus. Zuerst wird wiederum jener Bruder bedacht, der eben erst in die Geisteswelt eingetreten ist und als aufsteigendes Geistwesen zum erstenmal seine Schritte in diese wunderbare Welt setzen durfte. Ihm wird nun eröffnet: "Aus diesem Gefäß, aus dem du als erster getrunken hast und aus dem dann deine Geschwister alle mit getrunken haben, hat auch *Christus* schon getrunken..."«[31]

Wieviel aber braucht es für den Menschen, um nach seinem irdischen Tod als aufgestiegener Geist dahin zu kommen, wo auch Christus weilt! Wenn der Mensch von dieser Welt abscheidet, findet sein Geist wohl seinen Platz im Reich Gottes. »Aber ob er seinen Platz *da* findet, wo *Christus* ist, wo *er* aus allernächster Nähe geschaut werden kann, ist dann die Frage...« Dennoch ist es eine Notwendigkeit, mit der Zeit dahin zu kommen, wo Christus aus der Nähe erlebt werden kann. »Um in diese Nähe Christi zu gelangen, braucht es für den Menschen wahrhaftig ein aufopferndes Leben. Die Möglichkeit aber ist gegeben, daß Geister Gottes *stellvertretend für Christus* den in der Jenseitswelt Ankommenden begrüßen, wenn er in seinem Erdendasein viel geleistet«, jedoch noch nicht jene himmlische Höhe erreicht hat, in der er Christus unmittelbar begegnen kann.[32]

»Niemand braucht sich vor dem Eintritt in die Jenseitswelt zu ängstigen, wenn man in seinem Leben *Gott* die Ehre gegeben und sein Dasein so ausgerichtet hat, daß es einem selbst zur Ehre gereicht. Dabei sind von so großer Bedeutung die *Gesetze*, die Gott [zusammen mit Christus] aufgestellt hat, und die *Worte*, die aus dem Munde Gottes und aus dem Munde Christi kamen. Diese Worte haben ihre Lebendigkeit noch heute. Die Gesetze sind in der Schrift festgehalten, aber das Wort Gottes ist und bleibt *lebendig*« – die Worte des Vaters und die Worte unseres Königs Christus ...[33]

»Mag ein Mensch sich auch noch so niedrig dünken – Christus hat ihn nicht vergessen. Freilich, man soll nun nicht meinen, Christus selbst würde dem Menschen persönlich einen Besuch abstatten ...« Man muß doch die Legionen von Geistwesen bedenken, über die alle er König ist. »Darum besteht eine wundersame Hierarchie, eine fein abgestufte Ordnung. Jeder Mensch gehört in dieser Hierarchie zu einem ganz bestimmten *Chor*. Ein Geist Gottes ist dessen oberster Führer. Alle hat er gezählt, die zu seinem Chor gehören. *Ein jedes ist gezählt* ... Von einem jeden wird alles genauestens festgehalten – seine ganze Entwicklung. Man weiß genau, wie viele noch in Dunkelheit sind. Man weiß genau, wie man zu wirken hat, um den Aufstieg zu fördern.«[34]

»Diese hohen Fürsten des Himmels wetteifern miteinander, denn jeder möchte, daß *sein* Chor als erster wieder vollzählig sei. Jeder bemüht sich eifrig. Jeder geht zum König und gibt ihm Rechenschaft über die Entwicklung all jener Geistgeschwister, für die er verantwortlich ist und die er in Ordnung hält. Jeder gibt dem König Bescheid, und der König erteilt ihnen Weisungen, die sie weiterzugeben haben. Christus ruft seine Getreuen auf, in Liebe, aber auch in Gerechtigkeit zu wirken; denn Gottes Gesetz muß auf das genaueste befolgt werden.«[35]

Der Vollendung entgegen ...

Haben heimgekehrte Wesen in ihrer Entwicklung jenen Punkt wieder erreicht, den sie einst – vor dem Abfall – innehatten, so freut sich der Himmel mit ihnen ganz besonders darüber. »Dann dürfen sich solche Heimgekehrte an einem vorher bezeichneten Ort einfinden, und ihnen zu Ehren wird gefeiert. Meist handelt es sich um Heimgekehrte, die nach Durchschreiten eines [letzten] Erdenlebens [und anschließendem Aufstieg in der göttlichen Welt] ihr Du gefunden haben und nun an ihre einstige geistige Hochzeit erinnert werden ... Alle Vorbereitungen sind rechtzeitig getroffen worden, und so feiert man zusammen mit ihnen ein großes Fest, einen Gottesdienst.«[36]

»Bei solchen Festen findet sich auch der König ein. Er reicht den Heimgekehrten die Hände, er spricht ihnen zu und gibt ihnen lobende Worte – denn der König ist doch so froh, daß wieder Geistgeschwister in sein Reich heimgekehrt sind und erneut Besitz nehmen dürfen von all dem, was sie einst besessen hatten. Der König schätzt sich glücklich, und erst recht jubeln all jene, derentwillen man dieses Fest feiert. Wie glücklich sind die Teilnehmer an diesem Gottesdienst darüber, daß wieder eine Anzahl heimkehren konnte und sich das himmlische Reich Christi dadurch um einiges mehrte! Dieses Reich Christi ist doch beim Abfall auseinandergerissen worden. Sehnsüchtig harrt man der Rückkehr der Gestürzten, und man feiert Feste für ein jedes, das heimkommt; denn seine Heimkehr ist ein Sieg, und innig freut man sich über ein jedes Geistgeschwister, das wieder seinen Platz im Himmel einnimmt.«[37]

»Dazu braucht es wahrlich viel.« Man darf nicht meinen, man könnte, auch wenn man von einem erfüllten Erdenleben zurückkehrt, stracks zu Gott hinauf gelangen und seinen einstigen Platz im Himmel wieder einnehmen ... »Nein, so geht es nicht. Nicht nur würde sich ein solches Wesen dort gar nicht wohlfühlen können; es wäre auch seine geistige Gestalt, so licht sie auch geworden sein mag, in jener Himmelswelt doch nur ein Schatten, der stören würde. Den dort herrschenden Glanz könnte ein solches Wesen gar nicht ertragen ... Also ist von dem Punkte aus, den man als Stufe der *menschlichen* Vollkommenheit bezeichnen könnte, noch ein langer Weg im geistigen Reiche zurückzulegen. Man muß unterrichtet, geschult und geprüft werden.

Viel hat man noch zu lernen . . . Prüfungen über Prüfungen hat man zu bestehen.«[38]

»Kein Unbefugter darf in hohe Gefilde eintreten. Das Wesen muß geläutert und – im Geistigen natürlich – schön sein. Göttliches Licht muß von ihm ausströmen. Solches muß *verdient* werden, mühen sich doch in diesen hohen Himmeln selbst Fürsten, ihre Schönheit zu mehren, zu steigern – nicht aus Eitelkeit, sondern in dem Verlangen, eins zu werden mit der Herrlichkeit Gottes . . . Dabei wissen sie wohl, daß kein noch so hoher Fürst des Himmels es je würde mit Christus aufnehmen können. Die Erscheinung Christi ist von solcher Lichtfülle, daß kein anderer Himmelsfürst ihr gleichzukommen vermöchte.«[39]

»Christus wirkt unter den Seinen als großer liebender Bruder in Gerechtigkeit. Er teilt den Seinen die Gespräche mit, die er mit dem Vater führt. Er sendet sie aus überallhin in seinem geistigen Reich – auch zu jenen, die noch auf unteren Stufen verweilen – und zu jenen, die sich als Menschen um ihren Aufstieg mühen. Geduldig hört er die Klagen und Nöte an, die die Seinen ihm von der Welt berichten. Und doch: Trotz all dieser Nöte, die ständig ins Himmelreich getragen werden, mindert sich die Freude und Herrlichkeit dort nicht – kann sich nicht mindern.«[40]

Christus hat durch sein Menschendasein und seine Erlösungstat dieser Welt unendlich viel gegeben. Christus hat dieser Erde *ein Stück Himmelreich* gebracht! »Dieses Stück Himmelreich ist geblieben bis heute und wird bleiben bis zu den letzten Tagen, da auf dieser Erde eine Menschheit lebt.« Christi Worte werden nie vergehen; sie werden den Gläubigen eine ständige Hilfe sein in ihrem Ringen um das Gute und um Erkenntnis – um den geistigen Aufstieg. Auf Christi Geheiß sind seine himmlischen Getreuen um den wahren Fortschritt der Menschheit bemüht. »Es soll doch diese Erde samt ihren Menschen einmal *vergeistigt* werden!« Auch soll die Zeit wiederkehren, »da es auf ihr möglich ist, Gottes Stimme unmittelbar zu vernehmen – eine Zeit, da Geister Gottes sich wieder den Menschen bekunden können, sei es, indem sie sichtbar vor sie hintreten, sei es, daß sie die hellsichtig, hellhörend gewordenen Menschen wieder führen können wie einst. Die Zeit muß kommen, da die Menschen sich nicht mehr so benehmen, nicht mehr so denken, wie dies unter dem Einfluß der düsteren Geistesmächte heute der Fall ist. Die Menschen müssen mit der Zeit gewissermaßen zu 'Gottesmenschen' heranreifen. Dies kann aber nur geschehen, indem sie ihr eigenes Bewußtsein auf einen entsprechend hohen Stand bringen.«[41]

»Dahin soll es kommen, daß sich alle Städte, Dörfer, Täler, Weiler, daß sich alles, was auf dieser Erde ist, mit einem einzigen Namen rufen lassen könnte ...« Dann würde – geistig betrachtet – keine Stadt mehr einen Namen für sich haben, »sondern sie würden alle zusammen nur noch einen einzigen Namen besitzen, eins geworden im Glauben an Gott und im Glauben an den König. Dann würde man zu dieser Erde sagen können: Dies ist das *wahre, heilige Jerusalem* ...«[42]

Schlußwort

Offenbarte Belehrungen aus der geistigen Welt führten zu den in diesem Buch veröffentlichten neuen Erkenntnissen zu Leben und Wirken Jesu. Die Belehrungen erfolgten auf dem Weg, wie er in alt- und neutestamentlicher Zeit üblich war, dann aber durch Dogmatismus und Inquisition unterbunden wurde. Die Offenbarungen vermittelte Beatrice Brunner, Zürich (1910–1983). Weiteres dazu enthalten die in den Anmerkungen aufgeführten Buchveröffentlichungen.

Der Verfasser des vorliegenden Buches, Walther Hinz (Göttingen), und sein Mitarbeiter Hans Rickenbach (Zürich) haben sich seit mehr als zwei Jahrzehnten mit diesen Belehrungen eingehend auseinandergesetzt. Aus vielen Hunderten von Kundgaben haben sie eine Auswahl getroffen. Erschienen sind sie teils in der Zeitschrift »Geistige Welt« (Zürich), teils in Buchform; Angaben darüber enthalten die Anmerkungen. Die ausgewählten Belehrungen wurden in den umfassenden weltgeschichtlichen Zusammenhang gestellt, den sie widerspiegeln. Das Buch enthält somit nicht menschliches Glaubensgut, sondern neues Wissen, das aus der göttlichen Welt offenbart worden ist – gemäß Jesu Verheißung am Vorabend seines Kreuzestodes, er werde den Seinen den Geist der Wahrheit *senden. »Noch vieles habe ich euch zu sagen«, sprach Jesus zu seinen Jüngern, »aber ihr könnt es jetzt nicht tragen.« Die einfachen Menschen jener Zeit waren ja noch nicht so geschult und gereift wie in unserer Gegenwart. »Wenn aber jener kommt, der Geist der Wahrheit, wird er euch in die* ganze *Wahrheit leiten.« (Johannes 16, 12–13.)*

Wir sind uns darüber klar, daß die Behauptung, der Inhalt des Buches gründe auf dieser Verheißung Jesu, weithin auf Bedenken und Zweifel stoßen wird. Es bleibt dem Leser oder der Leserin dieses Buches anheimgestellt, dessen Inhalt kritisch prüfend zu überdenken und ihn mit den biblischen Überlieferungen zu vergleichen. Wir sind davon überzeugt, daß das Licht der Wahrheit als solches empfunden werden und sich deshalb auch durchsetzen wird – wenn nicht heute, dann zu späterer Zeit, verbreitet wohl erst in fernerer Zukunft. Doch für alle Suchenden gilt stets Jesu Wort: »Die Wahrheit wird euch frei machen.« (Johannes 8, 32.)

Zürich, den 22. Oktober 1984 *Robert Sträuli*

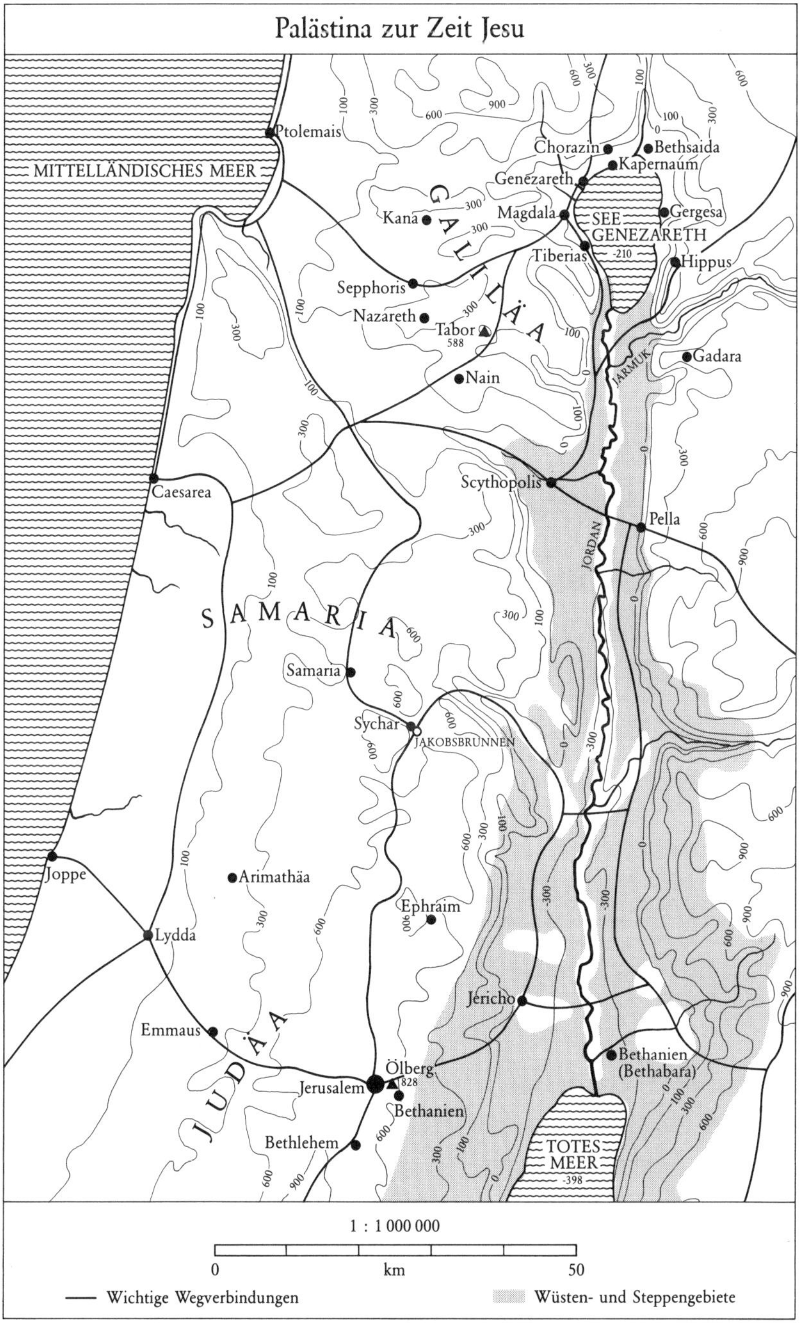

Nach einer Vorlage von Heinz Blum

Anmerkungen

Im Verzeichnis verwendete Abkürzungen

GW = »Geistige Welt«

Zeitschrift über Jenseitswissen, erscheint seit 1951.
Herausgeber: ABZ Verlag, Zürich. 'GW 1982, 139' beispielsweise bedeutet: »Geistige Welt«, Jahrgang 1982, Seite 139.

Mewo = »Meditationswoche«

Seit 1961 bis 1982 alljährlich erschienene Bände von durchschnittlich 160 Seiten mit den Kundgaben, die durch Beatrice Brunner während Meditationswochen in der Schweiz vermittelt wurden; erhältlich über den ABZ Verlag, Zürich. 'Mewo 1975, 63' beispielsweise bedeutet: »Meditationswoche 1975«, Seite 63. Eine hochstehende Zwei nach der Jahreszahl zeigt an, daß sich die Seitenangabe auf die zweite Auflage bezieht.

I Die Vorgeschichte

1 *GW 1978, 49; GW 1981, 2.*
2 *Mewo 1975, 60–62; Mewo 1977, 34; GW 1981, 15.*
3 *Mewo 1975, 62.*
4 *Mewo 1977, 35f.*
5 *Mewo 1977, 36f.*
6 *Mewo 1977, 34.*
7 *Mewo 1975, 65.*
8 *Mewo 1975, 66.*
9 *GW 1980, 176.*
10 *GW 1980, 176.*
11 *Mewo 1974, 33f.*
12 *Siehe Fußnote.*
13 *Mewo 1977, 56f.*
14 *Mewo 1975, 67.*
15 *Mewo 1975, 60, 67 und 77.*
16 *Mewo 1975, 67f.*
17 *Mewo 1975, 68; Mewo 1976, 22.*
18 *Mewo 1976, 22.*
19 *Mewo 1975, 69f.; Mewo 1976, 22.*
20 *Mewo 1975, 68.*
21 *Mewo 1975, 70.*
22 *GW 1980, 176f.*
23 *Siehe Fußnote.*
24 *Mewo 1979, 58f.*
25 *Mewo 1979, 59.*
26 *Mewo 1979, 61f.*
27 *Mewo 1979, 62.*
28 *Mewo 1975, 71; Mewo 1979, 62.*
29 *Mewo 1979, 63.*
30 *Mewo 1979, 63.*
31 *Mewo 1979, 63f.*
32 *Mewo 1977, 100f.*
33 *Mewo 1977, 104.*
34 *Mewo 1977, 104f.*
35 *Mewo 1977, 105.*
36 *Mewo 1974, 39; Mewo 1979, 65.*
37 *GW 1980, 177.*
38 *GW 1977, 29; GW 1980, 177.*
39 *Mewo 1974, 39; Mewo 1974, 59.*
40 *Mewo 1979, 64.*
41 *Mewo 1979, 64f.*
42 *GW 1978, 273.*
43 *Mewo 1977, 105; Mewo 1979, 65f.*
44 *Mewo 1977, 106.*
45 *GW 1981, 202.*

Zu 12 und 23:
'Odisch' ist abgeleitet von 'Od'. Der Ausdruck 'Od' wurde um 1845 von Karl Freiherrn von Reichenbach (1799–1869) geprägt. 'Od' ist ein Sammelbegriff für in ihrer Wirkung ganz verschiedene geistige Kraftströme. Diese werden vor allem zum Aufbau von Materie sowie zur Entfaltung und Erhaltung allen Lebens benötigt, und zwar in der geistigen wie in unserer irdischen Welt.

46 GW 1957, 280; Mewo 1964–1966, 58; Mewo 1977, 106; Mewo 1979, 66.
47 GW 1980, 116; GW 1981, 203.
48 GW 1980, 116.
49 Mewo 1977, 106.
50 Mewo 1974, 40.
51 GW 1981, 203.
52 GW 1981, 203f.
53 Mewo 1977, 107; GW 1980, 356.
54 Mewo 1979, 66f.
55 Mewo 1974, 40f.
56 Mewo 1974, 42.
57 Mewo 1975, 88f.
58 Mewo 1975, 89f.
59 GW 1978, 273f.
60 Mewo 1975, 86f. und 90.
61 GW 1984, 242.
62 Mewo 1970², 9.
63 GW 1984, 242f.
64 GW 1984, 243.
65 GW 1984, 243.
66 GW 1978, 274.
67 Mewo 1974, 47 und 51.
68 Mewo 1974, 51f.
69 Mewo 1974, 52.
70 Mewo 1974, 53.
71 Mewo 1964–1966, 63.
72 Mewo 1974, 55; GW 1976, 17f.
73 Mewo 1974, 55f.; GW 1976, 18.
74 Mewo 1974, 56.
75 Mewo 1974, 56f.
76 Mewo 1974, 57.
77 Mewo 1974, 57; GW 1976, 18.
78 GW 1976, 18.
79 GW 1976, 18f.
80 Mewo 1974, 59.
81 Mewo 1974, 60.
82 Mewo 1974, 61.
83 Mewo 1974, 62.
84 Mewo 1974, 62.
85 Mewo 1974, 60.
86 GW 1969, 101; Mewo 1974, 60; GW 1979, 179.
87 Mewo 1974, 62f.
88 Mewo 1974, 64; GW 1976, 19.
89 Mewo 1974, 64; GW 1978, 275.
90 Mewo 1974, 64; GW 1978, 275.
91 Mewo 1979, 67f.
92 Mewo 1974, 65; Mewo 1979, 68.
93 Mewo 1964–1966, 145.
94 Mewo 1974, 71.
95 Mewo 1970², 10–12.
96 Mewo 1970², 13.
97 Mewo 1970², 12.
98 Mewo 1964–1966, 147–149.
99 Mewo 1974, 72.
100 Mewo 1974, 73f.
101 Mewo 1974, 74f.
102 Mewo 1974, 75.
103 Mewo 1974, 79.
104 Mewo 1974, 79, 81 und 82.
105 Mewo 1974, 82.
106 Mewo 1974, 81f.
107 Mewo 1974, 85 und 103.
108 Mewo 1974, 85f.
109 Mewo 1974, 103f.
110 Mewo 1974, 104f.
111 Mewo 1976, 72; GW 1975, 140.
112 Mewo 1974, 83f.
113 Mewo 1974, 107.
114 Mewo 1974, 107f.
115 GW 1975, 255; GW 1979, 175.

II Die Vorbereitungen der Menschwerdung Christi

1 Mewo 1974, 108.
2 Mewo 1974, 108f.
3 Mewo 1974, 109f.
4 Mewo 1974, 110f.
5 Mewo 1974, 111.
6 Mewo 1974, 113.
7 Mewo 1974, 115.
8 Mewo 1974, 116.
9 Mewo 1974, 116f.
10 Mewo 1974, 117f.
11 Mewo 1974, 118.
12 Mewo 1974, 118f.
13 GW 1980, 15f.
14 Mewo 1974, 119f.
15 Mewo 1964–1966, 13–15; GW 1981, 89.
16 Mewo 1974, 120.
17 Mewo 1974, 121.
18 Mewo 1974, 121.
19 Mewo 1974, 122f.
20 GW 1984, 244.
21 Mewo 1978, 86f.; GW 1984, 244.
22 Mewo 1978, 87.
23 GW 1984, 244f.
24 GW 1984, 245.
25 GW 1957, 400; GW 1980, 350.
26 GW 1957, 400.

27 *GW 1980, 128f.*
28 *GW 1978, 93.*
29 *Mewo 1973, 46; GW 1977, 128.*
30 *GW 1978, 3.*
31 *GW 1978, 3f.*
32 *GW 1980, 16.*
33 *GW 1980, 16f.*
34 *GW 1976, 2.*
35 *GW 1976, 3.*
36 *GW 1980, 35.*
37 *GW 1980, 35f.*
38 *GW 1980, 36f.*
39 *GW 1980, 36.*
40 *GW 1980, 36f.*
41 *GW 1980, 37.*

III Jesu Geburt

1 *Mewo 1973, 46.*
2 *GW 1951, Nr. 6, S. 8.*
3 *GW 1979, 361.*
4 *Mewo 1973, 47; GW 1979, 361.*
5 *Mewo 1973, 47; GW 1979, 361f.*
6 *Mewo 1973, 50.*
7 *Mewo 1973, 47f.*
8 *Mewo 1973, 48f.*
9 *Mewo 1973, 49; GW 1979, 362.*
10 *GW 1979, 362.*
11 *Mewo 1973, 50; GW 1979, 362.*
12 *Mewo 1973, 51.*
13 *GW 1950, Nr. 51, S. 1; Mewo 1973, 51; GW 1976, 67; GW 1980, 349f.*
14 *Mewo 1973, 51; GW 1979, 362.*
15 *GW 1979, 362.*
16 *Mewo 1973, 51; GW 1976, 67 und 406; GW 1979, 362.*
17 *GW 1980, 38.*
18 *GW 1976, 406; GW 1979, 362f.*
19 *GW 1979, 363.*
20 *GW 1978, 2; GW 1980, 37.*
21 *GW 1980, 37.*
22 *GW 1957, 400.*
23 *Mewo 1961–1963, 427f.*
24 *GW 1980, 350 und 356.*
25 *GW 1978, 1f.*
26 *GW 1968, 252.*
27 *Vgl. GW 1951, Nr. 1, S. 3 und GW 1974, 263f.*
28 *Mewo 1976, 42.*
29 *Mewo 1961–1963, 428; GW 1965, 20; GW 1980, 350.*
30 *GW 1980, 349.*
31 *GW 1973, 391; GW 1980, 349.*
32 *GW 1959, 2; GW 1965, 20f.; GW 1980, 347.*
33 *GW 1959, 2; GW 1965, 21.*
34 *GW 1979, 339.*
35 *Mewo 1961–1963, 428f.*
36 *GW 1977, 7.*
37 *GW 1975, 410; GW 1977, 7f.*
38 *GW 1977, 8.*
39 *GW 1980, 350; Mewo 1981, 43.*
40 *Mewo 1981, 43.*
41 *GW 1980, 350; Mewo 1981, 43f.*
42 *GW 1980, 350.*
43 *Mewo 1981, 44.*
44 *GW 1977, 59.*
45 *GW 1973, 390; GW 1977, 6f.*
46 *GW 1977, 59.*
47 *GW 1977, 7.*
48 *GW 1973, 390.*
49 *GW 1973, 390f.*

IV Jesu Kindheit und Jugend

1 *GW 1962, 412.*
2 *GW 1978, 198.*
3 *GW 1979, 355.*
4 *Mewo 1980, 52f.*
5 *Mewo 1980, 54.*
6 *GW 1981, 78.*
7 *Mewo 1973, 26; Mewo 1980, 54.*
8 *Mewo 1973, 26; Mewo 1980, 54f.*
9 *GW 1978, 4; GW 1979, 353; GW 1981, 110; Mewo 1981, 52.*
10 *GW 1981, 110.*
11 *Mewo 1981, 52f.*
12 *Mewo 1980, 55 und 57; Mewo 1981, 50.*
13 *Mewo 1973, 27f.; Mewo 1980, 56f.*
14 *Mewo 1980, 58f.*
15 *GW 1969, 103; GW 1978, 198.*
16 *GW 1977, 331; GW 1978, 198f.*

17 GW 1979, 352; Mewo 1981, 47.
18 GW 1950, Nr. 51, S. 2; GW 1979, 352.
19 GW 1979, 352 und 354 Anmerkung.
20 GW 1978, 4; GW 1979, 352f.
21 GW 1979, 353.
22 Mewo 1981, 46f.
23 GW 1979, 353; Mewo 1981, 48f.
24 Mewo 1981, 49f.
25 GW 1979, 353; GW 1980, 129.
26 GW 1979, 353; Mewo 1973, 28f.
27 GW 1950, Nr. 51, S. 2.
28 GW 1979, 354.
29 GW 1978, 4.
30 GW 1979, 354.
31 Mewo 1973, 29; GW 1981, 78.
32 Mewo 1973, 27; GW 1979, 354; GW 1980, 31.

V Jesus vor Beginn seiner Lehrtätigkeit

1 Mewo 1973, 29; Mewo 1979, 136f.
2 Mewo 1979, 137.
3 GW 1978, 4 und 352; Mewo 1979, 137.
4 GW 1978, 352.
5 Mewo 1973, 29f.
6 Mewo 1973, 30.
7 GW 1980, 337f.
8 Mewo 1973, 30f.; GW 1980, 338.
9 GW 1979, 356; GW 1980, 337f.; Mewo 1981, 93.
10 Mewo 1973, 31.
11 GW 1978, 352f.
12 GW 1978, 353.
13 GW 1978, 353; Mewo 1961–1963, 429.
14 Mewo 1961–1963, 429; GW 1975, 262; GW 1979, 355; GW 1981, 110.
15 Mewo 1981, 93f.
16 Mewo 1973, 34; GW 1979, 355; GW 1980, 338.
17 GW 1981, 78.
18 Mewo 1973, 32–34.
19 Mewo 1973, 34f.
20 Mewo 1973, 35.
21 GW 1979, 355.
22 GW 1979, 86; GW 1981, 78.
23 Mewo 1981, 95.
24 Mewo 1979, 136; Mewo 1981, 95f.
25 Mewo 1973, 45; GW 1980, 129.
26 Mewo 1981, 96f.
27 GW 1980, 31 und 129.
28 GW 1980, 31.
29 GW 1980, 31f.
30 GW 1980, 32.
31 GW 1980, 32; Mewo 1981, 91f.
32 GW 1980, 32.
33 GW 1980, 32.
34 GW 1980, 32f.
35 GW 1980, 33.
36 Mewo 1973, 57f.
37 GW 1980, 33.
38 GW 1978, 353.
39 GW 1979, 356.
40 GW 1979, 312.
41 GW 1979, 312.
42 GW 1978, 353f.
43 GW 1980, 32.
44 GW 1980, 117.
45 GW 1980, 32.
46 GW 1980, 37f.
47 GW 1976, 161; GW 1978, 330f.
48 GW 1980, 38.
49 Mewo 1979, 131.
50 GW 1974, 264; Mewo 1979, 131f.
51 Mewo 1973, 37; GW 1978, 331; Mewo 1979, 132.
52 GW 1978, 331; Mewo 1979, 132.
53 GW 1980, 38 und 156.
54 GW 1978, 331; Mewo 1979, 132f.
55 Mewo 1979, 133f.
56 Mewo 1979, 134.
57 Mewo 1973, 37f.; GW 1981, 78.
58 GW 1981, 78f.
59 GW 1978, 331; Mewo 1979, 134.

VI Jesu Lehrtätigkeit

1 GW 1950, Nr. 12, S. 1; GW 1964, 321.
2 Mewo 1961–1963, 430; GW 1964, 321; Mewo 1973, 36; GW 1980, 33.
3 Mewo 1973, 36.
4 GW 1954, Nr. 50, S. 8; GW 1981, 77.
5 Mewo 1961–1963, 430; GW 1981, 77.
6 Mewo 1973, 37; GW 1979, 356f.; GW 1980, 33.
7 GW 1981, 77.
8 Mewo 1973, 54f.
9 Mewo 1973, 55f.; GW 1977, 331.
10 GW 1976, 65.
11 Mewo 1981, 98.
12 Mewo 1972^{2}, 44f.; Mewo 1973, 54 und 56; GW 1977, 334.
13 Mewo 1981, 98f.
14 Mewo 1981, 99.
15 Mewo 1981, 100.
16 Mewo 1973, 56; GW 1973, 130; GW 1977, 331.
17 GW 1977, 334.
18 Mewo 1972^{2}, 43.
19 Mewo 1972^{2}, 41–43.
20 Mewo 1981, 101.
21 Mewo 1981, 101f.
22 Mewo 1981, 102f.
23 Mewo 1972^{2}, 43f.
24 Mewo 1961–1963, 316f.; Mewo 1973, 56 und 131; GW 1977, 332.
25 Mewo 1972^{2}, 45; Mewo 1973, 56f.; GW 1977, 332.
26 Mewo 1973, 57f.
27 GW 1951, Nr. 46, S. 8; GW 1967, 97; Mewo 1973, 58.
28 Mewo 1973, 58f.
29 GW 1967, 97.
30 GW 1967, 97.
31 Mewo 1976, 21.
32 GW 1967, 98; GW 1978, 210.
33 Mewo 1973, 59f.
34 Mewo 1976, 9–11.
35 Mewo 1964–1966, 35; Mewo 1976, 11f.
36 Mewo 1976, 12.
37 Mewo 1976, 13f.
38 GW 1978, 5; GW 1979, 86.
39 GW 1979, 87.
40 GW 1979, 87.
41 GW 1979, 87.
42 Mewo 1977, 58.
43 GW 1979, 17.
44 GW 1979, 17.
45 GW 1980, 49.
46 GW 1980, 49.
47 GW 1970, 120.
48 GW 1970, 121.
49 GW 1980, 305f.
50 GW 1981, 39f.
51 Mewo 1976, 42f.
52 Mewo 1979, 135f.
53 GW 1978, 5.
54 Mewo 1973, 32.
55 Mewo 1973, 32.
56 Mewo 1978, 73.
57 GW 1976, 369.
58 GW 1976, 369; Mewo 1978, 73f.
59 Mewo 1978, 74.
60 Mewo 1978, 74f.; GW 1978, 50.
61 Mewo 1978, 75; GW 1978, 50.
62 GW 1978, 50.
63 GW 1976, 370; GW 1978, 50.
64 GW 1975, 409.
65 GW 1976, 370.
66 Mewo 1978, 75–77.
67 Mewo 1978, 84f.
68 GW 1976, 370.
69 GW 1979, 128f.
70 GW 1979, 16.
71 GW 1980, 49.
72 GW 1980, 49f.
73 GW 1980, 50f.
74 GW 1979, 88.
75 GW 1972, 349; Josef am 14. Nov. 1979, zur Zeit der Drucklegung noch nicht veröffentlicht.
76 GW 1979, 88.
77 GW 1979, 72.
78 GW 1979, 16.
79 GW 1979, 16f.
80 GW 1979, 277.
81 GW 1979, 277.
82 GW 1979, 338f.
83 GW 1979, 339.
84 GW 1980, 16.
85 GW 1979, 339f.; GW 1980, 16.
86 GW 1980, 339.
87 Mewo 1977, 66–68.
88 GW 1980, 51f.
89 GW 1980, 52.
90 GW 1980, 52.
91 GW 1980, 86.
92 GW 1980, 86f.
93 GW 1977, 83.
94 GW 1977, 84.

95 GW 1977, 84.
96 GW 1977, 84f.
97 GW 1951, Nr. 45, S. 8; Mewo 1976, 73f.
98 GW 1979, 218.
99 GW 1977, 345; GW 1979, 218.
100 GW 1979, 218f.; GW 1981, 38.
101 GW 1979, 219f.
102 GW 1977, 345; GW 1980, 53; GW 1981, 39.
103 Mewo 1979, 75 und 77.
104 GW 1976, 391.
105 GW 1976, 391; Mewo 1979, 78.
106 GW 1981, 15f.
107 GW 1976, 391.
108 GW 1977, 149f.; GW 1982, 63.
109 GW 1982, 61.
110 GW 1977, 333; Mewo 1979, 76f.; GW 1982, 62.
111 GW 1977, 336.
112 GW 1977, 333, 335 und 344.
113 GW 1977, 335.
114 GW 1982, 63.
115 GW 1982, 64.
116 GW 1981, 296; GW 1982, 64.
117 GW 1982, 64.
118 GW 1982, 64.
119 GW 1982, 63–65.
120 GW 1977, 333 und 335.
121 GW 1977, 333 und 335.
122 GW 1982, 65.
123 GW 1976, 169; GW 1981, 297.
124 GW 1981, 297.
125 GW 1981, 298f.
126 GW 1976, 170.
127 Mewo 1978, 71; GW 1981, 37.
128 Mewo 1979, 77–79.
129 GW 1967, 179.
130 GW 1977, 162 und 164.
131 GW 1953, Nr. 28, S. 6f.
132 GW 1976, 171.
133 GW 1976, 171f.
134 GW 1976, 172.
135 GW 1976, 172.
136 GW 1976, 354; Mewo 1976, 14; Mewo 1977, 90.
137 Mewo 1978, 65f.
138 Mewo 1978, 66f.
139 Mewo 1978, 67f.; GW 1980, 72 und 82.
140 GW 1980, 75.
141 GW 1979, 310.
142 GW 1978, 25; GW 1979, 310.
143 GW 1976, 178; GW 1979, 310f.
144 Mewo 1976, 43.
145 GW 1976, 178; GW 1979, 311.
146 Mewo 1978, 65.
147 GW 1979, 312f.
148 GW 1978, 25f.; GW 1979, 313.
149 GW 1977, 50.
150 GW 1978, 74.

VII Herrenworte

1 GW 1968, 244; GW 1976, 324; GW 1979, 221.
2 GW 1976, 324.
3 GW 1976, 157; GW 1980, 322.
4 GW 1974, 134; GW 1978, 10.
5 GW 1981, 15.
6 GW 1976, 337.
7 GW 1976, 337; GW 1978, 32.
8 GW 1976, 337.
9 GW 1976, 114.
10 GW 1976, 114; GW 1977, 183.
11 GW 1977, 278.
12 GW 1976, 75.
13 GW 1976, 124; GW 1979, 342.
14 GW 1977, 220; GW 1980, 74.
15 GW 1980, 34.
16 GW 1975, 120.
17 GW 1979, 177; GW 1981, 16 und 90.
18 GW 1981, 16 und 90.
19 GW 1981, 90.
20 GW 1981, 300.
21 Josef am 23. Okt. 1981, zur Zeit der Drucklegung noch nicht veröffentlicht.
22 GW 1975, 264; GW 1979, 275f.
23 Mewo 1981, 38f.
24 Mewo 1981, 39–41.
25 Mewo 1981, 42.
26 GW 1950, Nr. 31, S. 8.
27 Mewo 1981, 151.
28 GW 1974, 141.
29 GW 1974, 141.

30 *Mewo 1981, 152.*
31 *Mewo 1981, 151–153.*
32 *Mewo 1981, 153f.*
33 *GW 1981, 40f.*
34 *GW 1950, Nr. 37, S. 1; GW 1978, 120f.*
35 *GW 1973, 406.*
36 *Mewo 1977, 136f.*
37 *Mewo 1977, 137f.*
38 *GW 1981, 269f.*
39 *GW 1976, 402f.*
40 *Mewo 1978, 120f.*
41 *Mewo 1978, 121f.*
42 *GW 1976, 154f.; GW 1978, 136.*
43 *GW 1974, 405; Mewo 1979, 84; Mewo 1982, Josef am 8. Mai 1982.*
44 *GW 1978, 212; GW 1982, 123f.*
45 *GW 1982, 124.*
46 *GW 1982, 122f.*
47 *Mewo 1979, 156.*
48 *GW 1981, 71.*
49 *Mewo 1979, 82f.*
50 *Mewo 1979, 83f.*
51 *GW 1979, 91.*
52 *GW 1981, 136.*
53 *GW 1981, 137.*
54 *GW 1979, 93.*
55 *GW 1979, 93.*
56 *GW 1979, 326.*
57 *GW 1981, 52 und 212.*
58 *Mewo 1978, 113.*
59 *Mewo 1978, 111–113.*
60 *GW 1981, 284.*
61 *GW 1981, 284.*
62 *GW 1981, 284f.*
63 *GW 1981, 285.*
64 *GW 1984, 182.*
65 *GW 1984, 182f.*
66 *GW 1980, 146 und 160.*
67 *GW 1982, 306.*
68 *GW 1982, 306f.*
69 *GW 1976, 173.*
70 *GW 1981, 210.*
71 *GW 1981, 211.*
72 *GW 1981, 211f.*
73 *GW 1982, 74.*
74 *GW 1982, 70 und 147.*
75 *GW 1982, 70f.*
76 *GW 1982, 71 und 148.*
77 *Mewo 1978, 25.*
78 *Mewo 1978, 25f.*
79 *Mewo 1978, 27.*
80 *Mewo 1980, 40.*
81 *Mewo 1980, 41.*
82 *Mewo 1980, 42f.*
83 *GW 1982, 261f.*
84 *Mewo 1979, 41.*
85 *GW 1978, 271; Mewo 1979, 41.*
86 *GW 1978, 271.*
87 *Mewo 1979, 41f.*
88 *Mewo 1979, 42.*
89 *GW 1982, 108.*
90 *GW 1977, 93f.*
91 *GW 1977, 93f.*
92 *GW 1977, 94f.*
93 *GW 1977, 116.*
94 *GW 1977, 116; Mewo 1978, 79.*
95 *GW 1979, 221.*
96 *GW 1980, 320.*
97 *GW 1980, 320 und 322.*
98 *GW 1979, 222; GW 1980, 321.*
99 *Mewo 1971, 66f.*
100 *GW 1979, 224.*
101 *GW 1978, 197; GW 1983, 1.*
102 *GW 1978, 197; GW 1983, 2.*
103 *Mewo 1977, 23; GW 1978, 199f.*

VIII Gleichnisse

1 *GW 1980, 142.*
2 *GW 1980, 19.*
3 *GW 1980, 307.*
4 *GW 1980, 307.*
5 *GW 1980, 336.*
6 *GW 1980, 336.*
7 *Mewo 1982, Josef am 8. Mai 1982.*
8 *GW 1981, 261.*
9 *GW 1981, 261.*
10 *GW 1981, 261.*
11 *GW 1981, 261f.*
12 *GW 1981, 262.*
13 *GW 1980, 142.*
14 *GW 1980, 144.*
15 *GW 1980, 145.*
16 *GW 1980, 145.*
17 *GW 1980, 145.*
18 *GW 1980, 145f.*
19 *GW 1976, 390 und 393; GW 1980, 58.*
20 *GW 1982, 150.*
21 *GW 1980, 59.*
22 *GW 1976, 390.*
23 *GW 1976, 393.*
24 *GW 1976, 393; GW 1982, 150.*

25 GW 1981, 233.

26 GW 1981, 233f.

27 GW 1981, 234.

28 GW 1981, 234.

29 GW 1981, 234f.

30 GW 1977, 265; GW 1979, 157.

31 GW 1977, 266.

32 GW 1981, 235f.

33 GW 1979, 157f.

34 GW 1982, 67.

35 GW 1982, 67.

36 GW 1977, 209.

37 GW 1977, 210.

38 GW 1977, 210; GW 1982, 67.

39 GW 1982, 67f.

40 GW 1982, 68.

41 GW 1982, 69.

42 Mewo 1982, Josef am 11. Sept. 1982.

43 GW 1984, 172f.

44 Josef am 2. Okt. 1982, zur Zeit der Drucklegung noch nicht veröffentlicht.

45 Siehe Anmerkung 44.

46 GW 1979, 236; Josef am 12. Nov. 1982, zur Zeit der Drucklegung noch nicht veröffentlicht.

47 GW 1979, 236f.

48 GW 1979, 237.

49 Mewo 1971, 61f.; GW 1975, 104f.; Josef am 13. Febr. 1982, zur Zeit der Drucklegung noch nicht veröffentlicht.

IX Jesu letzte Tage

1 GW 1980, 87.

2 GW 1977, 253f.; GW 1978, 102f.

3 GW 1980, 88.

4 GW 1980, 88.

5 GW 1980, 88f.

6 GW 1980, 89.

7 Mewo 1973, 60f.

8 GW 1982, 306.

9 Mewo 1978, 69f.

10 Mewo 1978, 70f.

11 GW 1980, 131.

12 GW 1980, 131f.

13 GW 1980, 132.

14 GW 1971, 127; GW 1975, 262.

15 Mewo 1972², 45f.; GW 1978, 32.

16 Mewo 1972², 46.

17 GW 1982, 49.

18 GW 1982, 108.

19 GW 1976, 153; Mewo 1977, 134.

20 Mewo 1969, 132f.; Mewo 1977, 135; GW 1979, 99f.

21 GW 1963, 140.

22 GW 1956, 171; GW 1979, 99f.; GW 1982, 124f.

23 GW 1972, 410.

24 GW 1972, 410; GW 1982, 125.

25 Mewo 1977, 135f.

26 GW 1950, Nr. 38, S. 8; GW 1975, 260f.; GW 1976, 153; Mewo 1981, 160.

27 Mewo 1981, 160.

28 Mewo 1981, 161f.

29 Mewo 1961–1963, 148; Mewo 1980, 144.

30 Mewo 1961–1963, 152; Mewo 1980, 144; Mewo 1981, 162.

31 Mewo 1980, 143–145.

32 GW 1974, 205.

33 GW 1977, 125.

34 GW 1980, 120; GW 1983, 77f.

35 GW 1980, 120.

36 GW 1980, 120f.

37 GW 1978, 165.

38 GW 1978, 165.

39 GW 1978, 73.

40 GW 1978, 73f.

41 GW 1978, 74.

42 GW 1976, 154 und 186.

43 GW 1978, 201; GW 1982, 117.

44 GW 1982, 117; GW 1978, 201.

45 GW 1982, 117.

46 GW 1983, 73 und 75.

47 GW 1966, 127; Mewo 1973, 61f.; GW 1983, 75.

48 GW 1966, 126f.; GW 1981, 85.

49 GW 1966, 126f.; Mewo 1973, 61; GW 1981, 85.

50 Mewo 1973, 61.

51 GW 1961, 51; GW 1966, 126f.

52 GW 1981, 85f.

53 GW 1981, 86.

54 GW 1981, 86.

55 GW 1980, 117; GW 1981, 86.

56 GW 1977, 126; Mewo 1977, 59f.

57 Mewo 1977, 60.

58 GW 1977, 134.

59 GW 1977, 134.

60 GW 1976, 139.

61 GW 1981, 86.

62 GW 1981, 86.

63 GW 1958, 118.

64 GW 1958, 118; GW 1976, 139.

65 Mewo 1973, 62.

66 Mewo 1973, 63.

67 GW 1979, 180; GW 1983, 96.

68 Mewo 1961–1963, 433f.

69 Mewo 1973, 53; GW 1976, 139.

70 Mewo 1977, 61; GW 1977, 135; GW 1978, 107; GW 1979, 180.

71 GW 1978, 107.

72 Mewo 1973, 67.

73 GW 1957, 272; GW 1977, 136; GW 1978, 107; GW 1979, 181; GW 1982, 110.

74 Mewo 1964–1966, 21; Mewo 1973, 67f.

75 Mewo 1973, 64 und 68; GW 1976, 145; Mewo 1977, 120.

76 GW 1960, 135.

77 Mewo 1973, 75.

78 Mewo 1973, 76.

79 Mewo 1973, 76f.

X Das Letzte Gericht

1 Mewo 1973, 68; Mewo 1977, 120; Mewo 1982, Josef am 8. Mai 1982.

2 GW 1977, 134.

3 Mewo 1973, 68; Mewo 1977, 121; Mewo 1982, Josef am 8. Mai 1982.

4 Mewo 1977, 121.

5 Mewo 1977, 121; GW 1980, 118.

6 Mewo 1973, 69f.; GW 1977, 136.

7 Mewo 1973, 69; GW 1977, 136; GW 1980, 118.

8 Mewo 1961–1963, 197; Mewo 1973, 69 und 73; GW 1977, 134.

9 Mewo 1973, 69; Mewo 1977, 122; GW 1980, 18.

10 Mewo 1973, 70; Mewo 1977, 122.

11 GW 1974, 264; GW 1980, 118.

12 GW 1976, 325; GW 1977, 338; GW 1978, 32.

13 GW 1977, 339; Mewo 1978, 114.

14 GW 1957, 272; GW 1958, 118; GW 1978, 95.

15 GW 1977, 136; Mewo 1978, 117.

16 GW 1976, 157; GW 1978, 95.

17 GW 1957, 369; GW 1976, 337.

18 GW 1972, 98; GW 1976, 74; GW 1978, 108.

19 GW 1978, 85.

20 GW 1978, 347.

21 GW 1957, 272; GW 1980, 118.

22 GW 1978, 103 und 298.

23 GW 1971, 227; GW 1978, 298.

24 GW 1971, 227.

25 GW 1978, 299.

26 GW 1980, 118.

27 GW 1976, 146.

28 GW 1976, 146 und 267.

29 GW 1976, 148.

30 GW 1976, 145f. und 267f.

31 GW 1976, 147; GW 1979, 104.

32 GW 1976, 156.

33 GW 1981, 257.

34 GW 1982, 257f.

35 GW 1982, 258.

XI Zwischen Ostern und Auffahrt

1 GW 1972, 98.

2 Mewo 1973, 80f.

3 Mewo 1973, 82.

4 Mewo 1973, 82ff.

5 Mewo 1973, 84.

6 Mewo 1973, 85f.

7 Mewo 1973, 85.

8 Mewo 1973, 77.

9 Mewo 1973, 77f.

10 GW 1977, 162.

11 GW 1960, 136; GW 1977, 162.

12 GW 1978, 138.

13 GW 1978, 138.

14 GW 1977, 163.

15 *Mewo 1976, 75; GW 1977, 163.*
16 *GW 1977, 163.*
17 *GW 1977, 163.*
18 *GW 1979, 323.*
19 *GW 1979, 323.*
20 *Mewo 1973, 79.*
21 *Mewo 1973, 78; GW 1979, 325.*
22 *GW 1979, 325.*
23 *Mewo 1980, 75.*
24 *Mewo 1980, 75ff.*
25 *Mewo 1980, 77f.*
26 *Mewo 1980, 79f.*
27 *Mewo 1980, 80f.*
28 *Mewo 1980, 136f.*
29 *Mewo 1980, 81f.*
30 *GW 1979, 323f.*
31 *Mewo 1980, 84.*
32 *Mewo 1980, 85f.*
33 *Mewo 1980, 86.*
34 *Mewo 1980, 87f.*
35 *Mewo 1980, 135 und 138.*
36 *Mewo 1980, 138f.*
37 *Mewo 1980, 139.*
38 *Mewo 1980, 137.*
39 *Mewo 1980, 137.*
40 *Mewo 1980, 139f.*

XII Christi Heimkehr zum Vater

1 *Mewo 1973, 86; GW 1982, 117.*
2 *GW 1979, 324; GW 1982, 118.*
3 *GW 1982, 118.*
4 *GW 1979, 324.*
5 *Josef am 23. Okt. 1981, zur Zeit der Drucklegung noch nicht veröffentlicht.*
6 *GW 1982, 118f.*
7 *GW 1980, 156.*
8 *Mewo 1973, 88; Mewo 1977, 123.*
9 *Mewo 1973, 88; Mewo 1977, 123f.*
10 *Mewo 1973, 88; Mewo 1977, 124.*
11 *Mewo 1977, 124f.*
12 *Mewo 1973, 88f.; Mewo 1977, 125f.*
13 *Mewo 1977, 126f.*
14 *Mewo 1961–1963, 436; Mewo 1977, 127.*
15 *Mewo 1973, 89; Mewo 1977, 127.*
16 *Mewo 1973, 89f.*
17 *Mewo 1977, 127f.*
18 *Mewo 1977, 128; GW 1979, 187.*
19 *Mewo 1977, 128; GW 1982, 122.*
20 *Mewo 1973, 58; GW 1979, 187.*
21 *Mewo 1961–1963, 437.*
22 *Mewo 1973, 90f.*
23 *Mewo 1973, 91f.*
24 *GW 1952, Nr. 23, S. 1; GW 1967, 167.*
25 *GW 1950, Nr. 41, S. 7f.*
26 *GW 1980, 171; GW 1981, 13.*
27 *GW 1981, 13.*
28 *GW 1981, 13f.*
29 *GW 1981, 14.*
30 *GW 1981, 14.*
31 *GW 1981, 14.*
32 *GW 1980, 195.*
33 *GW 1980, 195f.*
34 *GW 1980, 196.*
35 *GW 1980, 196.*
36 *GW 1980, 196.*
37 *GW 1978, 209; GW 1980, 197.*
38 *GW 1951, Nr. 8, S. 8; GW 1976, 127f.; GW 1978, 209.*

XIII Der Aufstieg der Gefallenen

1 *Mewo 1973, 92.*
2 *Mewo 1973, 92f.*
3 *Mewo 1961–1963, 438.*
4 *Mewo 1961–1963, 265f. und 438f.*
5 *Mewo 1973, 127f.*
6 *Mewo 1973, 128f.*
7 *Mewo 1973, 129f.*
8 *Mewo 1964–1966, 150 und 155; Mewo 1973, 130f.*
9 *Mewo 1964–1966, 348.*
10 *GW 1980, 60.*
11 *Mewo 1973, 131.*
12 *Mewo 1973, 134f.*
13 *Mewo 1976, 86.*
14 *Mewo 1973, 102.*
15 *Mewo 1973, 102 und 132f.*
16 *Mewo 1973, 102f.*
17 *Mewo 1973, 103.*
18 *GW 1976, 145 und 148.*
19 *Mewo 1964–1966, 77f.*
20 *Mewo 1979, 29.*
21 *Mewo 1979, 85.*

22 *Mewo 1964–1966, 374.*
23 *Mewo 1961–1963, 120.*
24 *Mewo 1961–1963, 120.*
25 *Mewo 1976, 77.*
26 *GW 1980, 60.*
27 *Mewo 1974, 160f.*
28 *GW 1980, 61.*
29 *Mewo 1976, 44.*
30 *Mewo 1976, 44f.*
31 *Mewo 1976, 45.*
32 *Mewo 1979, 160.*
33 *Mewo 1977, 131.*
34 *Mewo 1971, 70f.*
35 *Mewo 1971, 71.*
36 *Mewo 1971, 13f.*
37 *Mewo 1971, 14.*
38 *Mewo 1971, 16.*
39 *Mewo 1971, 16f.*
40 *Mewo 1971, 19.*
41 *Mewo 1974, 132f.*
42 *Mewo 1974, 133.*